Michael Palin

Europas wilder Osten

Ein Engländer entdeckt
unseren Kontinent

Aus dem Englischen
von Ulrike Frey

Mit 24 Seiten Farbbildteil
mit Fotos von Basil Pao
und einer Karte

Mehr über unsere Autoren und Bücher:
www.malik.de

Für Archie

Bibliografische Information der Deutschen Nationalbibliothek
Die Deutsche Nationalbibliothek verzeichnet diese Publikation in der
Deutschen Nationalbibliografie; detaillierte bibliografische Daten
sind im Internet über http://dnb.d-nb.de abrufbar.

MALIK NATIONAL GEOGRAPHIC

Ungekürzte Taschenbuchausgabe
April 2011
© Piper Verlag GmbH, München 2011
© des Textes: Michael Palin, 2007
© der Fotos: Basil Pao, 2007
Die englische Originalausgabe erschien 2007 unter dem Titel »New Europe«
bei Weidenfeld & Nicolson Ltd. in London. Die vorliegende deutsche
Ausgabe folgt der aktualisierten Taschenbuchausgabe, die 2008 bei
Phoenix/Orion Books Ltd., London, erschien.
Die deutsche Erstausgabe erschien 2009 unter dem Titel »Europareise«
bei Malik.
Umschlaggestaltung: Dorkenwald Grafik-Design, München
Umschlagfotos: LOOK-foto.com (vorne), Basil Pao (hinten und Autorenfoto)
Redaktion: Wolfgang Seidel, München
Karte: Nick Robertson, Wordsalad
Satz: Buch-Werkstatt GmbH, Bad Aibling
Papier: Naturoffset ECF
Druck und Bindung: CPI – Clausen & Bosse, Leck
Printed in Germany   ISBN 978-3-492-40403-7

Das Papier wurde aus chlorfrei gebleichtem Zellstoff hergestellt.

INHALT

Europakarte   6

Einleitung   9

Slowenien   14

Kroatien   21

Bosnien und Herzegowina   40

Kroatien   63

Albanien   74

Mazedonien   89

Bulgarien   101

Türkei   122

Moldawien   153

Rumänien   172

Serbien   215

Ungarn   221

Ukraine   248

Estland   265

Lettland   279

Litauen   289

Kaliningrad/Russland   300

Polen   306

Slowakei   344

Tschechien   349

Deutschland   367

Dank und Quellen   396

Über den Autor   399

markiert die Route von Michael Palins Reise

➤ markiert die Reiserichtung

Nordsee

Atlantik

Deutschl.

1. Julische Alpen, Slowenien	35. Esztergom, Ungarn
2. Bleder See, Slowenien	36. Visegrád, Ungarn
3. Istrien, Kroatien	37. Budapest, Ungarn
4. Rijeka, Kroatien	38. Hortobágy, Ungarn
5. Split, Kroatien	39. Lemberg, Ukraine
6. Hvar, Kroatien	40. Jalta, Ukraine
7. Međugorje, Bosnien und Herzegowina	41. Kiew, Ukraine
	42. Tallinn, Estland
8. Mostar, Bosnien u. Herzegowina	43. Alūksne, Lettland
9. Sarajevo, Bosnien u. Herzegowina	44. Riga, Lettland
10. Dubrovnik, Kroatien	45. Palanga, Litauen
11. Durrës, Albanien	46. Vilnius, Litauen
12. Tirana, Albanien	47. Nida, Litauen
13. Kruja, Albanien	48. Kaliningrad, Russland
14. Ohrid-See, Mazedonien	49. Danzig, Polen
15. Ohrid, Mazedonien	50. Elbing, Polen
16. Prilep, Mazedonien	51. Warschau, Polen
17. Rila-Gebirge, Bulgarien	52. Posen, Polen
18. Godech, Bulgarien	53. Tschenstochau, Polen
19. Sofia, Bulgarien	54. Auschwitz, Polen
20. Plowdiw, Bulgarien	55. Krakau, Polen
21. Zlatograd, Bulgarien	56. Białka Tatrzańska, Polen
22. Edirne, Türkei	57. Dunajec-Schlucht, Polen/Slowakei
23. Istanbul, Türkei	
24. Selçuk, Türkei	58. Tatra, Slowakei
25. Göreme, Türkei	59. Brünn, Tschechien
26. Chişinău, Moldawien	60. Prag, Tschechien
27. Tiraspol, Transnistrien	61. Theresienstadt, Tschechien
28. Sulina, Rumänien	62. Karlsbad, Tschechien
29. Tulcea, Rumänien	63. Dresden, Deutschland
30. Vișeu de Sus, Rumänien	64. Meißen, Deutschland
31. Săpânța, Rumänien	65. Leipzig, Deutschland
32. Sighișoara, Transsilvanien	66. Bitterfeld, Deutschland
33. Bukarest, Rumänien	67. Berlin, Deutschland
34. Belgrad, Serbien	68. Rügen, Deutschland

Mittelmeer

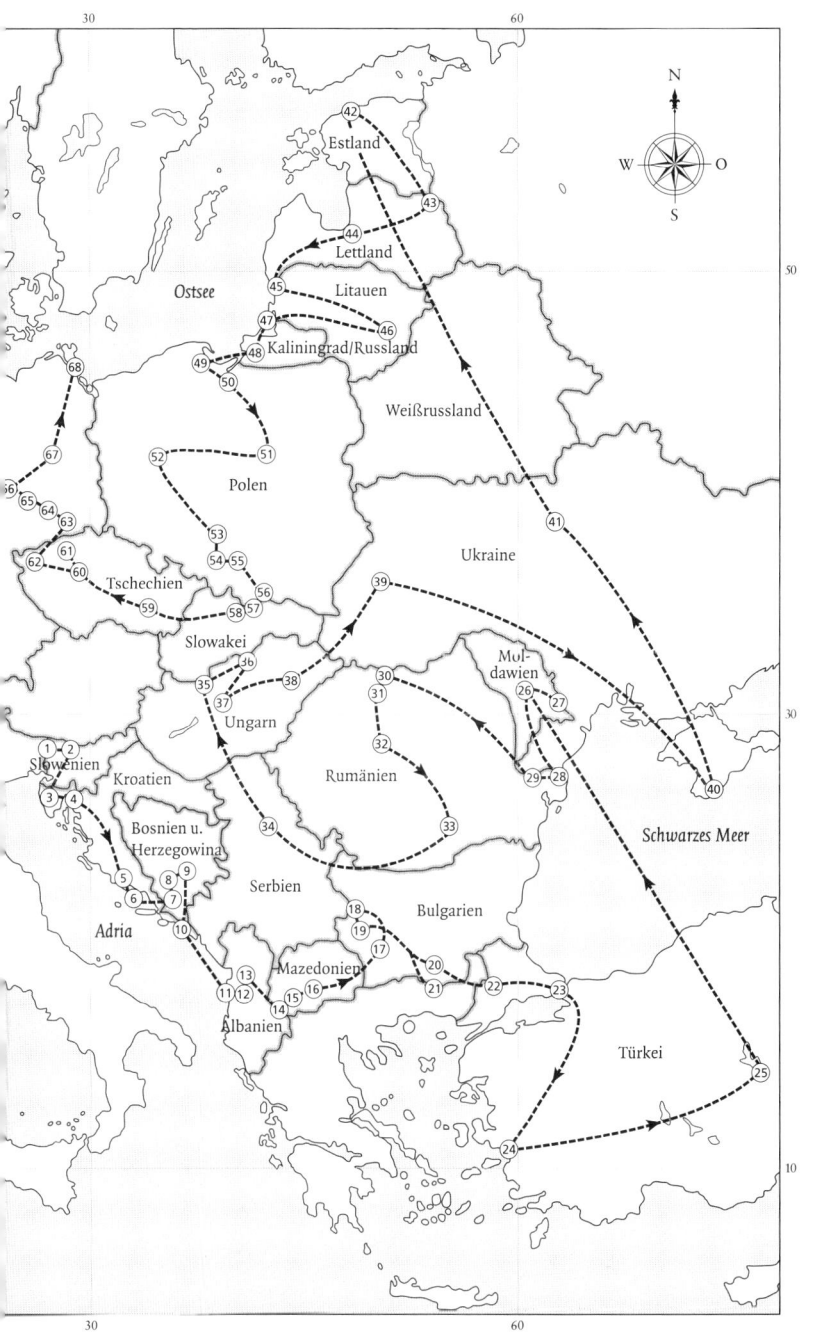

EINLEITUNG

Schon oft – viel zu oft – bin ich in einer Höhe von 10 000 Metern aufgewacht. Ich schwebte zwischen dem Ende eines alten Tages und dem Beginn eines neuen, auf einem langen Rückflug aus irgendeinem fernen Land. Dann habe ich die Jalousie des Kabinenfensters ein Stück weit hochgeschoben und hinausgeschaut, auf die funkelnden Lichter unter mir, und mir gewünscht, dort unten sein zu können, in einem echten Haus mit einem Küchentisch, Spiegeleiern in der Pfanne und Kaffee auf dem Herd.

Meistens ist es ein Teil von Osteuropa, den ich beim Aufwachen unter mir sehe, und obwohl diese Länder gerade mal zwei Flugstunden von meiner Heimatstadt entfernt liegen, stelle ich mit Schrecken fest, dass ich mehr über Hongkong oder den Hindukusch weiß als darüber, wie es dort unten wirklich aussieht.

Von all den Kontinenten, durch die ich in den neunzehn verwegenen Jahren gekommen bin, seit wir mit den Dreharbeiten zu *In 80 Tagen um die Welt* begannen, war Europa immer derjenige, in dem ich mich am kürzesten aufhielt. Grund dafür war einerseits, dass Europa nicht so weit von zu Hause weg ist, und andererseits, dass ein Teil des Kontinents vor und nach der Wende ernsthaft durcheinandergeraten war. Erst acht Jahre zuvor hatten britische Nato-Flugzeuge Serbien bombardiert.

Doch seit Beginn des 21. Jahrhunderts hat sich die Lage in Europa allmählich wieder beruhigt. Ost und West sind einander ein gutes Stück nähergekommen. Am 1. Mai 2004 traten der EU von Estland bis Ungarn und Zypern zehn neue Staaten bei, und seit 2007 gehören auch Bulgarien und Rumänien dazu. Bis jetzt hat es keine größeren Konflikte gegeben.

9

Als es daher an der Zeit war, meine alten Recken für ein neues Abenteuer zusammenzutrommeln, hatte ich das Gefühl, dass diese Lücke geschlossen werden sollte. Der Kontinent, den ich so viele Male in so vielen dunklen Morgenstunden überflogen hatte, durfte nicht länger ignoriert werden. Es war Zeit für Europa. Und es war Zeit, wieder einmal meine zerfledderte Penguin-Enzyklopädie hervorzukramen.

»EUROPA: Neben Australien der kleinste Kontinent mit etwa sieben Prozent der Landoberfläche und mit über zehn Prozent der Weltbevölkerung.«

Und das war auch schon das erste Problem: die wahnsinnig vielen Menschen, denen man hier begegnen kann.

Uns wurde schnell klar, dass es viel zu lange dauern würde, ganz Europa zu bereisen. Am interessantesten für mich war jene Hälfte meines Kontinents, die für die meiste Zeit meines Lebens hinter einem Eisernen Vorhang gelegen hatte und von einem Kalten Krieg eingefroren gewesen war. Jetzt, wo der Kalte Krieg vorbei war und der Eiserne Vorhang sich gehoben hatte, bestand die Aussicht, ehemals schwer zugängliche Länder besuchen zu dürfen, sozusagen eine Entdeckungsreise direkt vor meiner Haustür unternehmen zu können.

Eine solche Reise nach rein geografischen Kriterien zu konzipieren, erschien mir jedoch nicht angebracht. Manche Länder waren eindeutig ein Teil Osteuropas, andere gehörten ganz klar zu Mitteleuropa. Was sie jedoch anscheinend gemeinsam hatten, war, dass sich dort plötzlich ein Wandel bemerkbar machte und dass neue Horizonte eröffnet wurden. Nicht nur die Staatsnamen änderten sich. Man nutzte die Gunst der Stunde, stellte alte Systeme infrage, durchdachte wirtschaftliche wie politische Allianzen völlig neu. Nichts war mehr wie zuvor. Tief in der Geschichte verwurzelte Völker, Kulturen und Traditionen wurden aufgerüttelt und neu belebt. Während die Konturen Westeuropas relativ sicher und stabil sind, vollzog sich innerhalb kürzester Zeit eine Neuausrichtung der östlichen Hälfte des Kontinents. Was allmählich Gestalt annahm, sowohl auf der Landkarte als auch in den Köpfen der Menschen, war ein neues Europa.

Wenn ich diese Reise vor achtzehn Jahren unternommen hätte, anstatt damals durch die weite Welt zu gondeln, hätte sie mich durch zehn Länder geführt. Nun waren es zwanzig.

Einige dieser neuen Staaten sind winzig, und ihre Bevölkerung ist kaum größer als die Londons, aber trotzdem haben sie eine sehr bewusste Wahrnehmung der eigenen Identität, die durch ihre Sprache, Kultur, Geschichte und Währung bestimmt und zugleich verstärkt wird. Was sie existenzfähig macht, ist die hilfreiche Hand der Europäischen Union. Noch gehören nicht alle von ihnen dazu, aber sie alle sind davon überzeugt, dass es sich lohnt, die Vorzüge dieser Gemeinschaft ernst zu nehmen. Nach einem Jahrhundert der Machtkämpfe, in dessen Verlauf dieser Kontinent von unvorstellbaren Gräueln heimgesucht wurde, ist diese Annäherung atemberaubend erfrischend und vielversprechend.

Ich brach also im Mai 2006 mit großen Erwartungen auf und kann heute, ein Jahr danach, durchaus feststellen, dass mich die Reise weder desillusioniert noch zum Zyniker gemacht hat. Der Geist des neuen Europa existiert, die Hoffnungen und Träume brennen immer noch in den Herzen der Menschen, und die Zukunft birgt unendliche Chancen. Natürlich war es nur ein winziger Ausschnitt aus der Geschichte des Kontinents, den wir auf unserer Reise erlebt haben, und vielleicht hat mich meine angeborene Neigung zu Optimismus und halb vollen Gläsern auch getäuscht. Doch ganz gleich, was die Zukunft auch bringen mag: Es war gut und richtig, diesen Augenblick festzuhalten, in dem zum ersten Mal seit tausend Jahren anstelle eines alten Europas der Kriege und der Konflikte ein neues Europa des Miteinanders getreten ist.

So bleibt uns nur zu hoffen, dass wir zu seinem Gelingen beitragen können.

Die Reise

Die Dreharbeiten zu der BBC-Dokumentarreihe, auf der dieses Buch beruht, erstreckten sich über einen Zeitraum von zweiundzwanzig

Wochen, zwischen dem 16. Mai 2006 und dem 4. Mai 2007. Die kältesten Monate über den Winter versuchten wir dabei so weit wie möglich auszusparen, aber in der Türkei wurden wir trotzdem von Schnee und Eis überrascht. Bis zum Beginn unserer Reise waren meine prägendsten Eindrücke von Osteuropa immer nur schwarzweiß gewesen, so als lebten die Menschen dort alle in tristen Plattenbauten und unter einem ewig grauen Himmel. Die Bilder, die Basil Pao für dieses Buch machte, und die Bilder von Nigel Meahin für die BBC-Serie korrigieren diesen Eindruck auf anschauliche Weise. Während unserer Reise hatten wir fast immer blauen Himmel, und obwohl es ganz ohne Zweifel viel zu viele Wohnsiedlungen aus Beton gibt, entdeckten wir auch äußerst gepflegte, elegante, alte Städte und hübsche Dörfer. Außerdem kamen wir durch weite Landstriche, in denen die Landwirtschaft noch heute auf traditionelle Art und Weise betrieben wird, so wie man es in Westeuropa kaum mehr findet.

Die Gebirge Europas lassen sich natürlich nicht mit dem Himalaja vergleichen, aber auch die Gipfel der Karpaten und der Julischen Alpen waren mitten im Sommer schneebedeckt.

Das Buch basiert auf meinen Tagebuchaufzeichnungen – mit einer kleinen Einschränkung: Zum ersten Mal überhaupt wurde mir auf einer Reise meine Umhängetasche gestohlen. Es geschah bei meiner Ankunft in Budapest, und obwohl auch das Handy und das Geld weg waren, wurmte mich nichts so sehr wie der Verlust meines kleinen schwarzen Notizbüchleins mit allen Aufzeichnungen, die ich mir bei der Reise durch die Länder des Baltikums gemacht hatte. Mir blieb nichts anderes übrig, als mich in meinem Hotelzimmer mit Blick auf die Donau auf den Hosenboden zu setzen und alles aus dem Gedächtnis und aus meinen verzerrten Tonbandaufnahmen zu rekonstruieren. Dass mir so viele Eindrücke sofort wieder lebhaft vor Augen standen, sagt allein schon sehr viel über die baltischen Länder. Wenn es zwischendurch zu einzelnen Tagen keine Aufzeichnungen gibt, dann deshalb, weil wir sie zur Erholung nutzten.

Postskriptum

Seit ich zu meiner Europareise aufbrach, sind Rumänien und Bulgarien der Europäischen Union beigetreten. Gleichzeitig hat jedoch die Unabhängigkeitserklärung des Kosovo das sensible Gleichgewicht auf dem Balkan erschüttert. Was all jene optimistisch stimmen mag, die Polens neues Lustrationsgesetz ablehnten (das unter anderem dem Ansehen von Ryszard Kapuściński, einem der besten Reisejournalisten des Landes, schadete), ist der Sieg von Donald Tusk und seiner liberalen Oppositionspartei in den polnischen Wahlen vom Oktober 2007. Die Türkei tut sich unterdessen zunehmend schwer damit, seine laizistische Tradition mit den Bestrebungen der Islamisten in Einklang zu bringen, und die Politiker der Ukraine sind immer noch weit davon entfernt, die Kluft zwischen der russisch- und der westlichorientierten Hälfte ihres Landes zu überbrücken. In Ungarn gab es Studentenproteste, und zwischen Russland und Estland kam es nach der Versetzung eines Kriegerdenkmals zu einer ernsthaften Kontroverse.

Wenigstens handelt es sich bei alledem um Konflikte, für die die Länder dieser Region selbst eine Lösung finden müssen. Weitaus beunruhigender ist, dass die Politik der Supermächte, von deren zersetzendem Einfluss Europa endlich befreit zu sein schien, erneut auf der Tagesordnung steht. Derzeit könnte man durchaus den Eindruck bekommen, die Amerikaner und die Russen seien wild entschlossen, den Kalten Krieg wieder aufzuwärmen. Andererseits beenden noch dieses Jahr sowohl Putin als auch Bush ihre Amtszeit. Theoretisch könnte also alles geschehen, aber am Ende wird wahrscheinlich doch alles so bleiben, wie es ist.

Meine persönliche Empfehlung jedenfalls ist – wie Sie sich bestimmt schon denken können –, nicht zu Hause zu bleiben und sich Sorgen zu machen, sondern in diese Länder zu reisen und sich selbst ein Bild zu machen.

Michael Palin
London, 2008

SLOWENIEN

Die Julischen Alpen

Die Berghütte hat extra für uns geöffnet. Noch hat die Bergsteiger-
und Wandersaison nicht begonnen. Ringsherum liegt noch Schnee,
aber für unser Vorhaben weitaus ärgerlicher ist, dass außerdem
ringsherum dicke Wolken hängen. Eigentlich hätte uns hier eines
der spektakulärsten Panoramen der ganzen Ostalpen erwarten sollen, aber so wie es jetzt aussieht, könnten wir genauso gut in einem
Garten irgendwo in England stehen. Ich nippe an einem Becher
Kräutertee – eine Mischung, die unser Bergführer selbst zusammengestellt hat. Es ist ein trübes, starkes Gebräu, quasi ein Grappa
unter den Kräutertees. Der Bergführer macht eine entschuldigende
Geste und blickt dorthin, wo eigentlich der Himmel sein müsste –
wenn wir ihn denn sehen könnten. Das liegt an Slowenien, sagt er,
an der Lage des Landes. Die feuchte mediterrane Luft trifft hier auf
kühle, trockene Luft aus Mitteleuropa, kondensiert und legt sich
wie ein weißes Leintuch, das man über ein edles Möbelstück breitet, auf die grandiose Gebirgslandschaft.

An einer Wand in der Hütte hängt eine Karte, und der Führer zeigt
uns, wo wir uns gerade befinden: fast genau an der Grenze zwischen
Italien und Slowenien, also dort, wo für mich bisher Westeuropa
endete und Osteuropa begann.

Fünfundvierzig Jahre meines Lebens hatte die Sowjetunion mit
ihren Satellitenstaaten den halben Kontinent zu einem fremden
Territorium gemacht – abweisend, bürokratisch und grau. Fünfundvierzig Jahre lang sorgten der Eiserne Vorhang und der Kalte

Krieg (die zum Vorteil beider Seiten aufrechterhalten wurden) für Entzweiung und säten Misstrauen unter Europäern, die eigentlich hätten Freunde sein sollen.

Inzwischen ist es achtzehn Jahre her, dass der Fall der Berliner Mauer das Signal zur Neuausrichtung jenes Kontinents gab, auf dem ich geboren wurde. Und das ist auch der Grund, weshalb ich jetzt hier in den Julischen Alpen stehe, auf fast zweieinhalbtausend Metern Höhe, optimistisch Richtung Osten blicke und warte, bis sich der Wolkenschleier hebt: Ich möchte wissen, wie das neue Europa aussieht.

Zwei Stunden später lichtet sich die Bewölkung allmählich, und in der Umgebung lassen sich erste konkrete Gegenstände ausmachen: massive Felsen und Steinbrocken, die aus dem Schnee ragen, und die Konturen der Steilhänge über und unter uns. Dann stürzt, ganz plötzlich und mit schwindelerregendem Tempo, der letzte Wolkenhaufen wie eine Lawine ins Tal, und die Sonne taucht die Kalksteinpfeiler, die sich schroff und zerklüftet in den Himmel erheben, in ein rosarotes Licht. Ich mache mich auf den Weg Richtung Osten.

Bled

Bin schon früh wach. Über den Bäumen ein fahles Tageslicht, das sich auf der fast unheimlich stillen Wasseroberfläche widerspiegelt. Nichts rührt sich. Alles ist ruhig, bis auf das gedämpfte Läuten, das vom Kirchturm in der Mitte des Sees herüberdringt, begleitet vom schwachen Widerhall anderer, weiter entfernter Kirchenglocken in der Stadt Bled.

Die Villa Bled, wo wir untergebracht sind, ist ein malerisch gelegener, beschaulicher Ort, wie er auch Mönchen oder Diktatoren gefallen könnte, die den Wirrungen der realen Welt entfliehen wollen. In diesem Fall war es tatsächlich ein Diktator, der sich den gewaltigen Kasten im Jahr 1947 als Refugium errichten ließ: Josip Broz, auch bekannt als Marschall Tito, einer der Giganten und Gigantomanen des Nachkriegskommunismus.

Der Hotelmanager erklärt mir, dass Tito Slowenien liebte, weil es in seinem Land am weitesten von Russland entfernt und am nächsten an Großbritannien lag. Und ob ich denn wisse, fragt er, dass Elisabeth II. Tito empfangen und ihm einen Orden verliehen habe?

Der Mann schüttelt den Kopf. »Und das als kommunistischer Staatschef!«

Außerdem schenkte die Queen ihm einen Rolls-Royce für seine ohnehin schon recht ansehnliche Autosammlung, die jedes Jahr zu Weihnachten von sämtlichen dankbaren Ländern der jugoslawischen Föderation noch ergänzt wurde. Jugoslawien galt zwar immer als eines der gelungeneren Konstrukte des Nachkriegskommunismus, hatte nach dem Tod des charismatischen Tito 1980 jedoch kaum mehr eine Chance. Die Slowenen waren die Ersten, die das System infrage stellten. Als die slowenischen Delegierten im Januar 1990 den 14. Kongress des Bundes der Kommunisten Jugoslawiens nach einem Eklat verließen, stand fest, dass dieser Parteitag der letzte kommunistische gewesen war. Zwei Jahre und einen kurzen Krieg später wurde die Unabhängigkeit Sloweniens offiziell anerkannt.

Als ich heute Morgen das Hotel verlasse und zu einem kleinen Spaziergang aufbreche, ist von der kommunistischen Vergangenheit Sloweniens nicht mehr viel zu spüren. Ein Transparent, das quer über der Straße aufgespannt ist, verkündet auf Englisch, dass gerade »Spargelmonat« ist. Überall zelebriert man die Geschichte und die Religion, zwei der großen Feinde des Kommunismus – sei es in Form der unglaublich pittoresken Kirche Mariä Himmelfahrt, die auf einer Insel mitten im See thront wie ein Karnevalswagen, oder des hoch über dem nördlichen Ufer aufragenden Bollwerks der Bleder Burg aus dem 17. Jahrhundert. Die Schiffer, die auf Touristen warten, tragen eine Art Tiroler Tracht. Die Häuser sind im typisch alpenländischen Stil gebaut, mit ausladenden Dächern, geschnitzten Fensterläden und frischen, ordentlich aufgeschichteten Brennholzstapeln neben der Eingangstür. Der Kommunismus hat hier so gut wie keine Spuren hinterlassen, aber das 20. Jahrhundert auch nicht. Bled präsentiert sich ganz und gar in österreichisch-habsburgischem Gewand.

Ich mache eine Bootsfahrt mit einem linksorientierten Theater-regisseur aus der Hauptstadt Ljubljana, der für Sentimentalitäten wenig übrig hat. Unsere *pletna*, eine etwas gedrungenere Variante der Gondel, wird von einem Mann namens Robert gesteuert, der eine Jacke und Kniebundhosen aus Samt trägt. In der einen Hand hält er die Ruderstange, in der anderen ein Handy. Er interessiert sich ganz offensichtlich mehr für das, was am anderen Ende der Leitung passiert.

Mein Begleiter Žjelko trauert den alten jugoslawischen Zeiten zwar nicht direkt nach, aber was ihm dennoch abgeht, sind die künstlerischen Kontakte, die damals wesentlich einfacher zu knüpfen waren als heute. Man vergisst leicht, dass Slowenien der westlichste slawische Staat Europas ist. Mit seinen nur knapp zwei Millionen Einwohnern wusste es – vielleicht mehr noch als alle anderen – die kulturelle Verwandtschaft mit der slawischen Föderation zu schätzen.

»Gab es denn früher, im alten Jugoslawien, etwas, das anders und womöglich sogar besser war als heute?«

In seiner Antwort schwingt Verbitterung mit.

»Früher sind die Familien am Wochenende in die Berge gefahren, zum Wandern, oder sie gingen abends aus. Wissen Sie, was die Leute jetzt machen? Sie fahren ins Einkaufszentrum! Den ganzen Samstag und Sonntag nichts als Shopping! Und die Kinder spielen derweil im Kindergarten des Einkaufszentrums. So verbringen die Slowenen heutzutage ihre Wochenenden.«

Auch das Gesundheitswesen war damals besser. Jetzt ist alles eine Frage des Geldes. »Wenn du Geld hast, operieren Sie dir den grauen Star nach einer Woche Voranmeldung. Wenn nicht, dauert es anderthalb Jahre.«

Als er dann auf das Wiedererstarken der katholischen Kirche zu sprechen kommt, die mithilfe längst überholter Gesetze aus der österreichischen Zeit versucht, sich ihr einstiges Eigentum wieder unter den Nagel zu reißen und Steuern zu erheben, habe ich allmählich das ungute Gefühl, unser Gespräch könnte in eine letztlich unfruchtbare Diskussion ausarten. Doch dann kommt Žjelko zu dem Schluss, dass es den Menschen heute insgesamt wesentlich besser geht als früher, und er fügt hinzu, die Slowenen seien stolz darauf, dass die Aufnahme ihres Landes in die Europäische Union so problemlos funktioniert hat, und noch stolzer, dass sie auch den Euro einführen. Ich erwidere, die Slowenen hätten damit doch eigentlich nur ein föderalistisches System durch ein anderes ersetzt, und Europa wäre nun »das größere Land«, ähnlich wie Jugoslawien vor dem Zusammenbruch.

Žjelko denkt eine Weile nach.

»Es gibt dieses Klischee, die Slowenen hätten sich schon immer gerne von anderen regieren lassen – früher von Wien, dann von Belgrad und jetzt eben von Brüssel. Offenbar brauchen sie tatsächlich jemanden«, sagt er lächelnd, »auf den sie hören können.«

Abends im Hotel lerne ich jemanden kennen, der den Mann, für den die Villa Bled einst erbaut wurde, beinahe wiederauferstehen lässt. Lado Leskovar ist über sechzig und hat im Lauf seines ereignisreichen Lebens schon als Richard-Burton-Double gearbeitet, ist beim Grand Prix von 1967 für Jugoslawien angetreten (die Britin Sandie Shaw gewann damals, Leskovar wurde Neunter), und hat sogar mit Titos Gattin Jovanka getanzt.

Er hat Tito als einen »sehr charmanten Mann« in Erinnerung, der Autos, Frauen, Filme, gutes Essen und überhaupt die angenehmen Seiten des Lebens liebte. Tito verschaffte sich auf politischer Ebene großen Respekt, denn er behauptete sich 1948 mit seiner eigenen Mischung aus Sozialismus und Kapitalismus gegen Stalin und verfolgte das Prinzip der außenpolitischen Neutralität.

»Wir nannten ihn immer ›die wandelnde Kreditkarte‹«, erzählt Lado Leskovar. »Er sicherte Jugoslawien Kredite aus dem Osten und aus dem Westen.«

Tito interessierte sich sehr für das Weltgeschehen und traf sich gerne mit Journalisten, Karikaturisten und Schriftstellern auf einen Drink, um zu erfahren, was sie von ihm hielten und was sie über ihn veröffentlichten.

Bei solchen Gelegenheiten setzte er sich manchmal auch ans Klavier, und hier, in der Villa, holte man dann oft Lado Leskovar, der für ihn sang.

So umweht also ein Hauch von Nostalgie den heutigen Abend, als Leskovar in der Bar ein Lied für mich anstimmt, hinter sich an der Wand ein Porträt von Marschall Tito und an seiner Seite seine serbische Ehefrau, die so verzückt lauscht, als höre sie es zum ersten Mal.

Das Lied trägt den Titel »Klagelied für einen Vagabunden«.

Scheint irgendwie zu passen, denn obwohl Tito schon seit 26 Jahren tot ist, trauern ihm Lado Leskovar – und vermutlich auch viele andere seiner Generation – immer noch hinterher.

Dritter Tag
Von Slowenien nach Kroatien

Vom maroden Bahnhof der Grenzstadt Jesenice (dt.: Aßling) aus setzen wir unsere Reise fort. Es ist später Nachmittag. Die drei Waggons des Nahverkehrszugs werden von einer Gruppe pubertierender Schülerinnen belagert. Mit dabei, aber ganz klar in der Minderheit, sind ein paar halbwüchsige Schüler, die etwas eingeschüchtert ausschauen. Diese Eisenbahnlinie, die Karawankenbahn – im Jahr 1906 eingeweiht, als Slowenien und der halbe Balkan noch zur österreichisch-ungarischen Monarchie gehörten –, verband einst Wien mit dem Hafen von Triest und war mit großem Pomp von Erzherzog Franz Ferdinand eröffnet worden, dessen Porträt seitdem in jedem Bahnhof hing und dessen Ermordung acht Jahre später in Sarajevo den Ersten Weltkrieg auslöste. Ich glaube nicht, dass er besonders angetan wäre, wenn er sehen könnte, was aus seinem großen Traum geworden ist. Während der schäbige kleine Zug durch die dicht bewaldete Hügellandschaft zuckelt, diskutieren die Jugendlichen lautstark, tragen untereinander kleine Rangeleien aus und qualmen heimlich auf dem Klo.

Neben uns plätschert die Save. Noch ist sie nicht mehr als ein kleines Bächlein, das den Julischen Alpen entspringt, aber schon bald wird sie zu einem der großen Flüsse Mitteleuropas anschwellen, die nördliche Grenze Bosniens bilden und dann kurz vor Belgrad in die Donau münden. Doch bis dorthin ist es noch weit.

Ich komme mit einem der wenigen Fahrgäste ins Gespräch, die nicht zu der Gruppe von Schülerinnen gehören, einem Mann namens Boris. Er deutet auf einen lang gestreckten Bau zwischen den Bäumen – eine ehemalige Kaserne, die von der jugoslawischen Armee besetzt worden war, als diese 1991 erfolglos versuchte, die Loslösung Sloweniens aus der Föderation zu verhindern.

»Wir mussten ein bisschen nachhelfen, um sie wieder loszuwerden«, sagt er bescheiden. »Aber heute ist unsere Armee nicht mehr besonders groß. Die meisten Soldaten fahren am Wochenende nach Hause.«

Ich erzähle Boris, dass ich auf dem Weg nach Istrien bin. Die Halbinsel an der kroatischen Küste gehörte in der Zeit zwischen den beiden Weltkriegen zu Italien, wurde dann aber von den Alliierten an Jugoslawien übergeben. Im Ausgleich dafür sicherten sie den Fortbestand des nahe gelegenen Triester Freihafens. Nach dem Zerfall Jugoslawiens übernahm Kroatien den größeren Teil Istriens und überließ Slowenien nur einen winzigen Küstenstreifen. Boris räumt zwar ein, dass es wegen des Seezugangs und der Fischereirechte durchaus Spannungen zwischen den beiden Ländern gibt, aber er findet auch, dass die Politiker die Sache überbewerten und dass sie letztlich doch alle Brüder und Schwestern sind.

Er tippt auf die Landkarte, an die Stelle, wo Istrien eingezeichnet ist.

»Das sind kluge Leute. Sie haben sich nicht in den Krieg mit reinziehen lassen. Und das Meer dort unten ist phantastisch blau.«

Ein paar Stunden später erreichen wir die Grenze Sloweniens. Der Gedanke, dass wir mit dieser Grenzüberquerung auch die EU verlassen, erschreckt mich fast ein wenig. Obwohl Slowenien nicht besonders groß ist, ist es bislang das einzige Land des ehemaligen Jugoslawien, das in die Europäische Union aufgenommen wurde. Ich hole meinen Reisepass hervor und Nigel Meakin, unser Kameramann, den Zollbegleitschein, eine Liste unserer gesamten Ausrüstung, die bei der Einreise in alle Nicht-EU-Länder deklariert werden muss – und zu diesen zählt, zumindest auf absehbare Zeit, auch Kroatien.

KROATIEN

Istrien

Istrien ist berühmt für seine Trüffel. Die Trüffel ist ein unscheinbarer, schmutzig weißer, unförmiger Pilz, der unter der Erde zwischen den Wurzeln von Bäumen wächst und als so köstlich gilt, dass manche sogar eine Gefängnisstrafe riskieren, um sie über die Landesgrenze zu schmuggeln. Mein Kroatien-Reiseführer beschreibt den Geschmack der von so vielen Menschen über alles geschätzten Knolle als »ein wenig nussig, ein wenig pilzartig und ein wenig wie stinkende Socken«. Und Istrien ist wie gesagt berühmt dafür – für Trüffel natürlich, nicht für Socken.

Die Fahrt geht durch eine beschauliche, zeitlos wirkende Landschaft, die mich an die Toskana erinnert: Auf Feldern mit tiefroter Erde wächst Getreide, und auf den Hügelkuppen wachsen kleine Ortschaften.

Im Mirna-Tal gibt es einen dichten Eichen- und Birkenwald, wo wir auf Trüffelsuche gehen wollen. Mit von der Partie sind Damir, ein groß gewachsener, schlaksiger Althippie mit Kinnbart, Guinness-Baseballkappe, abgelegter Armeejacke und Schlabberhosen, und sein Onkel Žravko. Der Sechsundachtzigjährige hat ein rotes, wettergegerbtes Gesicht, trägt eine alte Schirmmütze und hat sich einen kleinen Edelstahlspaten quer über die Schulter gehängt, wie ein Gewehr. Damir lacht, als ich meine Besorgnis angesichts seines hochbetagten Onkels äußere.

»Er steht jeden Morgen um vier auf und ist bis neun Uhr abends im Wald unterwegs!«

Die beiden wichtigsten Teilnehmer unserer Expedition jedoch sind Betty und Dick (was ich allerdings ein wenig irritierend finde, tragen sie doch dieselben Namen wie meine Tante und mein Onkel), ein vierjähriger Labrador und ein siebenjähriger Retriever.

Doch so nett und lebhaft die beiden Hunde auch sind: Irgendwie kann ich meine Enttäuschung darüber nicht verbergen, dass man hier zum Trüffelschnüffeln keine Schweine einsetzt, wie man es von den Ansichtskarten aus Frankreich kennt. Anscheinend fressen jedoch Schweine die Trüffel, die sie finden, oft auf, was den Gewinn schmälert. Wir ziehen also los, in den Wald hinein, Betty, Dick, Damir, Ždravko und ich. (Und natürlich Nigel Meakin, sein Sohn und zweiter Kameramann Pete, unser Toningenieur John Pritchard, Regisseur John-Paul Davidson und all die anderen).

Zwei Jahre hat es gedauert, Dick und Betty abzurichten. Dafür sind sie jetzt in der Lage, eine Trüffel auf knapp fünfzig Meter Entfernung zu wittern, selbst wenn sie sich ein gutes Stück unter der Erde befindet.

Dick und Betty tollen zwischen den silbrig glänzenden Birkenstämmchen umher wie Kinder, die gerade aus der Schule gekommen sind.

Damir gesteht, dass er sich keine großen Hoffnungen macht. Seit zwei Jahren sind Lizenzen nicht mehr obligatorisch, sodass immer wieder irgendwelche Idioten kommen, die aufkaufen, was sie selbst nicht finden können, und die Trüffel dann über die Grenze nach Italien schmuggeln, wo es zwar viele schwarze, aber nur wenige von den hoch geschätzten weißen istrischen Trüffeln gibt. Was Damir und Ždravko außerdem Sorge bereitet, ist das empfindliche Ökosystem in dieser Region Istriens. Trüffel gedeihen nur in unberührten Wäldern und benötigen Mineralstoffe aus sauberen Flüssen. In Kroatien herrscht jedoch gerade ein regelrechter Bauboom: Allein in Istrien bemühen sich derzeit 23 Golfplätze um eine Baugenehmigung. Aber schon einen Augenblick später stößt Ždravko einen Schrei aus. Dick hat sich im lichten Schatten neben einer Birke auf den Boden geworfen und schnüffelt in der Erde herum. Dann fängt er an, mit Schnauze und Pfoten etwas freizulegen. Damir kniet sich neben ihn, und gemeinsam fördern sie etwas zutage, was wie ein erdverschmierter Stein aussieht. Damir reibt den Schmutz ab und hält den Fund ins Sonnenlicht, das durch das Blätterdach bricht.

Gebührend belohnt hetzt Dick einem Ball nach. »Die hat bestimmt so um die ... sagen wir, fünfzehn Gramm.« Und damit einen Wert von rund vierzehn Euro, schätzt Damir. Die größte, die er je gefunden hat, wog über 300 Gramm.

Der bedeutendste jemals dokumentierte Trüffelfund gelang einem Mann aus dieser Gegend, Giancarlo Zigante – obwohl es auch leise Zweifel an dieser Behauptung gibt und das Gerücht kursiert, Zigante würde den Erfolg eines anderen für sich beanspruchen.

In Livade, einem wenige Kilometer entfernt gelegenen Dorf, präsentiert man stolz eine Nachbildung der legendären Trüffel. Sie thront wie ein aufgeblasenes Gehirn auf einem Sockel am Eingang von Zigantes Restaurant, versehen mit dem Eintrag im *Guinness Buch der Rekorde*. »Weiße Trüffel (*Eutuberaceae Tuber*) mit dem Rekordgewicht von 1,31 kg. Am 2. November 1999 von Giancarlo Zigante aus Pototoska entdeckt.«

Giancarlo, ein unauffälliger Mann mittleren Alters mit in die Stirn gekämmtem schwarzen Haar, unter dessen Hemd und Gürtel sich ein feistes Bäuchlein spannt, hat ein ganz besonderes Menü für uns zusammengestellt: Trüffelkäse und Trüffelschinken, gefolgt von hausgemachter Trüffelpasta, und zum Abschluss Trüffeleis. Ich persönlich finde ja, dass jedes dieser Gerichte ohne die Trüffeln besser gewesen wäre, doch viele andere, einschließlich Marilyn Monroe und Winston Churchill, würden mich deswegen sicher für einen hoffnungslosen Banausen halten.

Ich wünschte, sie würden mir besser schmecken, die Trüffeln – und sei es nur deshalb, weil man ihnen hier gar nicht entkommt. Heute Abend will Giancarlo in einem Nachbarort versuchen, einen weiteren Eintrag ins *Guinness Buch der Rekorde* zu schaffen: Er wird höchstpersönlich die Zubereitung des weltgrößten Omeletts überwachen.

Und natürlich soll es ein Trüffelomelett werden.

Im Zentrum des Städtchens Buzet hat man ein kreisrundes Zelt aufgestellt, in dem die Omelettpfanne untergebracht ist. Sie hat einen Umfang von sechs Metern, einen Durchmesser von zwei Metern und an der Seite ragt ein mehr als anderthalb Meter langer Pfannenstiel heraus, der ständig im Weg ist. Angebracht ist die Pfanne auf einem raffinierten Gestell mit Gasdüsen, und ein ernsthafter junger Mann erklärt mir, das schwierigste Problem sei es gewesen, unter einer so großen Fläche wie dieser eine möglichst gleichmäßige Hitze zu erzeugen. Er habe dieses Problem letztlich lösen können. Jetzt ist er Bürgermeister von Buzet – ein weiterer Beweis für die unerhörte Wirkung der Trüffel (sofern noch irgendwer daran zweifeln sollte).

Die abendliche Zeremonie wirkt reichlich bizarr. Als es dunkel wird, strömt eine Menschenmenge zusammen. Zigante, dessen Stirn im Neonlicht glänzt, wuselt aufgeregt in Anzug und Krawatte herum, während die Mitglieder seines Teams, alle in identischen weißen T-Shirts und mit einer großen Flasche Speiseöl bewaffnet, ausschwärmen und um die Pfanne Aufstellung nehmen wie Formel-1-Mechaniker beim Boxenstopp. Sobald der Startschuss fällt, gießen sie den kompletten Inhalt der Ölflaschen in die Pfanne und geben päckchenweise Butter hinzu, die sie mit langen Metallstangen hin- und herschieben, wie Croupiers im Casino die Jetons. Die Fernsehkameras surren, und dann geht es los: Drei große Milchkannen, gefüllt mit einer Mischung aus 2006 bereits verquirlten Eiern, werden in die Pfanne gekippt, gefolgt von zehn Kilo weißen Trüffeln.

Mehrere kroatische Fernseh- und Film-Stars treten verschämt nach vorne, um beim Umrühren der Mischung zu helfen, und gerade als man denkt, dass es eigentlich gar nicht noch alberner kommen kann, springen vier Musiker und ein Sänger in blau-weiß geringelten T-Shirts und Nachtmützen mit roten Bommeln in den Ring und spielen fröhliche Omelettmacher-Melodien.

Der Bürgermeister bietet mir ein Glas Wein an, und zum krönenden Abschluss eines vollkommen verrückten Tages werde ich dann auch noch vom Trüffelkönig höchstpersönlich herbeizitiert, um mitzumischen.

Der Bürgermeister zwinkert mir zu, als ich nach vorn ins Scheinwerferlicht trete.

»Sie sind in Kroatien ein echter Star.«

Rijeka

Übernachtung in Opatija am Nordostende der Halbinsel Istrien. Einst eine beliebte Sommerfrische für die Reichen und Erfolgreichen der k. u. k. Monarchie, ist in dem Kurort auch heute noch das träge, verstaubte Flair eines Ortes zu spüren, der sich nur widerwillig verändert. Mein Reiseführer hat für Opatija nur ein mattes Lob übrig: »Besonders populär bei älteren Herrschaften aus der europäischen Mittelschicht.«

Die nächste Arbeiterstadt an der kroatischen Küste ist Rijeka (auf Italienisch Fiume – beide Namen bedeuten »Fluss«), und für mich gibt es einen ganz besonderen Grund, hier Station zu machen. Im Zusammenhang mit unseren Filmaufnahmen für *In 80 Tagen um die Welt* unternahmen wir vor Jahren eine gemächliche, wirklich phantastische Fahrt quer durch den Golf von Bengalen an Bord des jugoslawischen Frachters »Sousak«, an die ich mich besonders gerne erinnere. Der Kapitän des Schiffes, ein unendlich geduldiger, aber etwas schwermütiger Mann, empfand die Madras-Kalkutta-Singapur-Route als eine Art Strafe, und das einzige Mal, dass ich ihn gut gelaunt erlebte, war, als er von seinem Zuhause und seiner Familie in Rijeka erzählte. Damals sagte mir der Name nicht viel, aber jetzt habe ich ihn wieder vor Augen: auf den Schildern entlang der Straße nach Rijeka. Nach achtzehn Jahren werde ich Kapitän Sablić wiedersehen.

Mit einigen Schwierigkeiten finden wir im belebten Hafengebiet einen Parkplatz, und da wir etwas zu früh dran sind, schlendere ich noch über einen Fischmarkt in der Nähe. In der Markthalle komme ich mir vor wie in einer kleinen Kathedrale. Sie wurde von einem Italiener im selben Jahr erbaut, in dem der Erste Weltkrieg ausbrach, und verfügt über eine Apsis, eine Empore und eine Holzbalkendecke, durch die das Sonnenlicht auf nass glänzende Tintenfische, Garnelen, Makrelen, Sardinen, mehr als zwanzig Zentimeter dicke Scheiben Thunfischsteak und ganze Berge von Meeraalen scheint. Die Geschäfte werden hier auf traditionelle Art und Weise abgeschlossen. Elektronische Registrierkassen gibt es nicht, und zum Abwiegen der Fische verwendet man Messingschalen in einheitlicher Größe sowie Messinggewichte.

Ich verlasse den malerischen Maritimmarkt und finde Kapitän Sablić kurze Zeit später in einem der Straßencafés um die Ecke. Meine Sorge, ich könnte ihn womöglich nicht wiedererkennen, war unbegründet, denn auch ohne Uniform und mit ein paar Kilo mehr auf den Rippen sind Sablićs Aussehen und seine Pose unverkennbar. Der Kapitän hatte schon damals eine Art, auf einem Sessel zu thronen, dass man denken konnte, er würde sich nie mehr erheben, und auch sein Gesichtsausdruck verrät immer noch denselben tiefen Ernst und Weltverdruss, der mir von den Abenden in der Schiffsmesse der »Sousak« vertraut ist.

Wir machen uns auf den Weg in die Altstadt, den Korzo entlang und durch den Gradski Toranj, das Stadttor, eines der wenigen Überbleibsel des mittelalterlichen Rijeka. Sablić arbeitet schon lange nicht mehr für die Bengal Tiger Line, sondern ist nun Kapitän bei Ramsgate Ostend Ferry. Als ich ihn das letzte Mal sah, war er noch Jugoslawe, jetzt ist er Kroate. Ich frage ihn nach dem Krieg, der dem Zerfall Jugoslawiens Anfang der Neunzigerjahre folgte.

Auch er war mit dabei, erzählt er. Als der weitgehend von den Serben kontrollierte jugoslawische Reststaat Kroatien den Waffenimport verbot, schmuggelte er ein randvoll mit Waffen und Munition beladenes Schiff vom rumänischen Constanţa nach Rijeka.

Sein Pragmatismus überrascht mich. Ich hatte eigentlich nie den Eindruck, er sei ein Mann, der gerne ein Risiko eingeht.

»Was wäre passiert, wenn man Sie geschnappt hätte?«

Er zuckt mit den Schultern. »Wahrscheinlich wäre ich ins Gefängnis gekommen. Wer weiß? Es war meine Pflicht, dem Land zu helfen.«

Er zeigt mir sein Haus, von dem aus man eine herrliche Aussicht hinunter auf die Adria hat, und ich lerne seine Gattin kennen, eine ausgesprochen lebenslustige Frau, sowie seine Tochter, eine Ärztin. Jetzt verstehe ich auch, weshalb er an diesen langen, eintönigen Tagen auf hoher See seine Familie so sehr vermisste.

In einem Restaurant in der Nähe essen wir zu Mittag. Auf dem Parkplatz wird ein Lamm am Spieß gegrillt. Ich entscheide mich für einen Fisch mit dem phantastischen Namen Drachenkopf und *blitva*, also Mangold, was hervorragend miteinander harmoniert. Kapitän Sablić besteht darauf, dass ich ihn Miloje nenne, und wir plaudern über allerhand nautische Themen. So erzählt er mir beispielsweise, was für astronomische Summen man im Hafen von Ramsgate für einen Schlepper zahlen muss (600 Pfund pro Manöver) und dass er deshalb beschlossen hat, einen Lotsenschein zu erwerben, um das Schleppen selbst übernehmen zu können.

Unser Treffen hat sich gelohnt, und sei es nur, weil ich den Kapitän dabei von einer ganz anderen Seite kennengelernt habe. Miloje Sablić ist, wie mir klar geworden ist, alles andere als ein ruhiger oder gleichgültiger Mann.

Wir verlassen Rijeka mit der Nachtfähre Richtung Split. Sie heißt »Marko Polo« – und ich finde, das ist ein gutes Omen für den Anfang einer sehr langen Reise.

Split

Zwei unserer acht Motoren sind über Nacht abgeschaltet worden, was das dröhnende Hämmern zu einem leisen Klopfen gedämpft hat. Wir tuckern die kroatische Küste entlang, vorbei an einer Kette aus über tausend Inseln.

Fünf Uhr früh an Deck. Frischer Wind, klare Sicht. Die Sonne ist nicht mehr als ein schwacher Schimmer hinter den flachen Bergen des Festlands. Was an mir vorbeizieht, ist Dalmatien, und ich bin nicht der Einzige, der von dem Anblick fasziniert ist.

Der bekannte englische Dichter und Kulturkritiker des 19. Jahrhunderts Matthew Arnold hat ein Gedicht darüber geschrieben, hier spielt ein Teil von Shakespeares Komödie *Was ihr wollt*. Dalmatien, die Heimat der Illyrer, war bereits seit 5000 Jahren besiedelt, als die Griechen und Römer ankamen. Das ist nicht das neue Europa, das ist das ganz alte Europa. Ich komme mir unglaublich homerisch vor.

Obwohl Split nur rund 300 Kilometer südöstlich von Rijeka liegt, herrscht hier ein völlig anderes Flair. Die Gebäude entlang der Küste sind niedriger, weniger dicht gedrängt, weiß verputzt, ziegelgedeckt und mit Fensterläden versehen. Sie reflektieren Farben und Licht und sind neben der palmengesäumten Strandpromenade der Beleg dafür, dass nach einer Reise von nur einer Nacht anstelle der mitteleuropäischen Gewichtigkeit eine mediterrane Gelassenheit getreten ist. Die Silhouette weist die übliche Quote an Betonklötzen auf, doch beherrscht wird das Stadtbild vom Glockenturm der alten Kathedrale.

Goran Golovko, ein großer, jugendlich wirkender Mann mit kurzen, dunklen Haaren, der als Theaterpädagoge arbeitet, macht mich mit Split bekannt. Ich bin erstaunt, wie sehr die Stadt Nizza ähnelt, und ein Spaziergang durch die Arkaden am lang gestreckten, gepflasterten Platz der Republik, auch als »Prokurative« bekannt, verstärkt den Eindruck des neoklassizistisch angehauchten Charakters von Split. Goran führt diesen Stil auf die Stadtgeschichte zurück. Im 15. und 16. Jahrhundert wurde Split Teil der Republik Venedig und kam im Zuge von Napoleons Eroberung von Dalmatien eine Zeit lang unter französische Besatzung.

Obwohl Split von den Balkankriegen in den 1990-er Jahren nicht so stark in Mitleidenschaft gezogen wurde wie der Norden und Osten des Landes, waren die Kämpfe, die zum ersten Mal nach 500 Jahren wieder zur Gründung eines unabhängigen Kroatiens führten, auch hier ausgesprochen grausam. Zwischen Kroaten und Serben kam es zu erschreckenden Gräueltaten. Die Zeit nach dem Krieg gestaltete sich dementsprechend schwierig. Das organisierte Verbrechen stieß in das Machtvakuum, das durch den raschen Wandel vom gemäßigten Sozialismus zur freien Marktwirtschaft entstanden war. Viele junge Frauen aus weiter östlich gelegenen Ländern, aus der Ukraine, Rumänien und Moldawien, werden von hier aus in die Prostitution verkauft, sagt Goran. Sie werden regelrecht wie Sklavinnen gehalten, überallhin begleitet und haben keine Minute für sich. Auch der Drogenkonsum nimmt zu.

Ich frage Goran, wie die Kinder, mit denen er arbeitet, über den Krieg denken. Die meisten erinnern sich nur noch vage daran, meint er.

»Sie interessieren sich mehr dafür, was auf MTV läuft und was Brad Pitt und Angelina Jolie in Hollywood gerade treiben.«

Allmählich steigen die Temperaturen, und in einem netten kleinen Lokal ein paar Schritte hügelaufwärts über der Uferpromenade kehren wir zum Mittagessen ein. Ždravko, der Wirt, ist ausgesprochen gesellig und zum Plaudern aufgelegt. Er stellt mir seinen Sohn und seinen Enkel vor, beide in T-Shirts von Arsenal London, der englischen Spitzenfußballmannschaft. Die Spezialität des Hauses ist Fisch.

»Hier in Kroatien sagt man, ein Fisch muss dreimal schwimmen: erst im Meer, dann in Olivenöl und zum Schluss in Wein!«, schwärmt Ždravko. Die Platte mit Sardellen, Sardinen und kleinen frittierten Fischchen – dazu ein heller kroatischer Rosé – ist nahezu perfekt.

Wir unterhalten uns – wie könnte es anders sein – über das neue Kroatien.

»Natürlich bin ich auch sehr kritisch«, sagt Ždravko, »aber stellen Sie sich das mal vor: den Zerfall des Kommunismus mitzuerleben. Das ist schon ein phantastisches Gefühl ... eine total emotionale Sache!« Er ist jedoch nicht der Ansicht, dass Jugoslawien von vornherein zum Scheitern verurteilt war, und übt ungewöhnlich scharfe Kritik an Marschall Tito.

»Wissen Sie, der serbische Einfluss war einfach zu stark ... vor allem später, als er schon älter war. Was die Menschenrechte im privaten Bereich betrifft, da gab es keine Einschränkungen, aber die politische Betätigung war eingeschränkt, und zwar immens. In Jugoslawien gab es keine Demokratie, und deshalb ist es auch zerfallen.«

Kritik am kroatischen Präsidenten Tuđman will er jedoch nicht gelten lassen. Den eingefleischten Nationalisten, der das Land 1990 in den Krieg führte, halten viele für einen Kriegsverbrecher, und er hätte sich wohl vor dem Tribunal in Den Haag verantworten müssen – wenn er noch am Leben wäre.

»Unser Präsident ist im Ausland viel heftiger kritisiert worden als hier ... Ich habe ihn immer für einen wahren Staatsmann gehalten ... er ist unser Landesvater.«

Nach einer weiteren Flasche gekühltem Rosé wendet sich das Gespräch den Kämpfen der heutigen Zeit zu, wie beispielsweise dem Eurovision Song Contest, dem Schlagerwettbewerb, der heute Abend stattfinden wird. Er artete zwischenzeitlich fast schon zu einem eigenen kleinen Balkankrieg aus: Nachdem die Serben ihrer montenegrinischen Minderheit vorgeworfen hatten, die Abstimmung mit unlauteren Mitteln manipuliert zu haben, zog sich der Staat »Serbien und Montenegro« aus dem Wettbewerb zurück. Kroatiens ganze Hoffnung liegt unterdessen auf Severina, einer jungen Frau aus Split, die im ganzen Land berühmt ist und als Popstar gefeiert wird. Unglücklicherweise scheint das jedoch nicht alles zu sein, wofür Severina berühmt ist: Erst vor Kurzem war sie in einem pornografischen Video zu sehen, das über das Internet verbreitet wurde. Goran schüttelt den Kopf.

»An dem Tag, als sie das Video veröffentlichten, ging in ganz Kroatien kein Mensch arbeiten. Weder bei der Polizei noch in den Ministerien, der Regierung, an den Universitäten, in den Banken oder den Schulen ...«

»Im Ernst?«

»Natürlich gibt es ein paar wenige, die behaupten, sie hätten es sich nicht angeschaut, aber das nehme ich ihnen einfach nicht ab.«

Später, am Abend, verfolgen wir in einer Bar am Meer das Finale des Schlagerwettbewerbs, das in Athen ausgetragen wird. Severina präsentiert einen schrillen, schmissigen Song mit dem Titel »Moja Štikla« (»Stöckelschuhe«), und es dauert nicht lange, bis sie sich ihr rotes, bis zum Schritt hinauf geschlitztes Kleid vom Leib reißt. Sie wird Dreizehnte.

Es muss die Kroaten tief in ihrem Nationalstolz getroffen haben, nicht nur, weil Severina lediglich auf Platz dreizehn gelandet ist, sondern auch, weil sie von Mazedonien und Bosnien ausgestochen worden ist, den beiden einzigen anderen beteiligten Ländern des ehemaligen Jugoslawiens.

Aber die Bar war ohnehin halb leer. Vielleicht ahnten die Leute ja auch schon, was passieren würde.

Split

Die Hauptattraktion von Split ist der Diokletianpalast. Als perfekt erhaltenes und restauriertes Beispiel der römischen Architektur kann er nicht gerade gelten, aber genau das macht ihn so berühmt. Bei dem Bauwerk handelt es sich um eine verschachtelte und höchst faszinierende Baumasse, eine Mischung ganz alltäglicher Wohnungen in einem gewaltigen Repräsentationsobjekt kaiserlicher Macht – quasi eine Stadt in der Stadt in der Stadt.

Vor den Fenstern der Wohnungen, die man zwischen die alten, römischen Mauern gebaut hat, hängt die Wäsche zum Trocknen. Auf den Kapitellen korinthischer Säulen sprießen Blumen. In die antiken weißen Kalksteinwände sind Bankautomaten eingebaut.

Gaius Aurelius Valerius Diokletianus stammte aus Dalmatien, das damals allerdings so römisch war wie Italien selbst. Er stammte aus ärmlichen Verhältnissen, machte als Offizier Karriere und regierte schließlich 21 Jahre lang als römischer Kaiser. Bereits im Jahr 286 vor Christus schuf er die Grundlage für die Trennung zwischen West- und Osteuropa, indem er die Herrschaft über das Römische Reich aufteilte: Er selbst regierte im Osten, sein Freund Maximilian im Westen, und untergeordneten »Caesares« übertrug er die Macht über zwei andere Gebiete. Letztlich ruinierte er sich jedoch seinen Ruf, nicht nur weil er in fortgeschrittenem Alter dem Größenwahn verfiel und sich für einen Gott hielt, sondern vor allem weil er zur Christenverfolgung aufrief. Seine Gier nach immer neuen Bauwerken war unersättlich, und der Palast in Split war sein ehrgeizigstes Projekt.

Die gewaltige Anlage ist teils Wohnquartier, teils militärische Garnison, hat eine Fläche von 215 mal 180 Metern und fast zwei Meter dicke, über sieben Meter hohe Mauern.

Vier große Pforten gewähren von jeder Seite Zutritt, und vor einer davon, der Mjedena Vrata, dem Messingtor, stehen Goran und ich heute Morgen. Zu Zeiten Diokletians segelten Schiffe durch dieses Tor, heute hingegen nähert man sich ihm über die »Riva«, die breite Promenade.

In den hohen unterirdischen Gewölben im Inneren der Anlage, wo früher Helme, Schilde, Rüstungen und Waffen ausgeschifft wurden, befindet sich heute ein belebter Touristenmarkt, auf dem Postkarten, Kerzen, Schnitzereien und Ikonen verkauft werden (was einer gewissen Ironie nicht entbehrt, war es doch Diokletian, der einst die Enthauptung von Domnius, dem Schutzheiligen von Split, befahl).

Der ursprüngliche Grundriss der Palastanlage, nach dem alle Straßen zum Peristyl, dem zentral gelegenen Hof, führen, hat sich bis heute nicht verändert, und der Platz selbst ist ein beeindruckendes Zeugnis des großen handwerklichen Könnens der kaiserlichen Steinmetze und Baumeister.

Die Regierungszeit Diokletians markierte den Höhepunkt der Cäsarenmacht. Die Uneinnehmbarkeit, die sein monumentaler Palast ausstrahlen sollte, hielt dennoch nicht ewig den Goten, Hunnen, Awaren und anderen Völkerstämmen stand, die über die Ostgrenze in das Römische Reich strömten. Als die Römer fort waren, nutzte die einheimische Bevölkerung den Palast als Zufluchtsort und begann irgendwann, sich dauerhaft dort einzurichten. Und so ging es weiter, bis zum heutigen Tag. Generationen von Bewohnern haben das Areal zu immer wieder anderen Zwecken genutzt, und da es zu groß und zu massiv ist, um es abzureißen, wurde daraus eine der lebendigsten Ruinen der Welt.

Gleich unterhalb meines Hotels liegt die hufeisenförmige, windgeschützte Bačvice-Bucht. Das flache Ufer und der schmale Streifen mit etwas verschmutztem Sand sind an diesem heißen Wochenende gnadenlos übervölkert. Im seichten Wasser sieht man eine Gruppe nicht mehr ganz so junger Männer, die sich mit Feuereifer buchstäblich in ein Spiel hineinknien, das ich noch nie zuvor gesehen habe. Es nennt sich *Picigin* (sprich: Pitzi-gihn) und ist eine derart einheimische Angelegenheit, dass kein einziger Teilnehmer der letztjährigen Weltmeisterschaft woanders herkam als aus Split. Das Ziel des Spiels ist schnell erklärt: Man muss versuchen, einen Tennisball in der Luft zu halten, wozu man jedes Körperteil einsetzen darf. Am besten spielt man im knöcheltiefen Wasser, denn dies gewährleistet eine größtmögliche Bewegungsfreiheit, zugleich aber auch eine zumindest halbwegs akzeptable Dämpfung bei Stürzen. Es gibt nur eine Regel: Der Ball muss ständig in der Luft bleiben. Davon abgesehen geht es bei diesem Spiel weniger darum, was man macht, sondern vielmehr, wie man es macht. Was zählt, ist allein die Performance.

Besonders beliebt sind Luftsprünge, Hackenkicks, flache Köpfer, Scherenschläge und Hechtsprünge ohne jede Rücksicht auf Verluste. Erfunden wurde dieses Spiel in den Zwanzigerjahren, und zwar erstaunlicherweise von einer Gruppe Akademiker, Journalisten, Professoren und Städter, die nach einer neuen Art von Ausgleichssport suchten, den sie auch tagsüber betreiben konnten. Man wollte sich auch gegen die damals übliche Vereinsmeierei abgrenzen, und deshalb durfte *Picigin* einer der wichtigsten Regeln zufolge nur an öffentlichen Stränden gespielt werden. Heutzutage sind in den Mannschaften alle möglichen Leute vertreten, vom Nachtredakteur bis zum Lkw-Fahrer. Offensichtlich macht es den Männern einen Heidenspaß, dem Ball hinterherzuhechten, während es die planschenden Kinder nebenan kein bisschen zu irritieren scheint, dass hin und wieder ein Herr reiferen Alters durch die Luft fliegt. Das Spiel ist inzwischen in vollem Gange, und während ich es mir so ansehe, verstehe ich allmählich, warum Jugoslawien das allererste nicht-englischsprachige Land war, das die Filmrechte an *Monty Python* kaufte.

Ich lasse Split hinter mir und setze mit der Fähre nach Hvar über. Es ist Samstagabend, und alle Plätze an Deck sind von einer bunten Mischung aus Touristen und Hvarern belegt, die nach einem Wochenende in Split auf die Insel zurückkehren. Bierdosen werden geöffnet, und man flirtet mit den leidgeprüften Bedienungen. Wir finden ein Plätzchen in einem Salon unter Deck, in dem in dichten Schwaden der Zigarettenqualm steht, ganz wie in alten Zeiten. Das Stimmengewirr klingt mit jedem Bier grober, und auf einem Bildschirm in der Ecke dudelt eine Quizshow vor sich hin.

Ich komme mit einem intelligenten jungen Mädchen ins Gespräch, das auf dem Festland zur Schule gegangen ist und inzwischen wieder auf der Insel lebt. Vielleicht will sie mich ja auch nur ein wenig aufheitern – jedenfalls schwärmt sie in einer Tour von den Sehenswürdigkeiten, die uns auf Hvar erwarten. Hvar, sagt sie, ist ganz einfach paradiesisch.

Neunter Tag
Hvar

Was mich an dieser Insel am meisten fasziniert, ist ihr Geruch. Hvar ist berühmt für seine Lavendelfelder und kommt mir fast wie ein Stückchen Provence vor, das sich von Frankreich losgelöst hat und hinaus aufs Mittelmeer getrieben ist. Selbst jetzt, außerhalb der Lavendelsaison, umgeben mich intensive Düfte. Während ich oben auf einem Hügel stehe, zwischen den massiven Steinmauern eines Dorfes aus dem 16. Jahrhundert, vermischt sich das würzige Aroma der Kiefern mit den Gerüchen von Ginster, Dill und Oregano und weht mir entgegen. Überall wächst der Wein, und in jedem Hof ist eine filigran geschnitzte Weinpresse zu sehen.

Das Dorf ist jedoch verlassen, und seine Bewohner sind fortgezogen, nach Split, in die kroatische Hauptstadt Zagreb, manche sogar nach Australien. Mein Begleiter und Reiseführer Igor Živanović liebt Hvar aus ganzem Herzen, und doch weiß er nur zu gut, dass das ländliche Leben, so idyllisch es Besuchern wie uns auch erscheinen mag, vor allem harte Arbeit bedeutete, die sich kaum lohnte. Richtig profitieren von der Schönheit der Insel konnten ihre Bewohner noch nie. Während auf der Mittelmeerinsel Malta, die eine vergleichbare Größe hat, 400 000 Menschen zu Hause sind, leben auf Hvar gerade mal 10 000.

Igor ist einer jener Menschen, die man gemeinhin als »Original« bezeichnet. Er ist 51, in Istrien geboren und lebt hier seit 1961. Sein langes graues Haar hat er zu einem knubbeligen Pferdeschwanz zusammengeknotet, an dem er ständig herumnestelt und der mal an seinem Hinterkopf, dann wieder mitten auf seinem Kopf sitzt wie bei einem Mandarin. Igor trägt zerschlissene Jeans und ein Hemd, an dem immer wieder ein Knopf aufspringt, sodass sein dicker Kugelbauch zum Vorschein kommt.

Er hat für uns Esel organisiert, die uns durch das menschenleere Dorf tragen sollen, aber selbst das war nicht einfach. Während diese Tiere früher das wichtigste Transportmittel auf der Insel darstellten, sind sie inzwischen fast restlos durch Pkw und Pritschenwagen ersetzt worden. Von den zwei Eseln, die Igor hat auftreiben können, lahmt einer.

Igor weist mich auf ein paar sehenswerte Details an den verlassenen Gebäuden hin, wie zum Beispiel die geschnitzten Holzbalken über Fenstern und Türen, verzierte Schlusssteine in den Mauerbögen und den Einfülltrichter an dem Mühlstein, auf dem früher die Trauben gepresst wurden.

»Hier haben sie Wein gemacht. Richtig dunklen. Man nennt ihn ›schwarzen Wein‹. Ist ziemlich stark.«

Igor verkündet sein Wissen und seine Ansichten mit vehementer Unbeirrbarkeit. Der große Grübler ist er nicht gerade.

Im Hafen des verschlafenen Städtchens Starigrad an der Ostküste der Insel, in einem verwinkelten, mit cremefarbenen, blank polierten dalmatischen Steinplatten gepflasterten Gässchen, gut versteckt hinter einem unauffälligen Eingang, besitzt Igor eine konoba, ein kleines Lokal. Es passt perfekt zu seinem höchst individuellen Lebensstil. Marenko, Igors Kompagnon, ist ein kleiner, robuster Typ mit einem runzligen, vom Leben gezeichneten Gesicht.

Drinnen ist es dämmrig und ziemlich vollgestopft. Igor ist bereits damit beschäftigt, einer Flasche Wein den Garaus zu machen. Von der Decke hängt ein Mobile, an dem mehrere Computerchips und zwei Bücher baumeln. Aus einem altmodischen Fleischwolf ragen Plastikhände hervor, und in einer Kühlvitrine räkelt sich das Bein einer Schaufensterpuppe. Überall hängen Uhren, die um 3:04 Uhr stehen geblieben sind.

»Da ist Tito gestorben!«, ruft Igor aus der Küche. »Er war der größte Lebenskünstler aller Zeiten«, fügt er anerkennend hinzu. »Ich muss ins Kino gehen, wenn ich Gina Lollobrigida sehen will. Tito brauchte sie bloß anzurufen.«

Die Weinflasche ist schnell geleert, und Igor greift nach einem Korkenzieher, um die nächste zu öffnen. Marenko will mir unbedingt etwas im Zimmer nebenan zeigen. Es ist ein schwedisches Wandtelefon von 1904.

Marenko dreht stolz an der Kurbel. »Das älteste Telefon in ganz Kroatien.« Er drückt mir den Hörer in die Hand. »Es funktioniert sogar!«

Und tatsächlich: Am anderen Ende begrüßt mich jemand. Ich antworte auf Englisch. Großes Gelächter. Passiert anscheinend nicht zum ersten Mal.

Wir gehen wieder rüber in Igors Lokal. Von einem Mittagessen oder wenigstens einem gedeckten Tisch ist noch nichts zu sehen. Der Wirt hält ein Glas in der Hand und steckt sich noch eine Zigarette an. »Ich hasse es, zu rauchen, aber ich liebe Zigaretten.« Er führt mich zu einer Wand, die mit Fotos tapeziert ist. Auf einem davon ist ein abgemagerter alter Mann zu sehen, der mitten auf der Straße rasiert wird.

Mit unerwarteter Emotionalität erklärt mir Igor, dass dieser Mann nur noch einen Tag zu leben hatte und seine letzte Rasur im Kreise seiner Freunde und Nachbarn bekam.

Unser Regisseur John-Paul Davidson wirft einen Blick auf die Armbanduhr und murmelt etwas von wegen Essen. Igor macht sich auf den Weg in die Küche.

»Kommt doch mit und helft mir kochen«, ruft er uns im Gehen zu und bleibt nur noch einmal kurz stehen, um uns einen Autoaufkleber aus Alaska zu zeigen, auf dem steht: »Wenn gerade Touristensaison ist, warum darf man dann nicht auf sie schießen?«

Etwa eine Stunde später werden wir mit einem köstlichen Essen verwöhnt, serviert auf roten Tischsets mit Hammer und Sichel im Eck: Artischockenrisotto mit Polenta, lecker cremig gemacht mit Butter und Öl, frisch gefangene Sardinen und ein scharf gepfeffertes Lammragout mit blitva.

»So haben schon meine Großeltern gekocht«, verkündet Igor äußerst zufrieden. Doch im nächsten Moment ereifert er sich schon wieder über ein altbekanntes Thema.

»Diese Touristen! Sie sind schuld daran, dass es hier so viele skrupellose Leute gibt. Die geben ihnen zu essen und knöpfen ihnen ihr Geld ab, aber ohne dass die Menschen von hier irgendwas davon haben.« Er kippt noch ein Glas Wein hinunter.

»Wenn auch noch ein McDonald's hier aufmacht ...« Er hält inne und tut so, als ob er sich ein Seil um seinen Hals hängt und es nach oben zieht.

Später gehe ich in der Nähe der Ferienvilla, die wir gemietet haben, eine Runde schwimmen. Das Wasser ist sauber und warm. Erst als ich schon drinnen bin, merke ich, dass fast jeder Felsen unter mir mit Seeigeln übersät ist.

Vorsichtig paddle ich umher, und schließlich gelingt es mir mit einigem Geschick – ohne jetzt unbescheiden erscheinen zu wollen –, einen kleinen Steg zu erreichen, ohne auch nur ein einziges Mal einen Fuß absetzen zu müssen. Mächtig stolz klettere ich nach oben, als mich plötzlich eine sanfte Welle erfasst und nach vorne drückt, sodass mein Knie doch noch unfreiwillig Bekanntschaft mit einem der schwarzen Nadelkissen macht. Unser Fotograf Basil Pao braucht mit seiner Rasierklinge fast eine halbe Stunde, bis endlich der letzte Stachel entfernt ist.

Elfter Tag
Von Hvar nach Međugorje, Bosnien und Herzegowina

Die Häuser im Hafen von Sućuraj an der Südostspitze der Insel Hvar sind klein und gedrungen – genauso wie das Fischerboot, mit dem ich zum Festland übersetze. Die Netze, die an Deck liegen, sehen mit ihren schwarzen Markierungsbojen aus wie riesige Quallen. Wir segeln aus dem Hafen, unter dem ausgestreckten Arm des heiligen Nikolaus hindurch, des Schutzpatrons der Fischer, dessen Statue an der Hafenmauer der letzte Eindruck ist, den wir von Hvar mitnehmen.

Während der Kapitän die Netze ausrollt, erzählt er mir, dass die kroatischen Gewässer im Gegensatz zu fast allen anderen in Europa immer noch fischreich sind. Er kann 200 Kilo pro Tag einbringen, wovon jedoch der Großteil Scampi sind, für die er nicht viel bekommt.

»Zu viele Kroaten essen Fleisch«, grummelt er.

Hier mag man Fisch, doch gegenüber Zagreb fällt die Küste Dalmatiens kaum ins Gewicht. In der Hauptstadt und ihrem Umland lebt die Hälfte der vier Millionen Einwohner Kroatiens – und sie bevorzugen offenbar Fleisch und Wurst.

Die Netze sind ausgebracht, und unser Kapitän bringt frisches Brot und ein Schälchen mit Sardellen in selbst gepresstem Olivenöl. Dann kramt er in einer Truhe und holt eine Flasche Wein in einem Eisbeutel heraus, einen Vinka aus der Gegend. Das Boot tanzt auf dem Wasser, die Sonne scheint. Das Essen ist einfach und schmackhaft. Vor uns ist die schmale Küstenebene zu sehen und dahinter der große graue Kalksteinwall, hinter dem alle Probleme Europas liegen.

Am späten Nachmittag durchqueren wir den Fluss Neretva und wenden uns dann Richtung Norden. Zwischen den fruchtbaren Gemüsefeldern des sumpfigen Mündungsdeltas hindurch gelangen wir in die Herzegowina, die – mit Bosnien im Norden und der Republik Srpska (sprich: Serbska) im Norden und Osten – einen Teil von Bosnien und Herzegowina (kurz: BiH) bildet, diesem fragilen, von den Vereinten Nationen geschaffenen und unterstützten Staat.

Wir kommen an mehreren militärischen Stellungen entlang der Bahngleise vorbei, und später sehe ich das Minarett der ersten Moschee seit unserem Aufbruch.

An einem Grenzübergang, der zu jugoslawischen Zeiten noch nicht existierte, weht die kroatische Flagge mit ihrem rot-weiß gewürfelten Wappen neben der von Bosnien und Herzegowina mit der diagonalen Sternenreihe auf blau-gelbem Grund.

Der Ort, in den alle Schilder weisen, ist die alte osmanische Festungsstadt Mostar. Der am zweithäufigsten genannte Name ist Međugorje, ein Ort, der einen unglaublichen Aufschwung erlebte, seit sechs Jugendliche dort mehrmals Marienerscheinungen hatten. In Međugorje wollen wir die Nacht verbringen.

In der langen Hauptstraße, gleich neben unserer Pension, befindet sich ein Laden mit dem Namen »Pilgrimage Specialists«, der überquillt von Kerzen, Kruzifixen, Rosenkränzen, Muttergottes-Baseballkappen und Handy-Anhängern mit ihrem Ebenbild. In anderen Geschäften wird religiöse Kunst verkauft, wie beispielsweise 3D-Bilder, bei denen sich im Vorbeigehen das Gesicht Christi in das der Muttergottes verwandelt. Es gibt ganze Berge von Weihwasserflaschen und blinkenden Figürchen sowie eine breite Auswahl an Gehstöcken (deren Sinn und Zweck uns erst später klar wird). Außerdem findet man Lokalitäten wie »Kathy's Irish Kitchen« und »Paddy Travel«. Die Hauptstraße führt zur zweitürmigen, cremefarbenen Fassade der St. Jakobskirche, die von Grünanlagen mit einem Brunnen und Tribünen voller Menschen umgeben ist. Heute, an diesem warmen und weihevollen Abend, stehen oder sitzen die meisten hier im Freien herum, teils auch in Gruppen – und ziemlich viele in Rollstühlen. Manche unterhalten sich leise, andere haben sich mit gefalteten Händen niedergekniet. Wieder andere humpeln mit schmerzverzerrtem Gesicht Richtung Kirche zum Gottesdienst. Die andächtige Atmosphäre, die hier herrscht, ist überwältigend.

Ich sitze unterdessen da, mache mir Notizen in mein Büchlein und komme mir dabei vor wie ein Spion, der in Betrachtungen über das irdische Treiben versunken ist, während die Menschen ihre Herzen zum göttlichen Gebet erheben.

Doch eigentlich brauche ich mir gar keine Gedanken zu machen. Sie sind alle so geistesabwesend und verzückt, dass mich ohnehin keiner eines Blickes würdigt.

BOSNIEN UND HERZEGOWINA

Zwölfter Tag
Međugorje

Es war am Abend des 24. Juni 1981, auf einem Felsenhügel oberhalb von einem nur wenige Tausend Einwohner zählenden Dorf in einem armen, vorwiegend katholischen Landstrich Jugoslawiens, als sechs Mädchen und Jungen eine Frau mit einem Kind auf dem Arm begegnete. Am nächsten Tag sahen vier von ihnen, die den Ort noch einmal aufsuchten, die Frau ein zweites Mal und erkannten, dass es die Jungfrau Maria war. Die Erscheinungen wurden für einige der Kinder zu einem regelmäßigen, fast schon täglichen Ereignis. Obwohl bislang niemand außer ihnen die Marienerscheinungen erlebt hat und die Kirche sich bis heute weigert, sie anzuerkennen, sind seitdem 25 Millionen Pilger nach Međugorje gekommen. Aus dem Dorf von damals ist inzwischen eine Stadt mit 5000 Einwohnern geworden, in der näheren Umgebung sind weitere 20 000 Menschen in der Pilgerbranche tätig. Und immer noch werden neue Hotels gebaut.

Das alles hatte so massive Auswirkungen auf die wirtschaftliche Situation der Region, dass Zyniker glauben könnten, hier sei eine regelrechte Verschwörung im Gange, die nur darauf abziele, eine gute Geschichte am Laufen zu halten. Als wir dann auch noch die überraschende Nachricht bekommen, dass eine der Frauen, die damals als Kind die Visionen erlebte, bereit ist, sich mit uns zu treffen, frage ich mich doch, ob wir sie für unsere Zwecke benutzen oder sie uns für die ihren.

Mirjana, die 1981 noch ein junges Mädchen war, ist inzwischen mit einem Bauunternehmer verheiratet und hat selbst zwei Töchter. Als wir ankommen, spielen die beiden gerade Tischtennis im Hof eines komfortablen freistehenden Einfamilienhauses. Mirjana ist eine attraktive, nette Frau. Während wir in ihrem Garten sitzen und sie meine Fragen beantwortet, macht sie einen ausgesprochen aufgeräumten Eindruck, und ich merke, wie meine Zweifel, wenn auch nicht völlig beschwichtigt, so doch zumindest ein wenig zerstreut werden. Sie beschreibt ihre erste Erscheinung, die sie im Alter von vierzehn Jahren hatte, entschuldigt sich aber lediglich für ihr Englisch, das aber gar nicht so schlecht ist.

»Ich sah diese Frau in einem langen grauen Kleid, und sie trug ihr Baby, so, im Arm.«

Am darauffolgenden Tag stand Mirjana in Begleitung von mehreren Familienmitgliedern, die nichts sahen, erneut der Jungfrau Maria gegenüber und wurde diesmal sogar von ihr angesprochen.

»Wir gehen näher zur Heiligen Jungfrau, und sie sagt zu uns: ›Meine lieben Kinder, keine Angst. Ich bin die Königin des Friedens.‹«

Ich stelle Fragen, von denen ich nie im Leben gedacht hätte, dass ich sie jemals aus meinem Munde hören würde.

»Sehen Sie die Heilige Jungfrau immer noch?«

»Ja, jedes Jahr am 18. März. Und sie hat auch gesagt, dass ich immer am zweiten Tag des Monats eine Erscheinung haben werde.«

»Und wann passiert das immer?«

»Immer so um neun Uhr morgens. Aber nicht genau um neun.« Sie lächelt entschuldigend. »Manchmal ein bisschen früher oder später.«

»Müssen Sie dazu an einem bestimmten Ort sein?«

»Ich bin immer im Cenacolo.« Sie deutet die Straße hinunter zu einem Gebäude, an dem wir auf dem Weg hierher vorbeigefahren sind. Es ist ein Drogenrehabilitationszentrum, erbaut von der Firma ihres Mannes, geleitet von den Schwestern eines finanzkräftigen Ordens.

Allem Anschein nach ist Mirjana, deren übernatürliche Visionen eine florierende Pilgerindustrie hervorgebracht haben, keine hysterische Prophetin mit irrem Blick, sondern eine ganz gewöhnliche Hausfrau. Ich weiß nicht, was ich davon halten soll.

Am späteren Nachmittag, als wir wieder in Međugorje sind, höre ich Ivan, den Einzigen, dem Maria immer noch täglich erscheint, in einem der großen, speziell für diesen Zweck errichteten Pavillons hinter der Kirche zu einer riesigen Menschenmenge sprechen. Sein hellblaues Poloshirt und die Jeans, das lange, ordentlich zurückgekämmte Haar und die sanfte Stimme, mit der er ins Mikrofon säuselt, verleihen ihm die Lässigkeit eines kalifornischen Geschäftsmannes. Man hat den Eindruck, als hätten sich diese so außergewöhnlichen Menschen viel Mühe gegeben, so gewöhnlich wie möglich auszusehen und zu klingen.

Da wir hier auf dem Balkan sind, hat die ganze Geschichte natürlich auch eine politische Dimension. Die Botschaft von Međugorje ist nur für Katholiken bestimmt, und was hinter dieser gesamten gewaltigen Maschinerie steckt, ist Ausdruck dessen, was sich seit der Auflösung Jugoslawiens auf dem Balkan abgespielt hat. Die Katholiken stellten hier in der Herzegowina zwar schon immer die Mehrheit, doch zu Zeiten des Osmanischen Reichs lebten sie in friedlichem Miteinander mit den Muslimen. Heute dagegen herrscht ein nationalistischer Geist, und neu entstandene Länder wie Kroatien oder Serbien definieren sich nicht durch das, was sie mit ihren Nachbarstaaten verbindet, sondern durch das, was sie voneinander unterscheidet. Tausende von Katholiken sind aus anderen Regionen Bosniens hierher gezogen, um nicht mit Muslimen leben zu müssen, und haben dadurch das Städtchen Međugorje, wo Pilger aus der ganzen Welt Trost finden und die Botschaft des marianischen Friedens gepredigt wird, zu einem weiteren Symbol der neuen Spaltung gemacht.

Als wir gerade in der Hauptstraße am Filmen sind, nähert sich uns ein altes Auto und rast provokant durchs Bild. Dann hält es an, zwei stämmige Männer steigen aus und knallen die Autotüren zu. Am Rückspiegel sehe ich einen Anhänger baumeln. Auf der einen Seite steht »Heroes«, Helden, auf der anderen sind der Name und das Porträt von Ante Gotovina zu sehen, einem kroatischen General, der sich zurzeit in Den Haag vor dem Kriegsverbrechertribunal verantworten muss. Die EU hatte seine Ergreifung zur Voraussetzung für Gespräche über eine Mitgliedschaft Kroatiens gemacht.

Bei Sonnenuntergang folgen wir einer langen Prozession von Pilgern den Erscheinungsberg hinauf, wo Mirjana, Ivan und ihre beiden Freunde die Heilige Jungfrau zum ersten Mal sahen. Der Aufstieg ist beschwerlich, und viele brauchen einen Gehstock, um den holperigen Weg zu bewältigen. Dort, wo die Jungfrau den Kindern zum ersten Mal erschien, steht auf einer mit groben Steinen gepflasterten und von vereinzelten Granatapfelbäumen und Dornengestrüpp umstandenen Fläche hinter einem Gitter eine weiße Statue. Einige der Pilger sitzen oder knien in frommer Andacht rings um diesen heiligen Ort. Ich will mich gerade der Statue nähern, als ein Wispern an mein Ohr dringt.

»Und, Michael, wo geht's hier zu den Kreuzen?«, sagt eine Stimme mit unüberhörbar irischem Akzent und fügt schon im nächsten Augenblick – meinen erstaunten Blick als Verwirrung deutend – hilfsbereit hinzu: »*Das Leben des Brian*, mein Lieblingsfilm!«

Mostar

Most bedeutet Brücke, und obwohl es in Mostar vier oder fünf Brücken gibt, die über die Neretva führen, ist nur eine davon wirklich von Bedeutung. Es ist die *Stari Most*, die Alte Brücke. Vierhundert Jahre lang verband sie das Ost- mit dem Westufer des Flusses. Im November 1993 jedoch wurde sie von bosnisch-kroatischen Geschützen zertrümmert. Es war ein gezielter und provokanter Akt der Barbarei, denn die Brücke galt als prachtvolles und anmutiges Wahrzeichen einer stolzen Stadt. Als sie getroffen wurde, so erzählt mir ein Mann aus dem Ort, sei es für die Einwohner von Mostar gewesen, »als hätten sie ihr Kind verloren. Diese Brücke verkörperte alles, wofür Mostar steht.«.

Jahrhundertelang war Mostar eine wirtschaftlich und kulturell florierende Stadt, in der Muslime und orthodoxe wie auch katholische Christen friedlich zusammenlebten, zunächst unter osmanischer Herrschaft, dann als Teil der österreichisch-ungarischen Monarchie und schließlich innerhalb Jugoslawiens. Nach der Wendezeit und dem Zerfall Jugoslawiens wurde die Geschichte auf den Kopf gestellt, als sich auf dem gesamten Balkan ein schon lange schwelender Nationalismus immer stärker Bahn brach. Mostar wurde von der JNA, der (großenteils aus Serben und Montenegrinern bestehenden) Jugoslawischen Volksarmee, angegriffen und von einer gemischten Truppe aus Bosniaken (also bosnischen Muslimen) und bosnisch-kroatischen Streitkräften verteidigt. Im Jahr 1993 wandten sich die bosnischen Kroaten gegen ihre früheren Verbündeten, und das Leben in Mostar wurde zur Hölle. Durch ständigen, systematischen Beschuss wurden die Brücken von Mostar zerstört, und das östliche, vorwiegend von Bosniaken besiedelte Flussufer, wurde elf Monate lang belagert.

Kamel Ratkusic, heute 28 Jahre alt, war damals noch ein Teenager.

»Da wird man selbst als Vierzehnjähriger schnell erwachsen, weil man sich nicht mehr mit Dingen beschäftigt, mit denen man sich eigentlich beschäftigen sollte. Anstatt herumzualbern, Fußball zu spielen oder den Mädchen hinterherzulaufen, denkt man nur noch darüber nach, wie man am Leben bleibt, wie man Trinkwasser für die Familie nach Hause schafft oder wo man Feuerholz zum Heizen finden könnte. Die Menschen haben Gras gegessen. Wir haben es gekocht und dann zubereitet.«

Erst als die Fernsehbilder von der Zerstörung der Brücke um den Globus gingen, war ein Stadium erreicht, wo die übrige Welt von den Ereignissen Notiz nahm. Mit dem Abkommen von Washington vom März 1994 fanden die Kämpfe ein Ende. Die UNESCO stellte Gelder für den Wiederaufbau der zerstörten Altstadt bereit, und 2004 wurde die Mühe schließlich belohnt: Die detailgetreu rekonstruierte Stari Most erhob sich aufs Neue über der Neretva.

Ich sehe die Brücke zum ersten Mal von einer müllübersäten Aussichtsterrasse unten am Ufer aus. In einem einzigen Bogen spannt sich der cremefarbene Streifen über den Fluss und trennt den strahlend blauen Himmel über uns vom grün schimmernden Wasser darunter. Ursprünglich von dem osmanischen Baumeister Mimar Hajrudin um 1560 errichtet, war sie ein für die damalige Zeit so einzigartig kühnes bauliches Meisterwerk, dass der skeptische Sultan drohte, Hajrudin zu enthaupten, falls sie einstürzen sollte, sobald die hölzerne Stützkonstruktion entfernt wurde. Letztendlich stand sie 427 Jahre lang.

Obwohl es noch früh am Morgen ist, gibt es auf der Brücke schon einigen Tumult. Ein Mann in Badehose ist auf die schmale Brüstung gestiegen und scheint jeden Moment zum Kopfsprung ansetzen zu wollen. Am sandigen Ufer zwanzig Meter unter ihm steht ein Grüppchen mit Schulkindern und schwankt zwischen ängstlichem und anfeuerndem Geschrei, als er sich tarzanmäßig in Pose wirft, theatralisch seine Muskeln spielen lässt und von seinem Standort aus in die Tiefe späht. Doch dann, als wir uns alle wünschen, er möge doch endlich springen, steigt er ganz lässig wieder von der Brüstung und spaziert davon.

Die Tradition des Brückenspringens begann in Mostar bereits vor Jahrhunderten und wird heute vom rund hundert Mitglieder zählenden Club der Mostarischen Brückenspringer gepflegt und strengstens überwacht.

Präsident des Vereins ist Emir, ein Siebzigjähriger mit gewaltigem Brustkorb und silbergrauem Haar, der mit sechzehn zum ersten Mal von der Brücke sprang. Seitdem hat er Jugoslawien bei den Olympischen Spielen vertreten, ist Filmdouble für Richard Burton gewesen (welcher Mann hier war das nicht?) und war sogar auf einer Briefmarke abgebildet. Unsere Unterhaltung findet vor einem der hübschen restaurierten Steintürme an einem Brückenkopf statt, der das Clubhaus beherbergt.

In den schätzungsweise drei Sekunden, die zwischen dem Absprung von der Brücke und dem Eintauchen ins Wasser liegen, »muss der Springer das Gefühl haben, zu fliegen«, sagt Emir. »Es dauert nicht lang, aber für den, der springt, fühlt es sich an wie ein Jahrhundert.«

Das Wichtigste für einen Brückenspringer, der eine *lasta* (einen Schwalbensprung) versucht, ist, dass er immer mit den Händen, niemals mit dem Kopf zuerst auf dem Wasser aufkommt und dass er in einem Winkel von maximal 35 Grad eintaucht. Emir blickt hinunter auf das wirbelnde Grün der Neretva und fügt dann trocken hinzu: »Da unten beträgt die Wassertiefe etwa fünf Meter.«

Während jemand mit dem Hut durch die Trauben von Touristen geht, die sich inzwischen auf der Brücke drängen (150 Euro für einen Kopfsprung, 40 Euro für eine Bombe), ziehen sich drei junge Männer aus und versetzten die Zuschauer in ängstliche Erregung, als sie auf das nur dreißig Zentimeter breite Brückengeländer klettern und sich dann, den Blick starr geradeaus, nach vorn in Richtung Fluss werfen. Es ist gerade mal Zeit genug, um die Luft anzuhalten, dann gleiten sie auch schon ins Wasser und tauchen einen Augenblick später unter johlendem Applaus wieder auf.

Emir ist zu Recht stolz auf ihr Können.

»Das hier ist ein Extremsport. Der einzige andere Ort, wo man so was sieht, sind die Klippen von Acapulco.«

Emir kann sich nur an einen einzigen Todesfall erinnern. Im jugoslawischen Bürgerkrieg des Jahres 1993 kamen hingegen 23 Mitglieder des Clubs ums Leben.

Die unmittelbare Umgebung der Brücke wurde sorgfältig restauriert, und wie überall findet man auch hier gepflasterte Straßen und saubere, aufgeräumte Märkte. Doch man braucht bloß die etwas abseits liegenden Gässchen hinaufzusteigen, um das ganze Ausmaß der Zerstörung zu sehen, die der Krieg hinterlassen hat: die Ruinen ausgebrannter Häuser, vernarbt von Granateneinschlägen, das Gebäude der Union Bank mit geborstenen Fensterscheiben und Fetzen von Stahlbeton, der immer noch an den Mauern herabhängt, oder eine prächtige Fassade im Jahrhundertwendestil der Donaumonarchie, einst das erste Hotel am Platze, das nun leersteht und kein Dach mehr hat.

Kamel, der die Belagerung miterlebt hat, der unter Lebensgefahr Trinkwasser für seine Familie besorgt hat, hat sich trotz allem nicht unterkriegen lassen. Er brachte sich selbst Englisch bei und arbeitete als Bote für die UN-Truppen, die die Stadt befreiten. Jetzt, wo sie sich zurückgezogen haben, hat er sich zum Computerfachmann umschulen lassen.

Er glaubt, dass es noch ein langer Weg ist, bis aus Mostar wieder die wohlhabende, tolerante und lebendige Stadt wird, die sie einst war. Viele Menschen, die beim Wiederaufbau hätten helfen können, sind ins Ausland gegangen, und auch die dreigeteilte kroatische, muslimische und serbische Regierung des Landes mit ihrem von der EU eingesetzten Hohen Repräsentanten an der Spitze erinnert daran, dass es im Krieg von allen Balkanländern Bosnien und Herzegowina wohl am schlimmsten getroffen hat.

Vierzehnter Tag
Von Mostar nach Sarajevo

Der Bahnhof von Mostar, von wo aus wir nach Sarajevo weiterreisen wollen, wirkt heruntergekommen und trostlos. Die Bahnsteige sind kahl und zweckmäßig. Auf dem einzigen vorhandenen Bahnhofsschild fehlt das »M« von Mostar, und zwischen den Gleisen blüht das Unkraut.

Es warten so wenige Leute, dass mit jeder Minute, die vergeht, auch mein Glaube an die Existenz des Acht-Uhr-Zuges nach Sarajevo schwindet. Doch dann, pünktlich auf die Sekunde, sehe ich im Tunnel die Scheinwerfer und eine metallisch grüne Diesellok mit drei Waggons. Mit quietschenden Bremsen kommt der Expresszug Ploče–Zagreb neben uns zum Stehen.

Die Abteile sind einigermaßen komfortabel, verströmen aber jenen staubig-schwitzigen Geruch aller Dinge, die oft benutzt, aber nur selten gereinigt werden. Es geht los Richtung Norden, und als wir entlang der Neretva in eine enge Schlucht zwischen spektakulären Felswänden aus verdrehtem, aufgefaltetem Gestein fahren, empfinden wir die phantastische Landschaft als eine mehr als angemessene Entschädigung für die mangelnde Sorge um unser leibliches Wohl hier an Bord.

Unter den Mitreisenden befindet sich auch ein bosnisch-kroatischer Offizier, der ebenfalls unterwegs nach Sarajevo ist. Mit seinem schmalen Gesicht, den vorstehenden Augenbrauen und dem markanten Kinn hat er eine gewisse Ähnlichkeit mit den Statuen auf den Osterinseln. Seine Augen und Haare sind tiefschwarz. Englisch hat er während seiner Militärausbildung in Texas gelernt. Auch er gehört zu den Menschen, die voller Bewunderung von Marschall Tito und dem Geschick sprechen, mit dem dieser den Westen und den Osten gegeneinander ausspielte.

»Von den USA und Europa bekam er die Technologie, von den Russen die Waffen.«

Er sieht ihn als einen Visionär, einen Mann, der wirklich versuchte, eine dritte politische Macht zu etablieren, indem er sich mit Politikern wie dem indischen Ministerpräsidenten Nehru Mitte der 1950-er Jahre zur Gruppe der »blockfreien« Staaten zusammenschloss.

»Ich habe geweint, als er starb«, sagt der Offizier. »Heute sagt doch jeder: ›Ich habe nicht geweint. Er war ein Schlächter.‹ Aber ich habe geweint.«

Das Tal wird breiter, und entlang der Bahnstrecke tauchen einige Forellenzuchten und nicht mehr ganz so neue Wasserkraftanlagen auf, die die Lage am Fluss nutzen. Ihr Zustand löst bei meinem neuen Bekannten, dem Offizier, nur Kopfschütteln aus.

»Was soll man machen? Mehr als fünfzig Prozent unserer fähigsten Leute sind ins Ausland gegangen.«

»Kommen sie wieder?«

»Ja«, lacht er, »im Sommer!«

Und ich kann durchaus nachvollziehen, weshalb man im Sommer gerne hierherkommt. Je weiter wir ins Herz der Dinarischen Alpen vordringen, umso ursprünglicher und wildromantischer wird die Landschaft. Mal ist das Tal eng und von spektakulären Säulen und Nadeln aus Fels begrenzt, dann öffnet es sich plötzlich wieder, und der Blick fällt auf Seen mit Häusern am Ufer und auf Gärten mit Bienenstöcken und Obstbäumen.

So wie die Römer ihre Straßen, verwendeten die Österreicher Eisenbahnlinien, um ihr Reich zu festigen. Sie waren beeindruckende Baumeister: Von den 130 Kilometern Gleisstrecke zwischen Mostar und Sarajevo verlaufen vierzig Prozent durch Tunnel und zehn Prozent über Brücken oder Viadukte.

Die Bohrarbeiten für den Ivan-Tunnel, der durch ein fast tausend

Meter hohes Gebirge führt, waren so mühsam, dass Kaiser Franz Joseph die Arbeitskräfte in einer schwachen Stunde damit zu motivieren versuchte, dass er ihnen »für jedes Kilo Stein ein Kilo Gold« versprach. Der Tunnel liegt dort, wo die Herzegowina endet und Bosnien beginnt, und als wir ihn hinter uns lassen, hat sich das Wetter auf einen Schlag geändert: Anstatt der strahlenden Sonne, die uns seit unserer Abreise aus Slowenien und bis zur Einfahrt in den Ivan-Tunnel begleitet hat, sieht man nun schwere, düstere Wolken am Himmel.

Zu einem positiven ersten Eindruck von Sarajevo trägt das nicht gerade bei, und tatsächlich bietet die Stadt einen eher finsteren, trostlosen Anblick, als wir durch eine Industriebrache auf sie zurollen. Zwischen hohen Betonklötzen liegen Schrottplätze und Fabrikgelände, die zunächst völlig verlassen wirken, bis man schließlich doch ein paar Menschen umherlaufen sieht. Dieses Gebiet wird, wie ich später erfahre, »Novo Sarajevo«, also »Neu-Sarajevo«, genannt.

Vom Bahnhof aus gehen wir zu Fuß zum Holiday Inn, einem gedrungenen Kasten mit einer Verkleidung aus gelben und braunen Fliesen. Es wurde für die Olympischen Winterspiele 1984 erbaut, und an seiner Fassade hängen immer noch die fünf olympischen Ringe. Das in unmittelbarer Nachbarschaft zum Hotel gelegene, ausgebrannte Parlamentshochhaus erinnert an die Ereignisse der jüngeren Vergangenheit, den Albtraum der Neunzigerjahre, als Sarajevo fast vier Jahre lang bombardiert wurde.

Ich spüre die ersten Regentropfen.

In einem angenehmen, elegant eingerichteten Restaurant abseits der staubigen Hauptstraße bin ich mit einer Gruppe von Sarajevern verabredet, die beim Film und Fernsehen oder als Journalisten arbeiten: Ademir, ein Filmregisseur und Produzent, Glava, ein bärtiger, kräftig gebauter Serbe, der gerade ein Drehbuch für eine Fernsehkomödie geschrieben hat, und Srđan (was in etwa so ausgesprochen wird wie »Sir John«), ebenfalls Autor und Regisseur. Sie sprühen nur so vor Ideen für zukünftige Projekte, doch als Neuankömmling in der Stadt komme ich nicht umhin, sie auch nach der Vergangenheit zu fragen.

Srđan seufzt. Die Leute in Sarajevo wollen nicht mehr über den

Krieg sprechen. Haben sie jedoch erst mal damit angefangen, können sie nicht mehr aufhören. Ademir, groß, dünn und mit markantem, hagerem Gesicht, ist der älteste der drei Männer und der angesehenste Filmemacher Bosniens. Er war einer der wenigen, denen es gelang, während der Belagerung in die Stadt und wieder hinaus zu gelangen.

»Das Flugzeug war die einzige Möglichkeit. Bereitgestellt wurden die Maschinen von Deutschen, Amerikanern und Franzosen. Wir nannten sie die ›Maybe Airlines‹, weil man nie wissen konnte, ob das Flugzeug auch wirklich starten würde.«

Der Aufruf zum Einsteigen erfolgte per Zuruf oder durch ein Handzeichen. Daraufhin musste man zum Flugzeug sprinten, in einer improvisierten Splitterschutzweste der UN und mit dem Gepäck unter dem Arm.

Irgendwann erfuhr man dann, dass man in Cannes gelandet war, aber es konnte genauso gut auch San Francisco sein. »Das Rauskommen war schon nicht einfach, aber das Zurückkommen war noch viel schwieriger. Aus einer ganz normalen, funktionierenden Welt in eine Stadt ohne Strom, Telefon oder fließendes Wasser.« Er schüttelt den Kopf, als falle es ihm immer noch schwer, das alles zu begreifen.

Die Erinnerung an die Belagerung erfüllt ihn mit Verbitterung, doch sein Zorn ist nicht nur gegen Serbiens Präsidenten Milošević und das System gerichtet, das es ihm erst möglich machte, so zu handeln, wie er es tat, sondern in gleichem Maße gegen die westliche Welt, die die Not Sarajevos so lange ignorierte.

Dann begehe ich den Fehler, eine sofortige Erklärung für all das finden zu wollen.

»Aber es gibt doch immer noch eine serbische Republik innerhalb von Bosnien und Herzegowina?«, frage ich ahnungslos und ein wenig verwirrt.

Die Männer wechseln ein paar Blicke. Dann antwortet Glava.

»Was meinen Sie mit ›immer noch‹? Es hat schon immer einen serbischen Teil Bosniens gegeben, und es wird ihn auch immer geben. Das ist, als würde man die Protestanten in Belfast fragen, warum es immer noch so etwas wie Nordirland gibt.«

In den Straßen von Sarajevo herrscht eine rege Betriebsamkeit, eine Atmosphäre wie in jeder anderen Stadt, in der man unbeirrt seinen alltäglichen Geschäften nachgeht. Seit jeher war sie ein wichtiger Knotenpunkt auf dem Balkan, ein Ort, wo sich Reisende wie auch Händler auf ihrem Weg zwischen Mitteleuropa und der Mittelmeerregion, Westeuropa und dem Osten begegneten und austauschten und der auch während der osmanischen Belagerung seine kosmopolitische Prägung und Toleranz beibehielt. Srđan, der asketisch wirkende Filmemacher, erinnert mich daran, dass es hier einst eine blühende jüdische Gemeinde gab, die wesentlich weniger unter Verfolgung zu leiden hatte als ihre Schwestergemeinden im gesamten übrigen Europa. Ein Spaziergang durch die Innenstadt Sarajevos ist wie ein Gang durch die Geschichte, sagt er, als wir vom alten Türkenviertel aus durch das Stadtzentrum gehen, vorbei an den prachtvollen Jugendstilfassaden der k. u. k. Monarchie und bis zu den kommunistischen Wohnblöcken im Westen, die aus der Ära Tito stammen.

Wie in Mostar, so scheint man auch hier der Restaurierung der Moscheen und Kirchen oberste Priorität beigemessen zu haben. Wir kommen sogar an einen Platz, an dem – keine hundert Meter voneinander entfernt – eine Synagoge, eine katholische Kirche, ein orthodoxes Gotteshaus, eine Moschee und ein Versammlungssaal der Siebten-Tags-Adventisten nebeneinanderstehen.

Mit der Straßenbahn fahre ich zum Hotel zurück. Die Strecke führt durch die zu Kriegszeiten als »Sniper Alley«, also »Heckenschützen-Allee«, bekannte Straße, die nur unter Lebensgefahr überquert werden konnte. Beim Aussteigen blicke ich zu den Hügeln hinauf, von wo aus die Schützen ungestraft ihr blutiges Handwerk verrichteten. Eigentlich wirken die Hügel einladend, fast schon idyllisch, mit ihren Villen und Bungalows, deren rote Dächer sich von dem Grün der Hänge abheben. Doch noch vor zwölf Jahren war dies ein gefährlicher Hinterhalt, aus dem die serbischen Soldaten auf die Stadt hinunterschauen konnten wie von den Rängen eines Amphitheaters.

Über 11 000 Menschen kamen während der Belagerung Sarajevos ums Leben. Ademir sagt, es habe nach dem Krieg lange gedauert, bis er wieder zu diesen wunderschönen Hügeln hinaufschauen konnte, ohne zusammenzuzucken.

Fünfzehnter Tag
Sarajevo

Im Vorort Butmir findet sich am Haus der Familie Kolmar eine Infotafel. Überschrieben ist sie mit »Sarajevo: Olympiastadt 1984; Eingekesselte Stadt 1992–1995«. Das stimmt so allerdings nicht ganz, denn dass die Stadt die Belagerung überhaupt überlebte, verdankt sie der Tatsache, dass sie nie komplett abgeriegelt war. Einen Weg hinein und hinaus gab es, und der führte durch das Haus der Kolars.

Im Juni 1992 erzielten die UN eine Einigung mit Ratko Mladić, dem Anführer der bosnischen Serben, derzufolge der Flughafen von Sarajevo für humanitäre Hilfslieferungen geöffnet bleiben sollte. Theoretisch hätte dies eine Lücke in der Einkesselung dargestellt, wenn die UN nicht gleichzeitig mit Mladić übereingekommen wären, dass kein Bosnier den Flughafen betreten durfte. Bei dem Versuch, das Gelände zu überqueren, waren bereits rund 800 Menschen umgekommen. Die dürftig bewaffnete bosnische Armee, die die Stadt verteidigte, beschloss daher in ihrer Verzweiflung, es mit einem Tunnel zu versuchen.

Er war eng, hatte auf seiner gesamten Länge von 800 Metern eine durchschnittliche Höhe und Breite von nur einem Meter dreißig und führte quer unter dem Flughafen hindurch. Der Tunnel war häufig überflutet, zweimal sogar bis zur Decke, und doch ermöglichte er den Transport von Lebensmitteln, Medikamenten, Munition und Verstärkungstruppen. Man richtete eine einfache Schienenverbindung ein, und später führten sogar Telefonkabel sowie eine provisorische Ölpipeline hindurch. Schätzungen zufolge konnten mithilfe dieser dünnen Lebensader unter dem Flughafengelände 300 000 Menschenleben gerettet werden.

In dem Haus, an dem immer noch die Spuren der Bombardements zu sehen sind, hat man inzwischen ein Museum eingerichtet, das von Bajro und Edis Kolar geleitet wird. Edis Kolar kann nicht viel älter als dreißig sein, aber wie viele andere, denen ich in Sarajevo begegnet bin, lässt ihn seine Weltverdrossenheit wesentlich älter aussehen. Mit seiner leicht getönten Brille, seiner sanften Stimme und seiner lehrerhaften Art zu sprechen macht er zunächst den Eindruck, als könne er kein Wässerchen trüben, doch während des Krieges, als er noch ein Teenager war, gehörte er zu einer militärischen Eliteeinheit, deren Aufgabe es war, serbische Geschützposten aufzuspüren und auszuschalten.

»Mit einundzwanzig war ich schon Kriegsveteran«, sagt er und lacht bitter.

Er erinnert sich noch an mehr als vierzehn Stunden dauernde Gewaltmärsche, mit voller Ausrüstung und oft bei Dunkelheit.

»Ich habe Dinge gesehen, die die meisten Leute ihr Leben lang nicht sehen werden.«

Hinter dem Haus der Kolars empfängt uns eine ländliche Idylle. Wo einst der Tunnel verlief, sieht man nun lange Reihen von Bohnen, Frühlingszwiebeln und Kartoffeln, und auf der Wiese stehen Walnuss- und Apfelbäume. Ein Stück weiter, auf einem Acker direkt am Absperrzaun, gräbt eine Frau mit Kopftuch den Boden mit einem Spaten um. Über dem Flughafengebäude hinter ihr tastet ein roter Radarschirm den Himmel ab. Sie blickt nicht auf, als eine der beiden einzigen Maschinen an diesem Morgen aufsteigt und Sarajevo unter sich lässt.

Von dem Tunnel sind nur knapp hundert Meter übrig geblieben, doch immer wieder kommen kleine Gruppen von Touristen vorbei. Bosnier dagegen kommen kaum hierher.

»Sie erinnern sich nicht gerne daran«, sagt Edis Kolar. »Aber es wird sie immer begleiten.«

In jeder Stadt mit habsburgischer oder osmanischer Vergangenheit gibt es eine ganze Menge Cafés, und im Zentrum von Sarajevo sind es nirgendwo mehr als zwanzig Meter bis zur nächsten Tasse Kaffee. Außerdem ist immer irgendein prächtiges Bauwerk in Sichtweite, zum Beispiel die behutsam restaurierte serbisch-orthodoxe Kirche Mula Mustafa Bašeskija, eine wunderbare, nach Weihrauch duftende Stätte der Ruhe und Erbauung. Obwohl sie serbisch ist, war sie die erste Kirche, die bombardiert wurde, aber auch die erste, die nach dem Rückzug der Serben wiederaufgebaut wurde. Im türkischen Viertel findet man steinerne Minarette und Kuppeln, die mir wieder einmal die Anmut islamischer Architektur bewusst machen. In der schmalen Sarači-Straße in der Nähe des alten türkischen Marktes ragen über einer alten Bibliothek acht elegante, konische Kamine empor, die aus Stein gebaut, aber mit Blei ummantelt sind.

Gleich außerhalb der Altstadt verbreitern sich die Straßen zu einer Esplanade, die von den Österreichern angelegt wurde und sich an beiden Ufern des Flusses Miljacka entlangzieht. Die Miljacka fließt träge dahin und plätschert über mehrere flache Staustufen, hinter denen sich ein Saum aus Plastikflaschen und Bierdosen gebildet hat, die auf und ab tanzen und sich unaufhörlich im Kreis drehen.

An einer Brücke, die über dieses bescheidene Flüsschen führt, befindet sich einer der großen Wendepunkte der Geschichte – und das im wahrsten Sinne des Wortes. Auf einer unscheinbaren Steintafel, die unten in eine schlichte Mauer eingelassen ist, befindet sich (auf Bosnisch und Englisch) die folgende Inschrift: »Von dieser Stelle aus verübte am 28. Juni 1914 Gavrilo Princip das Attentat auf den österreichisch-ungarischen Thronfolger Franz Ferdinand und seine Gemahlin Sophie.« Hätte der Kutscher an jenem Morgen nicht hier angehalten, weil er nicht wusste, ob er sich nun vom Fluss abwenden oder doch lieber in die Stadt abbiegen sollte, und hätte Franz Ferdinand damit nicht ein leichtes Ziel für Princip abgegeben, dann hätte der Erste Weltkrieg vielleicht niemals begonnen – oder zumindest nicht an dieser Stelle.

Am Abend gehen wir mit Ademir, seiner Frau Selma und einigen ihrer Freunde oberhalb der Stadt essen. Das traditionelle Restaurant ist mit lauter Antiquitäten vollgestopft. Man serviert uns ein fürstliches Mahl mit verschiedenen bosnischen Köstlichkeiten, darunter ein raffiniertes, leichtes Gericht aus Teigtaschen mit Joghurt und *ćevapi*, unglaublich leckeren kleinen Röllchen aus Lamm- und Rinderhack, Pittabrot und rohen Zwiebeln, außerdem eine Art Strudel, wahlweise gefüllt mit Kartoffen oder Spinat, sowie Lamm vom

Spieß. Wir reden über Gott und die Welt, und es gibt viel zu lachen. Die Bosnier sind stolz auf ihren Sinn für Humor. Das Witzeerzählen war für viele von ihnen eine wichtige Möglichkeit, mit dem Leid des Krieges fertig zu werden.

Ganz anders die Kroaten.

»In Zagreb«, so versichert man mir, »lacht man nicht gerne.«

Dann bringen uns zwei Männer mit Gitarre und ein einundachtzigjähriger Akkordeonspieler ein Ständchen, was fast ein bisschen aufdringlich wirken würde, wäre da nicht noch Almira, eine dunkelhaarige Vierzigjährige, die eine sogenannte *sevdalinka* dazu singt. Ihre Stimme verbindet sich aufs Innigste mit dem Rhythmus der Instrumente und oszilliert gefühlvoll zwischen Schwermut und Euphorie.

Es ist wunderschön und tief bewegend. Ich frage Almira, ob sie eine professionelle Gesangsausbildung hat. »Nein«, antwortet sie, »ich bin Buchhalterin.«

Als ich mich von diesem Affront gegen meine romantische Einbildung wieder etwas erholt habe, will ich von Almira wissen, ob sie mir sagen kann, was einen typischen Bosnier ausmacht. Sie kneift ihre dunklen Augen zusammen und antwortet ohne zu zögern: »Wir sind eigensinnig, leidenschaftlich und impulsiv. Und das ist unser Problem. Aber dafür genießen wir das Leben.«

Ganz gleich, was hier einmal geschehen sein mag: Ich fühle mich ausgesprochen wohl in Sarajevo.

Sechzehnter Tag
Sarajevo

»Dort drüben im Gebüsch haben wir vier Panzerabwehrminen und eine Antipersonenmine gefunden, das Gelände ist also ein aktives Minenfeld. Bleiben Sie innerhalb des gekennzeichneten Areals. Begeben Sie sich nicht hinter die Absperrungen. Behalten Sie immer Ihren Helm auf.«

Wir befinden uns gut einen Kilometer westlich von Vrelo Bosne, einem der beliebtesten Ausflugsorte in der Umgebung Sarajevos, wo man an Tischen unter dem Blätterdach mächtiger Weiden picknicken und stundenweise Pferdekutschen mieten kann.

Wo wir gerade stehen, gibt es allerdings keine Pferdekutschen, sondern nur Transporter und Geländewagen, einen Krankenwagen, Spürhunde und Männer mit Helmen und Schutzvisier. Die Wiesen und Wäldchen sind mit rot-weiß gestreiftem Absperrband umzäunt und mit Schildern gekennzeichnet, auf denen ein Totenkopf prangt. Das hier ist verseuchtes Gelände, eines von Bosniens zahlreichen Minenfeldern. Wenn man hier picknicken wollte, dann würde man sein Leben riskieren.

»Falls irgendwas passieren sollte, fangen Sie auf keinen Fall an zu rennen, sondern bleiben Sie, wo Sie sind. Wir haben hier vor Ort ein ärztliches Notfallteam. Falls irgendwas passiert, helfen die Leute ihnen, lebend aus dem Minenfeld rauszukommen.«

Mit einem entwaffnenden Grinsen beendet Damir, ein kräftiger, gedrungener Exsoldat, der diese Räumaktion leitet, unsere Einsatzbesprechung. Dann dreht er sich entschlossen um in Richtung der Minenfelder und bedeutet uns mit einer Handbewegung, ihm zu folgen. Ich trage eine Splitterschutzweste und einen Helm, doch das macht mir nur umso bewusster, wie verletzlich ich im Grunde bin. Irgendwie habe ich das Gefühl, dort draußen könnte wirklich etwas schieflaufen. Wir mussten alle einen Haftungsausschluss unterschreiben und auch unsere Blutgruppe eintragen.

Wir marschieren los, durch eine mit blau-weißem Plastikband markierte Schneise. Auf der einen Seite, an der Böschung, haben sie die Wiese fast bis zum nackten Erdboden abgemäht, auf der anderen Seite, in der Talebene, steht das Gras noch, gesprenkelt mit einer bunten Fülle blauer, roter und gelber Blumen – Hahnenfuß, Enzian, Gänseblümchen.

Ein Stück weiter oben am Hang, halb verborgen im Gestrüpp, sieht man die Überreste einiger ziemlich großer Vorstadthäuser, die im Krieg zerstört wurden. Dort, wo früher die Fenster waren, gähnen nun Löcher, aus denen Büschel von Wiesenkerbel lugen.

Damir erzählt mir, dass die finanziellen Mittel für die Minenräumung begrenzt sind und die ländlichen Gebiete – so wunderschön sie auch sein mögen – erst ganz am Ende der Prioritätenliste stehen. Er selbst wird für seine Arbeit von der norwegischen Regierung bezahlt. Daneben gibt es noch eine ganze Reihe weiterer Geldgeber aus dem Ausland, auf die man hier angewiesen ist.

»Der Balkan ist inzwischen von der Bildfläche verschwunden. Stattdessen berichten sie jetzt über den Irak und über Darfur ... Bosnien ist einfach kein großes Thema mehr.«

Ich frage Damir nach den verschiedenen Typen von Minen, mit denen er es zu tun hat. Die PROM-1, eine sogenannte »Springmine«, ist besonders hinterhältig, sagt er.

Diese Minen haben einen Mechanismus, der entweder durch Stolperdrähte oder Druckzünder ausgelöst wird und bei der Explosion in die Luft geschleudert wird, wo dann eine zweite Ladung explodiert.

»Das ist die gefährlichste Art von Minen, die es hier auf dem Gelände gibt. Meine beiden Kollegen sind durch diese Dinger umgekommen.«

»Sie haben zwei Kollegen verloren?«

Er nickt. »Einmal nicht aufgepasst.«

Ich zucke zusammen, als wir um den Hügel gehen und in der Ferne ein lautes Dröhnen zu hören ist. Ein ferngesteuertes Gefährt mit rotierenden Ketten an seiner Vorderseite erledigt die erste Räumung und reißt dabei junge Bäume und Büsche aus, um das Areal für die nächste Phase vorzubereiten, die »Gartenarbeit«, wie Damir es nennt. Sie erfordert äußerste Sorgfalt und umfasst den Einsatz von Metalldetektoren und anschließend das schier unerträglich langsame Absuchen des Bodens auf allen vieren nach Stolperdrähten, Zündern oder anderen Hinweisen auf eine Mine. »Noch dazu sind Landminen alle grün. Das macht die Sache ungemein schwierig.«

Erst wenn diese Phase abgeschlossen ist, sind die Hunde an der Reihe. Sie können Sprengstoff aufspüren, der sich tief im Boden befindet (irgendwie muss ich dabei unvermittelt an unsere Trüffelsuche in Istrien denken).

Wir beobachten die Tiere dabei, wie sie ihre Hundeführer langsam den Hang hinaufziehen, immer am Markierungsband entlang. Die besten Minenspürhunde sind Belgische Schäferhunde, sagt Damir, obwohl manchmal auch Deutsche Schäferhunde oder Labradors eingesetzt werden. Zum Glück ist der überprüfte Streifen minenfrei, doch um uns zu demonstrieren, wie die Hunde auf Sprengstoff ansprechen, versteckt Damir eine winzige Menge TNT etwa eine Handbreit unter der Erde. Und tatsächlich: Sobald die Hündin es entdeckt hat, deutet sie mit der Schnauze darauf, setzt sich dann daneben und schaut stolz zu ihrem Hundeführer auf, der die Stelle nun markieren kann.

Damir erzählt mir, dass die meisten Minenräumtrupps aus ehemaligen Armeeangehörigen bestehen. In vielen Fällen werden die Minen von denselben Männern entschärft, die sie zuvor verlegt haben.

Er verteidigt sie jedoch. Der Einsatz von Minen war eine militärische Taktik, die im Krieg eingesetzt wurde, um Stellungen zu verteidigen und feindliche Soldaten zu töten, von denen man sonst höchstwahrscheinlich selbst getötet worden wäre. Er selbst hat im Krieg für die Armee der bosnischen Regierung gekämpft und ebenfalls Minen gelegt.

»Dabei denkt man nicht nach, was für Konsequenzen das für die Zivilbevölkerung haben könnte. Man denkt einzig und allein daran, wie man selbst mit dem Leben davonkommt. Während der Kämpfe hat sich niemand überlegt, was danach mit Bosnien geschehen würde.«

Jetzt muss das Land einen hohen Preis dafür zahlen. Manche Minentypen, vor allem die in Jugoslawien hergestellten Springminen, sind besonders unverwüstlich und verrotten nicht einfach.

»Die werden ja nicht schlecht, die liegen einfach nur da und warten.«

Durch eine der schönsten, unberührtesten Wiesenlandschaften, die ich je in Europa gesehen habe, gehen wir zurück. In England wäre die Gegend ein Naturschutzgebiet. In Bosnien ist sie eine lebensgefährliche Problemzone.

Von Sarajevo nach Dubrovnik

Ein letztes Mal stehe ich am Fenster meines Hotelzimmers und versuche, meine Eindrücke von diesem ungewöhnlichen Ort ein wenig zu sortieren. Sarajevo zu begreifen, ohne dass in Gedanken Vergangenheit und Gegenwart gleichzeitig ablaufen würden, fällt mir schwerer als bei allen anderen Städten, die ich kenne. Ich kann nicht hinunter auf die Straße schauen, ohne vor meinem inneren Auge Menschen zu sehen, die sie in Todesangst zu überqueren versuchen. Ich kann nicht zu den flachen, grünen Bergen hinüberschauen, ohne in lange Reihen von Gewehrmündungen zu blicken, die auf mich gerichtet sind. Und wenn ich das Gerippe des Parlamentsgebäudes gegenüber vom Hotel anschaue, bilde ich mir ein, das Pfeifen und Dröhnen von Raketen und Granaten zu hören.

Ich bin schockiert darüber, welches Leid diese Stadt vor gerade mal zwölf Jahren erfahren hat, und finde es zugleich ermutigend, zu sehen, wie die Menschen hier das alles überstanden haben. Ich weiß inzwischen auch, dass die meisten Sarajever, mit denen ich mich unterhalten habe, es nur ungern hören würden, wenn man dieses Leid in irgendeiner Weise als märtyrerhaft betrachten würde. Sie sind der Meinung, dass sie gar nicht erst in den Schlamassel hätten hineingeraten sollen, aber gleichzeitig ärgern sie sich über die Krokodilstränen Fremder, deren Regierungen mitansahen, wie einer der großen Städte Europas langsam die Luft abgedrückt wurde. Das Leben geht weiter – viel mehr kann man dazu wohl nicht sagen. Wir laden unser Gepäck in die Autos und schlängeln uns zwischen den langen Reihen von Taxen und Minibussen hindurch, die neue Gäste herankarren. Das Leben geht weiter, und Städte erholen sich schnell.

Ganz anders dagegen sieht es auf dem Land aus. Je weiter wir auf der kurvigen Straße Richtung Südosten kommen, umso schwieriger scheint es, die Folgen des Krieges zu verbergen. Zwischen den Bäumen sieht man zerbombte, rußgeschwärzte Ruinen von Häusern.

Eine halbe Stunde hinter Sarajevo sorgen die Straßenschilder dafür, dass uns die neuen Feindseligkeiten abermals bewusst werden. Von jetzt an in lateinischer und zusätzlich in kyrillischer Schrift zeigen sie uns an, dass wir nun gleich in die Republik Srpska kommen, eine selbst verwaltete Enklave innerhalb der Republik Bosnien und Herzegowina, die den Großteil der 1,36 Millionen Serben repräsentiert, die (neben den rund zwei Millionen muslimischen Bosniaken und den 750 000 Kroaten) in dem Land leben.

Ein vergleichsweise harmonisches Miteinander, wie es in Sarajevo wiederhergestellt werden konnte, scheint es hier offenbar nicht zu geben. Die Republik Srpska ist die Heimat der Hardliner. Auch Ratko Mladić, Anführer der Armee, die die Stadt Sarajevo drei Jahre lang im Würgegriff hielt, und immer noch der Held der bosnischen Serben, stammt aus diesem wunderschönen Tal. Wir werden von ein paar Polizeibeamten in schlecht sitzenden Uniformen und mit in den Nacken geschobenen Kappen angehalten. Sie wollen den Führerschein sehen. Ich merke, wie ich jetzt schon unwillkürlich beginne, all das hier fein säuberlich in Gut und Böse einzuteilen, doch dann treffen wir eine Gruppe serbischer Schauspieler und Straßenkünstler, die so sehr an ein multiethnisches Bosnien glauben, dass sie ihre Zeit damit verbringen, in konfliktgeladenen Regionen wie dieser durch die Schulen zu tingeln.

Sie nennen sich »Genesis« und stammen aus Banja Luka, der Hauptstadt der Republik Srpska, gut 300 Kilometer nordwestlich von hier. Dijana, die treibende Kraft hinter der Gruppe, ist ein pummeliges Energiebündel mit blonder Igelfrisur und knapp sitzenden, pinkfarbenen Stretch-Shorts. Wir begleiten sie in eine Schule in Trnovo (sprich: Ternovo), wo sie und ihr Team heute, unterstützt und ermutigt von der UNICEF, ihr 45-minütiges Puppentheater aufführen werden. Die Kinder sollen lernen, wie ein friedliches Zusammenleben aussieht, was Toleranz ist und wie man die tödlichen Landminen erkennt.

Die Schule ist in einem ziemlich desolaten Zustand. Hier hat sich nicht viel verändert, seit sie von den Bombern der NATO getroffen wurde, die nach drei Jahren der Unentschlossenheit 1995 schließlich doch mit ihrem Angriff auf serbische Stellungen begann. Ursprünglich war die Schule für 600 Kinder vorgesehen, doch heute kommen nur noch 120. Viele junge Familien warteten nicht erst, bis der Beschuss vorüber war, bevor sie von Trnovo wegzogen. Sie ließen eine Geisterstadt zurück, deren Einwohner fast alle über 65 Jahre alt sind.

Für Dijana und ihre Gruppe ist eine Situation wie diese genau die Herausforderung, die sie suchen. Mit einem Bus haben sie dreißig bosnische Kinder aus einer Nachbarschule hierher gebracht, um das Publikum aufzustocken und die verschiedenen ethnischen Gruppen zu mischen. Sie scheinen sich gut zu vertragen, so wie es bei Kindern nun mal üblich ist.

Das Stück ist unheimlich beeindruckend. Gezeigt wird eine Gerichtsverhandlung, bei der der Richter die Kinder bittet, die Geschworenen zu spielen. Und schon taucht eine Landmine auf, eine grüne Handpuppe mit Glubschaugen und irrem Blick, spitzen Zähnen und einem langen gelben Hals. Gleich darauf folgt eine Granate, die mit einem sehr realistisch wirkenden Zischen angeflogen kommt und dann explodiert. Besonders beliebt bei den Kindern ist eine niedliche dicke Hummel. Sie erklärt ihnen, dass Landminen vom Wasser davongetragen werden können – was in einem Land mit so vielen Flüssen und Bächen wie diesem eine durchaus wichtige Information ist. Die Katze hat die Maus vor Gericht gebracht, weil diese bei sich zu Hause eine Waffe aufbewahrt. Die Kinder werden aufgefordert, der Maus zu erklären, warum es nicht gut ist, mit einer Pistole zu spielen.

Das alles geschieht mit viel Lärm und Trubel und einer für ein so düsteres Thema doch ziemlich großen Portion Humor. Die Kinder sind völlig hingerissen.

Es gibt durchaus auch Positives zu berichten, meint Dijana: Die Zahl der Unfälle mit Minen sinkt Jahr für Jahr. Während 2005 in Bosnien und Herzegowina insgesamt noch neunzehn Opfer zu verzeichnen waren, sind 2006 bislang nur acht Menschen durch eine Mine getötet und vier schwer verletzt worden. Die schlechte Nachricht ist jedoch, dass es ihren Schätzungen zufolge noch siebzig Jahre dauern wird, bis die Menschen hier wieder überall gefahrlos die Felder bestellen und in allen Wäldern Kräuter sammeln können.

Je weiter wir nach Südosten Richtung Trebišnjica-Tal kommen, umso verlassener und trostloser wirkt die Landschaft. Es gießt in

Strömen, der Himmel sieht schwarz und bedrohlich aus, und man sieht immer weniger Siedlungen. Unsere Ankunft bei einem von gedrungenen, knorrigen Kiefern umstandenen Gasthaus am Straßenrand schreckt einen großen Hund auf, schwarz wie der Himmel, der mit wütendem Gekläff aufspringt und wie verrückt an seiner rasselnden Kette zerrt.

Dann wird die Stimmung noch unheilvoller, denn die Berge rings um uns werden höher, die Wolken dichter und der Regen heftiger. Als wir schließlich die Grenze der Republik Srpska erreichen, ist es Nacht. Nur wenige Hundert Meter vor uns weht die rot gewürfelte kroatische Flagge und kündigt unsere Rückkehr nach Kroatien an.

KROATIEN

Dubrovnik

Sarajevo und Dubrovnik liegen gerade mal 150 Kilometer Luftlinie voneinander entfernt, und doch könnten sie von ihrem äußeren Erscheinungsbild her nicht unterschiedlicher sein. In Sarajevo sind die Wunden des Krieges unübersehbar, während der Nachbar im Süden wieder glitzert und funkelt wie frisch poliert. Was einem dennoch als eines der ersten Dinge auffällt, wenn man die geschnicgclte Altstadt durch das Ploče-Tor betritt, ist eine Tafel mit einem großen Stadtplan. Er zeigt, dass auch die »Perle der Adria« nicht von der Welle der Gewalt verschont blieb, die den Balkan erschütterte.

Unter der Überschrift »Plan der Altstadt mit Beschädigungen, die in 1991–1992 durch die Aggression der Jugoslawischen Armee, Serben und Montenegriner auf Dubrovnik entstanden sind« veranschaulicht ein Muster aus farbigen Punkten und Dreiecken die Auswirkungen des Beschusses im Detail: »Dach beschädigt durch Direktschuss einer Granate«, »Verbranntes Gebäude«, »Dach beschädigt durch Granatsplitter« und sogar »Direktschuss ins Straßenpflaster«. Um den Schaden zu dokumentieren, den Sarajevo erlitten hat, bräuchte man vermutlich einen Stadtplan von der Größe eines Fußballfeldes. Tatsache bleibt dennoch, dass – aus Sicht Westeuropas – die beiden größten Freveltaten des Krieges die Zerstörung der Brücke von Mostar und die Bombardierung Dubrovniks waren.

Dubrovnik, oder Ragusa, wie die Stadt bis 1918 hieß, war schon immer ein Besuchermagnet. Die massiven Stadtmauern waren im 16. Jahrhundert von italienischen Baumeistern errichtet worden, in der Absicht, die dort ansässigen Kaufleute und Händler zu schützen und sich gegen die Macht und Pracht Venedigs, der streitbaren Konkurrentin im Norden, zu behaupten. Die ersten Mörsergranaten, die im November 1991 fielen und vor allem die historische Altstadt zum Ziel hatten, stellten somit nicht nur einen Affront gegen die stolze Stadt Dubrovnik dar, sondern auch eine massive Bedrohung ihrer Existenzgrundlage.

Branka Franičević, die heute als Fremdenführerin arbeitet, war Mitte dreißig, als all dies geschah. Wir sitzen draußen vor einer *kavana*, einem Café, in der Stradun, der langen, gepflasterten Straße, die sich durch die gesamte Altstadt zieht, und unterhalten uns.

Sie denkt an jenen Morgen zurück, an dem die Stadt zum ersten Mal getroffen wurde. »Zuerst dachte ich nur, in der heutigen Zeit kann doch kein normaler Mensch eine Stadt wie Dubrovnik bombardieren«, erzählt sie. »Dann hörte ich ein sehr seltsames Geräusch. Ich glaubte zunächst, dass ich mich wahrscheinlich nur im Schlaf umgedreht hätte, aber dann kam meine Mutter herein und schob mich in den Keller unseres Hauses. Gleich danach tauchte dort unsere Nachbarin mit einem Glas Cognac und einer Zigarette auf.«

Von da an waren nicht mehr die Granaten das Schlimmste, sondern die Rationierung der Wasser- und Stromversorgung. »Fünf Monate lang musste unsere gesamte Familie mit nur fünf Litern Wasser pro Tag auskommen.« Sechs Jahrhunderte nachdem sie zum Schutz der Stadt erbaut worden waren, nutzte man die gewaltigen Felsenfestungen erneut als Zufluchtsstätten.

»In der Revelin-Festung am Ostportal kamen zweitausend Menschen unter und verbrachten dort neun Monate mit nur einer Toilette. Interessanterweise gab es trotzdem keine Seuchen oder so was Ähnliches.«

Was es dagegen zur Genüge gab, war *rakija*, ein starker Kräuterschnaps.

»Er hat die Leute bei Laune gehalten«, erzählt Branka mit verschmitztem Lächeln. Es wurde groß gekocht, viel gesungen und getanzt und ausgiebig darüber diskutiert, was man tun würde, wenn die Serben versuchen sollten, in die Stadt einzudringen – sogar siedendes Olivenöl zog man in Erwägung. Kurzum, die Menschen hier ließen es sich so gut gehen, dass Branka, als der Krieg vorbei war und die Touristen erst einmal ausblieben, ein bizarres Gefühl der Erleichterung verspürte.

»Ich hatte das Gefühl, dass die Stadt wieder mir gehört.«

So schockierend es auch gewesen sein muss, als 2000 Granaten mit abscheulicher Willkür auf einem so begrenzten Areal landeten: Mit dem Leid, das man Sarajevo und seinen Bewohnern angetan hat, lässt es sich nicht vergleichen. In Dubrovnik waren bereits wenige Monate nach Ende des Belagerungszustandes siebzig Prozent der Dächer neu gedeckt, die Mauern waren ausgebessert, und in der Stadt kehrte wieder der Alltag ein.

Wie um diese Entwicklung zu veranschaulichen, ergießt sich plötzlich eine Flut von Touristen durch das Pile-Tor, den westlichen Zugang zur Altstadt, und innerhalb weniger Minuten ist die Stradun vollgestopft mit Urlaubern.

Branka und viele andere Einheimische sind der Meinung, dass es die Kreuzfahrtschiffe sind, die der Altstadt die Luft abdrücken. Allein von einem Schiff können es bis zu zweieinhalbtausend Besucher sein, die sich durch die engen Gässchen drängen. Sie lassen im Durchschnitt nicht mehr als dreizehn Euro da, während die Touristen, die in den Hotels und Pensionen an Land übernachten, über hundert Euro pro Person ausgeben. Viele, denen die Altstadt am Herzen liegt, drängen darauf, die Größe der Schiffe einzuschränken, um das Flair dieses Viertels zu bewahren. Man kann sich zwar nur schwer vorstellen, dass eine Stadt eine Vorschrift erlässt, die sich gegen ihre eigene Attraktivität richtet, doch der Bürgerstolz in Dubrovnik/Ragusa hat eine lange, ehrenhafte Tradition. Laut den Aufzeichnungen der irischen Schriftstellerin Dervla Murphy führte die Stadt als erste in Europa die Müllentsorgung ein sowie eine Trinkwasserversorgung mit Bußgeldern im Falle der Verunreinigung, schaffte bereits im 17. Jahrhundert die Folter und im 15. Jahrhundert den Sklavenhandel ab und ließ innerhalb ihrer Stadtmauern zu keinem Zeitpunkt der Geschichte die Inquisition zu. Fußgängerzonen wurden hier schon vor Hunderten von Jahren eingerichtet. Es wäre also nicht weiter verwunderlich, wenn diese respektable Stadt irgendwann auch die Zahl der Touristen reglementieren würde.

Mit einem Mal fegt ein Wolkenbruch die Straßen leer – effektiver als ein Gesetz es je könnte – und lässt anschließend das glatt polierte Pflaster der Stradun, Kalkstein von der knapp zwanzig Kilometer weiter nordwestlich gelegenen Insel Korčula, im klaren Sonnenlicht glänzen.

Später gehe ich im kühlen Wasser der Adria schwimmen. Vom Ufer weht der Geruch nach frisch gegrilltem Fisch herüber, und ein dunstiger, zitronengelber Sonnenuntergang entschädigt mich für die unheilvollen Wolken des Vortages.

Zwanzigster Tag
Dubrovnik

»Wer das Paradies auf Erden sucht, sollte nach Dubrovnik reisen«, schrieb einst George Bernard Shaw in einer seiner sonst eher raren Reiseaufzeichnungen. Diese Worte kommen mir in den Sinn, als auf dem Weg ins Frühstückszimmer meines Hotels von der Hintertreppe her eine verzweifelte Stimme mit unverkennbarem Yorkshire-Akzent zu mir heraufdringt.

»Ich habe mich verlaufen!«

Eine zweite Stimme, ebenfalls eindeutig aus Yorkshire, nur diesmal männlich, ruft von oben zurück.

»In welches Stockwerk wollen Sie denn, meine Liebe?«

»Minus eins.«

Innerhalb der Stadtmauern Dubrovniks ist nichts besonders weit voneinander entfernt, und so findet man im Kreuzgang der Franziskanerabtei, nur wenige Meter jenseits der Welt der Kreuzfahrtler, vollkommene Ruhe und Beschaulichkeit. Mit ein paar anderen Leuten lausche ich dort einem bosnischstämmigen Lautenspieler namens Edin Karamazov. Er beherrscht sein Instrument perfekt und hat eben ein Projekt mit dem weltberühmten englischen Popmusiker Sting abgeschlossen, für das sie gemeinsam die Werke des englischen Lautenisten und Shakespeare-Zeitgenossen John Dowland aufgenommen haben.

Der hübsch gestaltete Innenhof des Klosters mit seinen kreuz-

förmig verlaufenden, duftenden Buchsbaumhecken, den Oleander-
büschen und Bougainvillea, Palmen und Obstbäumen strahlt Geborgenheit aus. Die doppelreihigen, hellen Steinsäulen des Kreuzgangs
sind von schlichter Eleganz, doch der wahre Blickfang sind die
kunstvollen, sorgfältig restaurierten Kapitelle. Auf einem davon
sieht man angeblich den Baumeister höchstpersönlich, Mihoje
Brajkov, die eine Backe dick geschwollen, weil er damals gerade
Zahnschmerzen hatte. Der Mann hatte offensichtlich Humor, denn
hier tummeln sich statt Engeln und Evangelisten eher groteske Kre-
aturen, karikierte Gestalten und wilde Ungetüme. Brajkov starb
1348 an der Pest, die als »Schwarzer Tod« über Europa hinwegfegte
und ein Drittel der gesamten Bevölkerung dahinraffte.

Edin könnte fast als Brajkov von heute durchgehen. Er ist außer-
ordentlich begabt und hat einen äußerst trockenen Humor. Seine
Augen sind groß und ausdrucksvoll, und ständig wischt er sich ent-
nervt eine widerspenstige Strähne seines schwarzen, zottigen Haa-
res aus dem runden Gesicht.

»Ich muss mal wieder zum Friseur«, entschuldigt er sich. »Ich
sehe aus wie ein bosnischer Busfahrer.«

Von Edin erfahre ich auch, dass die Laute zum ersten Mal im siebten Jahrhundert in Syrien erwähnt wird, wo das Instrument *al oud*
genannt wurde. Dann kam es über Spanien nach Europa, wurde *la
oud* und schließlich zur »Laute«. Das Exemplar, auf dem er gerade
spielt, hat vierzehn Saiten und wurde 1600 gebaut. Um auch nur
dem geringsten Verdacht entgegenzuwirken, er würde sich mit
einem touristischen Standardprogramm begnügen, stellt er sich
selbst mit einer Adaption von Bachs *Toccata und Fuge* auf die Probe,
einem Werk, das ursprünglich für Orgel komponiert wurde.

Mit gerunzelter Stirn legt er die Finger an die Saiten.

»Ist gar nicht so leicht. Organisten haben ja immerhin auch noch
zwei Füße.«

Doch das Ergebnis lässt sich hören: Edin spielt wunderbar und
mit einer unglaublichen Fingerfertigkeit, und selbst als eine Saite
reißt, scheint sie dies genau an der richtigen Stelle im Stück zu
tun.

»Gibt es nichts, was du auch ohne die Saite spielen könntest?«

Edin runzelt die Stirn, nickt und setzt zu einer höchst virtuosen Version des Musical-Hits »Over the Rainbow« an.

Edin hat zunehmend Erfolg als Musiker, denn sein Instrument, das seit Mozarts Zeit in Vergessenheit geriet, erfreut sich inzwischen wieder großer Beliebtheit.

»Sonst trete ich in Konzertsälen auf, aber es gibt keinen schöneren Ort als hier, wo ich im Freien spielen kann. In Dubrovnik lassen sie einen alles machen. In Venedig ist überall Polizei, alles wird kontrolliert. Aber hier kann man machen, was man will.«

Es ist unser letzter Abend in Dubrovnik, und so landen wir irgendwann in einer Jazz-Bar unten am alten Hafen. Die Band, die dort spielt, bekommt hin und wieder Verstärkung von einem Mann, der Gérard Depardieu zum Verwechseln ähnlich sieht. In regelmäßigen Abständen wälzt er sich hinter dem Tresen hervor, gibt mit dröhnender Stimme irgendeine Version eines Jazz-Klassikers zum Besten und verschwindet dann wieder hinter der Bar, um nachzutanken.

Man sagt mir, dass ich ihn in den kommenden Tagen noch besser kennenlernen werde. Er ist der Kapitän des Bootes, das uns morgen nach Albanien bringen soll.

Einundzwanzigster Tag
Von Dubrovnik nach Durrës

Unser Boot mag zwar »Adriatic Paradise« heißen, aber Kapitän Neven (dessen Nachnamen ich übrigens nie erfahre) gibt zu, dass es noch ein paar Probleme gibt. Eines davon ist, dass er noch nie zuvor in Albanien war.

»Es gibt garantiert nicht mehr als fünfzig Kroaten, die überhaupt schon mal dort waren.«

Er jedenfalls – und das ist das zweite Problem – hat keine Lust, nach Albanien zu fahren, und versteht auch nicht so recht, warum es irgendjemandem anders gehen sollte.

Nachdem er das erst mal klargestellt hat, ist er dann doch ganz umgänglich und macht uns auf einige interessante Dinge aufmerksam, die uns unterwegs begegnen. So kommen wir beim Verlassen des Hafens beispielsweise an einer eleganten Hängebrücke vorbei, die an einem Fächer aus grauen Stahlseilen aufgehängt ist. Im Zusammenhang mit der Namensgebung soll es hitzige politische Diskussionen gegeben haben. Die Linken wollten sie »Dubrovnik-Brücke« nennen, die Rechten dagegen »Franjo-Tuđman-Brücke«, nach ihrem nationalistischen Expräsidenten. Nach einem langen, erbitterten Streit einigte man sich auf einen Kompromiss: Jetzt heißt die Brücke »Dubrovnik-Brücke Franjo-Tuđman«. Kapitän Neven – mit zerzaustem Haar und Kugelbauch – ist sichtlich amüsiert, als er mir davon erzählt.

Wir genießen einen wunderbaren letzten Blick auf das alte Dubrovnik: Auf der einen Seite sieht man die Befestigungsmauern, auf der anderen die vorgelagerte Insel Lokrum. Erzherzog Maximilian von Habsburg wollte aus dem Kloster der Insel einst eine Sommerresidenz für sich und seine Gattin machen. Die Einheimischen wussten, dass dies kein gutes Ende nehmen würde, und sie sollten recht behalten. Maximilian erhielt später den Titel Kaiser von Mexiko, wurde dort jedoch 1867 von einem Exekutionskommando erschossen. Seine Gattin verlor den Verstand. Kronprinz Rudolf maß dem Aberglauben der Einheimischen keine Bedeutung bei und beschloss, seine Flitterwochen auf der Insel zu verbringen. Ein paar Jahre später beging er Selbstmord, nachdem er seine Geliebte erschossen hatte.

Aber: Lokrum hat einen FKK-Strand.

Die Mannschaft der »Adriatic Paradise« ist ein sonderbares Grüppchen: Sie besteht aus zwei eher mürrischen Männern Ende dreißig und einer faszinierenden, geheimnisvollen Frau in einem tief ausgeschnittenen Kleid, hochhackigen Schuhen und einem schwarzen Strohhut – vermutlich die Bedienung/Begleitung, die man uns angekündigt hat.

»Ach, das ist Nada«, sagt der Kapitän, was uns erst ein wenig grob erscheint, bis wir kapieren, dass das ihr Name ist.

Beim Mittagessen schenkt sie uns zwar ein paar Gläser Bier ein, aber von da an ignoriert sie uns völlig und verbringt den ganzen Nachmittag draußen an Deck, wo sie ein Kleidungsstück nach dem anderen ablegt, bis sie nur noch ihren schwarzen Strohhut anhat.

Jetzt traut sich natürlich keiner von uns mehr, sie um eine Tasse Kaffee zu bitten.

Kapitän Neven sitzt hinter dem Steuerrad und hat fast ständig das Handy am Ohr. Er stammt aus Zagreb, der Hauptstadt Kroatiens. Im Sommer betreibt er mit seinem Bruder einen Bootsverleih, im Winter tritt er als Sänger in Musicals und Operetten auf. Letztes Jahr war er der Judas in der Zagreber Produktion von »Jesus Christ Superstar«, die eine fünfzehntägige Spielzeit hatte – was anscheinend relativ lang ist für ein Musical aus dem Ausland, das auf Kroatisch gesungen wird. Im ehemaligen Jugoslawien hatten derartige Shows wesentlich bessere Chancen, sagt Neven, denn damals wurde in fünf Ländern dieselbe Sprache gesprochen, und das potenzielle Publikum war somit fünfmal so groß.

Am Nachmittag wird ein Schlauchboot flottgemacht, das gleichzeitig als Rettungsboot fungiert, damit Nigel ein paar Aufnahmen von der »Adriatic Paradise« unter voller Besegelung machen kann. Leider steht in dem Schlauchboot knöcheltief das brackige Salzwasser, und als die Männer das Boot über die Reeling auskippen, schwappt die Brühe durch ein offenes Bullauge und landet direkt auf einem Koffer mit frisch gewaschener Kleidung. Eine Stunde später stellt sich heraus, dass es meiner war.

Das Setzen der Segel hat sich mittlerweile als Ding der Unmöglichkeit erwiesen, sodass die Idee mit den Aufnahmen ins Wasser fällt.

Der Kapitän wirft seinen Männern finstere Blicke zu und lässt seinen Frust an Albanien aus.

»Albanien ist für uns eine Art schwarzes Loch«, bemerkt er mürrisch. »Es gibt keinen Grund, dorthin zu fahren. Und denen geht es wahrscheinlich genauso.«

Ich versuche ihm zu erklären, dass es gerade das Geheimnisvolle und Abgeschiedene des Landes ist, das mich reizt, aber er zeigt sich von derartigen romantischen Anwandlungen nur mäßig beeindruckt.

Es ist unübersehbar, dass der Kapitän selbst jetzt noch, wo wir schon ein gutes Stück weit gefahren sind, nichts unversucht lassen wird, nur um nicht nach Albanien zu müssen. Irgendwann schlägt er sogar vor, doch lieber in Montenegro vorbeizuschauen, wo sie gerade ihre neu gewonnene Unabhängigkeit feiern. (Am vergangenen Donnerstag hat Montenegro per Referendum seine Loslösung von Serbien beschlossen – obwohl seine Bevölkerung nur unwesentlich größer als die von Sheffield ist – und ist damit der jüngste Staat Europas.) Dort wird sicher einiges los sein, meint Neven, denn schließlich sind die Montenegriner berühmt für ihre Faulheit.

Über einem oder zwei Gläsern Wein stellt sich bei ihm jedoch wieder die gewohnte Herzlichkeit ein, und als die Sonne allmählich untergeht, kredenzt er uns ein hervorragendes Miesmuschelrisotto mit türkischen Gewürzen – »die Kroaten verwenden nicht gerne Gewürze« – und verfällt sehr schnell in eine ausgesprochen heitere, gelöste Stimmung.

Später lege ich mich unter Deck in meiner stickigen, kleinen Kajüte aufs Bett. Beide Bullaugen stehen weit offen, und das Einzige, was außer dem ohrenbetäubenden Hämmern des Motors zu hören ist, ist der Kapitän, der in den höchsten Tönen singt.

Zweiundzwanzigster Tag
Von Dubrovnik nach Durrës

Als ich aufwache, hat es noch kaum zu dämmern begonnen. Die Küstenlinie, zu so früher Stunde nur undeutlich zu erkennen, verläuft hier flacher und sanfter als in Kroatien, wo sie von hohen, grauen Klippen geprägt ist.

Heute Morgen hat die »Adriatic Paradise« nichts Homerisches an sich. Nada und die beiden anderen »Matrosen« sind nirgendwo zu sehen. Kapitän Neven ist am Steuerrad festgeschnallt, schläft tief und fest und schaukelt mit der Dünung sanft hin und her. Ich schaue nervös in Fahrtrichtung und frage mich, ob ich ihn aufwecken soll, da wir direkt auf eine kleine Insel zufahren.

Zwei Stunden später, nachdem wir uns selbst das Frühstück zubereitet haben, ist auch der Kapitän wach. Er steht am Steuer, telefoniert angeregt mit dem Handy und wirft skeptische Blicke auf die Küste, die nun vor uns liegt.

Im Südosten taucht Durrës auf, Albaniens bedeutendste Hafenstadt, umgeben von grünen Hügeln mit Reben, goldgelbem Ginster und Strommasten. Was es hier nicht gibt, sind die weiß getünchten, ziegelgedeckten Häuser, die den Städtchen und Dörfern entlang der kroatischen Küste ihren Reiz verliehen. Durrës selbst, dessen Silhouette von großen Wohnblöcken und Baukränen bestimmt ist, macht jedoch einen recht geschäftigen Eindruck.

Kapitän Neven starrt zur Stadt hinüber.

»Alles neu. Im Kommunismus gab es noch keines von den Gebäuden hier. Ist alles neu gebaut. Mit Geld aus Italien.«

Er schüttelt nur den Kopf und scheint fest entschlossen, sich nicht beeindrucken zu lassen. »In Kroatien würden sie niemanden solche Dinger bauen lassen. Nicht an der Küste.«

Einen Funken Optimismus zeigt er dann aber doch.

»Das Essen soll ganz gut sein. Ein bisschen so wie in der Türkei. Achtzig Prozent der Albaner sind Muslime. Die fünfhundert Jahre türkischer Einfluss haben hier überall ihre Spuren hinterlassen – beim Essen und bei der Mentalität. Und auch bei der Abstammung.«

»Stärker als in Kroatien?«

Er nickt und blickt prüfend Richtung Küste.

»Ja, viel stärker.«

Schon eine Weile lang krächzt es immer wieder aus dem Funkgerät. Irgendjemand scheint unbedingt Kontakt mit uns aufnehmen zu wollen. Kapitän Neven lässt das kalt. Drei Fischerboote mit steilem Bug kreuzen unsere Route auf ihrem Weg hinaus aufs offene Meer.

Der Kapitän ignoriert die Funksprüche beharrlich, bis schließlich klar ist, dass man uns auffordert, in den Hafen einzulaufen und uns auszuweisen. Ich habe den Verdacht, dass er, der allem, was albanisch ist, mit fatalistischem Misstrauen begegnet und daher nur widerwillig das Steuer herumreißt, befürchtet, er könnte nie wieder von hier wegkommen, wenn er erst einmal angelegt hat.

Entlang der Kaimauer fahren wir in den Hafen ein. Er wirkt übersichtlich und ordentlich, und es herrscht kein übermäßiger Betrieb. Aus Italien – nur knapp hundert Kilometer jenseits der Straße von Otranto – sind zwei große Fähren angekommen. An der langen Hafenmauer liegen ein Dutzend feldgrauer Patrouillenboote. Genutzt werden sie allem Anschein nach von den Italienern, Albaniens »Quasi-Nachbarn«. Seit dem Ableben des erzstalinistischen Diktators Enver Hoxha (sprich: Hodscha) 1985, der das Land in strenger Isolation vom gesamten übrigen Europa gehalten hatte, ist Italien wieder der wichtigste Handelspartner des Landes.

Sobald wir im Hafen angelegt haben, halten die Herren von der Hafenbehörde unserem Kapitän erst einmal – auf Englisch – eine gehörige Standpauke, weil er sich in albanischen Hoheitsgewässern befindet, ohne die entsprechende Landesflagge gehisst zu haben. Der Kapitän muss schließlich zugeben, dass er gar keine albanische Landesflagge besitzt, doch es ist schnell eine für ihn organisiert.

Wir sind noch nicht lange da, als plötzlich ein Mercedes neben unserem Boot anhält und zwei dünne, dunkelhäutige Männer mit kurzem, schwarzem Haar aussteigen. Sie verziehen keine Miene.

»Wir sind von der Presse«, verkünden sie mit gewissem Dünkel und fingern an Ausweisen von der Größe eines Brustharnischs herum. »Wie gefällt Ihnen unser Land?«

Wir antworten, dass die Frage nur schwer zu beantworten sei, weil noch keiner von uns Gelegenheit gehabt habe, an Land zu gehen.

Ihr Interesse erlahmt daher schon bald, und sie sind so schnell wieder fort, wie sie kamen.

Die nächste Stimme, die ich hier in Albanien zu hören bekomme, hat einen unverkennbar schottischen Akzent. Sie gehört einem kleinen, braun gebrannten Mann mit haarigen Beinen, der mit einer Gruppe von Kollegen Hilfstransporte von den Hebriden bis in den Kosovo fährt. Er warnt uns vor dem miserablen Zustand der Straßen.

Als alle Dokumente überprüft sind, dürfen wir endlich albanischen Boden betreten. Nur Minuten später hat Kapitän Neven uns bereits den Rücken gekehrt und fährt so schnell Richtung Kroatien zurück, als ginge es um sein Leben. Während das Boot Fahrt aufnimmt, flattert an der Takelage der schwarze albanische Doppeladler.

ALBANIEN

Dreiundzwanzigster Tag
Durrës

Donnerschläge und das Geräusch des Regens, der gegen das Fenster peitscht, reißen mich aus meinem ohnehin unruhigen Schlaf.

Der Morgenhimmel, der sich mir vom Hotel Adriatik aus zeigt, ist vom Sturm gezeichnet, mit dunklen Wolkenballen am westlichen Horizont und einer fahlen Sonne, die verzweifelt durchzukommen versucht.

Am Strand sieht man lange Reihen leerer Liegestühle.

Das Abendessen hier war ordentlich, aber das Frühstück ist erstaunlicherweise ziemlich dürftig. In einem beängstigend großen Speisesaal mit Säulen und einer Wandverkleidung mit aufgemalten Albanern in Landestracht serviert man uns Dosenobst, leicht ranzige Butter und dünne Streifen Weißbrot.

Unter den wenigen anderen Gästen befindet sich auch ein Pärchen – er Namibier, sie Schwedin – mit einem kleinen Kind namens Felipe. Es ist ungefähr so alt wie Archie, mein ältester Enkel, der zwei Monate vor meiner Abreise zur Welt kam. Das muntere Kerlchen mit seinem unwiderstehlichen Lächeln lässt bei mir ganz plötzlich ein schmerzliches Gefühl von Heimweh aufkommen.

Spaziergang am Strand. Anders als in Kroatien, wo die Küste felsig ist, gibt es hier einen langen Sandstrand, auch wenn man ihn nicht gerade als golden bezeichnen kann. Ein paar Männer sind schon früh unterwegs, um die dicken Streifen aus Schaum und Seetang wegzuräumen, die der Sturm in der vergangenen Nacht angeschwemmt hat. Den Unmengen neu gebauter Hotels und Ferienhäusern nach zu urteilen müsste der Tourismus in Albanien boomen. Überall sieht man blinkende Neonschilder mit der Aufschrift »Fast Food!«. Viele Kosovaren verbringen ihren Urlaub hier, sagt man mir.

Am Strand stößt man in regelmäßigen Abständen auf runde, zwischen einem und sechs Meter hohe Betonbunker. Manche liegen halb zerfallen in der Brandung vergraben, andere sind noch so gut in Schuss, dass man sie in knalligen Farben bemalt und zu provisorischen Strandbars umfunktioniert hat. Insgesamt soll es im ganzen Land rund 400 000 solcher Bunker geben, das wäre, wenn man sie auf die Gesamtbevölkerung Albaniens umlegt, einer für je acht Personen.

Sie sind das Erbe von Enver Hoxha, der nach dem Zweiten Weltkrieg in Albanien einen harten kommunistischen Kurs einschlug. Als Stalin schließlich in Misskredit geriet und die Sowjetunion sich mit China über der Frage nach der Zukunft des Kommunismus entzweite, stellte Hoxha sich auf die Seite Chinas, billigte ausdrücklich die Kulturrevolution des Parteivorsitzenden Mao und erklärte das winzige Albanien zum ersten atheistischen Staat Europas.

In seiner paranoiden Angst vor einer Invasion befahl er nicht nur den Bau der Bunker, sondern verbot den Albanern außerdem den Besitz von Landkarten und das Abhören des BBC World Service, ein Verbrechen, das mit acht Jahren Gefängnis bestraft wurde.

All dies wirkte sich auf Albanien aus wie ein Kälteschock: Vergangenheit und Zukunft spielten ab sofort keine Rolle mehr, und das Land verharrte rund vierzig Jahre in dieser Isolation.

Seit es die politischen Hardliner nicht mehr gibt, erlebt Albanien eine Rückbesinnung auf seine lange und traditionsreiche Geschichte. Im siebten Jahrhundert vor Christus war an dieser Stelle eine Stadt namens Epidamnus gegründet worden. Sie wurde später in Dyrrachium und dann in Durrës umbenannt. Dyrrachium entwickelte sich zu einem der wichtigsten Nachschubhäfen für das östliche Römische Reich – und interessanterweise zugleich zu einer Brutstätte des Venuskults.

Heute herrscht hier eher tote Hose, aber dafür verfügt Durrës über die Ruinen eines römischen Bades sowie eines Amphitheaters, und zwar dem größten seiner Art auf dem gesamten Balkan. Es befindet sich in der Nähe des Hafens, ein Stück weit hügelaufwärts, und obwohl man an einer Seite Häuser auf das Gemäuer gepfropft hat, ist noch genug davon erhalten, dass man die Tribünen vor seinem inneren Auge mühelos mit einem blutdürstigen Publikum von 15 000 Menschen füllen kann. Der Tunnel, aus dem die Gladiatoren hervorkamen, ist auch heute noch zu sehen, und in meinem Reiseführer steht, dass bei den Ausgrabungen vierzig Skelette mit gebrochenem Genick freigelegt wurden.

Inzwischen ist das Gelände am Boden des Amphitheaters grün und morastig, und das Einzige, was aus dem Tunnel hervorkommt, ist das Quaken Hunderter Frösche.

Außerhalb des Amphitheaters kann man einen weiteren Schatz aus dem Füllhorn der Geschichte besichtigen, eine Stadtmauer von zwei Metern Dicke und fast acht Metern Höhe, erbaut aus Ziegelstein und Bruchstein in abwechselnden Lagen. In den Bruchsteinschichten finden sich auch mehrere antike Säulenkapitelle. Sie wurde vor rund 1500 Jahren errichtet, als das Römische Reich geteilt und dieses Gebiet von Konstantinopel aus regiert wurde. Seit dieser Zeit war Albanien quasi ein Teil Osteuropas und ist bis heute eines derjenigen Länder, die am wenigsten von westlichem Gedankengut beeinflusst sind.

Doch dann treffe ich Ardi Pilaj. Mit seinem Handy, das ständig seine Aufmerksamkeit erfordert, den weißen Turnschuhen mit roten Schnürsenkeln, der schwarzen Samtjacke, den Ohrsteckern und dem Gummibändchen mit dem Aufdruck »Deutschland 2006« am Handgelenk sieht er genauso aus wie die jungen Männer, denen man irgendwo im Westen auf der Straße begegnet. Auch was seine Ansichten betrifft, zeigt er sich aufgeklärt und gut informiert, so wie es sich nun mal für einen Journalisten gehört, der – unter anderem – für die BBC arbeitet.

Ardi begleitet uns mit dem Zug in die albanische Hauptstadt Tirana, und da wir vor der Fahrt noch ein wenig Zeit haben, gehen wir in der Nähe des Bahnhofs von Durrës einen Kaffee trinken. Gerade kommt ein übereifriger Ober an unseren Tisch, als es plötzlich einen Stromausfall gibt. Er schickt uns in das Café schräg gegenüber, doch kaum haben wir es betreten, gehen auch dort die Lichter aus. Ardi sagt, das Problem sei nicht, dass es nicht genug Strom gäbe, sondern lediglich, dass das Stromnetz immer noch dasselbe sei wie unter Hoxha. Anders als in manchen anderen Staaten gab es in Albanien keinen allmählichen Übergang von der kommunistischen zur heutigen Zeit. Im Jahr 1996 war die Wirtschaft durch den gleichzeitigen Kollaps mehrerer Schneeballsysteme im Finanzsektor komplett zusammengebrochen, was auf den Straßen für nahezu anarchische Zustände sorgte.

Auf dem Weg vom Café zum Bahnhof läuft uns eine kleine Schar von Kindern hinterher. Sie reiben sich den Bauch und führen die Hand zum Mund. Älter als zehn oder elf sind sie bestimmt nicht, doch mit ihren faltigen, vorzeitig gealterten Gesichtern sehen sie eher aus wie Fünfzigjährige. Im Bahnhofsgebäude, einem schmucklosen, nüchternen Betonklotz, schlendern die Fahrgäste gelangweilt auf und ab. Es ist, als würde hier alles mit halber Geschwindigkeit ablaufen.

Die Spatzen, die über unseren Köpfen durch die Luft schießen, sind die einzigen lebendigen Wesen, in denen Energie zu stecken scheint.

Eine tschechische Diesellok zieht den aus Tirana kommenden Zug in den Bahnhof, und wir steigen ein. Obwohl die meisten Fensterscheiben gesprungen oder zerschlagen sind – von steinewerfenden Kindern, sagt Ardi –, schiebt sich ein Team von Reinigungsdamen durch die Abteile und bürstet jedes einzelne Staubkörnchen von den Sitzen.

Tirana ist nur vierzig Kilometer von Durrës entfernt. Die Fahrt dauert eine gute Stunde. Aus der Ebene erheben sich allmählich flache Hügel, gekrönt von Plakatwänden, auf denen in großen Lettern die Namen von Albaniens neuen Verbündeten prangen: »Vodafone«, »Heineken«, »DHL«.

Ardi erzählt mir mehr über sein Land. Er ist das im Ausland vorherrschende Image von Albanien als Zuflucht für Zuhälter, Menschenhändler und andere Kriminelle leid.

»Bis jetzt sind Ihnen doch noch nicht viele Kriminelle begegnet, oder?«

Ich lächle und schüttle den Kopf.

Ardi breitet die Arme aus. »Wissen Sie, wenn ich nachts durch Tirana gehe, fühle ich mich sicherer als in Amsterdam oder Paris oder London.«

Das größere Problem ist aus seiner Sicht nicht die Bandenkriminalität, sondern die Abwanderung gut ausgebildeter Albaner. Viele Intellektuelle und hoch qualifizierte Menschen sind nach Griechenland, Italien, in die USA oder andere Länder gegangen, um dort Arbeit zu finden. Solange sie nicht zurückkehren, wird Albanien immer hinter dem restlichen Europa herhinken.

Wir erreichen die Peripherie der Hauptstadt. Die Wohnhäuser wurden bis fast hinunter zur Bahnstrecke gebaut, sodass das Signalhorn des Zuges ständig zum Einsatz kommt. Die dicht aneinandergereihten, altertümlichen Gebäude mit ihren winzigen, von Reben überwucherten Gärtchen könnten genauso gut irgendwo auf dem Land stehen. Auf dem grasbewachsenen Bankett, keinen Meter von den Gleisen entfernt, haben es sich ein paar Männer bequem gemacht und spielen Schach.

In der unterweltlichen Finsternis des Tirana Central, des Hauptbahnhofs, steigen die wenigen Reisenden unseres Zuges aus. Ich beobachte einen älteren Mann im schwarzen Anzug, der mit schlurfenden Schritten die Gleise überquert und sich an einem Zaun erleichtert, während seine Frau, ebenso schick gekleidet und mit einem Regenschirm über dem Arm, am Bahnsteig auf ihn wartet.

Der beißende Gestank nach verrottendem Müll und das Fehlen jeglicher Sanitäreinrichtungen macht den Tirana Central nicht gerade zu einem Ort, an dem man sich länger als nötig aufhalten möchte. Wir verlassen daher das Gebäude und bahnen uns über eine leicht ansteigende, matschige Böschung vorsichtig einen Weg nach draußen. Im nächsten Moment befinden wir uns mitten im Licht und Trubel einer Großstadt.

Wir gehen den Zogu-I-Boulevard hinunter. Benannt ist er nach dem König, der Albanien an Hitlers Seite in den Zweiten Weltkrieg führte, selbst jedoch im Krieg die meiste Zeit in einer Privatsuite im Londoner Ritz verbrachte. Als wir dann endlich den weitläufigen und ziemlich beeindruckenden Skanderbeg-Platz erreichen, wo jedes zweite Auto ein Mercedes ist, sind die Erinnerungen an unsere freudlose Fahrt mit der düsteren, schmuddeligen albanischen Eisenbahn bereits verblasst.

Von Tirana nach Kruja

Skanderbeg (mit richtigem Namen Gjergj Kastrioti) ist Albaniens Nationalheld. Zur Berühmtheit wurde er, als er im 15. Jahrhundert den Widerstand seines Landes gegen die osmanischen Türken organisierte. Auf dem Platz, der seinen Namen trägt, gedenkt man seiner in Form eines wunderbar grimmigen Reiterstandbildes, das auf einem klobigen Steinsockel thront. Dass all sein Mut und seine Beharrlichkeit letzten Endes vergeblich waren, dämmert dem Betrachter, wenn sein Blick auf das Gebäude neben der Statue fällt, die kleine, aber formvollendete Et'hem-Bey-Moschee. Et'hem Bey war einer der osmanischen Türken, die hier nach Skanderbegs Tod 434 Jahre lang herrschten, bis man Albanien 1913 endlich die Unabhängigkeit zugestand.

Der übrige Platz ist eine Mischung aus kommunistischen und faschistischen Bauten, wozu unter anderem breite, von Mussolinis Architekten in den Dreißigerjahren erbaute Prachtboulevards gehören, das Nationalmuseum mit einem Fassadengemälde im Stil des Sozialistischen Realismus über dem Eingang und der gewaltige, säulengeschmückte Kulturpalast, in dem derzeit »Madame Butterfly« als Gastspiel der Opera Macedonia gezeigt wird.

Der Alltag in Tirana scheint wesentlich besser zu funktionieren, als ich erwartet hätte. Es gibt Cafés, wo man für nur ein oder zwei lekë einen leckeren Espresso bekommt, und sogar eine Straße, die nach Lord Byron benannt ist. (Er verbrachte kurz nach 1800 einige Zeit in Albanien und lernte dort auch Ali Pascha Tepelena kennen, eine schillernde Herrscherpersönlichkeit der damaligen Zeit und Robert Carvers Buch *The Accursed Mountains* zufolge »Zeit seines Lebens ein leidenschaftlicher Päderast und Pädophiler«, der sich damit brüstete, 30 000 Menschen eigenhändig umgebracht zu haben. Byron fand, dass er ausgesprochen charmant war und sehr schön singen konnte.)

Was mich am meisten fasziniert, sind die Betonwohnblocks aus der Nachkriegszeit, die quietschbunt bemalt sind – und zwar nicht nur einfarbig, sondern richtiggehend kunstvoll, mit Mosaiken aus leuchtenden Primärfarben, Schachbrettmustern oder Rauten, Streifen oder Dreiecken in großflächigem Rot, Gelb und Grün. An einigen Fassaden hat man kleine Erker angebaut, um die Monotonie der Fronten zu durchbrechen.

Verantwortlich für diese Schönheitskur ist der Bürgermeister der Stadt, Edi Rama von der Sozialistischen Partei. Nachdem er erkannt hatte, dass Tirana es sich nicht leisten kann, sämtliche drögen und seelenlosen Bauten der kommunistischen Ära abreißen zu lassen, kam ihm die Idee mit der »Kunst am Bau«, wie er sie nennt. In Absprache mit den Bewohnern beauftragte er eine Gruppe von Künstlern mit der Gestaltung ganzer Stadtviertel. 2004 kürte man Rama sogar zum »Bürgermeister des Jahres« – sozusagen der Nobelpreistitel für Stadtoberhäupter.

Der gut beschäftigte Mann, der auch selbst als Künstler tätig ist, hat uns zu sich ins Büro gebeten. Es befindet sich am Südende des Skanderbeg-Platzes, in einem mehrstöckigen, ocker- und terrakottafarben gestrichenen Gebäude im italienischen Stil. Die Flure, durch die wir laufen, haben ganz und gar nichts Behördliches an sich, sondern sind in sorgfältig aufeinander abgestimmten satten, dunklen Tönen gehalten und mit unkonventionellen Gemälden ausgestattet.

Ich schätze Rama auf Mitte vierzig. Er ist groß und wirkt ernst und wortkarg. Mit seiner schwarzen Schlabberhose und dem weiten, kragenlosen Hemd, schwarz mit dünnen, roten Streifen, sieht er aus wie ein echtes Nachtschattengewächs. Seine Augen sind tiefliegend und haben dunkle Ränder, sein Blick ist verschleiert, und die finsteren Farben um uns herum schaffen eine Atmosphäre, die eher an Graf Draculas Schlafzimmer als an die Amtsstube eines Rathauses erinnert.

Sein Büro ist eigenwillig eingerichtet. Es hat einen unkonventionellen, fast rautenförmigen Grundriss, ist in behaglichem Kastanienbraun gestrichen und mit einer dunkelroten Holzvertäfelung versehen. Über die gesamte Wand hinter dem langen Schreibtisch zieht sich eine riesige digitale Vergrößerung eines Fotos der Stadt, so wie sie vor siebzig Jahren aussah.

Ein rascher Blick auf Ramas Schreibtisch beruhigt mich: Neben einem Stapel Papier steht eine Schale mit bunten Filzstiften, und als Bildschirmschoner verwendet er ein Porträt von sich und seiner kleinen Tochter.

Kaum haben wir begonnen, über Tirana und Ramas Pläne für die Stadt zu sprechen, ist er nicht wiederzuerkennen. Mit einem Mal ist seine Einsilbigkeit wie weggeblasen.

»Als ich hier angefangen habe, sah diese Stadt noch ganz anders aus. Im Grunde gab es keine Hoffnung mehr. Nach dem Kommunismus entwickelte sich anstelle des grauenhaften Kollektivismus ein unkontrollierter Individualismus. Mit Demokratie hatte das alles nichts zu tun, es waren fast eher anarchische Zustände. Überall wurde gebaut. Der öffentliche Raum verschwand, aus dem Stadtbild ebenso wie aus den Köpfen der Menschen.«

Gleich zu Beginn seiner Amtszeit ließ Rama deshalb erst einmal etliche ungenehmigte Bauten abreißen.

Ich will von ihm wissen, was es mit der Schale Filzstifte auf sich hat.

Rama lächelt, leicht resigniert, aber dennoch zuversichtlich.

»Das ist meine Medizinbox, wie ich sie nenne. Sie hilft mir, in langweiligen Sitzungen ein bisschen abzuschalten.« Er zieht ein paar Bogen Papier hervor, die mit einer Fülle verschnörkelter Kritzeleien bedeckt sind.

»Das Protokoll von der Sitzung der letzten Woche?«, frage ich.

Er nickt. »Ja. Mein therapeutisches Tagebuch, sozusagen.«

Wie er erzählt, waren langweilige Sitzungen auch die Quelle seiner Inspiration. Die Idee, die Häuser bunt zu streichen, kam ihm beim Ausmalen dieser komplexen Kritzeleien.

»Farben sind ein Teil unseres Lebens. Umso bedauerlicher ist es, dass sich das nicht auch in den Städten widerspiegelt.« Er macht eine Handbewegung Richtung Fenster.

»Tirana hat in dieser Hinsicht ein großes Potenzial, weil wir keine bedeutende architektonische Tradition vorweisen können und es hier kaum Gebäude gibt, auf die wir wirklich stolz sein könnten. Die einzige Möglichkeit, ihnen einen zeitgemäßen Anstrich zu verpassen, besteht darin, sie bunt anzumalen. Stellen Sie sich vor, man würde alle Häuser, jeden Winkel dieser Stadt farbig anstreichen. Das würde phantastisch aussehen!«

Für Rama ist das jedoch nicht nur eine Frage der Ästhetik. Stattdessen spricht er von einer »Politik der Farbe«, nennt es eine Möglichkeit, den demokratischen Wandel auf bürgernaher Ebene zu fördern, ihn auch für den kleinen Mann von der Straße aus sichtbar zu machen. Ich habe nie begriffen, weshalb Städte so grau sein müssen, wie sie sind, und lasse mich deshalb von seiner Begeisterung anstecken.

»Ihr wart die Ersten damit, oder?«

»Albanien ist in vielen Dingen vornedran. Wir waren ja auch die Ersten, die alle Kirchen und Moscheen in die Luft jagten und das einzige Land der Welt wurden, in dem es keinerlei Form der Religionsausübung gab. Das war allerdings eine sehr schmerzliche Erfahrung. Ich hoffe, diese hier wird angenehmer.«

Gemeinsam gehen wir hinaus in den Jugendpark, ein Gelände, auf dem man eine ganze Menge Beton weggeräumt und durch Brunnen und Cafés ersetzt hat. Gleich gegenüber, am anderen Flussufer, liegt der »Block«, ein rund zweieinhalb Quadratkilometer großes Areal, das einst der kommunistischen Elite und ihren Villen vorbehalten war und damit für gewöhnliche Albaner tabu. Hoxhas Haus, ein interessanter Bau im modernistischen Stil, steht immer noch und wurde inzwischen – welch köstliche Ironie des Schicksals! – an eine englische Sprachenschule übergeben.

Edi Rama denkt an die Zeit unter Hoxha zurück.

»Im ganzen Land gab es schätzungsweise zweihundert Autos. Der Privatbesitz von Kraftfahrzeugen war verboten, das Privatleben wurde bis ins Kleinste kontrolliert. Cafés gab es nicht. Wir waren vom Westen wie vom Osten abgeschnitten. Es war wie in einem Konzentrationslager.«

Er greift nach meiner Hand und schüttelt sie.

»Aber auch die Freiheit bringt ihre Probleme mit sich. Na dann ...«

Er lächelt, dreht sich um und geht langsam und mit großen Schritten zwischen den Bäumen Richtung Büro zurück. Zwei Frauen mittleren Alters erheben sich gleichzeitig von der Parkbank, als er vorbeigeht. Ein älterer Herr grüßt ihn, und die beiden wechseln ein paar Worte miteinander. Edi Rama ist zweifellos ein charismatischer Mann, der viele Freunde hat, aber er hat auch mächtige Feinde, sogar auf oberster Regierungsebene. Seine Vision von Tirana als erster Kunststadt der Welt ist mutig und würde dazu beitragen, Albanien wieder aufs international Parkett zu bringen und die Befreiung aus der Isolation und Paranoia zu beschleunigen. Doch ich befürchte, dass viele von Ramas wahren Unterstützern im Ausland leben.

Am Abend, als ich schon auf dem Weg ins Bett bin, zerreißt plötzlich ein ohrenbetäubendes Knallen, Pfeifen und Kreischen die Stille. Ich stürme zum Fenster, vermute eine Ballerei zwischen irgendwelchen verfeindeten Banden unten auf der Straße. Stattdessen sehe ich hoch über der Stadt eine Salve von Feuerwerksraketen aufsteigen und einen Lichterbogen aus roten, blauen und silbernen Sternenexplosionen. Wo sie herkommen? Aus dem Park hinter dem Büro des Bürgermeisters. Woher sonst.

Fünfundzwanzigster Tag
Kruja

Heute bekommen wir die legendären albanischen Schlaglöcher erstmals am eigenen Leib zu spüren, denn wir fahren ins Hügelland hinter Tirana, in das Städtchen Kruja. Nachdem wir in den Straßen Tiranas nur mäßig durchgeschüttelt worden sind, geht es knapp zwei Kilometer vom Hotel entfernt so richtig los mit den »good vibrations«, als wir das berüchtigte Amsel-Rondell erreichen. Die verkehrsreiche Straßenkreuzung ist nach einem Bordell benannt, das früher einmal an dieser Stelle stand. Es ist ein ambitioniertes, aber chaotisches Bauprojekt, eher zur Hälfte angefangen als zur Hälfte fertiggestellt, das durch den Konflikt zwischen dem Bürgermeister und dem Premierminister zum Stillstand gekommen ist. Solange sie sich streiten, wird der Kreisverkehr nicht mehr sein als ein Parkplatz, auf dem sich der Verkehr im Schneckentempo voranschiebt. Und mitten in diesem Durcheinander liegt ein Stück Schnellstraße, das nirgendwohin führt, buchstäblich in den Sand gesetzt wie ein prähistorischer Dolmen.

Nachdem wir dieses urbane Niemandsland hinter uns gelassen haben, wird es besser. Eine schmale Ausfallstraße, gesäumt von etlichen Möbelhäusern, Tankstellen und herrlich altmodischen Reklametafeln mit Cowboys, die gierig an ihrer Marlboro ziehen, führt entlang der weiten Ebene nordwestlich Tiranas aus der Stadt hinaus.

Die Fahrt durch diese weder ländlich noch städtisch geprägte Gegend ist ein wenig dröge, und die Schilder mit der Aufschrift »Shitet« an vielen der Häuser machen die Sache auch nicht gerade besser (auch wenn dies, wie man mir später versichert, einfach nur »Zu vermieten« heißt).

Das Stadtbild von Kruja wird von einer wuchtigen Wehrburg beherrscht, die auf einem Felshang thront. Von oben hat man eine herrliche Aussicht über die ganze Ebene und bis zur dunstverhangenen Adria. Im selben Jahr, in dem der englische König Heinrich V. seine Männer bei Agincourt auf die Schlacht gegen die Franzosen vorbereitete, 1415, überschwemmten die Türken Albanien und nahmen diese mächtige Festung ein. Doch dann betritt Nationalheld Skanderbeg (der das Kämpfen von den Türken gelernt hatte) die Bühne. Er erobert Kruja zurück und hält nicht nur einer, sondern gleich drei türkischen Belagerungen stand.

Seine Siege sind der Grund für all die Basare, Museen, Pensionen und Restaurants, aber auch für die langen Reihen von Schulkindern, die sich in den engen Pflastersträßchen und Gassen drängen. Auch wenn sich Skanderbeg letztlich geschlagen geben musste, gilt die Zeit, in der er Kruja verteidigte, als goldene Ära eines Landes, in dem es sonst nicht viel zu feiern gibt. Kruja ist so etwas wie ein albanisches Nationalheiligtum.

Illir Mati, mein Stadtführer, ist ein gut gelaunter, gesprächiger, nicht mehr ganz so junger Albaner. Er ist ein Typ von Mann, der seine Meinung – mit der er sich nicht gerade zurückhält – gerne bekräftigt, indem er mit der offenen rechten Hand in die linke klatscht. Sein Vater war Admiral, und er selbst arbeitete zwanzig Jahre lang als U-Boot-Ingenieur. Als Albanien noch Mitglied des Warschauer Pakts war, verfügte das Land über zwölf sowjetische U-Boote, doch nach der Abspaltung von Russland unter Hoxha wurde die Flotte auf vier Boote reduziert. Drei davon, so Illir, waren »reine Schau«. Ein einziges U-Boot wurde instand gehalten, aber das kam so gut wie nie zum Einsatz. Und die Männer, die eigentlich dazu abkommandiert waren, die »feindlichen Aktivitäten« im Auge zu behalten, verwendeten bei ihren Patrouillenfahrten in der Straße von Otranto ihre Periskope ohnehin lieber, um die italienischen Strände nach barbusigen Sonnenanbeterinnen abzusuchen.

Der Weg zur Burg hinauf führt über einen Basar, wo man rustikale Möbel, hölzerne Wiegen, Butterfässer, Kuhglocken, Wasserkrüge und albanische Flaggen und Schals kaufen kann. Für Autos ist die Straße gesperrt, und so bahnen sich schwer beladene Esel ihren Weg durch das Gedränge. Illir bringt die verkehrstechnische Revolution in Albanien auf den Punkt: »Vom Esel zum Mercedes in nur zwanzig Jahren. Und dazwischen nichts!«

Wie alle anderen, die ich danach gefragt habe, kann aber auch er mir nicht genau sagen, warum ausgerechnet in Albanien, einem Land der begrenzten Möglichkeiten, so viele Leute einen Mercedes fahren.

Er zuckt mit den Achseln, als läge die Antwort auf der Hand. Sie werden über die Grenze geschmuggelt.

In gebrochenem Englisch fährt Mati fort: »In der kommunistischen Zeit die Leute arbeiten sehr, sehr hart, und alle arbeiten für den Staat. Heute jeder arbeitet für sich selbst. Niemand hat Vertrauen in die Arbeit in Albanien. Albanien ist ein reiches Land, mit viel Öl, Mineralien wie Chrom, aber was wird heute am meisten exportiert?«

»Ich weiß es nicht. Was denn?«

»Prostitutation.«

Er zählt an seinen Fingern ab: »Das Einzige, was wir exportieren können, ist Prostitutation, Drogen, Waffen.«

In der Burg komme ich mit einem ziemlich ernst wirkenden

Jungen ins Gespräch, der zu einer Gruppe von Schülern gehört. Die jungen Leute hier begegnen nur selten Touristen aus dem Ausland und freuen sich, wenn sie ihr Englisch an den Mann bringen können.

»Albanien ist ein schönes Land«, meint er. »Aber die Regierung ...« Er rümpft die Nase. »Wissen Sie, ...«

»Was gefällt dir denn nicht an der Regierung?«

»Na ja«, sagt er und deutet in eine Ecke des Burghofs. »Sehen Sie den Turm dort?«

»Ja.«

»Er stinkt.«

»Ach so.«

»Sie sollten ihn sauber halten.«

Wir nicken beide, und ich lenke unser Gespräch wieder auf unverfänglicheres Terrain, die Fußball-WM, die heute in Deutschland beginnt.

»Ich hoffe, nächstes Mal ist auch Albanien mit dabei.«

Der Junge lächelt höflich, aber ich habe den leisen Verdacht, dass ihm der stinkende Turm doch mehr am Herzen liegt.

Am Nachmittag steigen Illir und ich den Berg hinauf zu einem Konvent der Bektaschi. Die Bewegung, die als einer der Ableger des islamischen Sufi-Ordens gilt, verbreitete sich über die *babas* (Väter) und Derwische von der Türkei aus bis nach Albanien. Sie war jedoch zu keiner Zeit eine institutionalisierte oder organisierte Religionsgemeinschaft, sondern beruhte vielmehr auf der persönlichen Zwiesprache mit Gott, die in mystischen, oft heidnisch geprägten Glaubensvorstellungen ihren Ausdruck fand.

Ein junger Pilger aus dem Ort begleitet uns. Er hat ein Schaf dabei, das vom *baba* geopfert werden soll. Seiner Mutter sind kürzlich im Traum mehrere Familienmitglieder erschienen, die gerade im Ausland arbeiten, und das Opfer ist ihrer Ansicht nach die beste Methode, um jegliche Unbill abzuwenden, die der Traum möglicherweise angedeutet haben könnte.

Nach einem mühsamen Anstieg durch Gestrüpp und Geröll, vorbei an dramatisch überhängenden Kalksteinfelsen, erreichen wir den Gebäudekomplex auf dem Berggipfel und werden zum *baba* geführt. Er trägt eine dünne weiße Robe und darüber eine lange grüne Weste und eine bunte Schärpe. Auf seinem Kopf sitzt eine grüne Kappe, die Ähnlichkeit mit einem Fes hat. Offenbar ist er ein starker Raucher, denn sein weißer Bart ist um den Mund herum fast mahagonifarben.

Leicht ungeduldig sitzt er auf einem Kissenberg vor einem Wandteppich, auf dem ein stattlicher Hirsch zu sehen ist. Die anderen Wände sind mit gerahmten Heiligenbildern geschmückt, von denen das größte einen prominenten Bektaschi-Konvertiten zeigt: jenen Ali Pascha Tepelena, den Freund Lord Byrons, der aber gleichzeitig einer der aufgeklärtesten osmanischen Herrscher Albaniens war.

Als wir alle miteinander bekannt gemacht worden sind und auf unseren Kissen Platz genommen haben, bringt ein Assistent – in Gewändern so trist, wie die des *baba* farbenfroh sind – verschiedene Aufmerksamkeiten: zuerst eine Schale mit in Papier eingewickelten Bonbons, dann, nachdem wir unserer Wertschätzung angemessen Ausdruck verliehen haben, eine Schale mit eingewickelten Schokoladentäfelchen (die verdächtig danach aussehen, als stammten sie von den Kopfkissen eines Hotels), gefolgt von dickem Pfirsichsaft in großen Gläsern, Zigaretten und zum Abschluss einer Runde *raki*. Der *raki* und die Zigaretten scheinen die leicht angespannte Atmosphäre etwas aufzulockern. In sichtlich gute Laune versetze ich den *baba* jedoch erst, als ich den unverzeihlichen Fauxpas begehe, mir beim Ausbringen eines Toasts mit meiner linken (unreinen) Hand ans Herz zu greifen.

Von da an verstehen wir uns blendend. Der *baba* besteht darauf, dass ich mit ihm die Treppe hinuntersteige und die Opferzeremonie aus nächster Nähe betrachte. Sosehr ich es auch versuche, ich schaffe es einfach nicht, mehr als einen Meter Abstand zwischen mich und das Schaf zu bringen, das er plötzlich mit überraschender Geschicklichkeit an den Hinterbeinen aufhängt, bevor er ihm rasch das Messer durch die Kehle zieht. Ein Schwall von Blut strömt heraus, das Tier windet sich und erbebt. Mit einer der letzten Zuckungen seines Hinterlaufs erwischt es das Messer, mit dem es eben ins Jenseits befördert worden ist, sodass dieses kreiselnd über den Boden auf mich zuschlittert. Dann ist alles still.

Der Pilger, den die gelungene Opferreise in beste Laune versetzt hat, schlägt uns vor, mit ihm hinunter ins Dorf zu kommen, wo er uns zu Speis und Trank einladen möchte. Er ist einer von vier gut aussehenden Brüdern einer Fassmacherfamilie. Die Feier findet in einem kleinen Garten statt, unter Kirschbäumen. Der Vater des jungen Mannes hat das Haus erst vor Kurzem gekauft. An blanken Drähten baumeln Glühbirnen, aus dem Beton ragt der rohe Baustahl hervor, und vor den Fenstern hängen dicke Girlanden aus Stromkabeln. Während die Frauen und Kinder Speisen und Getränke in rauen Mengen auftragen, setzen die vier Brüder sich zusammen, um gemeinsam Musik zu machen: der Schafopferer mit der Mandoline, die drei anderen mit Klarinette, Akkordeon und Tambourin, dazu der Vater auf der Fiedel. Eine der Enkelinnen – in einem dünnen weißen Kleid und einer bestickten schwarzen Weste – führt leichtfüßig einen Tanz vor, den ich jedoch ehrlich gesagt nicht von einem Schwerttanz, einem schottischen Highland-Reel oder einer Matrosen-Hornpipe unterscheiden könnte.

Allmählich schwindet das Tageslicht und ebenso die letzten Reste einer anglo-albanischen Befangenheit. Ich kann mir keinen gelungeneren Abschluss meiner Stippvisite in diesem geheimnisvollen Land vorstellen, als hier oben in den Bergen im Garten von jemandem zu sitzen, den ich nicht kenne, und Lieder in einer Sprache zu singen, die ich nicht verstehe. Irgendwie feiern wir heute Abend alle, jeder auf seine Weise und dennoch gemeinsam. *Gëzuar!*

MAZEDONIEN

Ohrid

Wo sich heute die Balkanautobahn E852 von der albanischen Grenze aus durch Mazedonien quält, verlief einst die berühmte Via Egnatia. Auf dieser immens bedeutsamen Handelsstraße wurden Waren von Italien bis nach Konstantinopel transportiert. Die Römer hatten sie angelegt, um damit eine Anbindung ihres Reiches an ein anderes zu schaffen, das sie eben erst erobert hatten: das von Alexander dem Großen oder – wie man sich seiner hier in seinem Heimatland erinnert – Alexander III. von Makedonien.

Heute ist von der Via Egnatia und dem lebhaften Handel, der hier betrieben wurde, nichts mehr übrig. Die E852 verbindet das ärmste Land Europas mit dem ärmsten Land des ehemaligen Jugoslawien. Dennoch strahlt das Land schon bei dieser ersten Begegnung eine derartige Stärke und Präsenz aus, dass man das Gefühl hat, alles, was gegenwärtig in Mazedonien geschieht, kann nichts anderes als ein vorübergehender Irrweg sein. Das hier ist ein Teil Europas, wo Geschichte gemacht, nicht nur erlitten wird.

Verantwortlich für diesen Eindruck ist der Ohrid-See. Im Westen von den steilen Bergen Albaniens überschattet, im Osten von weitläufigen bewaldeten Hügeln begrenzt, erweckt er die Ehrfurcht des Betrachters. Er erstreckt sich über 30 Kilometer Länge und 16 Kilometer Breite und ist bis zu 300 Meter tief.

Bereits vor über drei Millionen Jahren existierte an dieser Stelle ein Gewässer. Der Ohrid-See gilt somit als einer der ältesten Seen der Welt, vergleichbar mit dem Titicaca-See und dem Baikal-See. Es verwundert daher auch nicht, dass sich an seinen Ufern insgesamt rund 350 Gotteshäuser befinden sollen.

Heute Abend ist das Wasser dunkel und aufgewühlt, und die Wellen brechen sich dröhnend an der Mauer der Uferpromenade. Gischtwolken wehen über die »Sie befinden sich hier«-Landkarte. Zwar ist der Schaukasten im Moment ein wenig beschlagen. Dennoch zeigt die Karte natürlich an, wo sich die Kirchen der Umgebung befinden, sie enthält aber auch Hinweise, wo man sich Piercings machen lassen kann. Ein Stück weiter stehen auf einem Sockel Skulpturen von Clement und Naum, zwei Heiligen aus dem zehnten Jahrhundert, und starren hinaus auf die aufgewühlte Wasseroberfläche. Ihnen wird die Erfindung der slawischen Schriftsprache zugeschrieben; Clement, ein Schüler des Heiligen Kyrill, soll das kyrillische Alphabet entwickelt haben, das noch heute in ganz Russland und auch hier in Mazedonien verwendet wird. Diese Tatsache macht uns bewusst, dass wir die mitteleuropäische Einflusssphäre hinter uns gelassen haben und uns den orthodoxen Ländern nähern.

Es sind nur wenige Menschen unterwegs, und die beiden einzigen, die zu uns herüberkommen und sich mit uns unterhalten, sind Serben, die sich darüber beschweren, dass die Mazedonier ihnen kein Geld wechseln wollen. Wir helfen aus, indem wir ihnen Euro für ihre serbischen Dinare geben. Sie scheinen unendlich froh zu sein, dass sie das Geld los sind.

In den gepflasterten Sträßchen der Altstadt von Ohrid, direkt am Seeufer, finden wir ein Restaurant, das die berühmten Ohrid-Forellen anbietet. Die Portionen sind riesengroß – und das nach einem üppigen *ordever* (Hors d'œuvres) aus roten Paprika, Feta, Parmesan, Salami und kroatischem Prosciutto. Die Wände sind voll mit Fotos, die den Wirt mit verschiedenen prominenten Gästen zeigen. Die meisten Bilder sind schwarz-weiß und schon stark verblasst.

Ohrid

Habe eine Art Déjà-vu-Erlebnis, als ich am Morgen feststelle, dass sich unser Hotel am Marschall-Tito-Quai befindet. Der große Staatsmann hatte eindeutig eine Schwäche für Seen, denn auch hier besaß er eine feudale Sommerresidenz, vergleichbar mit der im slowenischen Bled. Die beiden Orte markierten im Jugoslawien seiner Zeit in etwa den östlichsten und den westlichsten Punkt des Landes.

Und damit nicht genug: Auch hier erhebt sich über dem See eine eindrucksvolle Festung, deren sandbraune Mauern auf fast drei Kilometern Länge die Bergkuppe umgürten. Erbaut wurde sie von Samuil (Samuel), einem Bulgaren, der zum Zar Makedoniens gekrönt wurde, nachdem seine Soldaten den Byzantinern einen Teil ihres Territoriums abgerungen hatten. Sein Reich mit der neuen Hauptstadt Ohrid und Grenzen, die fast den gesamten Balkan umfassten, war letztlich jedoch eines der unbeständigsten Imperien der Welt, denn schon zwanzig Jahre später wurde es vom byzantinischen Heer zurückerobert. Samuils Soldaten wurden nach ihrer Niederlage auf Befehl von Kaiser Basileios II. systematisch geblendet, wobei man jeweils einem von hundert Männern ein Auge ließ, damit er den anderen den Weg zurück in die Heimat zeigen konnte.

Ich treffe mich mit Kaliopi Bukle, einer in Ohrid geborenen, vor allem im ehemaligen Jugoslawien bekannten Popsängerin, die mit einem wesentlich jüngeren, elfenhaft schlanken Schauspieler namens Basil verheiratet ist. Wie die meisten großen Stars macht auch sie einen vernünftigen, bodenständigen Eindruck. Sie ist schätzungsweise Mitte dreißig und auf ganz natürliche Art attraktiv. Trotzdem ist sie so um ihr Aussehen besorgt, dass sie ständig eine Visagistin im Schlepptau hat. Als ich sie frage, ob es in Jugoslawien etwas gab, was sie heute vermisst, runzelt sie konzentriert die Stirn, strafft sie jedoch sofort wieder.

»Gerüche.«

Da sie zunächst einmal nichts weiter hinzufügt, bin ich mir nicht ganz sicher, ob sie das tatsächlich so gemeint hat oder ob das nicht eher eine Metapher für irgendetwas ist.

»Ich vermisse den Geruch, den das frühere Jugoslawien hatte. Wenn ich an die Dinge in meinem Leben denke, die ich liebe, sie haben alle ihren typischen Geruch.«

Sie lächelt charmant und entschuldigt sich für ihr Englisch (was aber völlig unnötig ist. Schließlich kann ich nur ein Wort Mazedonisch: *zdravo* – hallo). Ich bin froh, dass sie die Sache mit den Gerüchen auf sich beruhen lässt, als sie weiterspricht, und sich handfesteren Dingen zuwendet.

»Für zwanzig Millionen Menschen zu singen, ist etwas ganz anderes als für zwei Millionen, so wie jetzt.«

Die Nostalgie, die in ihrer Bemerkung mitschwingt, erinnert mich an das, was mir Lado Leskovar in Slowenien oder auch der kroatische Kapitän auf dem Boot von Dubrovnik nach Durrës erzählt haben. Ich glaube gar nicht, dass dabei der finanzielle Aspekt im Vordergrund steht, sondern eher die Feststellung, wie viel einfacher es im damaligen Jugoslawien in künstlerischer und kultureller Hinsicht war – ganz egal, was politisch auch schiefgegangen sein mag.

Wir schlendern durch das Mesokastro-Viertel, das alte Stadtzentrum Ohrids. Unser Ausgangspunkt ist eine schiefe, knorrige Platane, die angeblich schon seit 900 Jahren hier steht. Der Baum wird auch als çinar bezeichnet und ist das Wahrzeichen der Stadt Ohrid. Vorbei an ein paar hübsch restaurierten alten Häusern, deren vorspringende Stockwerke von dekorativen Holzbalken abgestützt sind, steigen wir den Hügel hinauf. Dort befindet sich das Amphitheater, das zwar nicht so groß ist wie das in Durrës, aber dennoch imposant genug, um die Bedeutung zu demonstrieren, die Ohrid einst für die Römer besaß. Abgesehen von den antiken Sehenswürdigkeiten, die wir bald abgeklappert haben, gibt es nicht viel zu sehen. Das heutige Ohrid ist eine relativ gewöhnliche Stadt, die dem Reiz ihrer geografischen Lage kaum gerecht wird.

Wir landen schließlich in einer Taverne am Ufer.

Immer wieder muss ich hinaus auf den See schauen. Er besitzt eine magische Anziehungskraft, besonders an einem Tag wie heute, wo die schnell dahinjagenden Wolken zusammen mit der windgeriffelten Wasseroberfläche ein schimmerndes, sich ständig veränderndes Spiel von Licht und Schatten zeigen.

Ich will wissen, wie man hier mit den Nachbarn am anderen Ufer des Sees zurechtkommt. Basil sagt, das Verhältnis zu den Albanern sei gut, obwohl es immer wieder Diskussionen wegen des Mülls gibt, der in das kristallklare Wasser dieses Sees gekippt wird.

Mit anderen Nachbarstaaten gibt es mehr Probleme. So bestanden die Griechen nach der Auflösung Jugoslawiens darauf, dass Mazedonien im Falle seiner Unabhängigkeit den Namen »Former Yugoslav Republic of Macedonia (FYROM)«, also »Ehemalige jugoslawische Republik Mazedonien«, erhält, um es klar von der Region Makedonien im Norden Griechenlands abzugrenzen. Erst 2003 stellte die griechische Regierung – zum ersten Mal seit Ende des Zweiten Weltkriegs – Einreisegenehmigungen für Mazedonier aus, die ihre Verwandten jenseits der griechischen Grenze besuchen wollten.

Außerdem schwelt seit langer Zeit ein Streit darüber, welches Land Anspruch auf Alexander den Großen erheben darf, denn er wurde im heutigen Griechenland geboren, sprach aber Makedonisch.

Kaliopi hebt hilflos die Hände.

»›FYROM‹ – was soll das heißen? Das hat für mich keine Bedeutung.«

Die Griechen nehmen das Thema jedoch sehr ernst. Basil war erst kürzlich bei einem Kulturfestival in der Ukraine, und als die Veranstalter ihn als Künstler aus der Republik Mazedonien vorstellten, verließen die Vertreter Griechenlands den Saal.

Kaliopi scheint ihr Land wirklich zu lieben, genauso wie ihre Landsleute sie lieben. Sie tut sich schwer damit, die richtigen Worte zu finden, um dieses Verhältnis treffend zu beschreiben.

»Ich bin für das mazedonische Volk wie Paprika!«, erklärt sie schließlich, was mich dann doch etwas überrascht.

»Paprika?«

Sie nickt eifrig.

»Weil die Mazedonier ohne Paprika nicht leben können. Und das ist vermutlich das schönste Kompliment, das ich mir vorstellen kann.«

Paprika hin oder her – ich finde es jedenfalls hochinteressant, was sie über die vielen neuen Projekte erzählt, die sie gemeinsam mit Basil plant: Am meisten begeistert sie sich dabei für ein Musical über das Leben Marschall Titos.

Ihrem Pass nach mag sie durchaus eine Staatsbürgerin des jungen Mazedonien sein, doch das alte Jugoslawien scheint immer noch eine gewaltige Anziehungskraft auszuüben.

Neunundzwanzigster Tag
Von Ohrid nach Prilep

Östlich von Ohrid zieht sich die Straße bergauf, durch eine Landschaft mit hohen Gebirgspässen und dicht bewaldeten Hängen, die zu einer sanfthügeligen Ebene auslaufen. Dann taucht eine Stadt auf, dominiert von sonderbar zerfressenen Felsen, der weißen Narbe eines Marmorsteinbruchs, und den Ruinen einer monumentalen Festung, die einst König Marko errichten ließ. Er war Serbe und später der letzte Herrscher Makedoniens vor der osmanischen Eroberung.

Wir befinden uns in Prilep, einem kleinen Städtchen, wo gerade ein Bierfest in vollem Gange ist und zugleich die letzten Vorbereitungen für die morgigen Feierlichkeiten zu Ehren der Jungfrau Maria – oder, wie sie auf Mazedonisch so eindrucksvoll heißt, der Heiligen Bogorodica – getroffen werden. Das eigentliche Fest findet jedoch nicht in der Stadt selbst, sondern in einem knapp zehn Kilometer entfernten Kloster statt, das sich so eng an die geglätteten und behauenen Felswände schmiegt, dass man es erst sieht, wenn man direkt davorsteht.

Obwohl auch eine Schotterpiste zum Kloster führt, steigen an Feiertagen rund neunzig Prozent der Kirchgänger über den alten, gepflasterten Weg hinauf – von der Straße im Tal aus ein Fußmarsch von zwei Stunden.

Im schönen, freskenverzierten Pförtnerhaus des Klosters Treskavec empfängt uns der einzige Mönch, der ständig hier oben lebt, Bruder Kalist. Er ist ein sehr zuvorkommender Mann, groß gewachsen und mit einem aufrechten Gang. Er trägt ein schwarzes Mönchsgewand sowie eine runde schwarze Samtkappe und hat einen langen, krausen, von grauen Strähnen durchzogenen Bart. Früher war er in Skopje, der Hauptstadt Mazedoniens, in der freien Wirtschaft tätig, nun lässt er sich zum Priester ausbilden.

Das Klostergelände füllt sich schon jetzt mit Menschen, die die Nacht vor dem morgigen Fest hier verbringen werden, und Bruder Kalist wird ständig von irgendjemandem wegen allen möglichen Dingen gelöchert. Trotzdem nimmt er sich die Zeit, uns in der Klosteranlage herumzuführen.

Schon vor den Römern machte man sich die Lage hier oben im Schutz der Berge auf unterschiedliche Weise zunutze. So förderten jüngste archäologische Ausgrabungen die Überreste eines Apollo-Tempels zutage, und man kann mehrere Skulpturenfragmente von Toga-tragenden Gestalten finden, die in Mauern aus einer wesentlich späteren Zeit eingebaut worden sind.

Die Basilika, ein gedrungener Bau im Herzen der Klosteranlage, verfügt über zwei mit kunstvollen Mustern verzierte Türen, die jeweils aus einem einzigen Stück Holz geschnitzt sind. Sie stellen nicht nur Szenen aus dem Leben Christi dar, sondern daneben auch eine Buddha-Figur, und sind ein prächtiges Beispiel für die Prileper Schule der Flachschnitzerei, wie mir Bruder Kalist stolz erklärt. In der Kirchenvorhalle, wo einige Besucher gerade Votivkerzen anzünden, sind Fresken aus dem 14. Jahrhundert zu sehen, und die Ausschmückung im Hauptschiff stammt aus dem 15. Jahrhundert, auch wenn ihre beinahe abstrakte Darstellung von Blumen und Tieren ziemlich modern wirkt.

Bruder Kalist deutet nach oben. »Haben Sie schon unsere Gaudí-Decke gesehen?«

Ich spähe hinauf. Dann erst bemerke ich das Zwinkern in seinen Augen.

»Das erzähle ich immer den Touristen aus Spanien, dass die Decke von Gaudí ist.« Die Vorstellung scheint ihn zu amüsieren. »Einfach so, aus Jux.«

Das Gebäude, das mir auf dem gesamten Areal am besten gefällt, ist ein sehr streng und zweckmäßig wirkendes, 650 Jahre altes

Refektorium mit einer Gewölbedecke. Der Tisch, der darinsteht, ist aus einem einzigen langen Steinblock gehauen und hat Aussparungen für die Füße der Mönche. Über die gesamte Länge zieht sich ein dünner Spalt, in dem Knochen und andere Essensreste weggespült wurden.

Bruder Kalist bedauert, dass er uns nun verlassen müsse, aber der Bürgermeister von Prilep sei eben zum Abendgottesdienst eingetroffen. Ich habe den Eindruck, dass er ein recht seltener Gast hier oben ist und sein Besuch eher mit Pflichterfüllung als mit Frömmigkeit zu tun hat.

Dreißigster Tag
Prilep

Sonnenaufgang am Sankt-Bogorodica-Tag. Im Schneckentempo und begleitet von einem Höllenlärm werde ich den feuchten, lehmigen Pfad zum Kloster hinaufbefördert, in einem 35 Jahre alten Jeep Marke Fiat von der ehemaligen jugoslawischen Armee.

»Mit Alfa-Romeo-Getriebe«, ruft mir der Fahrer durch das ohrenbetäubende Dröhnen zu, während er den Wagen auf der steilen und rutschigen Straße um die nächste Kurve prügelt.

Ich schäme mich, als ich die lange Prozession von Menschen sehe, die sich bereits zu Fuß auf den Weg gemacht hat: Alte, Junge, Männer und Frauen, Familien mit Kindern. Viele haben Geschenke oder Geld für das Kloster mit dabei.

Wir begegnen sogar einigen Gruppen von Jugendlichen mit gelgestylten Frisuren. In England würde man kaum junge Leute finden, die zu dieser frühen Stunde schon wach sind, und erst recht keine, die unterwegs in die Kirche sind.

Als wir das Kloster erreicht haben und Bruder Kalist uns erneut und herzlich wie immer willkommen geheißen hat, frage ich ihn, was dahintersteckt. Er erklärt mir, dass an diesem Feiertag immer eine Menge Jugendliche hierherkommen, weil kurz danach die Schule und die Universität wieder beginnen und sie sich den Segen der Jungfrau Maria für das nächste Unterrichtsjahr holen. Er deutet anerkennend auf die Gruppen junger Menschen, die sich auf der Wiese einen Platz suchen, obwohl die Sonne noch gar nicht richtig aufgegangen ist.

»Wir sind eine junge Kirchengemeinde.«

Dies ist ein Zeichen für das unübersehbare Wiederaufleben der Religion in Mazedonien nach dem Ende der Tito-Ära, in der Priestern die Ausübung ihres Amtes verboten war. Bruder Kalist will sich nicht auf politische Diskussionen einlassen, aber er spricht mit großer Bewunderung über die Bevölkerung von Prilep, der es zu verdanken ist, dass das Kloster in diesen schwierigen Zeiten geöffnet blieb und sich in guten Händen befand. Ich merke an, dass ich den Eindruck habe, die Kirche stehe zwar über der politischen Debatte, sei aber dennoch ein stark umworbener Verbündeter der Politik.

Bruder Kalist gibt mir recht. »Auf jeden Fall. Deshalb war gestern Abend ja auch der Bürgermeister hier.«

Am letzten Stück des steilen Fußwegs zum Kloster taucht ein Mann mittleren Alters auf. Sein T-Shirt ist schweißgetränkt – ganz offensichtlich ist er den Berg heraufgerannt. Er bleibt stehen, wippt ein bisschen hin und her, schnappt nach Luft, bekreuzigt sich an der Klosterschwelle und tritt ehrerbietig ein. Kurz darauf treffen mehrere Gruppen junger Männer ein, die zuerst noch den Hügel heraufsprinten, dann aber in eine langsamere Gangart verfallen und zwischendurch sogar stehen bleiben, um ihren Freunden weiter hinten pubertäre Beleidigungen zuzurufen. Doch ganz gleich, wie machohaft sie sich auch geben mögen: Bevor sie das Kloster betreten, bekreuzigen sie sich, und am Eingang der Kirche sogar drei Mal.

Nach einer zweistündigen Morgenandacht werden auf einem Podest vor der Kirche Brote und Kuchen abgelegt, die eigens für diesen Feiertag gebacken worden sind. Hinter einer schwarz gewandeten Nonne mit Weihrauchfass folgt der Bischof, ein Mann mit wallendem Bart und Pferdeschwanz in einem bestickten Prozessionsmantel und mit edelsteinverzierter Mitra auf dem Kopf. Er segnet die Speisen sowie Wasser und Wein. Begleitet wird die Zeremonie vom wunderbar zarten Lobgesang dreier junger Männer. Sie erzählen mir anschließend stolz, dass es sich dabei um erst kürzlich wiederentdeckte byzantinisch-makedonische Werke aus dem achten und neunten Jahrhundert handelt.

Auch dies scheint auf den ersten Blick ein Beleg für das wiedererwachende Nationalgefühl der Balkanländer zu sein, doch die drei Sänger sehen sehr wohl über den mazedonischen Tellerrand hinaus. Sie sprechen hervorragend Englisch, sind begeisterte Fans von Pink Floyd und freuen sich schon riesig auf das Konzert der Pet Shop Boys, das in zwei Wochen in Skopje stattfinden wird.

Die heutigen Feierlichkeiten haben nicht nur einen ernsten, religiösen Charakter, sondern sind ein ebenso bedeutendes gesellschaftliches Ereignis. Eine Familie aus dem Ort hat ein Mahl finanziert und zubereitet, das nun beginnen soll. Man bittet mich, am obersten Tisch Platz zu nehmen, neben dem Bischof, dem Diakon und »Kalist«, wie ihn alle hier nennen. Schätzungsweise 250 Menschen sitzen zusammen an einer einzigen langen Tafel, und als sämtliche Väter, Mütter, Onkel, Tanten und Kinder beginnen, die Speisen und Getränke aufzutragen, verbreitet sich eine äußerst familiäre Stimmung.

Man serviert uns eine dicke Bohnensuppe, dazu Krautsalat, kalten gebratenen Fisch, das soeben geweihte Brot und süßen Kuchen. Der Bischof bietet mir von dem Rotwein an, der hier im Kloster gekeltert wird. Man schenkt mir großzügig ein, was Kalist mit einem zerknirschten Blick verfolgt. »Sicherlich nicht das, was Sie sonst gewöhnt sind«, murmelt er – und er hat recht.

Neben mir sitzt ein Schrank von einem Mann, der Chef einer Baufirma, die wesentlich am Wiederaufbau des Klosters beteiligt war. Nächstes Jahr wollen er und seine Familie dieses Gastmahl finanzieren. Er ist ein Fan von Alexander dem Großen und erzählt mir, wie deprimierend er es findet, dass Mazedonien so reich an architektonischen Schätzen ist, aber das Geld fehlt, um sie zu erhalten.

Als es Zeit wird aufzubrechen, ist das Kloster Treskavec voll von Menschen. Doch schon in wenigen Monaten wird es Winter sein, die Marienfeier längst vorüber, und die Schüler werden wieder über ihren Hausaufgaben schwitzen. Dann wird Bruder Kalist der Einzige sein, der hier oben in luftiger Höhe ausharrt. Ich wünsche ihm alles Gute und frage ihn, wann seine Ausbildung zum Mönch abgeschlossen sein wird.

»Das kann ich nicht sagen. Das entscheidet der Bischof«, erwidert er nur bescheiden.

»Ich kann mir vorstellen, dass Sie sich wünschen, er würde seine Entscheidung bald treffen.«

»Mönche haben keine Wünsche.« Er lächelt, hebt den Kopf und lässt seinen Blick über die weite Ebene im Tal schweifen. »Aber wenn ich mir etwas wünschen könnte, dann hier oben in den Bergen sterben zu dürfen.«

Die Fahrt zur bulgarischen Grenze dauert drei Stunden und führt durch eine Seenlandschaft mit grünen Wiesen und steilen, bewaldeten Hängen. Was die Menschen zu dieser Landschaft beigetragen haben, ist weniger reizvoll. Die kleinen Städte wirken verwahrlost, und überall beherrschen abgewohnte Häuserblöcke das Bild. Besonders lang war unser Aufenthalt in Mazedonien sicherlich nicht, aber trotzdem habe ich den Eindruck, dass der Zerfall Jugoslawiens diesem Land am meisten geschadet hat. Als die Föderation noch existierte, hatte es die Stärke und den Rückhalt, die es zum Überleben brauchte. Jetzt aber ist es fragil und verletzlich. Das Durchschnittseinkommen liegt, wie man mir sagt, bei rund 250 Euro im Monat. Die nationale Sicherheit wird durch alte russische Jagdflugzeuge und bulgarische Panzer gewährleistet, die Mafia ist mächtig und omnipräsent. Und selbst die mazedonische Nationalflagge, eine aufgehende Sonne in strahlendem Gelb auf rotem Grund, die wir über dem Grenzposten hinter Delčevo zum letzten Mal im Wind flattern sehen, ist nicht diejenige, die sich das Land ursprünglich ausgesucht hatte: Die Mazedonier mussten sie abändern, nachdem die Griechen kritisiert hatten, dass darauf der Stern von Vergina dargestellt war, das Symbol des alten makedonischen Königreichs, auf das Griechenland den Alleinanspruch erhebt.

Ganz anders als das wesentlich entspanntere Kroatien und selbst das isolierte Albanien ist Mazedonien ein Land, das die Welt davon zu überzeugen versucht, dass man es ernst nehmen sollte.

Zu Fuß geht es weiter, den Berg hinauf, nach Bulgarien. Das erste und – um genau zu sein – einzige Gebäude hinter dem Zollhaus und der Grenzanlage wirkt nicht gerade vielversprechend. Über dem Eingang steht in verblassten Lettern »Snek Bar«, aber man hat den Eindruck, als sei diese schon vor Jahren geschlossen worden. Doch dann rührt sich etwas. Auf der Wiese neben dem Haus grast ein Esel, und von drinnen ist Hundegebell zu hören. Wie aus dem Nichts taucht ein Mann mit wirrem Blick und einer Axt über der Schulter auf und geht zielstrebig hinein. Etwas zögerlich folge ich ihm – eine Tasse Kaffee wäre jetzt nicht übel. Der Gestank, der mir entgegenschlägt, eine Mischung aus verdorbenem Essen und müffelnden Hunden, ist jedoch so widerlich, dass ich rückwärts wieder hinausgehe. Zuvor bietet sich mir allerdings noch ein bizarrer Anblick: Im Zimmer sehe ich eine alte Frau und einen Hund, der – in Kinderkleider gezwängt – auf einem Stuhl sitzt.

BULGARIEN

Einunddreißigster Tag
Rila-Gebirge

Um halb sechs Uhr früh werde ich geweckt, was eigentlich nicht notwendig gewesen wäre, denn schon fast eine Stunde lang habe ich im Geiste die Minuten gezählt. Es mag zwar Sommer sein auf dem Balkan, aber in meinem Zelt, unter dem sternenklaren Himmel und auf fast 2300 Metern Höhe, ist es über Nacht doch überraschend kalt geworden.

Rings um mich campieren noch rund tausend andere Leute, und allmählich beginne ich mich zu fragen, wie wir alle mit fünf Klohäuschen auskommen sollen. Umständlich ziehe ich mich an und klettere aus dem Zelt. Da sind sie also, meine Nachbarn der vergangenen Nacht, kauern um Gaslaternen oder marschieren mit Taschenlampen hinunter in Richtung dessen, was einem hier unter der amüsanten Bezeichnung »Toilettentrakt« verkauft wird. Gestern Abend sind wir angekommen. Zuerst ging es mit dem Geländewagen durch ein ausgetrocknetes Flussbett quasi senkrecht bergauf, das letzte Stück bewältigten wir dann mit Pferden. Da es bei unserer Ankunft schon dunkel war, habe ich nur eine vage Vorstellung davon, wo wir uns überhaupt befinden. Ich weiß lediglich, dass man diesen Ort eigens für die jährliche Zusammenkunft der Universellen Weißen Bruderschaft ausgewählt hat, einer Gemeinschaft von Vegetariern, die weder rauchen noch Alkohol trinken und die den Lehren eines gewissen Peter Deunov folgen, den sie ihren Meister nennen und auf den am 7. März 1897 der Geist Gottes hernicderkam.

Ich versuche, ein wenig mehr darüber zu erfahren, was sich jedoch als nicht ganz so einfach erweist. Der Typ im Zelt nebenan, ein großer, feingliedriger Mann mit langen Haaren, ist Arzt und hat die irritierende Ausstrahlung eines Menschen, der mehr weiß, als ich es jemals tun werde, ganz egal, wie sehr ich mich auch bemühe.

Ob sie denn alle Mitglieder der Bruderschaft sind, will ich von ihm wissen. Er reagiert ziemlich brüsk: Natürlich nicht. Sie sind keine Mitglieder von irgendetwas. Etwas vorsichtiger erkundige ich mich, wie die Wahl gerade dieses Ortes mit ihrer Religion in Einklang steht. Wieder falsch. Sie gehören keiner Religion an.

»Unser Meister hat gesagt«, und dabei fixiert er mich mit einem unheimlich scharfen Blick, »›Mit der Paneurythmie gebe ich euch eine Waffe in die Hand. Es ist an euch, sie richtig einzusetzen‹.«

Um nachzufragen, was um Himmels willen Paneurythmie ist, bleibt mir keine Zeit, denn plötzlich erheben sich alle und steigen den Berg hinauf, um die Morgensonne zu begrüßen.

Aus modischer Sicht ist die Universelle Weiße Bruderschaft eher eine Enttäuschung. Die meisten Sonnenanbeter um mich herum tragen Anoraks und Windjacken in allen erdenklichen Farben – nur nicht in Weiß. Wir versammeln uns in schwindelnder Höhe, am Rand einer Felsklippe. Es sind Hunderte von Menschen, und wir alle versuchen, auf dem Terrain einen sicheren Stand für unsere Füße zu finden.

Anders als heute Nacht in den Zelten herrscht jetzt eine fast vollkommene, andächtige Stille. Allmählich erhellt der Tag den Himmel und offenbart eine dramatische Landschaft. Direkt unter uns fällt der felsübersäte Hang steil zu einem See hin ab. Dahinter erstrecken sich, so weit das Auge reicht, Ketten von Berggipfeln. Ein dünner Nebel steigt auf, was den Eindruck erweckt, als wäre das ganze Land gerade frisch aus dem Ofen gekommen.

Als ich mir die Gesichter der Menschen um mich herum ansehe, muss ich an die Steinstatuen auf den Osterinseln denken. Ernst und regungslos stehen sie da, dem Horizont zugewandt. Dann, ganz langsam, heben sie den rechten Arm, die Handfläche dem neuen Licht entgegengestreckt. Als die Sonne dann ganz aufgegangen ist, senken sie den Arm wieder. Erst jetzt dringen aus der Menschenmenge auch Geräusche: Die Anwesenden beten, stimmen tiefe Gesänge an, murmeln Texte oder spielen leise Musik.

Ich freue mich genauso wie sie, dass die Sonne endlich aufgegangen ist, und fühle mich wie verwandelt, als sie die ganze Herrlichkeit dieses Ortes erleuchtet. Man nennt ihn Sedemte Ezera – die Sieben Seen –, das Herz des Rila-Gebirges.

Beim Frühstück stellt man mir einen eher unscheinbaren jungen Mann vor. Er trägt Sandalen, eine weiße Leinenhose und einen biederen Pullover und könnte im normalen Leben IT-Programmierer sein (was er, wie sich herausstellt, auch ist). Er heißt Dimitar, und dem, was er sagt, kann ich entnehmen, dass er ziemlich weit oben in der Hierarchie der Bruderschaft steht – falls es dabei überhaupt eine Hierarchie geben sollte (was nicht der Fall ist).

Vielleicht kann er mir ja erklären, was man unter Paneurythmie zu verstehen hat.

»Das ist ein spiritueller Tanz.«

»Aha.«

Ich frage ihn, weshalb die Bruderschaft ausgerechnet an einem so unzugänglichen Ort tanzt.

»Wegen der spirituellen Energien hier oben.«

Ich erfahre, dass der Meister, Peter Deunov – eine eindrucksvolle Gestalt, die auf Fotos aussieht wie eine Mischung aus Abraham Lincoln und Rasputin – der Erste war, der erkannte, welche besonderen Kräfte den Sieben Seen innewohnen.

»Viel Energie, viele Schwingungen«, erläutert Dimitar.

Ich bin froh, als die Camper am späten Vormittag aufbrechen und im Pulk zu den höher gelegenen Hängen pilgern, um dort, wie versprochen, paneurythmisch zu tanzen. Die Theorie mag mir noch nicht ganz einleuchten, doch die Praxis verspricht ziemlich spektakulär zu werden.

Und tatsächlich werde ich nicht enttäuscht. Auf einem steilen, gewundenen Fußweg steige ich vom Zeltplatz aus den Berg hinauf und gelange eine Weile später auf einen breiten, grasbewachsenen Sattel, der mit einigen noch verbliebenen Schneeflecken gesprenkelt ist. Vor mir, eingerahmt von grauen Felswänden, bewegen sich über tausend weiß gewandete Menschen langsam in mehreren riesigen Kreisen um einen gemeinsamen Mittelpunkt.

Das Ganze wirkt weniger wie ein Tanz, sondern vielmehr wie eine jener öffentlichen Gymnastikübungen, wie sie die Chinesen so gerne betreiben. Während sie tief und gleichmäßig atmen und dabei ein dunkles, kosmisches Brummen ausstoßen, heben und senken die Anwesenden ihre Arme (was, wie man mir später sagt, verschiedene Variationen der 37 Bewegungen sind, die der Meister vorgeschrieben hat), deuten mit nackten Füßen auf den Boden und starren selig vor sich hin.

Nach etwa einer halben Stunde findet ein willkommener Tempowechsel statt, von trauermarschähnlich zu fast schon flott. Schritt für Schritt wird die Choreografie anspruchsvoller: Einzelne Kreise bleiben stehen, wenden sich dem Mittelpunkt zu, drehen sich um und gehen in die entgegengesetzte Richtung weiter, oder sie lösen sich auf und bilden sich neu, immer wieder, wie die Muster eines Kaleidoskops, und in nahezu völliger Stille.

Die während der Sonnenaufgangszeremonie noch getragenen Anoraks und Fleecepullis sind längst abgelegt. Fast alle haben den ausgegebenen Dresscode – ganz in Weiß – befolgt, sodass die Universelle Weiße Bruderschaft hier in den Bergen, an den glasklaren Gletscherseen, und jetzt, wo auch noch die Sonne hervorgekommen ist, mit ihren paneurythmischen Tänzen einen durchaus erbaulichen Anblick bietet.

Da die Sieben Seen zu einem Nationalpark gehören und außerdem Wochenende ist, finden sich schon bald die ersten Schaulustigen ein. Wanderer in Jogginganzügen oder Shorts, die wie Unterhosen aussehen, bleiben stehen und glotzen, oder sie schießen ein Foto nach dem anderen, bevor sie schließlich weiterwatscheln. Ich kann nicht umhin, die Bruderschaft für ihre Gelassenheit und Ruhe zu bewundern – und – ja, doch – durchaus auch für ihren Stil.

Als alles vorbei ist, schließe ich mich Dimitar und seiner Familie für ein Picknick an. Es sind nette Leute, klug und großzügig mit der Zeit, die sie mir widmen. Als Dimitar jedoch erneut anfängt, von Liebe, Harmonie, Kreisen, Symbolen und von Bewegung und Tanz als einer Form des Gebets zu sprechen, wird mir klar, dass sie alle

Auserwählte sind. Die Stimme ihres Meisters hat für sie eine Bedeutung, die man einem Außenstehenden nur schwer vermitteln kann. Offenbar liegt ihnen ohnehin mehr daran, die Reinheit der Lehre zu wahren, als dem Rest der Welt eine verwässerte Version davon zu verkaufen. Als wir schließlich mit dem langen Abstieg von diesem wundervollen Fleckchen Erde beginnen, komme ich daher – wenn auch mit einer gewissen Wehmut – zu der Erkenntnis, dass die Universelle Weiße Bruderschaft vermutlich doch nichts für einen fleischfressenden, dem Wein zusprechenden Fernsehunterhalter ist.

Zweiunddreißigster Tag
Godech

Stefan Kitov ist in Sofia im Filmgeschäft tätig. Er ist ein großer Fan von *Monty Python*, aber ein noch größerer von *rakiya*, dem starken landestypischen Schnaps, der die Bulgaren schon durch so manche schwierige Zeit begleitet hat. Ihm liegt sehr viel daran, dass ich nicht weiterreise, ohne den einzig wahren *rakiya* probiert zu haben – nämlich den, den sein Vater brennt.

So befinde ich mich nun auf einer Fahrt durch eine menschenleere, ehemals landwirtschaftlich genutzte Gegend, auf dem Weg in das Städtchen Godech, das etwa eine Stunde von der Hauptstadt Sofia entfernt liegt.

Kitov bestätigt mir, dass die Bulgaren nicht nur aus den ländlichen Gebieten wegziehen, sondern dass auch die Geburtenrate sinkt. Für ein Land, dessen Gesamtbevölkerung gerade mal so groß ist wie die von London, sind das keine guten Neuigkeiten, aber viel zu feiern gab es hier ohnehin noch nie. Als einer der vielen aus Zentralasien eingewanderten Stämme fanden die sogenannten Protobulgaren erstmals bei Kaiser Konstantin Erwähnung, der sie als »ein neues Volk von ungebildeten Menschen« aus dem nördlichen Balkan bezeichnete. Als die Bulgaren sich dann im zehnten Jahrhundert, unter Zar Samuil, endlich zusammengerauft hatten, bekamen sie vom byzantinischen Kaiser Basileios gleich wieder eins auf die Mütze: Er blendete Samuils Heer und ging deswegen als »Basileios der Bulgarentöter« in die Geschichte ein.

Nach dem Untergang von Konstantinopel wurden die byzantinischen Besatzer von den türkischen abgelöst, und es vergingen weitere 400 Jahre, bis Bulgarien 1878 mit dem Vertrag von San Stefano seine Unabhängigkeit wiedererlangte.

Es folgte eine Reihe selbstverschuldeter Tiefschläge, und schließlich überlebte Bulgarien, das sich nach den beiden Weltkriegen auf der Verliererseite wiederfand, ebenso wie Ungarn, als klassisches Beispiel eines kleinen Landes, das früher einmal deutlich größer gewesen war.

Anders als Titos Jugoslawien, dem es relativ gut ging, weil Tito äußerst geschickt den Osten gegen den Westen ausspielte, war Bulgarien enger an die Sowjetunion gebunden. 1980 verstimmte das Land seine beachtliche Minderheit von Türken durch eine Verordnung, mit der diese gezwungen wurden, ihren Namen ins Bulgarische ändern zu lassen. Erst mit dem NATO-Beitritt Bulgariens im Jahr 2004 hat der Lauf der Geschichte begonnen, sich zum Vorteil des Landes zu entwickeln, und die Aussicht auf einen EU-Beitritt 2007 würde den triumphalen Umschwung besiegeln. (Bulgarien wurde am 1. Januar 2007 Mitglied der EU. Anm. d. Übers.)

Kitov quittiert die wechselhafte Geschichte seines Landes mit einem Schulterzucken. Was soll man denn sonst erwarten von einem Volk, das mit dem Kopf nickt, wenn es Nein meint, und ihn schüttelt, wenn es Ja meint, sagt er.

»Wir machen immer alles verkehrt herum.«

In Godech, das sich an den sanften Hügeln eines breiten Tales hinaufzieht, hat die Polizei einen Motorradfahrer angehalten. Währenddessen geht ein Mann an ihnen vorbei, der seine Kuh auf dem Gehweg vor sich hertreibt. Kitovs Vater hat hier vor dreißig Jahren ein Stück Land gekauft und das hübsche Häuschen darauf selbst gebaut. Früher war er stellvertretender Direktor einer Sportartikelfirma.

»Stellvertretender Direktor war der höchste Posten, den er erreichen konnte, ohne in die Partei einzutreten«, bemerkt Kitov trocken.

Ein Haus wie dieses, das einer russischen Datscha nachempfunden ist, spielte damals für die Menschen eine wichtige Rolle, nicht nur, weil man dort Nahrungsmittel zur eigenen Versorgung anbauen konnte, sondern auch, weil es eine politikfreie Zone darstellte, wo man sich der Überwachung durch den sozialistischen Staat sowie seinen Gesetzen und Beschränkungen entziehen konnte.

»Der Sozialismus war ein System, in dem alles begrenzt war«, sagt Stefan Kitov, »aber auf einem Grundstück wie diesem hatte man gewisse Freiheiten.«

Sein Vater, ein aufrechter, scharfsichtiger und rastloser Mann, nimmt mich mit auf einen Rundgang durch den Garten. Stolz zeigt er mir Tomaten, Paprika, Blumenkohl, Frühlingszwiebeln, Gurken und Kürbisse, die alle von beträchtlichem Umfang sind und, wie er mir umständlich zu erklären versucht, ganz ohne Zuhilfenahme von Chemie gewachsen. Er präsentiert mir außerdem seine Hasen, eine Gartendusche, die er aus alten Blechstücken zusammengebastelt hat, sowie seinen neuen Anbau.

Besonders stolz ist er jedoch auf seine Bäume – Apfel, Birne, Schlehe. Entscheidend ist für ihn dabei nur ein einziges Kriterium: Er pflanzt nur Bäume, aus deren Früchten man *rakiya* brennen kann. Seine Frau hat ihm schon oft vorgeschlagen, doch auch einmal einen schönen Walnussbaum oder einen hübschen Ahorn zu nehmen, doch bislang ohne Erfolg: Wenn ein Baum keine Früchte trägt, kommt er für ihn nicht infrage. Und das ist für uns das Stichwort, um diesen unermüdlichen alten Mann zum Haus von Lubo und Tzeta zu begleiten, seinen genauso alten und unermüdlichen Nachbarn. In ihrem Garten wird der beste *rakiya* ganz Bulgariens hergestellt – sagen sie zumindest.

Es ist in mancher Hinsicht ein idyllischer Ort, ein Hort unverfälschten Dorflebens. Am einen Ende des Gartens grast ein Esel, am anderen tummelt sich eine Schar pechschwarzer Hühner. Der Esel ist absolut friedfertig, bis die Kamera schwenkt, um mich beim Betreten des Hauses zu filmen. Plötzlich wird er übermütig, wälzt sich auf dem Rücken und lässt eine ganze Salve perfekt platzierter Fürze ab.

Inzwischen haben unsere Gastgeber unter einem der Apfelbäume einen Tisch gedeckt, mit Gläsern, Wasserflaschen und einem Teller gegrillter Würste, derer sich bereits eine Katze angenommen hat, die immer dann hinter einer umgedrehten Schubkarre hervorgeschossen kommt, wenn sie sich unbeobachtet glaubt.

Lubo und Tzeta, rüstige Siebzigjährige mit silbergrauem Haar, führen mich in den Schuppen, wo sie seit zwanzig Jahren ihren *rakiya* brennen. Das Obstgemisch wird über einem Holzfeuer erhitzt, bis die Flüssigkeit in eine kupferne, als *kazan* bezeichnete Brennblase aufsteigt. Dann fließt sie wieder zurück und landet – ganz prosaisch – in einem braunen Plastikeimer. Um den Alkoholgehalt zu erhöhen, wird der Prozess wiederholt. Am Schluss taucht Tzeta ein Thermometer in ein angeschlagenes Reagenzglas und verkündet, dass die Flüssigkeit im Eimer heute einen Alkoholgehalt von 52 Prozent hat.

Meine Frage, wie lange sie das Gebräu noch nachreifen lassen, löst unter den Umstehenden Gelächter aus. Ihn liegen zu lassen, wäre Verschwendung – oder, wie Lubo es so schön formuliert: »Lieber schlechten *rakiya* als gar keinen *rakiya*.«

Ich will wissen, ob er glaubt, dass man schwarzgebrannten *rakiya* wie diesen gesetzlich verbieten wird, wenn Bulgarien der EU beitritt.

Stefan Kitov nickt ein wenig niedergeschlagen. »Wissen Sie, das ist dasselbe wie bei den Gurken. Wenn wir uns der Europäischen Union anschließen, werden sie uns dazu bringen wollen, Gurken in genau derselben Größe wie die anderen Länder zu ziehen, und sie werden auch diese Art von Brennereien zumachen wollen. Aber dann«, fügt er warnend hinzu, »gibt es in Bulgarien eine echte Revolution, da bin ich mir sicher!«

Das anschließende Essen ist ein klarer Triumph der Bürokratiefreiheit und wirtschaftlichen Unabhängigkeit. Vorneweg gibt es, wie es sich in Bulgarien gehört, erst einmal *rakiya* – einen aus Zwetschgen und einen aus Dörrpflaumen –, außerdem Paprika im Teigmantel, käsegefüllte Auberginen, eine Platte mit weißem und gelbem bulgarischen Käse, Rotwein mit dem Namen »Niemandsland« und am Schluss, zum Hinunterspülen, ein kühles Bier.

Bevor wir uns der Katze anschließen und uns über die *mezé* hermachen, erhebt Kitov noch sein Glas und bringt zwei Trinksprüche aus. Zuerst trinkt er auf seinen Lieblingsfilm. »Als ich mir *Das Leben des Brian* zum ersten Mal angeschaut habe, bin ich zweimal vom Stuhl gefallen.«

Und danach trinkt er auf den Esel.

Dreiunddreißigster Tag
Sofia

Ich sitze im Terrassencafé eines schicken Hotels im überschaubaren, fußgängerfreundlichen Stadtzentrum von Sofia. Ein Quartett von Studentinnen des Konservatoriums, schlicht, aber elegant gekleidet, stimmt seine Geigen und Celli. Als die jungen Damen ihren Bogen heben und ich meinen Cappuccino, empfinde ich einen Anflug von Genugtuung, weil ich diese kleine Oase der Zivilisation entdeckt habe.

Ich bin so ungemein angetan von der ganzen Situation, dass es fast eine halbe Minute dauert, bis ich merke, dass sie »Tulpen aus Amsterdam« spielen.

Ich verlasse das Café zu den Klängen von »My Way«. Im Stadtpark spaziere ich an einer Gruppe von älteren, aber erstaunlich streitlustigen Schachspielern vorbei, dann an einem Akkordeonspieler, der an einem Baum lehnt und die Münzen in seiner Mütze zählt. Am anderen Ende des Parks wurden vor einigen Jahren mehrere neue Gärten angelegt. An dieser Stelle befand sich einst *das* sakrosankte Bauwerk von ganz Sofia: das Mausoleum von Georgi Dimitrow, dem Vater des bulgarischen Kommunismus und Ministerpräsidenten von 1946 bis 1949. Nach allem, was man so hört, soll er ein ziemlich ekelhafter Kerl gewesen sein, der mit einer Brutalität gegen die Bourgeoisie vorging, um die ihn selbst Stalin beneidet hätte. Auf seinen Befehl wurden Tausende getötet oder in Zwangsarbeitslager gesteckt – eine Maßnahme, durch die er sein eigenes Land um eine ganze Generation von Talenten brachte.

Im Jahr 1990, nach dem plötzlichen Zusammenbruch des Sowjetimperiums, entfernte man seine sterblichen Überreste. Das Mausoleum hingegen war so massiv gebaut, dass es zehn weitere Jahre dauerte, bis man es endlich abgerissen hatte.

Dimitrow und seine Freunde haben der Stadt ihren Stempel aufgedrückt. Der Platz, der als »Largo« bekannt ist, wurde von den Kommunisten angelegt, nachdem alliierte Bomber gegen Ende des Zweiten Weltkriegs einen großen Teil des Stadtzentrums von Sofia zerstört hatten. Noch heute wird er vom wuchtigen Bau der Parteizentrale dominiert, doch eingeklemmt zwischen den monumentalen Stuckfassaden liegt auch ein weniger protziges architektonisches Juwel, die Bujuk Dschamija, eine 1496 erbaute Moschee, die heute ein archäologisches Museum beherbergt. Normalerweise üben solche Orte keinen großen Reiz auf mich aus, aber dieser hier ist eine echte Offenbarung. Die Exponate der Sammlung sind von beispiellosem Wert, denn in Bulgarien befinden sich einige der bedeutendsten Fundstätten antiker Kunst- und Alltagsgegenstände. Schon bevor die Griechen und Römer sich hier ansiedelten und rund tausend Jahre vor den Protobulgaren lebten hier die Thraker. Der Wohlstand dieses Stammes war so beachtlich, dass viele außergewöhnlich fein gearbeitete Gegenstände aus Gold, Silber und Edelsteinen gefertigt wurden. Die meisten waren für die kunstvoll ausgestatteten Gräber der Oberschicht bestimmt. Diese Menschen wurden mit all ihren Kostbarkeiten beigesetzt, die ihre Seele ins Jenseits begleiten sollten.

In ganz Bulgarien finden sich solche Grabstätten, und etliche davon sind immer noch ungeöffnet. Was man bisher bei den Ausgrabungen entdeckt hat, ist in vielen Fällen von außerordentlicher Qualität. Mein Lieblingsstück in dieser umwerfenden Sammlung ist eine vergoldete thrakische Totenmaske, die vor gut zweieinhalbtausend Jahren angefertigt wurde – ausdrucksvoll und zugleich sehr filigran.

Modernere Wertarbeit findet man auf dem Flohmarkt vor der Alexander-Newski-Kathedrale, einem bombastischen Ensemble aus Kuppeln und Türmen, erbaut zum Gedenken an die 200 000 Russen, die während der panslawistischen Bewegung der 1870-er Jahre im Kampf gegen die Türken ihr Leben ließen. Hier stoße ich zwischen etlichen Ständen mit Memorabilia aus der Nazi- und der sowjetischen Zeit auch auf Bataillone von russischen Holzpuppen. Die Matrjoschkas stellen allerdings keine gemütlichen russischen Babuschkas dar, sondern sind so unterschiedlich bemalt, dass wirklich für jeden Geschmack etwas dabei ist: Jassir Arafat, Saddam Hussein, Osama bin Laden und George Bush stehen Schulter an Schulter mit der Queen, Tony Blair und Stalin. Eigentlich wäre es völlig egal, für welche ich mich entscheide, aber dann besinne ich mich doch meiner patriotischen Pflicht und kaufe die Queen.

Sofia ist keine besonders aufsehenerregende Stadt. Den Bulgaren scheint jegliche Art von Übermaß fremd zu sein. Viele Straßen in der Innenstadt sind eng und von Bäumen gesäumt, sodass man meinen könnte, man befände sich in einer kleinen, gemütlichen Provinzhauptstadt. Nur hin und wieder rast eine Staatskarosse durch das Zentrum, fast nichts zeugt von Selbstherrlichkeit, und selbst Männer in Anzug und Krawatte sind hier ein so seltener Anblick, dass sie regelrecht auffallen. Die Geschäfte sind modern, doch es fehlt ihnen an Flair, die Menschen wirken zufrieden, ohne dies jedoch demonstrativ zur Schau zu tragen, und ihre Kleidung ist weder einem modischen Diktat unterworfen noch übermäßig schick.

Umso mehr freue ich mich auf mein Treffen mit dem Mann, der in meinem Reiseführer als »kontroversestes Phänomen der bulgarischen Transgender-Szene« beschrieben ist.

Für die einen ist Azis eine Inkarnation des Teufels, für die anderen ein sehr ungezogener Junge. Als ich jedoch in die bescheidene, leicht schmuddelige Wohnung komme, die er sein Büro nennt, steht mir ein pummeliger junger Mann mit wasserstoffblondem Haar und dem klugen, aber vorsichtigen Lächeln einer Rampensau gegenüber. Azis hat einen dunklen Teint, und über seinen Nacken und die Schultern ziehen sich mehrere Tätowierungen, die unter seinem schwarzen T-Shirt verschwinden. Ein Unschuldslamm ist er bestimmt nicht, aber er wirkt doch ganz anders als auf den riesigen Postern an der Wand, die ihn mit vollem Make-up und im hautengen, den Schritt umschmeichelnden Glitzerkostüm zeigen. Es macht großen Spaß, sich mit ihm zu unterhalten, nicht nur, weil er ein netter, lustiger Kerl ist, sondern weil er sein Anderssein so genießt. Er ist einer von schätzungsweise 380 000 Roma unter den insgesamt siebeneinhalb Millionen Einwohnern Bulgariens. Ende des Jahres will er einen Mann heiraten und Kinder »aus der ganzen Welt« adoptieren.

Wie es aussieht, wird das jedoch nicht unbedingt zu seiner Beliebtheit bei den Bulgaren beitragen, denn die sind in solchen Dingen doch eher konservativ. Dass er trotzdem Erfolg hat, liegt an der aktuellen Popularität der »Tschalga«-Musik, des bulgarischen Turbo-Folk, die er auf äußerst eindrucksvolle Weise zu präsentieren weiß, und der Anziehungskraft des damit einhergehenden, protzig-lauten Lebensstils der neuen Reichen Bulgariens. Und daran, dass er seine Mutter wirklich liebt.

Als er noch ein Kind war, verfolgte sie mit einem seiner Meinung nach »krankhaften Ehrgeiz« das Ziel, aus ihm einen Megastar vom Kaliber einer Elizabeth Taylor zu machen. Als Angehörigem der Roma waren ihm jedoch alle Türen verschlossen. Auf meine Frage, wie sich sein Publikum zusammensetzt, nennt er gesellschaftliche Randgruppen, Prostituierte und Homosexuelle.

»Die freien Menschen eben«, fügt er hinzu.

»Und die Roma, vermutlich. Könnte Azis für den einen oder anderen von ihnen vielleicht ein Vorbild sein?«

Er zuckt mit seinen breiten Schultern.

»Sie sind so schmutzig und jämmerlich wie eh und je. Das wird sich nie ändern.«

Er selbst ist ehrgeizig und beharrlich – beides Eigenschaften, für die die Roma nicht unbedingt berühmt sind.

»Das Problem mit ihnen ist, dass sie irgendwas unbedingt wollen, aber schon am nächsten Tag wieder etwas ganz anderes.«

Wir unterhalten uns über seine Kindheit im sozialistischen Bulgarien. Ich frage ihn, ob er sich auch einer Jugendorganisation wie den Jungen Pionieren anschließen musste.

Sein Lächeln ist inzwischen nicht mehr so argwöhnisch. Ja, er war auch ein Junger Pionier, sagt er, aber er wollte immer die Mädchenuniform tragen.

»Ich wäre viel lieber die Tambourmajorin als der Fußballer gewesen!«

Und wie sieht die Zukunft aus?

Obwohl er sich als Patrioten bezeichnet und meint, er könnte jedes Mal in Tränen ausbrechen, wenn er irgendwo ein bulgarisches Lied hört, hat er das Gefühl, dass das Land zu klein für ihn geworden ist. Früher haben seine schrägen, anstößigen Auftritte als Transvestit bei den Menschen hier noch Entrüstung hervorgerufen, doch inzwischen sind die Leute eher schockiert, wenn sie ihn irgendwo in Alltagskleidung zu Gesicht bekommen. Er überlegt deshalb, ob er seine Heimat nicht lieber verlassen und sich im Ausland auf die Suche nach Ruhm und Reichtum machen soll.

Vielleicht in Amerika?

Er schüttelt entschieden den Kopf. In Amerika würde man vermutlich mit Steinen nach ihm werfen. Nein, er würde lieber in London arbeiten, wo man seiner Meinung nach die Freiheit hat, das zu tun, wozu man Lust hat, und der zu sein, der man sein möchte.

Der Bodyguard am Eingang rührt sich, und mir wird wieder bewusst, dass dieser junge Mann mit dem offenen, einnehmenden Wesen zugleich ein großer Star ist und unsere Audienz nun zu Ende. Trotzdem nimmt sich Azis in seiner unendlichen Geduld noch die Zeit, mit uns neben dem unanständigsten Plakat, das wir auftreiben können, für ein paar Schnappschüsse zu posieren.

Fünfunddreißigster Tag
Plowdiw

Wir dringen tiefer in den Südosten Europas vor, auf der vierspurigen Schnellstraße, die Sofia mit Plowdiw, der zweiten Großstadt Bulgariens, verbindet und quer durch die Thrakische Ebene führt. Die Heidelandschaft mit ihren flachen, kahlen Hügeln ist verhältnismäßig unspektakulär und auffallend spärlich besiedelt. In Westeuropa wäre eine große Fernverkehrsstraße wie diese ein Entwicklungsmagnet und längst von Lagerhallen, Warenauslieferungen und Gewerbegebieten gesäumt.

Die Gegenwart und die Zukunft Bulgariens mögen eher Anlass zu verhaltenem Optimismus geben, doch die Vergangenheit des

Landes ist prächtig. Plowdiw ist eine der ältesten Städte Europas. Die Ersten, die sich hier vor rund 7000 Jahren niederließen, waren die Thraker. Später, im vierten Jahrhundert vor Christus, wurde Plowdiw vom Makedonenkönig Philipp II., dem Vater Alexanders des Großen, wiederaufgebaut und ganz bescheiden in Philippopolis umbenannt.

Das Mariza-Tal, in dem die Stadt liegt, bildete eine natürliche Trasse, durch die die Handelswege auf dem Balkan verliefen. Auch heute noch zeugen ähnlich wie im albanischen Durrës oder im mazedonischen Ohrid die Überreste eines großen römischen Amphitheaters von der einstigen wirtschaftlichen Bedeutung von Plowdiw/Philippopolis. Das Bauwerk thront hoch oben auf einem Hügel, und eine fragile Fassade aus Säulen und Giebeln verleiht der etwas tiefer gelegenen Stadt einen spektakulären Rahmen.

Hier treffe ich mich mit Mira Staleva, einer jungen Frau aus Plowdiw. Für den weiteren Tagesverlauf erwartet man Rekordtemperaturen von über vierzig Grad Celsius, aber die weißen Marmorstufen des Freilufttheaters sind bereits jetzt so glutheiß wie ein Backofen, sodass Mira und ich uns in ein nahe gelegenes Café flüchten. Aus den Lautsprechern dröhnt stumpfsinniges, gnadenlos übersteuertes Drum-'n'-Bass-Gewummer. Kein Mensch hört zu, aber abschalten will den Lärm offenbar auch niemand.

In Plowdiw konnte man eine schöne Kindheit verbringen, meint Mira. Es war eine kultivierte Stadt mit einem toleranten und entspannten Flair. »Plowdiw hat etwas sehr Mediterranes. Wenn man zum Beispiel Kaffee trinken geht, nimmt man sich dafür mindestens zwei Stunden Zeit.«

Früher gab es hier noch jüdische, rumänische, griechische, türkische und Roma-Stadtviertel, aber die einzigen schwierigen Zeiten, die sie selbst miterlebt hat, waren die Achtzigerjahre mit ihrer verunglückten Politik der Namensänderung: Alle Angehörigen einer ethnischen Minderheit, die sich damals weigerten, ihren Namen durch einen entsprechenden bulgarischen zu ersetzen, wurden schikaniert und bekamen weder Arbeit noch staatliche Unterstützung. Mira hatte in der Schulzeit viele türkische Freundinnen, die – zumindest vorübergehend – des Landes verwiesen wurden.

»Ich war damals sechzehn oder siebzehn. Niemand hat was dagegen unternommen. Das war wirklich schlimm. Das kommunistische System kann einen echt passiv werden lassen, wissen Sie.«

Wie Azis war auch Mira bei den Jungen Pionieren. Sie erinnert sich noch daran, wie man ihr als Schulmädchen das Zerlegen einer Kalaschnikow beibrachte.

»Wir kamen ins Klassenzimmer, und auf den Tischen lagen dreißig Kalaschnikows. Dann fingen alle an. Es war wie ein Wettkampf, wer als Erster fertig ist.«

»Und wer war der Feind?«

»Der war eher abstrakt. Aber in der Pionierorganisation war man ›allzeit bereit‹.«

Mit sechzehn war Mira in einem Militärlager, trug eine Uniform und stand um fünf Uhr früh auf.

»Trotzdem war es irgendwie die schönste Zeit meines Lebens. Wenn jemand versucht, einen zu etwas zu zwingen, dann sucht man sich halt andere Möglichkeiten, um dem zu entkommen.«

In der Nähe des römischen Theaters befindet sich ein Labyrinth aus gepflasterten Gässchen, die zum Teil an den Überresten der alten byzantinischen Stadtmauer entlanglaufen. Die Häuser an diesem steilen Hang gehören zu den schönsten, die ich bis jetzt auf dieser Reise gesehen habe. Sie stammen aus dem späten 18. und frühen 19. Jahrhundert und wurden von Kaufleuten erbaut, die durch den Handel mit dem Osmanischen Reich zu Wohlstand gekommen waren. Die über gemauerten Erdgeschossen auskragenden Fachwerkgeschosse sind mit Holzbalkonen, Erkerfenstern, schmuckvollem Fassadenputz und Fensterläden mit Lamellen versehen, was den Häusern ein alpenländisches und zugleich türkisches Aussehen verleiht. Sie hätten den Balkanreisenden des 19. Jahrhunderts ohne Weiteres als Kulisse für ihre orientalistischen Gemälde dienen können, die sich in ihrer Heimat einer beständig wachsenden Beliebtheit erfreuten.

Mitverantwortlich für das damals erwachende Interesse an allem Osmanischen war der französische Dichter Lamartine. Sein Haus, das heute der Öffentlichkeit zugänglich ist, gehört zu den schönsten dieser malerischen kleinen Enklave.

Im Anschluss an den Zweiten Weltkrieg wurden viele dieser Häuser vom Staat beschlagnahmt, doch nach dem Zusammenbruch des Kommunismus bemühte man sich um eine Entschädigungsregelung, sodass viele der rechtmäßigen Eigentümer oder ihre Familien ihre Häuser zurückerhalten haben und sie nun behutsam restaurieren.

Wenn man von dem seichten, verlandeten Fluss auf die Stadt zurückblickt, kann man durch ein Dickicht von achtstöckigen Plattenbauten den Hügel sehen, auf dem das Amphitheater steht. Heute leben in den Wohnblöcken vorwiegend Roma-Familien (auf Bulgarisch auch *Tigani* genannt). Die Roma kamen vor rund 600 Jahren aus Indien nach Osteuropa, haben sich jedoch bis heute nicht ganz eingliedern lassen. Sie werden als Außenseiter betrachtet, die das bestehende Gesellschaftssystem ablehnen, zugleich aber seine finanziellen Vorzüge genießen. Mira macht sich keine großen Hoffnungen. Es gibt zwar verschiedene Stiftungen und Wohlfahrtsorganisationen, die versuchen, Brücken zwischen den Roma und den anderen Bevölkerungsgruppen zu bauen, doch sie kann sich nicht so recht vorstellen, wie so etwas funktionieren sollte. Die aktuellen Zahlen scheinen ihr recht zu geben: In Bulgarien sind etwa 85 Prozent aller Roma arbeitslos, nur zehn Prozent der Kinder besuchen eine weiterführende Schule.

Heute wollen auch wir – mithilfe des Stadtrats – einen kleinen Beitrag zur Unterstützung der Roma von Plowdiw leisten, und stellen das ohnehin magere Preisgeld für ein Sulkyrennen zur Verfügung. Ein Dutzend Kandidaten sind mit ihren Pferdewagen angetreten, manche davon mit alten, vor wackelige Gefährte gespannten Kleppern, andere hocken auf ramponierten Metallgestellen mit Gummirädern. Als Rennbahn dient ein Stück der zweispurigen Schnellstraße, die man für den Nachmittag gesperrt hat.

Die Veranstalter, ebenfalls Roma, nehmen die ganze Angelegenheit sehr ernst. Überall wird mit irgendwelchen Zetteln in der Luft herumgewedelt. Wir sind umringt von Kindern, die halbnackt sind angesichts der Hitze des heutigen Tages, neugierig, aber nicht aufdringlich.

Ein Stück weiter kommt es dagegen fast zum Tumult. Anscheinend gibt es hier zwei Typen von Fahrzeugen: herkömmliche Pferdegespanne und aufgemotzte, protzig hergerichtete alte Schrottkisten, die so gefahren werden, dass das Reifenquietschen eine maximale Lautstärke erreicht. Eines der Letzteren ist schließlich auch der Grund dafür, dass der erste Durchlauf beinahe im Chaos endet, denn es ist voll besetzt mit einer brüllenden und johlenden Horde und fährt so dicht an das Führungspferd heran, dass niemand anderes mehr überholen kann. Es kommt zu heftigen Protesten, und irgendwann müssen die Protagonisten sogar auseinandergehalten werden. Die nächste Runde läuft genau gleich ab. Die Pferde bekommen nicht nur die Peitsche zu spüren, bis sie wild ihre Nüstern blähen, sondern müssen auch noch direkt neben ihrem Schädel das Röhren eines Autos samt seiner laut kreischenden Insassen ertragen.

Irgendwann wird schließlich ein Gewinner gekürt, und man lädt uns ein, uns einer Siegesfeier mitten zwischen den Wohnblöcken anzuschließen.

Die Häuser sind schmutzig, die Farbschicht an den Wänden wirft Blasen und blättert ab. Überall sieht man Berge von Müll, der nicht abgeholt wurde, und in den Rinnsteinen haben sich Abwasserlachen gebildet. Zwischen den Wohnblöcken sitzen die Bewohner in kleinen Grüppchen zusammen, während der Wind Abfälle an ihnen vorbeitreibt. Vor der leuchtenden Abendsonne heben sich ihre Gestalten schemenhaft ab wie die von Überlebenden in einem Weltuntergangsszenario.

In einem Hof zwischen den Hochhäusern kommt die Fete allmählich in Gang. Es spielt eine laute Kappelle von Blechbläsern – selbstverständlich massiv verstärkt –, und ein gutes Dutzend älterer Roma-Frauen schwingt das Tanzbein und dreht sich gemächlich im Takt der schrägen Musik. Eine von ihnen trägt eine Pistole, mit der sie beim Tanzen wild herumfuchtelt. Gelegentlich zielt sie damit auf einen der Umstehenden und grinst dabei breit, doch das scheint keinen auch nur im Geringsten zu irritieren.

Die Männer schauen wenig beeindruckt zu und schieben ihre T-Shirts hoch, um ihre nackten Bäuche zu zeigen. Hin und wieder streichen sie sich darüber, als wäre es ein geliebtes Haustier.

Nicht einmal die werten Veranstalter raten uns, noch viel länger zu bleiben: Wenn es dunkel wird und der Alkohol seine Wirkung zeigt, heißt es, könne man für unsere Sicherheit nicht mehr garantieren.

Für den Augenblick genieße ich es jedoch, der einzige Mann auf der Tanzfläche zu sein, dem die ungeteilte Aufmerksamkeit eines ganzen Harems von torkelnden, teils bewaffneten bulgarischen Matronen zuteil wird.

Sechsunddreißigster Tag
Von Perperikon nach Zlatograd

Ganz so, wie es sich für einen Montagmorgen gehört, reite ich auf dem Rücken eines Maultiers durch Eichen-, Eschen- und Haselwäldchen. Der steile Pfad, auf dem ich mich befinde, führt bergauf zu einer 8000 Jahre alten Stadt, ein Fund, der – zumindest nach Ansicht des Archäologen auf dem Pferd vor mir – möglicherweise so bedeutend ist wie Troja oder Mykene.

Dass ich auf einem Maultier sitze und er auf einem Pferd, erinnert an Don Quijote und Sancho Panza und sagt damit schon so einiges über den Charakter von Nikolay Ovcharov aus, dem Mann, der – allein aufgrund seiner felsenfesten Überzeugung – bei der bulgarischen Regierung eine Menge Geld lockermachte, um der untergegangenen Stadt Perperek zu erneuter Berühmtheit zu verhelfen.

Unter uns am Hang räumen und ebnen Bulldozer, Bagger und Planierer eine breite Schneise für eine Zufahrtsstraße. Neben dem neuen Besucherzentrum brummen die Generatoren. In Minibussen werden gerade etliche der 130 Arbeiter aus den benachbarten Dörfern hierhergebracht, und mitten im Staub steht eine Reihe von Toilettenschüsseln in jungfräulichem Weiß. Hier ist die Archäologie ein großes Geschäft. Und der Archäologe ein Star.

Nikolay Ovcharov genießt es offenbar, im Rampenlicht zu stehen. Der stattliche Mann mit dem sorgfältig getrimmten, grau gesprenkelten Bart hat eine durchdringende, gebieterische Stimme und ein etwas großspuriges Auftreten. Manche nennen ihn den bulgarischen Indiana Jones, und angesichts seines seitlich hochgeklappten Safarihuts und des Messers am Gürtel drängt sich dieser Vergleich tatsächlich geradezu auf, was ihn aber keineswegs zu stören scheint.

Oben am Berg angekommen, bringt mich mein störrisches Maultier zu einer schattigen Lichtung, wo zwischen den Bäumen ein paar Hängematten baumeln und unter einem provisorischen Blätterdach zwischen einigen Holzbänken ein wackeliger, gedeckter Tisch steht. Von einem Feuer steigt Rauch auf. Dies ist die Kommandozentrale der Ausgrabungsstätte. Wir halten uns jedoch nicht lange auf, denn Nikolay marschiert schon los, um den Fortschritt der Arbeiten zu begutachten.

Wir befinden uns in den Östlichen Rhodopen, einem Land klassischer Legenden, zwei Stunden südlich von Plowdiw und nur gut dreißig Kilometer von der Grenze zu Griechenland entfernt. Hier soll Orpheus bestattet worden sein, der Mann, der mit seiner Musik wilde Tiere bezaubern und Steine und Bäume zum Leben erwecken konnte und der nach seiner Rückkehr aus der Unterwelt von mehreren Frauen in Stücke gerissen wurde.

Die Flanke des Hügels ist von gewaltigen weißen Felsblöcken eingerahmt, die unter der Einwirkung von Regen, Sonne und Erdbeben eine so eindrucksvolle Gestalt angenommen haben, dass man kaum sagen kann, was davon die Natur und was der Mensch geformt hat. Nikolay ist felsenfest davon überzeugt, dass er auf einen Beweis für die »Kultur der Felsenmenschen« gestoßen ist, wie er sie nennt. Er deutet auf einen kolossalen Thron, auf Löcher im Fels, wo Holzpfosten eingelassen wurden, die befestigten Pforten der Zitadelle, ein ummauertes Feld mit fünfzehn Gräbern und eine Steinplatte, auf der man die Spuren eines historischen Feuerkreises entdecken kann, wo Opferzeremonien stattgefunden haben sollen.

Für zwei Monate im Jahr bekommen die einheimischen bulgarisch-türkischen Arbeiter in Ovcharovs Reich Unterstützung durch ein kleines Heer von Studenten der Universität Sofia, die die Ausgrabungsstätte vermessen, Felsen markieren, Gräben ziehen und ganz allgemein die Bedeutung von Perperek nicht nur als Zufluchtort, Festung und einstige Akropolis untermauern, sondern auch als eine der großen religiösen Stätten der Antike.

Was auch immer man hier finden wird – Ovcharov hat bereits ganze Arbeit geleistet. Indem er sich selbst wie auch die bulgarische Regierung davon überzeugt hat, dass es sich bei Perperek um das handelt, was es seiner Ansicht nach ist, hat er die ehemals flaue Wirtschaft in der Region kräftig angekurbelt, den Touristen einen weiteren Grund geliefert, das wunderschöne Rhodopengebirge zu besuchen, und sich selbst auf dem internationalen Parkett einen Namen gemacht. Genau genommen würde der Spitzname Napoleon also weitaus besser zu ihm passen als Indiana Jones.

In wenigen Monaten wird man Bulgarien von einer der wichtigsten Entscheidungen seiner jüngeren Geschichte unterrichten. Dann nämlich werden die Verhandlungen über einen Beitritt des Landes zur Europäischen Union abgeschlossen sein. Was man hier unten beobachten kann, lässt darauf schließen, dass die Bulgaren zuversichtlich sind und davon ausgehen, dass die Grenzübergänge nach Griechenland schon bald wieder geöffnet sein werden. Für die Sanierung der Straßen und der örtlichen Infrastruktur (mit einer Beschilderung nicht nur in kyrillischer, sondern nun auch in lateinischer Schrift) hat man jetzt schon immense Summen ausgegeben.

In einer auf den ersten Blick wenig verheißungsvollen Stadt namens Zlatograd entdecken wir eine Reihe grandioser, 200 Jahre alter Häuser im bulgarisch-alpenländischen Stil, die man auf dem Areal eines Freilichtmuseums wiederaufgebaut und zu neuem Leben erweckt hat. Sie haben Dächer mit Mönch- und Nonnenziegeln, hohe, weiße Kamine und ausladende Holzbalkone. Auf einem davon finden wir uns zu einer letzten, üppigen Kostprobe der bulgarischen Kochkunst ein. Nachdem uns in den vergangenen anderthalb Wochen auf Schritt und Tritt der *salata shopska* begleitet hat, ein mit geriebenem Käse bestreuter Salatberg, sind die regionalen Köstlichkeiten, die man uns nun vorsetzt, eine Offenbarung: ein Fleischeintopf mit duftenden Gewürzen, reisgefüllte und dennoch erstaunlich leichte Kohlrouladen und eine scharfe Bohnensuppe, *bob* genannt.

Danach serviert man uns einen dickflüssigen türkischen Kaffee. Während er in kleinen Kupferkännchen angerührt und in einem Sandbett erhitzt wird, warten drei Sänger und Musikanten mit der einzigartigen traditionellen Musik dieser Region auf. Sie tragen die Lieder auf eine Art und Weise vor, wie ich es noch nirgendwo erlebt habe, mit einer sonoren, kehligen Stimme, die kräftig, aber dennoch kontrolliert wirkt. Begleitet werden sie von den ebenso ungewohnten Klängen der *gajda*, einem Dudelsack aus Schafshaut mit drei Pfeifen, von denen eine für die Luft im Sack sorgt, die zweite die Melodie spielt und die dritte den Basston. In geschriebener Form mag das so klingen, als gäbe es keine anstrengendere Möglichkeit, einen Ton zu erzeugen, doch es gelingt den Musikern, den alten Liedern von Liebe und Sehnsucht eine ergreifende Intensität zu verleihen. Später erklären sie mir, dass sich ein Klangbeispiel dieser außergewöhnlichen Gesangstechnik sogar an Bord der Raumsonde Voyager 2 befindet.

Und wenn man darüber nachdenkt, ist das gar nicht mal so verwunderlich. Immerhin war schon Orpheus, der größte Musiker aller Zeiten, ein waschechter Rhodopier.

TÜRKEI

Siebenunddreißigster Tag
Von Plowdiw nach Edirne

Die Autobahn E80 östlich von Plowdiw kann wohl kaum als besonders reizvoll gelten, doch es gibt dort einen hervorragenden Fernfahrerimbiss, das Motel Merita. Sein liebenswert überschwänglicher Wirt serviert leckere *kofta kebab*, saftige, fleischgefüllte Teigtaschen sowie eine weitere unwiderstehliche Spezialität, ein Meter lange Fladenbrote, die mit Sesam bestreut sind und im Ofen knusprig gebacken werden.

Es gelingt mir, eine Mitfahrgelegenheit in Richtung Türkei zu ergattern, mit einem großen, dickbauchigen Mann. Er hat einen ungewöhnlichen, fast exakt pyramidenförmigen Schädel, der sich von seinem Stiernacken bis hinauf zu seinem spitzen Scheitel kontinuierlich verjüngt. Der Mann schwingt sich in das Fahrerhaus, und mit Staunen beobachte ich, wie er eine ziemlich elegante Hornbrille hervorholt, als befänden wir uns in einer Bibliothek und nicht in einem zwölf Meter langen Truck.

Er ist sehr freundlich, und bei den paar Brocken Englisch, die er beherrscht, handelt es sich größtenteils um die Ziele seiner Fahrten. Er erzählt mir, dass er kürzlich sogar bis nach Usbekistan gekommen ist. In zwei Wochen hin und zurück, bei fast 700 Kilometern am Tag.

Wir fahren vom Parkplatz los, und als wir noch einmal abrupt abbremsen, um einen anderen Laster vorbeizulassen, schaukeln die Talismane, die über der Windschutzscheibe baumeln, wild hin und her.

Nach zwei oder drei Kilometern kommen wir an einem Schild vorbei, das einem das Herz schneller schlagen lässt – zumindest geht es mir so. »Istanbul – 458 Kilometer«, steht darauf.

Später Nachmittag. Bei dem Dorf Kapıkule erreichen wir türkischen Boden. Hier, wo sich Europa nach Asien hin verjüngt, treffen die Grenzen von Griechenland, Bulgarien und der Türkei aufeinander. Mitten im Niemandsland steht einsam und verlassen eine Moschee, doch abgesehen davon besitzt der Ort nicht den geringsten Reiz. Die Nähe zur Grenze hat aus Kapıkule ein verwahrlostes Nest gemacht, das aus nicht viel mehr zu bestehen scheint als Unmengen von Asphalt und Metallzäunen, einer wuchtigen Zollbrücke, auf der in der Mitte das Emblem der türkischen Zollbehörde prangt, einer Tankstelle, einer Bahntrasse, einem Lkw-Parkplatz und links und rechts der Straße umgepflügten, mit Papiertüten übersäten Feldern.

Mit dem Taxi fahre ich noch ein paar Kilometer weiter bis zur nahe gelegenen Stadt Edirne. Die vierspurige Autobahn ist mit einer endlosen Reihe von Zweckbauten, kleinen Hotels und schlichten Wohnhäusern gesäumt, an denen große rote Flaggen mit dem türkischen Halbmond und Stern wehen. Als altes islamisches Zeichen ist es ein seltsames Symbol für eine weltliche Republik, in der es eigentlich keine Staatsreligion gibt.

Auf der Gegenfahrbahn schiebt sich eine lange Karawane von Lastwagen im Schneckentempo Richtung Westen. Ganz egal, wie man über den Antrag ihrer Regierung auf eine EU-Mitgliedschaft entscheiden wird, die türkischen Geschäftsleute scheinen jedenfalls schon vor Ort zu sein.

Dann kommt zum ersten Mal die phantastische Skyline von Edirne in Sicht, die von den gewaltigen Kuppeln und hoch aufstrebenden Minaretten einer der schönsten Moscheen der Welt dominiert wird.

Aus der Nähe betrachtet, nimmt sich die Stadt weniger spektakulär aus. In den Straßen herrscht ein reges Treiben, nach und nach gehen die Lichter an, und ganze Scharen von Einkäufern sind unterwegs. In der Hauptstraße gibt es Supermärkte, während in den kleinen Seitensträßchen die Händler ihr Obst und Gemüse von den Ladeflächen ihrer Pick-ups aus verkaufen. Unser Hotel liegt versteckt zwischen mehreren niedrigen Gebäuden aus verschiedenen Epochen und in unterschiedlich sanierungsbedürftigem Zustand. Drinnen sieht es aus wie in einem kleinen Museum. Die wuchtigen, altmodischen Polstersessel und gemütlichen Sofas sind von allerhand Krimskrams aus vergangenen Zeiten umgeben: historischen Rechenmaschinen, einem alten Dampfbügeleisen, Nähmaschinen, einem Spulentonbandgerät, einer Trompete. Man kommt sich vor wie in einer Zeitkapsel der Dreißigerjahre.

Ein offener Kamin verstärkt das vage Gefühl, dass man sich hier gar nicht in der Türkei befindet, sondern anderthalbtausend Kilometer weit weg – in England.

Achtunddreißigster Tag
Edirne

In meinem Zimmer in dem eigentümlichen Hotel Efe wird die behagliche, aber in kultureller Hinsicht eher verwirrende Agatha-Christie-Reminiszenz fortgesetzt, und zwar mit Bakelitlichtschaltern, einer abenteuerlichen Kabelführung und hübschen alten Glaslampenschirmen. Schon früh am Morgen – und nur ungern – verlasse ich es, um die Stadt mit Selen Korkut zu erkunden, unserer Dolmetscherin, deren Familie aus diesem westlichsten Teil der Türkei stammt.

Zuerst zieht es uns natürlich zum Prunkstück der Stadt, der Selimiye Camii (sprich: dschami), einer Moschee, die von dem damals bereits über achtzig Jahre alten Sinan entworfen wurde. Sie gilt als bedeutendstes Werk des bedeutendsten Baumeisters des Osmanischen Reichs.

Mit ihren achtzehn Nebenkuppeln, die sich um eine spektakuläre zentrale Kuppel gruppieren, und den schlanken Sandsteinminaretten, die den Komplex an allen vier Ecken begrenzen und mit 71 Metern die höchsten neben denen in Mekka sind, ähnelt die Moschee einem kleinen Bergmassiv.

Quer durch das Bogentor ist eine Kette gespannt, die dafür sorgen soll, dass man die Moschee mit gebeugtem Haupt betritt, doch kaum befindet man sich im Inneren der zentralen Gebetshalle, geht der Blick in ungläubigem Staunen über die immensen Ausmaße dieses Bauwerks wieder nach oben. Auf achtzig massiven Stützsäulen ruht eine mehr als 43 Meter hohe Kuppel mit einem Durchmesser von über 31 Metern, die den darunterliegenden Raum frei überspannt. Dank des genialen Entwurfs des Architekten wirkt sie trotz des kolossalen Gewichts der Steine leicht und luftig und scheint über uns zu schweben, als hätte man sie geradewegs vom Himmel herabgelassen anstatt auf dem Erdboden erbaut. Die Moschee ist keineswegs ein reines Symbol des Islams. In Form und Stil hat sie große Ähnlichkeit mit der prächtigen byzantinischen Kirche Hagia Sophia in Istanbul, die fast zehn Jahrhunderte zuvor erbaut wurde. Außerdem war Sinan, obwohl die Osmanen ursprünglich aus dem weiter östlich gelegenen Anatolien kamen, als Militärarchitekt durch ganz Europa gereist und hatte dabei sicherlich auch Meisterwerke der Renaissance wie Brunelleschis Dom in Florenz kennengelernt.

Doch wie dem auch sei, hier gemeinsam mit 2000 anderen zu beten, muss für einen gläubigen Muslim ein äußerst eindrucksvolles Erlebnis sein. Ich frage Selen, die zweifellos eine sehr modern eingestellte Türkin ist, ob sie regelmäßig zur Moschee geht. Sie schüttelt den Kopf. Die Gebete dürfen nur auf Arabisch, niemals in einer anderen Sprache gesprochen werden, sodass sie erst den Koran auswendig lernen müsste, wenn sie beten wollte.

Dass die Stadt so verschwenderisch mit Prachtbauten gesegnet ist, liegt daran, dass sie vor dem Fall Konstantinopels fünfundvierzig Jahre lang die Hauptstadt des Osmanischen Reichs war.

Es gibt in Edirne noch drei weitere grandiose Moscheen aus jener Zeit, die jedoch am Fuß des Hügels stehen und das Stadtbild nicht ganz so stark dominieren wie die Selimiye Camii. Eski Camii, die »Alte Moschee«, hat einen quadratischen Grundriss und neun Kuppeln, und an einer ihrer Außenmauern sind in riesigen Schriftzeichen die Wörter »Allah« und »Mohammed« zu lesen. Sie wurde zwischen 1403 und 1414 errichtet, als die islamischen Armeen von Sultan Mehmet I. Konstantinopel einzukreisen begannen und nach und nach jedes Leben aus dem christlich-byzantinischen Reich pressten, das dort über tausend Jahre lang bestanden hatte. Auf der gegenüberliegenden Straßenseite steht die Üç Şerefeli Camii, die »Moschee der drei Galerien«, deren Minarette alle unterschiedlich gestaltet sind. Eines von ihnen ist mit schlichten Rillen versehen, die anderen sind mit Mustern aus rotem Sandstein verziert: das eine mit Zickzackleisten, das andere mit Rauten und das dritte, wie ein Maibaum, mit roten Spiralen. Die fließenden Formen machen es zu einem Meisterwerk der Steinmetzkunst.

Die architektonischen Schätze von Edirne strahlen den selbstbewussten Impetus von Eroberern aus.

Selen führt mich ein Stück weit aus der Stadt hinaus, um mir eines ihrer Lieblingsbauwerke zu zeigen, einen vielkuppeligen Moschee-Komplex von schlichter Schönheit, der zwischen den umgepflügten Feldern etwas fehl am Platz wirkt.

Die Beyazıt Kulesi, die 1485 errichtet wurde – also nur gut dreißig Jahre nachdem Konstantinopel endgültig an die osmanischen Türken fiel –, sollte den Plänen ihres Erbauers zufolge viel mehr sein als nur eine Moschee. Sie diente auch als Schule, Gästehaus, Mühle, Bäckerei, öffentliche Badeanstalt, Armenküche und – was am spannendsten ist – als psychiatrische Klinik, die inzwischen restauriert wurde und nun als Psychiatriemuseum Besuchern offen steht.

Beim Betreten der ummauerten Anlage kommen wir an mehreren mit Kuppeln versehenen Behandlungszimmern vorbei, die sich zu einem kleinen Garten hin öffnen und von einem Säulengang abgehen. An dessen Ende führen zwei überwölbte Gänge in das *darüş-şifa*, das »Genesungshaus«, wo man über fast 400 Jahre psychisch Kranke mit äußerst fortschrittlichen Methoden wie Musik, Gerüchen oder dem Klang fließenden Wassers behandelte.

Um die verschiedenen Therapien zu veranschaulichen, hat man in jedem Raum mit lebensgroßen Figuren fiktive Szenen nachgestellt.

In einem ist ein Melancholiker zu sehen, der an der »schwarzen Liebe« leidet, wie Selen es formuliert, oder – in unseren Worten – an einem gebrochenen Herzen. Ein anderer dient als »Raum für die Behandlung durch Betätigung«, die bei uns vermutlich unter »Beschäftigungstherapie« laufen würde.

Das *darüş-şifa*, das sich vollständig durch mildtätige Gaben finanzierte, ist eine umso bemerkenswertere Einrichtung, wenn man bedenkt, dass in fast ganz Europa bis zum 19. Jahrhundert das Irrenhaus der einzige Ort war, an dem man Geisteskranke unterbrachte.

Nachdem dieses Heim unter den Türken jahrhundertelang bestanden hatte, musste es im Jahr 1878 seine Türen schließen, als die Russen das Gebiet besetzten und der Berliner Kongress den Anfang vom Ende des Osmanischen Reichs besiegelte.

Ebenso überraschend wie die Existenz einer so alten psychiatrischen Klinik ist für mich, dass Selen, eine zarte, ernsthafte, liberal eingestellte Frau aus Istanbul, zwei Jahre lang mit einem Mann zusammenlebte, der seinen Lebensunterhalt damit verdiente, dass er – von Kopf bis Fuß mit Olivenöl eingeschmiert – an Ringkämpfen teilnahm.

Doch damit nicht genug: Sie nimmt mich auch noch mit zum Ufer des Meriç, des Flusses, der die Grenze zwischen Griechenland und der Türkei bildet. Dort habe ich Gelegenheit, diese bizarre Sportart live mitzuerleben.

»Was hat es mit dem Öl-Ringkampf auf sich?«, frage ich sie.

Selen lächelt. »Türkische Männer sind nun mal ziemliche Machos«, erklärt sie, »und das müssen sie irgendwie ausleben. Mein Vater war als junger Mann immer mit Ölringern unterwegs. Schon bevor er in die Schule kam, hat er für sie gegossen.«

»Gegossen?«

»Das wirst du gleich sehen.«

Was ich sehe, als wir an einer Lichtung am Flussufer ankommen, sind mehrere Männer mit dicken Bäuchen, die nichts anhaben als eine enge schwarze Kniehose aus Büffelhaut und gerade mit verdünntem Olivenöl begossen werden. In aller Seelenruhe reiben sie sich am ganzen Körper damit ein, so als würden sie unter der Dusche stehen. Zwei der Ringkämpfer sind junge Burschen, meiner Schätzung nach kaum älter als elf oder zwölf, die aussehen wie lustige kleine Strolche. Selen meint, es sei üblich, dass die Nachwuchstalente gemeinsam mit den älteren, erfahrenen Ringern unterrichtet werden.

Hinten auf der Hose jedes Ringers steht ein Name. Es ist der seines Sponsors, erklärt Selen. Was wir hier sehen, ist zwar nur ein Aufwärmtraining, doch die Männer sind alle Profiringer, und wenn sie beim großen Festival im Sommer antreten, haben sie mehrere Tausend Zuschauer.

»Das ist ein sehr traditioneller türkischer Sport«, versichert mir Selen, »mit einer sechshundertvierzig Jahre alten Geschichte.«

Während die Ringer sich einölen, versammelt sich eine kleine Musikkapelle, ebenfalls ein essenzieller Bestandteil dieser Sportart. Die Männer tragen weite blaue Westen und Schlabberhosen mit schwarzen Stickmustern. Zu ihren Instrumenten zählen vor allem Trommeln und Oboen.

Schließlich ruft der *cazgır*, der Ansager, alle Beteiligten zusammen. Vor Beginn der Wettkämpfe, die bis zu neunzig Minuten dauern können, stellt er die Kontrahenten auf seine ganz eigene, unnachahmliche Art und Weise vor und gibt bei dieser Gelegenheit oft auch ein Gedicht oder ein paar Witze zum Besten.

»Das Publikum liebt diese Menschen«, flüstert Selen mir zu.

Dann fängt das Gerangel endlich an. Alle Paare kämpfen gleichzeitig, überwacht von je einem Schiedsrichter. Ein Ringer hat erst dann gewonnen, wenn sein Gegner flach auf dem Rücken liegt. Faustschläge und in die Augen Langen sind nicht erlaubt, aber davon abgesehen scheinen die Kontaktregeln ziemlich großzügig zu sein. Da es nahezu unmöglich ist, den gut eingeölten Körper des anderen zu fassen zu kriegen, ist es erlaubt – ja, sogar erwünscht! –, dem Gegner eine Hand in die Hose zu schieben und seine Pobacken als Griff zu benutzen, während man mit der anderen Hand den ledernen Riemen der Hose kurz unterhalb der Knie packt.

Der Wettkampf erfordert höchste Konzentration, und sehr oft sieht man zwei glitschige, schwer keuchende Männer, die einfach nur übereinandergebeugt verharren und – manchmal sogar mehrere Minuten lang – abwarten, bis der richtige Augenblick gekommen ist, um den Gegner zu überraschen. Auch die Kapelle spielt eine wichtige Rolle, denn sie gibt den Rhythmus eines Kampfes vor, bremst das Tempo oder beschleunigt es.

Um zu verhindern, dass der Wettkampf mit der Zeit womöglich weniger anstrengend wird, weil das Öl irgendwann abgerubbelt ist,

Slowenien   Aufbruch: auf den Gipfeln der Julischen Alpen, hinter mir
Italien, vor mir Slowenien

Bled, Slowenien Die Kirche Mariä Himmelfahrt im Bled-See. Seit dem Zerfall Jugoslawiens macht die katholische Kirche Sloweniens ihre Autorität allmählich wieder geltend.

Hvar, Kroatien Mit Igor und den beiden einzigen Eseln, die er auf der Insel auftreiben konnte, in einem der verlassenen Dörfer von Hvar. Seine Bewohner sind von hier fortgezogen, um auf dem Festland oder im Ausland Arbeit zu finden *(rechts oben)*.

Split, Kroatien Das Peristyl bildet das Kernstück der gewaltigen römischen Ruinenanlage des Diokletianspalastes. Die schwarze Granit-Sphinx stammt noch aus vorchristlicher Zeit, der im 13. Jahrhundert begonnene Glockenturm aus weißem Stein hingegen wurde erst 1903 fertiggestellt *(rechts unten)*.

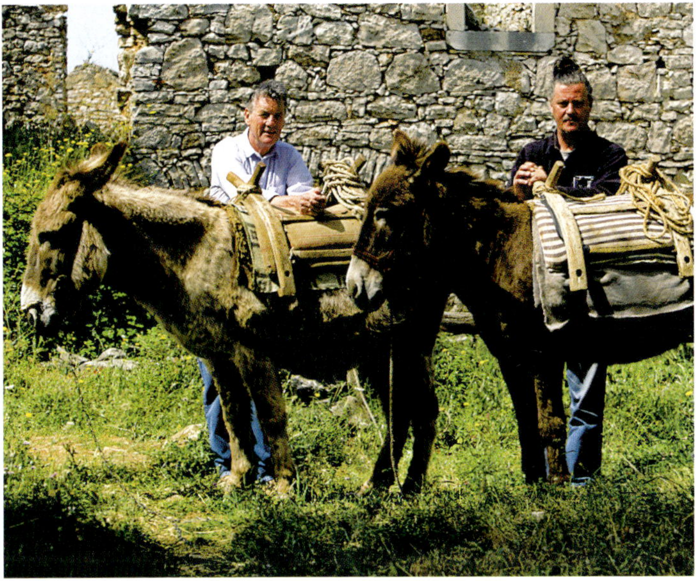

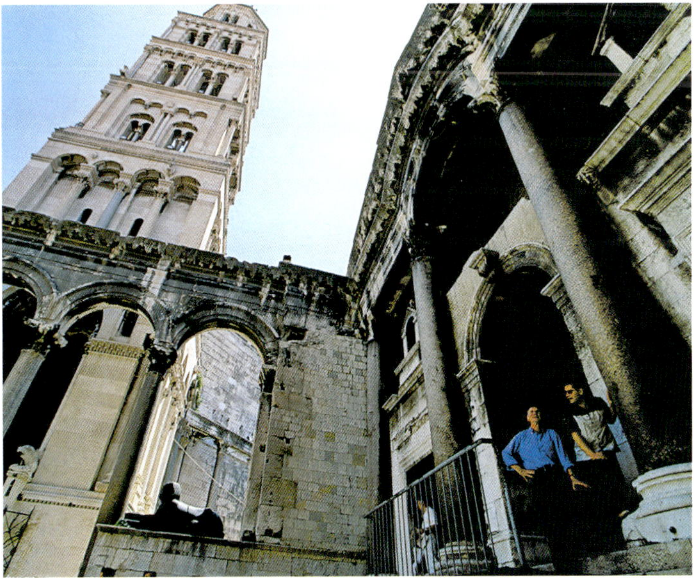

Mostar, Bosnien & Herzegowina   Kamel Ratkusic zeigt mir, wie sich Mostar, das einstige kosmopolitische Zentrum der Herzegowina, von der Zerstörung des Krieges in den Neunzigerjahren erholt.

Sarajevo, Bosnien & Herzegowina   Einer der Minenspürhunde auf potenziell lebensgefährlichem Gelände außerhalb von Sarajevo

Dubrovnik, Kroatien   Die Stradun, die prächtige, kalksteingepflasterte Hauptstraße, zieht sich durch die gesamte Altstadt von Dubrovnik. Wenn die Kreuzfahrschiffe anlegen, herrscht hier reger Betrieb.

Durrës, Albanien
Wie riesige, an Land gespülte Quallen liegen einige der insgesamt 400 000 Betonbunker, die das Hoxha-Regime zum Schutz Albaniens errichten ließ, am Strand von Durrës verstreut *(links)*.

Tirana, Albanien
Politik der Farben. So kann man eine triste Stadt verschönern, ohne allzu viel Geld auszugeben *(links)*.

Tirana, Albanien
Edi Rama, Künstler und Bürgermeister von Tirana, zeigt mir sein „therapeutisches Tagebuch" *(links unten)*.

Prilep, Mazedonien
Mit Bruder Kalist im Kloster Treskavec oberhalb von Prilep. Hinter uns die Kirche der Heiligen Muttergottes aus dem 14. Jahrhundert, zu der die Menschen von weit her pilgern, um zu beten *(rechts)*.

Rila-Gebirge, Bulgarien Massenveranstaltung mit paneurythmischen Tänzen, der Höhepunkt des Jahres für die Universelle Weiße Bruderschaft

Sofia, Bulgarien Im orthodoxen Bulgarien zieren unzählige Ikonen die Straßen um die Alexander-Newski-Kirche in Sofia.

stehen ein paar junge Burschen mit Nachschub bereit, die sich bei jeder Gelegenheit heranpirschen und die glänzenden Körper wieder neu einölen. Jetzt ist mir auch klar, was Selen vorhin mit »Gießen« meinte.

Am Ende jedes Kampfes müssen Sieger und Besiegter einander mit einer männlichen Umarmung vom Boden hieven.

Erwachsene Männer, mit Olivenöl eingeschmiert, die sich gegenseitig in die Hosen langen – das mag albern klingen, aber dennoch wohnt dieser ganzen Angelegenheit eine eigentümliche Würde inne. Nichts ist dem Zufall überlassen, sämtliche Bewegungen sind sorgfältig ausgeklügelt. Eine zusätzliche Rechtfertigung erhalten die Ringkämpfe durch ihre Geschichte und lange Tradition, die bis zu den Griechen und Römern zurückreicht. Seitdem hat sich daraus allerdings etwas ganz und gar Türkisches entwickelt, etwas, das bei den Leuten auf dem Land tief schlummernde patriotische Gefühle weckt.

Neununddreißigster Tag
Istanbul

Der Zug aus Edirne fährt im Sirkeci-Bahnhof ein, der zwar nicht der größte Bahnhof von Istanbul ist, dafür aber der berühmteste. Er wird auf ewig mit dem Orientexpress verknüpft sein, dem Zug, der die Türkei seit 1883 in unterschiedlichster Art und Weise mit dem übrigen Europa verbunden hat.

Das Dach des wunderbaren kleinen Bahnhofs stammt noch aus der Zeit seiner Entstehung. Es ruht auf drei Reihen von zierlichen gusseisernen Säulen, die der Kurve des Bahnsteigs folgen.

Unsere Lok – übrigens in Zagreb hergestellt – kommt quietschend zum Stehen, direkt vor dem Konterfei desjenigen Mannes, der die moderne Türkei geschaffen hat: Kemal Atatürk. Gleich neben dem Prellbock ragt sein goldbemalter Kopf aus einer Steinplatte hervor. Mit seiner langen, geraden Nase und dem finsteren Blick wirkt er irgendwie unheimlich, fast wie ein Zauberer. Und in gewisser Weise war er das ja auch.

In nur etwas mehr als zehn Jahren schuf er die Republik Türkei, führte die Trennung von Religion und Staat und das lateinische Alphabet ein und gewährte Frauen das allgemeine Wahlrecht. Dass man ihm hier im Sirkeci-Bahnhof ein Denkmal gesetzt hat, erscheint vor allem deshalb angebracht, weil er mehr als jeder andere dazu beitrug, die Türkei geistig Richtung Westen, auf Europa hin, auszurichten.

Über eine Marmortreppe gelangen wir aus dem Bahnhof und in die Stadt hinein. Istanbul offenbart seine Reize nicht gleich auf den ersten Blick. Auf dem Weg zum Hafenviertel kommt man zunächst an einer Tankstelle und mehreren hässlichen Betonblocks vorbei. Doch dann steht man ganz unvermittelt an einem der bedeutendsten Orte der Welt.

Nirgendwo sonst vermischen sich Geschichte und Geografie auf ähnlich spektakuläre Art und Weise wie in Istanbul, wo Europa aufhört und Asien beginnt, wo das Mittelmeer und das Schwarze Meer sich berühren. Hier, an der Kreuzung der beiden großen Achsen von Nord nach Süd und von Ost nach West, entstand einst auf mehreren flachen Hügeln eine Stadt, die zunächst unter dem Namen Byzanz, dann als Konstantinopel und schließlich als Istanbul jahrtausendelang im Mittelpunkt des Weltgeschehens stand.

Durch ihre besondere Lage erscheinen einem selbst die alltäglichsten Dinge irgendwie außergewöhnlich. Die Ausblicke kommen einem spannender vor, die Abfahrten und Ankünfte bedeutungsvoller, die Begegnungen vielversprechender, das Bewusstsein schärfer. Istanbul wirkt auf mich immer wie eine Stadt, die mit jedem ihrer Beine in zwei völlig verschiedenen Welten steht. Ich kann mir nicht vorstellen, dass sie jemals ganz von einer Seite auf die andere wechseln wird.

Orhan Pamuk formuliert es in seinem Buch über diese Stadt folgendermaßen: »Eine der Besonderheiten Istanbuls liegt darin, dass seine Einwohner beim Betrachten der Stadt einmal die westliche Brille aufsetzen, einmal die östliche.«

Ich mache mich auf den Weg über die Galatabrücke, hinter mir die prächtigen Baudenkmäler aus osmanischer und byzantinischer Zeit, vor mir Pera, die einstige Kolonie genuesischer und venezianischer Kaufleute. Auf der Brücke drängen sich die Angler, darunter gleiten Wassertaxis hindurch, trotz ihrer flachen Dächer mit nur wenigen Zentimetern Abstand. An den Brückenpfeilern sieht man große Tafeln mit Zitaten von Atatürk: »Unsere heiligste Pflicht ist es, die Republik am Leben zu erhalten.« Wenn man sieht, wie penetrant diese republikanischen Ideale den Menschen hier vorgebetet werden, könnte man meinen, es sei notwendig, dass man sie ihnen immer wieder vor Augen hält. Und dies gibt wiederum Anlass zur Befürchtung, diese Ideale könnten bedroht sein.

Gegenüber dem Galatasaray-Gymnasium befindet sich das Kafe Ara. Es ist trendig, wirkt ausgesprochen westlich und ist nach Ara Güler benannt, einem der versiertesten Dokumentarfotografen der Welt. Mit ihm bin ich hier verabredet. Güler macht einen vernünftigen, klugen Eindruck, mit dem, was er sagt, ebenso wie mit seinem großen, grauen Haupt, das oben bereits kahl, unten aber von einem dichten Bart eingerahmt ist. Im Augenblick versucht er immer noch, die Nachricht zu verdauen, die das Land gestern erschüttert hat: Der Armenier Hrant Dink, ein liberaler Journalist und Verleger, ist bei einem Anschlag ums Leben gekommen. Güler kannte ihn gut und hat noch vor ein paar Tagen mit ihm Poker gespielt.

»Ich habe ihm eine stolze Summe abgeknöpft«, meint er mit einem betrübten Lächeln, so als hätte sein Freund gewusst, dass er in der jetzigen Situation genau dies sagen würde.

Inzwischen steht fest, dass sein Mörder ein junger Mann aus Trapezunt am Schwarzen Meer ist. Der radikale Nationalist macht Menschen wie Dink oder dem Literaturnobelpreisträger Orhan Pamuk zum Vorwurf, sie würden das Land in Misskredit bringen, indem sie sich unter anderem erdreisteten, den Genozid zu erwähnen, den die Türken vor neunzig Jahren an den Armeniern verübten. Bevor man den Attentäter jedoch als Geisteskranken abstempelt, sollte man bedenken, dass eine solche Haltung in diesem Land sogar rechtlich verankert ist: Nach Paragraph 301 des türkischen Strafgesetzbuchs gilt die »Verunglimpfung des Türkentums« als Verbrechen.

Ara, ein Jude und ebenfalls gebürtiger Armenier, ist schockiert, aber nicht sonderlich überrascht. Er hat das Trauma derartiger Ereignisse vor wenigen Jahren selbst miterlebt, als hier, ganz in der Nähe, vier Bomben hochgingen, zwei an einem Tag und weitere zwei am nächsten, die mehrere Synagogen und britische Einrichtungen zum Ziel hatten. Zwei Jahre zuvor waren bei einem Bombenanschlag auf eine Synagoge in diesem Viertel 64 Menschen umgekommen.

Die Republik wird von zwei Seiten bedroht, den religiösen Extremisten und den Nationalisten, und obwohl die Behörden alles tun, um den Anschein zu erwecken, sie hätten die Situation unter Kontrolle, sind die Auswirkungen doch spürbar. So ist die Zahl der Touristen aus Europa im vergangenen Jahr um elf Prozent gesunken, wenngleich sie inzwischen wieder ansteigt. Ara Güler dagegen ist trotz seiner internationalen Berühmtheit und zahlreichen weltweiten Kontakte ein Kind Istanbuls und kann sich nicht vorstellen, jemals von hier fortzugehen. Er greift nach der Digitalkamera, die er sich erst kürzlich zugelegt hat, und nimmt mich mit, um mir den Teil der Stadt zu zeigen, der ihm am besten gefällt.

»Jeden Tag entdecke ich Istanbul von Neuem«, erzählt er, während wir im jüdischen Viertel eine steile Treppe hinaufsteigen. Die einst prächtigen Häuser sind inzwischen alt und vernachlässigt. Sie scheinen sich gegenseitig stützen zu müssen, so wackelig wirken sie. Ara fotografiert oft in alten Vierteln wie diesem, denn er befürchtet, dass viel von dem, was er an dieser Stadt liebt, schon bald für immer verschwunden sein wird.

»Wir spazieren gerade durch die Überreste des alten Istanbuls«, erklärt er und fügt hinzu: »Durch die verwegenen Überreste.«

»Verwegen?«, frage ich nach.

»Ah, nein! Verwesend, meinte ich. Die verwesenden Überreste.«

Sein Freund Orhan Pamuk hat einmal gesagt, dass auf Ara Gülers Fotografien von Istanbul »die Stadt so melancholisch aussieht wie die Gesichter ihrer Bewohner«.

Augenscheinlich ist die Melancholie für Pamuk unweigerlich mit dieser Stadt verbunden, was ihm durchaus zuzusagen scheint, auch wenn er die Befürchtung äußert, sie könnte durch Mammon und Materialismus bedroht sein. Istanbul hat sich zweifellos stark verändert, seit ich 1991 auf meinem Weg *Von Pol zu Pol* zum letzten Mal hier war. Inzwischen sind zwei neue Brücken über den Bosporus gebaut worden sowie mehrere trostlose, vermutlich aber unvermeidliche moderne Hochhäuser, die sich nun in die einst von Kuppeln und Minaretten dominierte Skyline drängen.

Um mich nicht allzu sehr von der nostalgischen Stimmung anderer Leute anstecken zu lassen, nehme ich die Fähre nach Asien und begebe mich in einen der vielen Vororte, die sich über die markanten Hügel am Ostufer des Bosporus erstrecken. Das hier ist das neue Istanbul, ohne den Verfall, aber auch ohne Flair, wo alles aussieht wie aus dem Schächtelchen.

In einer der stacheldrahtgesicherten Vorstadtvillen finde ich die Tanyeli Dance Academy. Hier soll man lernen können, so bauchzutanzen wie der türkische Superstar.

Als fortschrittliche, ehrgeizige Frau ist Tanyeli das Aushängeschild einer neuen Generation von jungen türkischen Unternehmensgründern. Dass sie ihren Bauch in fast alle erdenklichen Richtungen bewegen kann, reichte ihr nicht. Stattdessen hat sie aus sich selbst eine Marke gemacht, mit einer eigenen Fernsehshow und einer ganzen Kette ähnlicher Tanzakademien, unter anderem sogar in Florida und Australien. Tanyeli ist intelligent, hat ein enormes Selbstbewusstsein, eine ausgesprochen gute Figur und die drei Mädchen, die sie heute unterrichtet, perfekt im Griff. Nach dem Kurs legt sie einen kurzen Boxenstopp ein. Die Make-up-Assistentin macht ihr die Frisur zurecht, die Garderobiere überprüft den Sitz ihres Kostüms und eine dritte trocknet ihr die Achseln, während Tanyeli selbst einen Anruf auf ihrem Handy entgegennimmt.

Auf meine Frage, wann sie mit dem Bauchtanzen begonnen habe, breitet sie mit großer Geste die Arme aus. »Ich glaube, das hat schon angefangen, als ich noch im Bauch meiner Mutter war.«

Tanyeli weiß genau, wie sie sich gegenüber einem modernen Publikum zu verkaufen hat.

»Bauchtanz ist wie Meditation. Wenn man die Musik spüren kann und weiß, was man tun muss, um seinen Bauch zu bewegen, dann kann man damit eine Menge negativer Energie loswerden. Das ist besser, als zur Apotheke zu laufen und sich irgendwelche Pillen zu holen.«

Ich frage sie, ob sie auch Männern das Bauchtanzen beibringen kann.

Sie zieht eine Grimasse.

»Eigentlich ist das nichts für Männer. Der Bauchtanz hat eine jahrtausendealte Tradition. Es fing alles damit an, dass die Frauen einem jungen Mädchen, das ein Kind zur Welt bringen wollte, sagten, sie soll pressen, einatmen und ausatmen«, erklärt sie. »Was meinst du, ist das dann eher was für dich oder für uns?«

Trotzdem inspiziert sie höflich meinen Bauch und bittet mich, ihn für sie kreisen zu lassen. Mehr als einen ziemlich obszönen Hüftschwung bekomme ich allerdings nicht hin.

»Hast du schon mal Salsa getanzt, oder Samba oder Walzer?«, fragt sie geduldig, aber mit Nachdruck. »Das wäre wahrscheinlich eher was für dich als Bauchtanz.«

Vierzigster Tag
Istanbul

An Bord eines Schiffes geht es an der europäischen Seite des Bosporus entlang. Das Treffen mit Ara Güler und die Lektüre von Pamuks *Istanbul* haben mein Bewusstsein geschärft, und so suche ich nun das Ufer nach *yalı* ab, jenen aufwendig verzierten Holzhäusern, die wohlhabenden Familien aus der Stadt als Sommerresidenzen dienten, jedoch immer seltener zu finden sind. Die wenigen Häuser, die dem Wetter und der unersättlichen Gier des Wassers nach Land standgehalten haben, erinnern an die Hausboote in Kaschmir, die mit ihrer fragilen Schönheit nicht für die Ewigkeit, sondern für das vergängliche Vergnügen gemacht sind. Im Gegensatz zu ihnen lassen diese Häuser unübersehbar europäische Einflüsse erkennen, wie sie die osmanischen Baumeister und Handwerker im 19. Jahrhundert immer öfter übernahmen. Umgekehrt funktionierte dieser Austausch genauso, und wie es auch bei Lamartines Haus in Plowdiw deutlich wurde, waren hauptsächlich die Franzosen von allem Orientalischen fasziniert. (Pamuk wehrt sich gegen ein allzu verklärtes Bild von dieser Beziehung und verweist darauf, dass man zu jener Zeit in der Türkei die Syphilis mit dem euphemistischen Ausdruck *frengi*, also letztlich als »Franzosenkrankheit«, umschrieb.)

Wir kommen an der gut erhaltenen Ruine der Rumeli-Burg vorbei, deren Mauern sich den Berg hinaufziehen. Direkt unterhalb der Anlage verläuft eine Hängebrücke, die den Fernverkehr durch die Türkei sechsspurig über den Bosporus führt. »Rumeli« war im Osmanischen in etwa gleichbedeutend mit dem von den Byzantinern misstrauisch beäugten »Westen«. Die Burg wurde 1452 von Mehmet II. vollendet und diente ihm im darauffolgenden Jahr als Sprungbrett für seine Eroberung Konstantinopels. Es war ein Sieg des Ostens über den Westen, des Islams über das Christentum.

Die heutigen Herren Istanbuls kann man immer noch an den Ufern des Bosporus finden. Einer davon ist Sakıp Sabancı, ein ehemaliger Baumwollpflücker aus der südtürkischen Stadt Adana und ein echter Selfmademan. Er kam zu so großem Wohlstand, dass manche von ihm sagen, er besitze die ganze Türkei. Er hat ein Vermögen ausgegeben, um in Emirgan in einer alten Villa aus den Zwanzigerjahren seine Kunstsammlung einrichten zu können.

Hier lerne ich auch Raffi Portakal kennen, einen liebenswürdigen Kunsthändler, der als Berater für Sabancis Sammlung tätig ist. Der Gedanke, jemand könnte die Türkei nicht als einen Teil Europas wahrnehmen, amüsiert ihn.

Quasi als Beweis dafür, wie sehr sich sein Land für Europa interessiert, erzählt mir Raffi von der Picasso-Ausstellung, die er vor einiger Zeit in dem Museum initiiert hat. Der Einlass musste zwar auf 2000 Besucher pro Tag beschränkt werden, aber insgesamt kamen trotzdem eine Viertelmillion. Und dabei handelte es sich keineswegs nur um die gesellschaftliche Elite Istanbuls, sondern um Menschen aus der ganzen Türkei. In Kürze wird die Ausstellung sogar noch weiter Richtung Osten ziehen und in der Hauptstadt Ankara zu sehen sein.

In Raffis Augen ist die Sache eindeutig: »Die Türken lieben die Kunst aus dem Westen, weil das türkische Volk nun mal westlich geprägt ist.« Deshalb ist er auch so enttäuscht darüber, wie sich Europa in der Frage der EU-Mitgliedschaft seines Landes verhält. »Uns ist klar, dass man eine Menge Regeln befolgen muss, wenn man in diesen Club aufgenommen werden will, aber wenn der Club dann plötzlich die Regeln ändert, ...« Der Rest seines Satzes geht im

Geschnatter einer Horde von Schulkindern unter, die – alle in adretten Privatschuluniformen – aus dem Museum drängen.

Die heikle Frage, ob Frauen in der Türkei ein Kopftuch tragen sollten, wird von Rabia Yalçin auf höchst originelle Art und Weise beantwortet. In einem Appartement im fünften Stock, direkt über den geschäftigen Straßen des Nişantaşı-Viertels, entwirft sie Haute Couture für muslimische Frauen. Seit der Ausrufung der Republik im Jahr 1923 gilt die Trennung von Staat und Religion, auf die die Türkei mächtig stolz ist. Damit ist es Frauen ebenso wie in Frankreich nicht gestattet, in staatlichen Einrichtungen Kopftuch zu tragen.

Rabia Yalçin, eine zierliche, energiegeladene Frau mit einem wunderbaren Humor, trägt jedoch ein Kopftuch, während sie mir ihre phantastischen, bewusst aufreizenden Kollektionen präsentiert. Sie entwirft Mode für muslimische Frauen, die Wert auf Achtbarkeit legen, ihre Weiblichkeit jedoch nicht verstecken wollen. Zwei große, teilnahmslose Models aus Weißrussland führen verschiedene Kleider vor. Eines davon hat im Rücken einen tiefen Ausschnitt bis hinunter zur Hüfte, der jedoch ganz einfach mit einem hauchdünnen Schleier verhüllt werden kann.

Dieser Spagat zwischen religiöser Überzeugung und femininer Schönheit spiegelt eine sehr moderne Einstellung wider, mit der Traditionalisten – vor allem Männer – vermutlich ihre Schwierigkeiten haben. Ich frage Rabia daher, ob manche Leute schockiert sind, wenn sie ihre Mode sehen.

»Oh ja«, antwortet sie mit einem strahlenden Lächeln. »Aber ich liebe Schocks.«

Am Abend erwartet mich die nächste Überraschung. Wir kehren in einer der alten Istanbuler Tavernen ein, die man hier *meyhane* nennt. Diese einfachen Lokale, in denen das ganze Viertel zusammenkommt, bieten *meze*, *rakı* und Livemusik. Der älteste *meyhane* der Stadt heißt »Madame Despina Meyhanesi« und existiert seit mittlerweile 160 Jahren. Sein jetziger Wirt, ein Bär von einem Mann, heißt uns im »ältesten Unterhaltungsetablissement« der Stadt willkommen, das bei Künstlern, Intellektuellen und Handwerkern gleichermaßen beliebt ist. Irgendwo habe ich gelesen, dass diese Lokalitäten ausschließlich Männern vorbehalten sind, doch hier und heute Abend scheint dies nicht der Fall zu sein. Ich komme mit einer redseligen Türkin ins Gespräch, die mich davor warnt, voreilige Schlüsse über ihr Land zu ziehen. Istanbul ist nicht die ganze Türkei, sagt sie, und was man in Istanbul denkt, hat nicht viel mit dem zu tun, was die sechzig Millionen Menschen im Rest des Landes denken.

Was die Zugehörigkeit zu einem erweiterten Europa betrifft, ist sie der Meinung, dass die entscheidende Frage weniger ist, wie sehr die EU die Türkei braucht, sondern wie sehr die Türkei die EU braucht. Die hiesige Landwirtschaft jedenfalls würde dem europäischen Wettbewerb höchstwahrscheinlich nicht standhalten können.

Sie rät mir, unbedingt in den Osten der Türkei weiterzureisen und nachzufragen, was die Menschen dort darüber denken.

Ich habe meinen Teller mit Kidneybohnen, Ratatouille, roten Paprika und Rote Bete zur Hälfte verputzt und mit einem Glas von dem mit Anis aromatisierten *rakı* hinuntergespült, als sich mir eine hübsche Frau mit langen Ohrringen und dunklem, zurückgebundenem Haar vorstellt und neben mir Platz nimmt. Zuerst mache ich mir Hoffnungen, doch sie zerschlagen sich schon einen Augenblick später, als die Hausband eintrifft, ein fast schon einschüchterndes Quartett aus Violine, Trommel, quietschiger Oboe und einer prachtvollen, mit besonders vielen Saiten bespannten Zither. Die Männer gruppieren sich um die Frau, während diese mir ein herzzerreißendes Ständchen bringt.

Sie heißt Şevval, kann in zehn verschiedenen Sprachen singen, und ihr Freund ist ein Engländer namens Rupert, den sie am Strand kennengelernt hat. Ihre Lieder entstammen einer alten Tradition klassischer türkischer Musik, die es nur in den *meyhane* gibt.

»Die Türken lieben es, traurig zu sein, weißt du. Und diese Lieder sind ein Ausdruck dieses Gefühls.« Der Begriff *meyhane* ist aus der Verknüpfung zweier türkischer Wörter entstanden, erklärt sie mir: aus *mey*, was so viel heißt wie »Wein«, und aus *hani*, also »Haus«.

»Und wenn man dann anfängt, *rakı* zu trinken und dieser Musik zu lauschen, dann beginnt sich das Herz zu öffnen, und die Seele wird gesund.«

»Und das geht mit *rakı* besser als mit Bier oder Wein?«

»Auf jeden Fall«, verspricht sie mir. »Bei *rakı* kann man sich sicher sein, dass es am nächsten Morgen ein angenehmeres Erwachen gibt.«

Mit diesem hehren Ziele eines jeden Trinkenden im Hinterkopf lasse ich mir das Glas aufs Neue füllen und warte darauf, dass mir das Herz aufgeht und meine Seele gesundet.

Einundvierzigster Tag
Selçuk

Am Eingang einer natürlichen Arena, die im Windschatten eines Hügels direkt über der tiefblauen Ägäis liegt, hängt ein äußerst ergötzliches Schild: »25. Kamelringkampf-Festival Selçuk-Ephesos«. Schon allein beim Klang dieser Namen tun sich historische Dimensionen auf: Die Seldschuken waren dasjenige Turkvolk, das in der Schlacht von Manzikert 1071 die byzantinische Vorherrschaft in Kleinasien brach, und Ephesos war einst die Hauptstadt der römischen Provinz Asia, womit in der Antike immer nur Kleinasien gemeint war, also praktisch die heutige Türkei.

Es ist ein herrlicher Tag mit einem strahlend blauen Himmel. Von einigen Grillbuden steigt jetzt schon Rauch auf, und die ersten Würste und Kebabs werden aufs Feuer gelegt, denn man erwartet heute rund 20 000 Kamelringkampf-Fans.

An den leicht abschüssigen Hängen hat man Hunderte, wenn nicht Tausende weißer Plastikstühle und -tische aufgestellt, und oben auf dem Hügel blickt von einem riesigen, auf ein Stahlgerüst gespannten Transparent das Konterfei Atatürks herab, elegant wie immer mit seiner Persianerkappe.

Dass das Festival im Freien und nicht in einem entsprechenden Stadion stattfindet, macht die Veranstaltung zu einer sehr volkstümlichen, traditionellen Angelegenheit, die an eine Mischung aus Jahrmarkt und Pferderennen erinnert. Das Ganze ist ein hauptsächlich in ländlichen Regionen beliebter Zeitvertreib, mit dem das Kamel zelebriert wird, aber auch alles, für das dieses Tier in der türkischen Kultur steht: das Nomadenleben und die Karawanen, die den Städten entlang der Seidenstraße Waren und Wohlstand brachten. Inzwischen hat sich vieles verändert. So gibt es in der Türkei kaum noch Kamele, die für schwere Arbeiten eingesetzt werden. Zudem sind die Tiere, die heute hier gegeneinander kämpfen werden, verhätschelte Haustiere von Leuten, die sich ihre aufwendige Haltung leisten können, und haben mehr mit Rennpferden gemein als mit Lasttieren. Dennoch geht von den Kamelen irgendwie etwas Beruhigendes aus, das einen eine tiefe Zuneigung empfinden lässt. Kamele sind einfach tolle Tiere.

Allerdings muss man ganz klar dazusagen, dass das hier was für echte Kerle ist. Die Zuschauer, von denen es an den Böschungen nur so wimmelt, wirken alle wie Männer, die soeben dem Einkaufsbummel oder dem Besuch bei der Schwiegermutter entronnen sind und endlich mal einen Tag für sich haben. Und sie tun all das, was türkische Männer gerne zu tun scheinen: in ihren tragbaren Kohlenpfannen Feuer machen, Würstchen grillen, *rakı* aus Plastikkanistern trinken und kräftig schloten.

Ich bin mit Yusuf Yavaş hier, einem Archäologen aus dem Ort. Von der Hügelkuppe aus blicken wir hinunter auf ein leicht chaotisches bauliches Ensemble: einen Busparkplatz, der sich rasch zu füllen beginnt, eine große, eintönige Ferienhaussiedlung und einen Kanal, der im sechsten vorchristlichen Jahrhundert erbaut wurde, um Ephesus mit dem Meer zu verbinden.

Kein Wunder: Wir sitzen hier auf 27 Jahrhunderten kontinuierlicher menschlicher Besiedelung.

»Mehr römische Ausgrabungsstätten als in Italien, mehr griechische Ausgrabungsstätten als in Griechenland« – so beschreibt Yusuf diesen Abschnitt der Ägäisküste. Allerdings fügt er hinzu, dass die Regierung seines Landes seiner Arbeit und der seiner Kollegen leider keine besonders große Bedeutung beimisst.

Er ist 52 Jahre alt. Seine Großeltern waren griechischsprachige Muslime aus Kreta und Thessaloniki. Sie wurden im Rahmen der Umsiedlungen nach den Kämpfen zwischen Griechenland und der Türkei im Anschluss an den Ersten Weltkrieg aus ihrer einstigen Heimat vertrieben. Zwei Millionen Menschen wurde damals unglaubliches Leid angetan, und viele wurden kurzerhand enteignet. Yusuf würde es gerne sehen, wenn die heutige Türkei näher an das übrige Europa rückt, weg von den linken wie auch den rechten Fanatikern. Ich frage ihn, was seiner Meinung nach der Grund dafür ist, dass manche in Europa den EU-Beitritt der Türkei so hinauszögern. Er glaubt dahinter eine gewisse Angst vor der Religion und einer wachsenden Arbeitslosigkeit zu erkennen.

»Die Türkei ist zu achtundneunzig Prozent ein islamisches Land. Auch die Zahl der Erwerbslosen ist ziemlich hoch. Wahrscheinlich denken die Europäer deshalb, Moment mal, jetzt werden die Türken alle zu uns nach Europa kommen und uns die Arbeit wegnehmen.«

Dann wird er für einen Augenblick unnötig direkt.

»Ich habe das Gefühl, die Leute in Europa sind nicht wirklich im Bilde. Sie stellen sich die Türkei als arabisches Land vor. Aber die Türkei ist nicht arabisch. Das hier ist ein weltlich orientiertes Land. Wir haben hier seit ungefähr achtzig Jahren Demokratie. Sie sollten sich wirklich etwas besser über die Türkei informieren.« Dann lächelt er ein wenig zerknirscht. »Vielleicht sind wir selbst aber auch nicht ganz unschuldig daran. Wir sollten lernen, unsere Ansichten besser zu artikulieren.«

Plötzlich werden wir vom lauten Jubel der Menschenmenge unterbrochen. Unten am Hügel werden die ersten Kamele in die Arena geführt. Im Vergleich zu denen, die ich in der Sahara gesehen habe, sind diese hier um einiges schwerer, größer und dichter behaart. Sie stammen aus Iran, wo man zweihöckrige mit einhöckrigen Tieren kreuzt, um diese besonders große einhöckrige Rasse zu züchten. Das heißt jedoch noch lange nicht, dass man von dem einen Höcker auch etwas sieht, denn er ist unter einem *havut* verborgen, einem prunkvoll verzierten hölzernen Aufbau, der mit Seiden- und Brokatstoffen, besticktem Filz und Teppichen bedeckt ist. Obendrauf sitzt ein Ledersattel mit einer Glocke, die bei jeder Bewegung klingelt. Weil der *havut* mitsamt seiner aufwendigen Dekoration ziemlich schwer ist, schreitet das Kamel mit wiegenden Schritten umher wie eine große Diva. Yusuf erklärt mir, dass die Tiere in den letzten drei oder vier Monaten vermutlich von den in ihrem Höcker gespeicherten Fettreserven zehren mussten, da ihre Trainer sie absichtlich nicht mehr füttern, um ihre Angriffslust zu steigern. Außerdem sind sie gerade in der Brunst, und diese Kombination aus Hunger und Lust sorgt – so zumindest die Hoffnung – für beste Unterhaltung.

Das mag auch der Grund dafür sein, weshalb die meisten Kamele (nicht die Trainer) Schaum vor dem Mund haben.

Alle Kamele haben einen Namen, und wer eine Wette auf den Ausgang der Kämpfe abschließt, studiert sorgfältig ihren Stammbaum. Vor ein paar Jahren war es angeblich große Mode, sein Kamel »Saddam«, »Bush« oder »Clinton« zu nennen.

Es herrscht eine wahrhaft berauschende Atmosphäre: Über den Hügel wehen dicke, vom Geruch nach Tabak und Grillfleisch geschwängerte Rauchschwaden, und in das Trommeln und Quäken der Musikkapellen mit ihrem gleichförmigen, unbarmherzig treibenden Rhythmus mischt sich die Stimme des Kommentators auf dem Podium, die unablässig aus den Lautsprechern dröhnt.

Luftballon- und Zuckerwatteverkäufer bearbeiten lautstark die ausgelassene Menschenmenge. Die Besitzer der Kamele – Männer in Anzügen mit Handy am Ohr, aber auch unnahbare Frauen mit dunklen Sonnenbrillen – nehmen im VIP-Bereich Platz. Dann rührt sich etwas im Ring: Die gegeneinander antretenden Kamele, von denen manche einen acht- oder zehnstündigen Transport im Lkw hinter sich haben, strecken ihre Beine, schäumen ein bisschen vor sich hin und werden zunehmend aggressiv. Jedes der Tiere wird von einem Team von *urganci* begleitet, also »Seilern«, die ihr Kamel an der Leine haben wie Hafenarbeiter ein Schiff, bereit, das Tier zu bändigen, falls es außer Kontrolle geraten sollte.

Die Spannung steigt, als den Kamelen die geflochtenen Maulkörbe abgenommen werden. Doch auch jetzt werden ihre Kiefer noch von einer dünnen Schnur zusammengehalten, damit sie ihre Gegner nicht allzu heftig beißen können. Dann werden jeweils zwei Tiere einander zugeordnet. Plötzlich wird die penetrante Stimme des Kommentators eine Oktave höher, und der Kampf beginnt.

Doch nicht immer zeigt das Schäumen, Aushungern und Brünstigsein seine Wirkung: Manche Kamele scheinen überraschend wenig Interesse daran zu haben, sich mit ihrem Kontrahenten

anzulegen, und müssen von den *urganci* regelrecht aufeinander-
gehetzt werden. Haben sie sich jedoch erst einmal ineinander ver-
keilt, passiert das meiste offenbar mit den Hälsen. Sie drücken sie
gegeneinander und winden sie manchmal so eng umeinander, dass
es aussieht, als würden auf einem Hals zwei Köpfe sitzen.

Die Kamele sind in drei Kategorien eingeteilt, die man grob als
klein, mittel und groß umschreiben könnte. Nach mehreren ergeb-
nislosen Vorrunden kommt endlich Bewegung ins Spiel, als die
berüchtigteren Schwergewichte, begleitet vom Grölen ihrer Fans,
einander gegenüberstehen.

Eines der Tiere entkommt seinen Aufsehern und galoppiert quer
durch den Ring direkt auf das nächstbeste Kamel zu, das es finden
kann. Zwei andere rumpeln so heftig zusammen, dass beide Vor-
derbeine des einen Kamels in die Luft gehoben werden und es eine
ganze Weile lang ziemlich unelegant dahängt, während das andere
versucht, ihm die Hinterbeine wegzutreten. Das ist allerdings gar
nicht so einfach, wie man vielleicht vermuten mag. Die Hinterbeine
wirken zwar spindeldürr, aber wenn sich das Tier gegen den Boden
stemmt, sind sie hart wie Stahlseile.

Beim Kamelkampf gibt es eine Reihe festgelegter Bewegungen,
die als »Tricks« bezeichnet werden. Eine Spezialität scheint das
Knöchel- und Stirnlockenbeißen zu sein. Auch der Schwitzkasten,
bei dem der Kopf des Gegners zwischen den Vorderbeinen eingeklemmt wird, ist sehr beliebt – außer natürlich bei dem Kamel, dessen Schädel sich gerade darin befindet. Während die Tiere einander
stoßen, packen, beißen und umklammern, fliegen überall lange
Speichelfäden herum. Irgendwann wird ein Sieger auserkoren, und
die Seiler stürmen herbei, um die Tiere zu trennen.

Am frühen Nachmittag findet ein Kampf der Extraklasse statt,
der die Menschenmenge auf die Beine bringt. Zwei Schwergewichte
liefern sich einen regelrechten Ringkampf. Sie lehnen sich gegeneinander, packen mit ihrem langen, dicht bemähnten Hals den des
Gegners und umschlingen ihn. Zwischendurch gerät der Kampf
für eine ganze Weile ins Stocken, doch dann scheint sich eines der
Kamele durchzusetzen und drückt den Hals seines Widersachers
langsam zu Boden. Dieser aber weicht geschickt aus, und das Ganze

geht von vorne los, bis schließlich eines der Kamele wegrutscht und im Staub liegen bleibt. Die Menge kreischt, das Trommeln steigert sich zu einem wahnwitzigen Crescendo, der Kommentator ereifert sich so, dass er kurz vor einem Herzinfarkt steht, und ich fühle mich, als wäre auch ich gerade k. o. gegangen.

Das Kamelringen hat mir einen Einblick in eine andere Türkei, fernab der Metropole Istanbul, gewährt. Ich habe gesehen, wie stark die alten Traditionen hier noch verwurzelt sind (von den 20 000 Zuschauern waren fast alle Türken). Dennoch hat es auch hier viele Veränderungen gegeben. Die Einwohnerzahl von Selçuk hat sich innerhalb der vergangenen zwanzig Jahre verdoppelt, und die einst beschaulichen Buchten der Ägäis sind inzwischen vollgepfropft mit Ferienappartements. Das wohl eindringlichste Zeugnis dieses Wandels bietet sich uns jedoch, als wir die Arena verlassen: Auf der Ladefläche des vor uns fahrenden Pick-ups liegt ein prächtiges iranisches Kamel, fest in weiße Leintücher eingewickelt, sodass nur noch der Kopf hervorschaut. Über Tausende von Jahren beförderten seine Vorfahren die Waren, die Europa zu seinem Wohlstand verhalfen. Nun ist es selbst das Exportgut.

Göreme, Kappadokien

Wir befinden uns knapp 500 Kilometer östlich von Istanbul, in der Stadt Kayseri. Mit einer Bevölkerung von über einer Million und angesichts von mehreren florierenden Gewerbezentren und funkelnagelneuen Autohäusern wird deutlich, dass der kommerzielle Boom sich nicht allein auf Istanbul und den Westen der Türkei beschränkt. Kayseri liegt im Herzen Anatoliens. Ihre Größe und Einwohnerzahl würde die Türkei im Falle eines EU-Beitritts zum mit Abstand größten Land innerhalb der europäischen Gemeinschaft machen. Und genau das macht vielen Europäern Angst.

Die Geschichte dieser Region ist jedoch eng mit den Wurzeln der europäischen Kultur verknüpft. In den Jahren nach Christi Geburt war Kayseri – damals noch Caesarea genannt – der Ort, an dem der

Apostel Paulus (der als Saulus im nahe gelegenen Tarsus geboren worden war) begann, die ersten Menschen zum Christentum zu bekehren. Die Provinz Kappadokien wurde zum Epizentrum der frühchristlichen Kirche, wo eine Gruppe führender Kirchenschriftsteller, die sogenannten Kappadokischen Väter, erstmals zentrale Glaubenssätze wie das Konzept der Heiligen Dreifaltigkeit formulierten.

Kappadokien war einst ein riesiges Gebiet, in dem im dritten und zweiten Jahrtausend vor Christus die Hattier und danach die Hethiter lebten. Schon zur Regierungszeit von König Dareios von Persien war es als Katpatuka oder »Land der schönen Pferde« bekannt. Heute wird nur noch ein kleines Gebiet als Kappadokien bezeichnet, dessen Hauptattraktion seine außergewöhnlichen, bizarren Felsformationen sind. Zwischen einigen reite ich gerade hindurch, auf dem Rücken eines gutmütigen grauen Pferdes namens Bulu. Begleitet werde ich von Hasan Çalci, einem jungen Mann aus dem nahe gelegenen Göreme, der in Italien Kunst und Design studiert hat und nun eines der schönsten Höhlenhotels ganz Kappadokiens betreibt.

Rings um uns stehen hohe, schlanke Säulen aus honigfarbenem Fels, die überdimensionalen Spargelspitzen ähneln – oder, wie die meisten Touristen es sehen, gigantischen Phalli. Der erhebende Anblick dieser Landschaft ist auch der Grund dafür, dass diese Region gemeinhin als »Tal der Liebe« bekannt ist.

Vor Millionen von Jahren brach unweit von Kayseri ein Vulkan aus, der in der antiken Welt den Namen Argaios trug und auf heutigen Landkarten als Erciyes Daği verzeichnet ist. Dabei wurde ein riesiges Areal unter der Lava begraben, und aus der komprimierten Asche entstand im Lauf der Zeit ein weicher Tuffstein, der vom Wind und Regen schnell ausgespült wurde. Aufgrund der komplexen Zusammensetzung des Gesteins verlief die Erosion jedoch niemals gleichförmig, weshalb nicht das gesamte Tal freigeschwemmt wurde, sondern einzelne Felssäulen stehen blieben, wie Bäume, die einen Waldbrand überlebt haben.

Nicht alle davon ähneln Riesenphalli. Es gibt auch hohe, konisch geformte Gebilde, rechteckige Platten und dünne Säulen mit wackeligen, tischartigen Kappen aus Basalt obendrauf, die wesentlich langsamer erodieren. Im Inneren dieser Felsen verbirgt sich ein ausgeklügeltes Höhlensystem, das immer wieder von religiös Verfolgten als Zufluchtsstätte genutzt wurde.

Der interessanteste dieser Höhlenkomplexe befindet sich in der Nähe von Göreme, wo auf einem relativ kleinen Areal dreißig der insgesamt rund tausend Felsenkirchen Kappadokiens zu finden sind. Sie werden auf das sechste bis elfte Jahrhundert datiert und sind heute als Freilichtmuseum zu besichtigen. Eine von ihnen, die sogenannte Dunkle Kirche, verfügt über einen nahezu abgeschlossenen Innenraum mit mehreren typischen Gestaltungselementen der Scheinarchitektur wie beispielsweise nichttragenden Säulen oder Blendarkaden, die aus dem gewachsenen Fels gehauen wurden. Da nur durch ein einziges kleines Fenster Licht einfällt (daher auch der Name der Kirche), sind die prächtigen, detailreichen Fresken, mit denen die Wände dieses phantastischen Ortes ausgemalt sind, besonders gut erhalten. Der einzige Schaden, der bei den in lange Gewänder gehüllten Figuren und biblischen Gestalten feststellbar ist, sind ihre zerkratzten Augen und teils auch Münder. Man vermutet, dass dies das Werk muslimischer Türken ist, die in den Höhlen Zuflucht suchten, nachdem die Christen diese verlassen hatten. Sie glaubten, die Augen wären mit einer Art Fluch belegt.

Hasans Hotel zwischen den Felsen nennt sich »Anatolian Houses«. Jedes Zimmer ist unterschiedlich geschnitten und mit erlesenen Möbeln aus der Region ausgestattet. Da gerade Nebensaison ist, sind wir fast unter uns. Hasan wurde als Sohn eines Teppichknüpfers in einer der Höhlen geboren, die er später zum Hotel umbaute. Begonnen hat er als Touristenführer, mit nichts außer einem Esel und einem Englisch-Wörterbuch.

Ich frage ihn, wie sehr dieser Teil der Türkei von der Nähe zum Nahen Osten beeinflusst ist (Syrien liegt nur gut 300 Kilometer weiter südlich).

»Natürlich haben wir dieselbe Religion«, sagt er und legt die Stirn in Falten. »Aber unsere Mentalität hat wesentlich mehr Ähnlichkeit mit der europäischen als mit der der Menschen im Osten. Der Westen war für das türkische Volk schon immer spannender.«

Göreme

Eine der besten Möglichkeiten, sich die spektakuläre Landschaft Kappadokiens anzuschauen, bietet eine Fahrt mit einem Heißluftballon. Ich habe mich eben fertig gemacht, damit wir beim ersten Tageslicht abheben können, da klingelt das Telefon neben dem Bett. Leider musste unsere Ballonfahrt abgesagt werden, da der Wind zu stark ist und der Wetterbericht Schnee angesagt hat.

Nachdem ich mir bei unserem gestrigen Ausritt noch einen leichten Sonnenbrand geholt habe, bin ich von dieser Nachricht doch recht überrascht – zumindest bis ich aus dem Fenster spähe. Was ich dort erblickte, ist nicht die aufsteigende Morgenröte, sondern ein bleigrauer Himmel mit heulenden Sturmböen, die diese bizarre, gestern noch freundliche Landschaft aus Steinhaufen und zerfurchten Felssäulen in ein düsteres, unheilvolles Szenario verwandeln.

Die Souvenirläden in Göreme haben ihre Auslagen zwar trotzdem im Freien drapiert, aber nur wenige Touristen kaufen etwas. Ich steige den Berg hinauf, um mich mit einem deutschen Ethnologen und seiner Frau zu treffen, die das »Fairy Chimney Inn« betreiben. Das mit den »Feenkaminen« mag zunächst zwar etwas seltsam klingen, hat jedoch nachweislich einen historischen Hintergrund. Als die Türken diese weitgehend verlassene Region wiederentdeckten, blickten sie ehrfurchtsvoll zu den Felstürmen auf und entdeckten bei vielen ganz oben kleine Löcher, in denen Vögel nisteten. Sie kamen ganz richtig zu dem Schluss, dass es keine menschlichen Wesen sein konnten, die dort oben lebten, und dass sie daher zwangsläufig – und hier irrten sie – von Feen bewohnt sein müssten.

Andus Emge ist unter den Ethnologen eher ein einsamer Wolf. Er hat in Heidelberg studiert, sein Spezialgebiet waren traditionelle Bauweisen wie beispielsweise die Lehmziegelarchitektur. Als Student kam er vor zwanzig Jahren zum ersten Mal nach Kappadokien. Die türkische Regierung subventionierte damals die Umsiedlung aller Bewohner von Höhlen, Feenkaminen und ähnlichen Behausungen in konventionelle Neubauten. In den Neunzigerjahren, als sich die vorherrschende Einstellung zur Nutzung der Höhlen allmählich wandelte, kehrte er hierher zurück. Die UNESCO hatte das Areal inzwischen sowohl zum Weltkulturerbe als auch zum Landschaftserbe erklärt (was laut Emge zu einer doppelten Dosis bürokratischer Verwirrung führte). Während man einerseits forderte, dass die alten Felsenwohnungen erneut bewohnt werden, erließ man andererseits eine Reihe verschiedener Material- und Gestaltungsvorgaben, die viele Interessenten abschreckten.

Ab 1997 mietete Andus Emge von der hiesigen Gemeinde für 25 Euro im Jahr ein Objekt, das so lange leer gestanden hatte, dass man weithin der Überzeugung war, es würde darin spuken, und begann mit dem Umbau. Er hat wahre Wunder vollbracht, obwohl es nach wie vor einige Punkte gibt, die jedem Gesundheits- und Sicherheitskontrolleur ein mittleres Magengeschwür verursachen würden.

Emges Arbeitszimmer beispielsweise ist nur über eine steile, schmale Außentreppe zu erreichen, die weder ein Geländer noch irgendetwas anderes hat, woran man sich festhalten könnte. Durch eine niedrige, eher für Hobbits als für Menschen geeignete Tür gelangt man – wenn man sich tief genug bückt – in einen warmen, uterusähnlichen Raum, der direkt aus dem Fels gehauen ist. Auch wenn es sich eindeutig um eine Höhle handelt, verfügt sie über einen ADSL Breitbandanschluss, und das Erste, was ich beim Eintreten von Andus Emge sehe, ist sein vom Bildschirm seines Macs beleuchtetes Gesicht.

Emge räumt ein, dass es für die Umsiedlung der ehemaligen Bewohner gute Gründe gab. Keine der Höhlen ist hundertprozentig sicher, und schon mehrmals sind Menschen bei einem Einsturz ums Leben gekommen. Der Zerfall ist unabwendbar, weshalb Emge die Kamine auch mit Eisbergen vergleicht, die kontinuierlich schrumpfen.

Die meisten Höhlen konnten jedoch jahrhundertelang ohne größere Zwischenfälle bewohnt werden. Der Komplex, den Andus Emge sich eingerichtet hat, diente zum Beispiel früher als Kloster. Alle Höhlen haben den Vorteil, dass sie im Winter relativ warm sind und während der heißen Sommermonate kühl bleiben. Da der Tuffstein außerdem recht weich ist, können viele der erforderlichen

Umbauarbeiten ganz einfach mit einem Meißel oder Pickel durchgeführt werden. Wenn Emge ein neues Regal möchte, braucht er sich also nur eine Nische in die Wand zu hacken. Ein weiterer Vorteil ist, dass es sich nicht um unterirdische Höhlen handelt, sondern tatsächlich um einen Kamin, also eine Höhle mit Aussicht.

Inzwischen ist der Regen draußen in Schnee übergegangen, und die Bauten von Göreme – sowohl die von Menschenhand als auch die von der Natur gemachten – sind in einem wabernden weißen Nebel verschwunden. Wir tasten uns vorsichtig die nun lebensgefährlich rutschige Treppe hinunter ins Wohnzimmer, oder besser gesagt in die Wohnhöhle, wo Emges türkische Ehefrau Gülcan Tee gemacht und einen Imbiss für uns vorbereitet hat.

Gülcan ist eine fröhliche Frau mit einem runden Gesicht und dunklen Zöpfen. Sie ist ein paar Jahre jünger als Andus Emge, trägt eine folkloristische, mehrreihige Halskette, hat hübsche große Augen und ein verschmitztes Lächeln.

Als Andus hierher zog, so erinnert sie sich, dachten die Leute, er wäre verrückt oder womöglich sogar vom Geheimdienst. Ihre türkischen Freunde, vor allem die jüngeren, hatten kein Interesse daran, in einer Höhle zu wohnen, die ihrer Ansicht nach nur schwer sauber zu halten war, die keinen modernen Komfort bot und wo es vielleicht sogar spukte. Gülcan Emge selbst ist inzwischen völlig überzeugt vom Leben in einem Feenkamin.

Nach dem Essen kommen wir auf den Aberglauben zu sprechen, der in dieser Gegend noch ziemlich weit verbreitet ist, und Gülcan Emge bietet mir an, mich zu einer Nachbarin mitzunehmen, die aus dem Kaffeesatz lesen kann.

So hocken wir also kurz darauf zu dritt im Schneidersitz auf einem Diwan, während die Nachbarin, eine Frau mittleren Alters mit einem spitzen, von einem Kopftuch eingerahmten Gesicht, einen starken türkischen Kaffee für uns zubereitet. Nachdem ich meine Tasse geleert habe, bittet sie mich, sie mit dem Unterteller zu bedecken und dann umzudrehen. Als der Kaffeesatz ein paar Minuten lang abgekühlt hat, muss ich einen Finger auf die Tasse legen, mir etwas wünschen, die Tasse samt Unterteller wieder umdrehen und ihr beides geben.

Aufmerksam studiert sie den Kaffeesatz auf dem Unterteller und an der Innenseite der Tasse, wobei ihr Blick ständig hin und her schießt.

Während wir warten, preist Gülcan Emge die Fähigkeiten ihrer Nachbarin. Einmal habe diese ihrer Mutter vorausgesagt, dass es in ihrem Haus bald ein großes Feuer geben würde. Zwei Wochen später kam es tatsächlich zu einem schrecklichen Brand. Sie gesteht mir auch, dass das Lesen aus dem Kaffeesatz nach dem Verständnis des Islam eine Sünde ist.

»Aber ich bin ja nicht gläubig«, meint sie fröhlich.

»Was würde passieren, wenn jemand ein wirklich schlimmes Unheil im Kaffeesatz vorhersehen würde?«, frage ich sie.

Schlagartig ändert sich Gülcan Emges Gesichtsausdruck, und sie wirft der Nachbarin einen verunsicherten Blick zu.

»Einmal hat sie mir erzählt, dass sie für eine andere Frau aus dem Kaffeesatz gelesen hat. Deren Bruder war schon seit einer ganzen Weile verschwunden, und ...«, sie senkt ihre Stimme zu einem Flüstern, »sie sagte: ›Ich hoffe, dass es nicht passieren wird, aber ich habe im Kaffee einen Toten gesehen!‹«

Ganz gleich, wie sehr mir mein Verstand weismachen will, dass diese Dinge Unfug sind: Immer wenn ich mir die Zukunft voraussagen lasse, bekomme ich feuchte Hände und einen etwas trockenen Mund. Umso erleichterter bin ich, dass es diesmal offenbar nichts Schlimmes »zu sehen« gab. Nur, dass ich noch eine weite Reise vor mir habe. Und dass ich mich vor finsteren Orten hüten solle, wo mir Schlangen begegnen würden.

»Gefährliche Tiere«, sagt sie mit Nachdruck. Was ich nicht aus ihr herausbekomme, ist, ob es sich bei den Schlangen um Pythons handelt.

Ansonsten scheint es jedenfalls keine schlechten Nachrichten zu geben. Die gute Nachricht sorgt bei den beiden Frauen für ausgelassenes Kichern.

»Du wirst zwei Frauen kennenlernen. Sie sind beide sehr hübsch, und eine von ihnen hat viel mehr Geld als du.«

»Verrät der Kaffeesatz auch irgendwas darüber, was meine Frau dazu sagen wird?«

»Ach, Sie haben auch eine Frau?«, fragt Gülcan Emge.

Ich nicke. Man berät sich.

»Hm ... Es wartet eine neue Liebe auf Sie. Hier in Kappadokien.«

Sie ziehen sich zu weiteren intensiven Spekulationen hinter die Kaffeetasse zurück, wobei sie zwischendurch immer wieder kichern müssen. Schließlich nickt Gülcan Emge bedeutungsvoll. »Aha, das ist ja interessant. Sie werden diese reiche Dame beim Internet-Chat kennenlernen.«

Meiner Meinung nach geht es bei der ganzen Sache weniger um eine Ergründung der Psyche, sondern vielmehr um harmlose Gerüchte. Gülcan Emge hat mir erzählt, dass das Kaffeesatzlesen sehr weit verbreitet ist und dass es überwiegend Frauen sind, die anderen Frauen die Zukunft voraussagen. Vermutlich ist es keine schlechte Methode, um den neuesten Tratsch aus jemandem herauszukitzeln oder Dinge anzusprechen, über die man sonst nicht so direkt reden kann. Das ist zumindest meine Theorie.

Einstweilen überlege ich mir, ob ich nicht doch unter www.rich-ladies.com einen neuen Chatroom für reiche Damen einrichten sollte.

Fünfundvierzigster Tag
Göreme

Der Anruf des heutigen Morgens bringt gute Nachrichten: Der Wind hat nachgelassen, und der Himmel ist wolkenlos – optimale Bedingungen für unseren Ballonflug. Ich bin begeistert! Weniger begeistert bin ich dagegen von der Tatsache, dass wir noch nicht einmal sechs Uhr haben und es draußen stockfinster und bitterkalt ist. Es wird nicht viel geredet, während man uns zu einem freien Areal knapp außerhalb der Stadt fährt, wo zwischen den Felskegeln zwei riesige Heißluftballons startklar gemacht werden.

Der Pilot meines Ballons heißt Lars und ist Schwede, seine Kopilotin ist seine Frau Kali, eine Engländerin. Die beiden waren schon in der ganzen Welt mit dem Ballon unterwegs, aber angesichts der heutigen Fahrt sind sie fast ebenso aufgeregt wie wir. Sie erwarten eine besonders klare, kühle Luft und nahezu perfekte Sichtverhältnisse.

Wir sind etwa zur selben Zeit am Himmel wie die Sonne, und so ist es anfangs noch ungemütlich kalt. Nichtsdestotrotz ist die Fahrt phantastisch. Jetzt, wo wir über dieser sonderbaren, einzigartigen Landschaft immer höher steigen, nimmt sie für uns plötzlich nachvollziehbare Dimensionen an. Im Osten erhebt sich über dem Horizont der 3916 Meter hohe Gipfel des Erciyes Daği. Der Vulkanausbruch, bei dem ein Teil des Berges zerbarst, trug dazu bei, allem, was wir hier sehen können, seine heutige Gestalt zu geben. Lange, flache Felstische lassen die Höhe des Plateaus erahnen, das einst aus dem riesigen Lavasee entstand. Im Lauf der Zeit bildeten sich Risse und Furchen im Gestein, und es formten sich die Klippen, Kegel und hohen Pfeiler, die nun die Landschaft überziehen wie die Wachposten einer versteinerten Armee.

Das harte, grelle Licht der noch niedrig stehenden Sonne und die frische, dünne Schneedecke lassen jedoch nicht nur die Felsformationen deutlicher hervortreten. Auch die Reliefs der Felder, Obstgärten und Weinberge sind nun in allen Einzelheiten erkennbar. Obwohl das Vulkangestein für fruchtbare Böden sorgt, hat sich das Klima in den letzten Jahren verändert, sagt Kali, und die Kombination aus wärmeren Wintern und spätem Frost hat vielen Bauern die Ernte verdorben. Am schlimmsten betroffen sind die Rebstöcke und die Aprikosenbäume, und tatsächlich wirken die Obstbäume unter dem Schnee besonders fragil. Immer mehr Bauern wenden sich daher dem Tourismus zu oder ziehen sogar von hier fort.

»Etliche Höfe sind inzwischen verlassen«, sagt Kali mit Bedauern. Es ist nicht zu übersehen, wie sehr ihr diese Gegend ans Herz gewachsen ist, seit sie vor sechzehn Jahren zum ersten Mal hierherkam. »Damals hatten die Leute hier alle noch Pferdewagen und arbeiteten auf dem Feld. In zehn Jahren wird von all dem kaum mehr etwas übrig sein, fürchte ich.«

Lars scheint das Geschehen unten auf der Erde weniger zu interessieren als das, was hier oben in der Luft vor sich geht. Aufmerksam und mit sichtlicher Freude beobachtet er die Thermik und registriert aufmerksam jede noch so kleine Veränderung, wie zum

Beispiel das Nachströmen kalter Luft aus den Tälern, wenn sich die Erde erwärmt hat. Am liebsten, sagt er, würde er die Luft färben, um die Ströme, Wirbel, Kaskaden und Strudel, die uns umgeben, auch für uns sichtbar zu machen. Er lässt den Ballon auf eine Höhe von über 2400 Metern steigen. Von hier oben sind die Feinheiten der Landschaft nicht mehr so deutlich zu erkennen, und statt der steinernen Wälder Kappadokiens rückt nun ein Panorama ins Blickfeld, das sich vom sanft ansteigenden anatolischen Hochland im Osten bis zum Taurusgebirge im Süden erstreckt. Hier entspringen Euphrat und Tigris, an deren Ufern, im heutigen Irak, sich die ersten Hochkulturen der Welt entwickelten.

All das klingt, als sei es weit entfernt von unserer Welt, doch sollte die Türkei tatsächlich irgendwann einmal der Europäischen Union beitreten – was sich die meisten Leute, mit denen ich hier gesprochen habe, wünschen –, dann wird Europa im Südosten eine gemeinsame Grenze mit Syrien, Irak und Iran haben. Und das sollte man sich einfach bewusst machen.

MOLDAWIEN

Chişinău, Moldawien

Ich stehe in meinem Hotelzimmer im Zentrum von Chişinău (sprich: Kischi-nou) und schaue aus dem Fenster. Statt der erwarteten sowjetischen Tristesse sehe ich jedoch ein breites Band von Bäumen, das sich mitten durch die Stadt zieht. Direkt mir gegenüber erstreckt sich ein Park mit stattlichen großen Bäumen, in den ständig irgendwelche Leute mit diversen Gerätschaften entschwinden. Ich erkundige mich bei den Hotelangestellten, was das Ganze zu bedeuten hat, aber sie sind leider nicht besonders auskunftsfreudig.

Die Pracht des Frühstückssaals – hohe Decken, riesige Gemälde und lange Brokatvorhänge – steht in scharfem Kontrast zu dem Verdruss, den einem der Service bereitet. Um alles muss man hier ausdrücklich bitten, und selbst auf die Frage nach so simplen Dingen wie Milch oder Butter bekommt man immer die gleiche Antwort.

»Zehn Minuten.«

Meine Bestellung von ein paar Scheiben Toastbrot wird mit einem Ausdruck derart abgrundtiefen Ekels quittiert, als hätte ich gerade darum gebeten, dass man ein Kind von der Straße holt und es für mich brät.

Wenigstens weiß man so, woran man ist. In einer Zeit, in der immer mehr große osteuropäische Stadthotels der Schule der Unaufrichtigkeit mit ihrer Doktrin des Alles-und-jeden-Anlächelns und des penetranten »Schönen Tag noch!« folgen, tut es gut, zu sehen, dass es hier in Moldawien immer noch möglich ist, das zu sagen, was man denkt, und sich so zu verhalten, wie einem nun mal gerade zumute ist.

Als ähnlich erfreulich entpuppt sich mein anschließender Spaziergang durch den Ștefan-cel-Mare-Park, wo man Schautafeln, Bücherstände und eine kleine Bühne aufgebaut hat. Hier wird heute – wie mir eine der Veranstalterinnen freundlich erklärt – der Nationale Tag der Zunge gefeiert. Diese Ankündigung weckt natürlich allerlei Erwartungen, bis sich eine Weile später zu meiner Enttäuschung herausstellt, dass es sich bei der Veranstaltung, wenn man ihren Titel richtig übersetzt, um den Nationalen Tag der Sprache handelt. Man feiert die moldauische Sprache, was in politischer Hinsicht ein ziemlich heißes Eisen ist: Die Sprache entspricht im Wesentlichen dem Rumänischen, obwohl ein Viertel der insgesamt viereinhalb Millionen Moldawier Russen sind und die gegenwärtige Regierung kommunistisch orientiert ist. Das Ringen Rumäniens und Russlands um die Seele dieses winzigen Landes scheint derzeit Moldawiens größtes Problem zu sein.

»Ich hoffe, dass man, wenn Rumänien der Europäischen Union beitreten wird, ... auch Moldawien aufnimmt. Moldawien gehört nicht zu Russland, es gehört zum Westen. So sehe ich das zumindest«, sagt Olga. (Rumänien ist seit 1. Januar 2007 Mitglied der EU. *Anm. d. Übers.*)

Olga ist Ende zwanzig und gebürtige Moldawierin. Mit sechzehn ging sie nach Rumänien, um Schauspielerin zu werden. Sie lebt in der rumänischen Hauptstadt Bukarest, kommt aber regelmäßig nach Hause, um Freunde und die Familie zu besuchen.

Sie verkörpert geradezu das Dilemma dieser jungen Republik, des fragilsten Gebildes aller neuen postsowjetischen Staaten. Moldawien, das sich in Nord-Süd-Richtung über 350 Kilometer und in Ost-West-Richtung über 150 Kilometer erstreckt, ist letztlich nichts anderes als ein prekärer Kompromiss zwischen einem aus historischen Gründen an Rumänien orientierten westlichen Teil, dem ehemaligen »Bessarabien«, und einem an Russland orientierten östlichen Teil, die durch den Fluss Dnjestr voneinander getrennt sind. Resultat dieser »gespaltenen Persönlichkeit« ist, dass dieses Land, auch wenn es noch so winzig sein mag (ich konnte keinen englischsprachigen Reiseführer finden, der ausschließlich Moldawien gewidmet ist), gleich zwei abtrünnige Republiken hervorgebracht hat. Die eine davon, Gagausien, entschied sich letztlich für einen autonomen Status innerhalb Moldawiens, während die andere, Transnistrien, nicht nur ihre Unabhängigkeit erklärte, sondern 1992 sogar einen Krieg mit mehreren Tausend Toten und Verwundeten anfing, um sie zu erlangen. Obwohl Transnistrien auf internationaler Ebene bis heute nicht anerkannt worden ist, hat Moldawien das Gebiet so gut wie verloren.

Jetzt, wo ich dem Hotel den Rücken gekehrt habe, erweist sich die Hauptstadt dieser höchst problematischen Republik jedoch als ein durchaus angenehmer, fast schon gemütlicher Ort, um einen warmen, sonnigen Vormittag wie diesen zu verbringen. Der Cactus Saloon, wo ich mit Olga sitze, macht einen hervorragenden Espresso, und von der Terrasse aus hat man einen schönen Blick auf die farbenfrohen, von Bäumen gesäumten Straßen. Ich komme mir eher vor wie in Kalifornien als in der Hauptstadt eines Landes, das als das ärmste ganz Europas gilt.

Großstädte sind jedoch meist nur ein unzureichender Maßstab für das wahre Flair eines Landes. Umso mehr freue ich mich, als mir Olga anbietet, sie hinaus aufs Land zu begleiten, wo ihre Mutter lebt.

Die weite Landschaft gut eine Stunde südlich von Chișinău mit ihren sanften, grünen Hügeln wurde von den Russen früher als »Land der Sonne« bezeichnet. Kaum sind wir von der Hauptstraße abgebogen, ist die Fahrbahn nur mehr bruchstückhaft, teils auch gar nicht asphaltiert, sodass wir auf matschigen Sträßchen durch die Dörfer kurven, während sich hinter uns eine lange Schlange von ungeduldigen Pferdefuhrwerken gebildet hat. Die Frauen hier tragen Kopftücher, Jacken und geblümte Röcke, und es scheint nur wenige junge Leute zu geben. Dass dieser Landstrich eine starke religiöse Tradition hat, und zwar sowohl eine rumänische als auch eine russisch-orthodoxe, zeigt sich an den vielen kunstvoll verzierten Kreuzen an Brunneneinfassungen, frisch gestrichenen Kirchen und Friedhöfen, die besser in Schuss sind als die meisten Wohnhäuser.

Die Straße nach Gradişte, dem Dorf, in dem Olgas Mutter wohnt, führt durch eine lange Allee von Walnussbäumen und dann an einem trägen, weidengesäumten Bach entlang. Wir begegnen einem Mann, der eine Gänseschar vor sich hertreibt. Landwirtschaftliche oder industrielle Revolutionen scheinen an dieser Gegend ziemlich spurlos vorübergegangen zu sein.

Olgas Mutter Helena lebt allein, seit ihr Mann vor sieben Jahren starb. Das Einfamilienhaus, das die Großeltern gebaut haben, steht, wie alle hier im Ort, quer zur Straße.

Es ist lang gestreckt und niedrig, hat ein Blechdach und einen blau gestrichenen Wintergarten, der hinaus auf den Hof führt, wo sich Hühner, ein paar Kaninchen sowie Katzen und Hunde mit ihren Jungen tummeln. Die beiden Gärten hinter und vor dem Haus genügen eher praktischen als dekorativen Zwecken. Hier baut Helena, obwohl schon weit über siebzig, ihr eigenes Obst und Gemüse an: Kartoffeln, Tomaten, Kirschen, Äpfel, Walnüsse, Pflaumen, Auberginen, Paprika, Preiselbeeren, Himbeeren, Erdbeeren und Wassermelonen. Außerdem macht sie selbst Wein. Bis Gradişte an die Gasversorgung angeschlossen wurde, heizte man hier noch mit Holz. Da der Anschluss jedoch 500 Euro kostet, nutzen nur etwa eine Handvoll Dorfbewohner außer Helena diesen Komfort. Die Toilette befindet sich draußen im Garten.

Helena ist eine rüstige ältere Dame, rastlos und voller Energie, die im Sommer meistens um vier Uhr früh aufsteht. Kaum sind wir angekommen, hat sie mich auch schon zum Himbeerpflücken abbestellt – ich hatte fast vergessen, wie frisch und saftig diese Beeren schmecken.

Wir unterhalten uns ein wenig über die alten Zeiten, als Helenas Mann, ein Parteifunktionär, noch lebte und sämtliche Dorfbewohner in der Kolchose arbeiteten. Auch wenn hier nicht viel passierte, gab es zumindest genug zu essen und sichere Arbeitsplätze. Nachdem die schützende Hand des Sozialismus 1991 zurückgezogen wurde, hatten es die Menschen von Gradişte zunächst nicht leicht.

Wenn Helena sich nicht gerade um ihren großen Garten kümmert, hält sie sich durch die Zeitungslektüre auf dem Laufenden, liest in der Bibel oder geht zum Gottesdienst. In Gradişte gibt es mindestens hundert regelmäßige Kirchgänger – das ist die Hälfte aller Dorfbewohner.

Später kommt Olgas ältere Schwester vorbei, die Einzige der sieben Geschwister, die hier im Ort geblieben ist. Dreißig Jahre lang war sie als Lehrerin beschäftigt, und die Arbeit scheint sie zermürbt zu haben. Sie wünscht sich nichts mehr, als von hier fortzuziehen, aber irgendetwas in ihrem Blick verrät mir, dass sie sehr wohl weiß, dass sie den richtigen Zeitpunkt dafür verpasst hat.

Helena lässt uns nicht gehen, bevor sie nicht ein echt moldawisches Abendessen für uns zubereitet hat. Nachdem sie das Tischgebet gesprochen hat, lassen wir uns Hühnersuppe mit selbst gebackenem Brot, eine knusprige Käsepastete sowie Pfannkuchen mit einer Füllung aus Sesam, Sonnenblumenkernen und Walnüssen schmecken, wozu wir einen Krug von Helenas eigenem Weißwein trinken.

Auf der Rückfahrt nach Chișinău denke ich über die so grundverschiedenen Lebensweisen der beiden Frauen nach: Helena, die wirtschaftlich völlig autark in ihrem abgelegenen Dorf lebt, und Olga, die im kosmopolitischen Bukarest wohnt und die man erst kürzlich zum Gesicht einer neuen Anzeigenkampagne von Paco Rabanne gemacht hat. Die alte und die neue Welt – die eine abgeschottet, aber sorglos, die andere offen und unersättlich. Obwohl ich Moldawien noch gar nicht richtig kennengelernt habe, merke ich schon jetzt, wie es sentimentale Gefühle in mir auslöst.

Siebenundvierzigster Tag
Chișinău

Bevor ich noch weiter in die Gefühlsduselei abrutsche, wende ich mich einer der weniger schönen Realitäten des Lebens in Moldawien zu. Begleitet werde ich dabei von Tatiana. Sie ist noch keine dreißig, aber eine engagierte, erfahrene Journalistin, die außerdem für die UNICEF arbeitet.

Das Dorf Bieşti, zwei Stunden nordöstlich der Hauptstadt, liegt in einer der ärmsten Regionen des Landes. Die Kinder hier haben mit einer ganzen Reihe von Problemen zu kämpfen, unter anderem Alkohol, Drogen und Übergriffen von Menschenhändlern, die vor allem Frauen und Kinder in die Prostitution verkaufen.

Das Dorf mit seinen blau gestrichenen Zäunen und filigranen schmiedeeisernen Verzierungen an den Regenrinnen, Dachgiebeln und Zaunpfosten wirkt ein wenig verwahrlost, aber keineswegs trist. Ein finsteres Kriegerdenkmal erinnert an die Russen (und Moldawier), die im Zweiten Weltkrieg im Kampf gegen die Deutschen (und ihre rumänischen Verbündeten) gefallen sind. Gegenüber hat die UNICEF in einem heruntergekommenen Haus ein Gemeindezentrum eingerichtet, wo die Kinder aus dem Ort an Computern arbeiten, lesen, malen, schauspielen lernen oder sich auch bloß treffen und miteinander unterhalten können. Viele von ihnen fühlen sich einfach nur einsam, denn ihre Eltern sind oft gezwungen, ihren Lebensunterhalt im Ausland zu verdienen, und überantworten ihren älteren Kindern die Fürsorge für die jüngeren Geschwister.

Auf der Wiese hinter dem Kriegerdenkmal soll heute eine Gruppe Jugendlicher mit Unterstützung einer sympathischen UNICEF-Mitarbeiterin aus dem Ort ein selbst geschriebenes Stück über die Gefahren der Zwangsprostitution aufführen. Begleitet von peruanischer Panflötenmusik und Songs unter anderem von Ennio Morricone und Céline Dion, die aus den Lautsprechern dröhnen, zeigen sie eine brutale, aber eindringliche Geschichte. Es geht um drei Menschenhändler, die in ein Dorf kommen (ein weißer Vorhang), wo die Kinder den Großteil der Arbeit erledigen müssen, während die Männer nur herumsitzen und trinken. Mit verschiedenen Tricks bringen sie die Frauen im Ort dazu, mit ihnen ins Ausland zu gehen (ein schwarzer Vorhang), wo sie angeblich viel Geld verdienen können. Dort geht natürlich alles schief: Sie müssen zunächst betteln gehen und sich schließlich in die Prostitution verkaufen, was in der Regel bedeutet, dass sie zuerst vergewaltigt und dann unter Drogen gesetzt werden.

Die Jugendlichen führen die Unterdrückung, Wut und Gewalt in beängstigend überzeugender Weise vor, stellen aber auch Mitgefühl und Trauer mit unaufgeregter Intensität dar.

In den knapp fünfzehn Minuten habe ich einiges von ihnen

gelernt: Ich habe erfahren, dass die Arbeit hier – hauptsächlich das Sortieren und Weiterverarbeiten von Tabakblättern – schlecht bezahlt und gefährlich ist, weil oft Überstunden gemacht werden müssen und das Nikotin bei Kindern Krebs und Leukämie auslösen kann. Dass die Menschenhändler in der Regel Personen aus dem direkten Umfeld der Opfer sind, die bereits selbst zum Geldverdienen im Ausland waren. Dass Kinder besonders gefährdet sind, da die meisten Eltern – ein Viertel der Dorfbewohner – irgendwann einmal Moldawien verlassen und teilweise sogar fünf oder sechs Jahre lang fort sind, ohne ihre Kinder zu sehen. Dass die Frauen zum Betteln vor allem nach Spanien und Italien verschleppt werden, als Prostituierte dagegen meist nach Russland, Israel, Ägypten und Griechenland. Und dass die Kinder in diesem Dorf schon mit zwölf lernen müssen, erwachsen zu sein.

Das Einzige an dem Stück, was unglaubwürdig ist, bemerkt Tatiana trocken, ist das Happy End.

»Wenn man die Jugendlichen im Anschluss an das Stück fragen würde, wer gerne ins Ausland gehen will, dann würden die meisten von ihnen laut ›Ich!‹ schreien.«

Am späten Nachmittag sind wir wieder in Chişinău. Tatiana und ich beschließen den Nachmittag in einem Café im Grădina Publică, wo wir ein herrlich eigentümliches Relikt aus alten Zeiten beobachten: einen Tanztee, bei dem jeder mitmachen kann, ob mit oder ohne Partner. Das Durchschnittsalter der Teilnehmer liegt schätzungsweise bei knapp unter siebzig. Alle sind sehr adrett und mit einem Hauch von Eleganz gekleidet, wenn auch nach der Mode von vor fünfzig Jahren, und sehen im Großen und Ganzen recht gebildet und gut situiert aus.

Zu den Tanzstunden-Evergreens, die ein Orchester spielt, schweben insgesamt an die hundert Tanzpaare übers Parkett und machen alle einen sehr glücklichen und zufriedenen Eindruck.

Tatiana bewundert diese Menschen – auch dafür, dass sie etwas, was früher einmal eine typisch sowjetische, kollektive Angelegenheit war, weiterhin so ernsthaft betreiben. Ich frage sie, ob die Menschen hier der alten Sowjetunion sehr nachtrauern. Sie nickt.

»Ja, auf jeden Fall. Aber ich glaube, die Leute vermissen nicht das

Regime an sich. Was fehlt, sind die Arbeitsplätze, die Renten und außerdem billige Lebensmittel und schöne Urlaubsreisen.«

»Und was ist mit dir?«

Sie antwortet ohne zu zögern: »Ich vermisse die Sowjetzeit auch. Weil ich damals jung war und noch Eltern und Großeltern hatte und alles irgendwie so schön war. Aber vom Kopf her bin ich natürlich froh, dass das vorbei ist und ich hier sitzen und mich mit Ihnen unterhalten kann. Vor zwanzig Jahren wäre das ein Verbrechen gewesen.«

Tatiana nippt an ihrem Kaffee. Hinter ihr legt die Kapelle wieder los, diesmal mit einer lateinamerikanischen Melodie. »Man muss realistisch bleiben. Natürlich kann man das Gefühl von etwas vermissen, seinen Geruch oder Geschmack, aber man kann nicht etwas vermissen, das so viele Generationen von Menschen das Leben gekostet oder unglücklich gemacht hat.«

Die jungen Moldawier und Moldawierinnen, die das sowjetische System, wie Tatiana es nennt, nie selbst miterlebt haben, bevorzugen in der Regel einen anderen Tanzstil als diesen hier. Tatiana will ihn mir zeigen, wenn wir heute Abend ausgehen, um das turbulente und offenbar höchst originelle Nachtleben von Chişinău kennenzulernen. Sie hat versprochen, mich in einen Club mitzunehmen, wo sie Drinks auf glühenden Kohlen servieren und die Cocktails mixen, indem sie den Gästen die einzelnen Zutaten direkt in den Mund schütten und dann ihren Kopf hin- und herschütteln. Bis ich jedoch den Club verlasse – offenbar viel zu früh –, habe ich keine derartigen Kopfschüttel-Aktionen gesehen, sondern lediglich eine Frau in Schulmädchenkostüm, die sich auf ihrem Weg an der Bar entlang langsam entblätterte und dann eine Stange ansteuerte.

Achtundvierzigster Tag
Von Chişinău nach Tiraspol, Transnistrien

Heute Morgen erkundige ich mich vorsichtig an der Rezeption, ob man denn hier eventuell die Wäsche waschen lassen könne.

»Und wo ist Ihre Wäsche?«, entgegnet die Dame forsch, als hätte ich sie in Saudi-Arabien oder Macao gelassen.

Hier scheint selbst siebzehn Jahre nach dem Zusammenbruch des Einparteiensystems noch die Grundannahme zu gelten, dass der Kunde immer im Unrecht ist, aber schon heute Abend werden wir uns in einer selbst ernannten Republik befinden, gegen den selbst Orte wie dieser hier ausgesprochen liberal erscheinen.

Es war nicht leicht, die Einreisegenehmigung für ein Filmteam nach Transnistrien zu bekommen. Was die Sache vermutlich vereinfacht hat, sind die beiden Ereignisse, die zurzeit dort stattfinden. Das eine ist das U21-Länderspiel Moldawien–Schweiz, das heute Abend in der Hauptstadt Tiraspol ausgetragen wird, das andere der Nationalfeiertag Transnistriens, an dem die abtrünnige Republik, die immerhin 5200 Quadratkilometer des moldawischen Territoriums beansprucht, ihr fünfzehnjähriges Bestehen feiern wird. Und abtrünnige Republiken bekommen ganz gern ein bisschen Publicity.

Die Grenze liegt nur rund sechzig Kilometer östlich von Chișinău. Wir müssen durch drei Straßensperren, an denen jeweils mehrere transnistrische Polizeibeamte und Soldaten stehen und unsere Ausweise kontrollieren. An der Schilderbrücke prangt ein Emblem mit Hammer und Sichel, wie man es im übrigen Osteuropa inzwischen nur noch im Museum oder auf Flohmärkten findet.

Kaum sind wir über der Grenze, entpuppt sich Transnistrien ganz so, wie es auch im Reiseführer beschrieben wird: als »eine der letzten verbliebenen Bastionen des Kommunismus«. Die trostlose Stadt Tighina (dt.: Bender) ist ein unzumutbares Konglomerat aus billigen und völlig identischen Wohnblocks. Militärposten in Tarnanzügen überwachen den Zugang zur Brücke über den breiten, schlammigen Dnjestr, und in der Mitte eines Kreisverkehrs thront auf einem Sockel ein russischer Panzer.

Davon abgesehen bietet sich jedoch ein recht uneinheitliches Bild. Am Stadtrand von Tiraspol steht ein funkelnagelneues Sportzentrum, die Heimat des örtlichen Fußballvereins FC Sheriff, der einem gewissen Viktor Gushan gehört. In dem soeben fertiggestellten Hotel, das mit zur Anlage gehört, werden wir auch wohnen und, wenn alles klappt, sogar Gelegenheit haben, uns mit Herrn G. höchstpersönlich zu unterhalten.

Neben einem Mercedes-Benz-Autohaus befindet sich das zentrale Verwaltungsgebäude, wo wir neben einer Stretchlimousine parken.

Vor dem Gebäude stehen mehrere schwarz gekleidete, kahl rasierte Sicherheitsbeamte, die uns scharf mustern. Einer von ihnen überprüft unsere Papiere und telefoniert kurz mit dem Handy. Er hat genau dieselbe heisere Stimme wie die russischen Bösewichte im Fernsehen.

Es stellt sich heraus, dass das Hotel, in dem wir eigentlich übernachten sollten, noch gar nicht bezugsfertig ist. Stattdessen sollen wir im Fußballinternat untergebracht werden. Wir steigen also wieder ein und fahren um das weitläufige Gelände herum, auf dem es zwei Profi-Fußballplätze mit Flutlichtanlage, ein überdachtes Trainingsfeld, mehrere Ziergärten und ein (unvollendetes) Wettkampfschwimmbecken gibt. Irgendwann lädt man uns dann endlich in einem frisch gestrichenen Gruppenschlafsaal mit nebenan gelegener Kantine ab.

Die harten Kerle in Schwarz beobachten uns auf Schritt und Tritt, immer das Handy am Ohr. Der erste nicht schwarz gekleidete Mensch, den wir zu Gesicht bekommen, wirkt jedoch recht sympathisch.

Strahlend kommt er auf uns zu.

»Hallo Männers. Sie hier für Spiel?«

Wir nicken.

Kaum hat er jedoch unsere Ausrüstung gesehen, runzelt er die Stirn. »Aber nicht filmen. Sie wissen? Nicht filmen!«

Eine bizarre Schräglage, die die politische Spaltung Moldawiens mit sich gebracht hat, entsteht dadurch, dass sich die Industrie des Landes größtenteils im abtrünnigen Transnistrien befindet, darunter auch die Rüstungs- und Stahlindustrie, ein Textilwerk mit 15 000 Beschäftigten sowie eine Schuhfabrik mit 6000 Angestellten. Ebenfalls am falschen Ufer des Dnjestr hat Moldawiens ältester und umsatzstärkster Wein- und Spirituosenproduzent seinen Sitz: Kvint (Cognac, Wein und Hochprozentiges aus Tiraspol). Kürzlich wurde dieses 110 Jahre alte Unternehmen in der Lenin-Straße privatisiert und befindet sich nun im Besitz von – Überraschung! – Viktor

Gushan. Der Gebäudekomplex umfasst mehrere schöne Ziegelbauten und einen modernen Anbau. Die Werksführung übernimmt Galina, eine gut gebaute, ungewöhnlich lebhafte Frau, die uns unbedingt alles erklären möchte, aber leider kein Wort Englisch kann. Außerdem anwesend ist der weitaus übellaunigere Dimitri, ein Russe, dessen Naturell die Griesgrämigkeit schlechthin zu sein scheint.

»Gibt es denn in Tiraspol irgendein Restaurant, wo wir was zu essen bekommen, Dimitri?«

»Nein.«

Der wichtigste Artikel des Produzenten ist Brandy, und manche besonders alten Flaschen werden in Chişinău für den stolzen Preis von 200 Dollar verkauft (was dem halben Jahresgehalt mancher Moldawier entspricht). Mir fällt auf, dass auf allen Flaschen ein Etikett mit der Aufschrift »Hergestellt in Moldawien« klebt. Dimitri erklärt, dass das Ursprungsland angegeben sein muss, Transnistrien aber kein anerkanntes Land ist. Und angeblich stellt Moldawien seinen Namen nur zur Verfügung, wenn die Firma auch im dortigen Handelsregister eintragen ist, und das heißt, dass sie in Chişinău auch Steuern zahlen muss.

Seit einer Weile gibt es ernsthafte Probleme mit den Russen, die Kvint den Hauptanteil der Produktion abkaufen. Sie nahmen irgendwelche Umetikettierungsgesetze zum Vorwand, um ein Embargo gegen sämtliche Wein- und Spirituosenimporte aus Moldawien zu verhängen. Die Blockade dauert bereits sechs Monate und hat einen Verlust in Höhe von acht Millionen Dollar verursacht.

Man führt uns in einen Sitzungssaal, wo in Anwesenheit des geschniegelten Firmendirektors Oleg Baev eine Verkostung der besten Brandys von Kvint stattfinden soll. Auf eine Krise deutet hier nichts hin.

Wir sitzen um einen langen Mahagonitisch, vor uns auf einem makellos weißen Leinentischtuch neun Brandyflaschen, mehrere Bleikristallkelche, eine Obstschale und verschiedene kleine Snacks wie kalter Braten, Käse und Oliven. Baev scheint so leicht nichts aus der Ruhe zu bringen. Er hat miterlebt, wie die Herstellungsmengen der Firma seit der sowjetischen Zeit von dreißig auf zehn Millionen

Liter jährlich zurückgegangen sind, aber als Brandyproduzent mit einer vierzigjährigen Erfahrung begrüßt er es dennoch, dass sich das Augenmerk mittlerweile weniger auf die Quantität, sondern immer stärker auf die Qualität richtet. Der Markt ist damit liberalisierter, das heißt, dass Kvint künftig auf dem zunehmend international ausgerichteten Parkett nur mehr mit hervorragenden Produkten wird mithalten können.

Ich frage ihn, wie er es erlebt hat, als Moldawien 1992 in den Bürgerkrieg schlitterte. Seine Antwort fällt nachdenklich aus, was vielleicht auch der Tatsache zuzuschreiben ist, dass wir beide gerade ein Glas exquisiten Brandy in der Hand halten, eine als »Geist der Partei« bekannte Spezialabfüllung für den 22. Kommunistischen Parteitag im Jahr 1961.

»Wenn die Winzer über Krieg und Frieden entscheiden könnten, dann gäbe es keinen Krieg.«

Dimitri hatte recht. Es gibt in Transnistrien absolut nichts, was wir heute Abend tun könnten, außer in der Kantine zu Abend zu essen und uns die U21-Begegnung Moldawien–Schweiz anzuschauen. Im Stadion, das viele Vereinsobere der englischen Premier League vor Neid erblassen lassen würde, haben sich schätzungsweise 3000 Menschen eingefunden, die Hälfte davon UEFA-Offizielle, die andere Hälfte Sicherheitsbeamte. Die Ordner in ihren orangefarbenen Jacken sind ganz in ihrem Element. Sie schauen finster drein und werden dafür auch noch bezahlt.

Die Schweiz gewinnt 3:1, was möglicherweise der Grund dafür ist, dass Herr Gushan uns dann doch nicht mehr das versprochene Interview gibt. Es heißt, er habe das Land direkt nach dem Spiel in seinem Privatjet verlassen.

Neunundvierzigster Tag
Tiraspol

Nationalfeiertag in Transnistrien. Es regnet.

Tiraspol hat selbst an schönen Tagen nichts von Venedig, aber wenn es bewölkt ist und nieselt, sieht die Stadt noch trostloser aus.

Man könnte meinen, die Götter würden das Land dafür bestrafen, dass es seinen Nationalfeiertag nicht am selben Tag feiert wie das übrige Moldawien.

Die Straßenschilder im Stadtzentrum deuten in zwei Richtungen: nach Westen, Richtung Chişinău, und nach Osten, Richtung Odessa. Irgendwie hat man dadurch das Gefühl, dass man sich hier am äußersten Ende des uns bekannten Europas befindet. Wir parken und folgen einer unerschrockenen Gruppe von Feierlaunigen in die lange, breite Hauptstraße, wo mehrere Tausend Soldaten Aufstellung genommen haben. In regelmäßigen Abständen sind Studenten mit roten Flaggen positioniert, um die Route für die Parade abzustecken. Für eine Garde von VIPs hat man eine niedrige, schlichte Tribüne errichtet.

Was einem in der Menschenmenge als Erstes auffällt, sind die Polizistinnen. Sie sehen aus wie Hollywood-Pin-up-Girls aus den Vierzigern in ihren extrem kurzen grauen Röckchen, den schwarzen High Heels, Uniformjacken mit Schulterstücken und kessen Hütchen – strahlende Schönheiten, selbst jetzt, im strömenden Regen.

Punkt zehn Uhr fahren zwei Militärjeeps an den Reihen der Soldaten vorbei. Beide ziert das transnistrische Wappen, Hammer und Sichel im Ährenkranz, und in jedem der Autos steht – ein wenig schwankend – ein älterer General mit medaillen- und ordengespickter Brust und einer Schirmmütze von der Größe eines Lenkrads. Jedes Mal, wenn die Generäle gleichauf mit einer der Militäreinheiten sind, stoßen die Soldaten laute Treuebekundungen aus, die in einer La-Ola-Welle von fast schon anrührenden Ausmaßen durch die Reihen wabern.

Dann werden mehrere Reden gehalten, allen voran die des Präsidenten Smirnow, der erst kürzlich zum dritten Mal für eine Amtszeit von fünf Jahren wiedergewählt wurde. Anschließend beginnt der Parademarsch. Die Soldaten wirken aus der Nähe auffallend jung, mager und eingeschüchtert. Ihnen folgen die Polizeieinheiten sowie ein einsamer Hubschrauber, der unvermittelt aus den tief hängenden Wolken auftaucht und langsam die Vorbeidefilierenden überfliegt. Von seinem Rumpf hängt die Flagge der Aufständischen, rot mit einem grünen Streifen. Dahinter kommen in angemessenem Abstand zwei dröhnende Turboprops. Sie präsentieren eine lange und zweifellos ehrgeizige Flugshow, von der wegen der dichten Wolken jedoch fast nichts zu sehen ist.

Außer der einschüchternden Zurschaustellung einer Ninja-artigen, unbewaffneten Kampftruppe sind die meisten der nun folgenden Versatzstücke der Parade eher kulturell als militärisch orientiert. Es fällt auf, dass jegliche schweren Geschütze fehlen, die bei solchen großen kommunistischen Paraden üblicherweise aufgefahren werden. Hier gibt es weder Raketen noch sonstige Waffen auf Tiefladern. Und der einzige Panzer, der zu sehen ist, ist der am Kriegerdenkmal.

Ein weiß gekleideter Kinderchor singt für den Präsidenten patriotische Lieder. Anschließend gibt es eine beschwingte russische Volkstanzeinlage mit waghalsigen Drehungen, zusammengeschlagenen Hacken, Hocksprüngen mit fliegenden Beinen und einem steifen Grinsen. Diese Darbietungen demonstrieren mehr als alles andere, worum es in Transnistrien eigentlich geht. Seit die Russen im Jahr 1792 die Türken aus dem Land östlich des Dnjestr vertrieben, wurden sie ganz selbstverständlich als Schutzmacht dieser Region betrachtet, und nichts von alledem, was seit dem Zusammenbruch der UdSSR hier geschehen ist, hat an dieser Sichtweise irgendetwas geändert. Nach dem Krieg mit dem übrigen Moldawien (und einige der von der moldawischen Armee begangenen Gräueltaten werden bei diesem Parademarsch auch zur Schau gestellt) stimmten 97 Prozent der 550 000 Einwohner Transnistriens für die Unabhängigkeit.

Was Transnistrien von seinen Nachbarländern unterscheidet, ist seine Russophilie. Die Regierung hier ist zwar kommunistisch, aber das ist im übrigen Moldawien nicht anders. Auch das Vorgehen von Viktor Gushan zeigt, dass der Kommunismus in Tiraspol ebenso pragmatisch geprägt ist wie der in Chișinău. Was jedoch unvereinbar scheint, ist das Russische (also Slawische) und das Rumänische (Lateinische), und Zwischenfälle wie das Bombenattentat auf einen Bus in Tiraspol vor zwei Monaten tragen nicht gerade zur Entspannung der Lage bei. Stattdessen kommen sie denjenigen gelegen, die ein Bündnis mit Russland der Eingliederung in die Europäische Union vorziehen. Und zu ihnen zählt natürlich auch Wladimir Putin.

Abseits der Parade geht es umso ungezwungener zu. Unter den Bäumen im Stadtzentrum sind mehrere Buden aufgebaut, eine ukrainische Musikkapelle spielt herzzerreißende Melodien, und wie auch gestern schon in Chișinău geben die Siebzigjährigen beim Freiluft-Tanzen den Ton an. Ich schaue gebannt einer alten Frau zu, in deren Mund zwei Reihen mächtiger Goldkronen blitzen, während sie von einem alten Mann im Anzug herumgewirbelt wird, der noch kurz zuvor einsam auf einer Bank saß.

Bei uns im Westen würde all dies dokumentiert, gefilmt und fotografiert werden. Wenn ich mich dagegen hier umsehe, hat in der Menschenmenge niemand außer uns eine Videokamera, ein Handy oder eine Digitalkamera.

Hier schaut man einfach nur zu.

Fünfzigster Tag
Von Chișinău an die Donau

Glebus Sainciuc (sprich: Sain-tschuck) ist siebenundachtzig. Mit scharlachrot geschminkten Lippen, einer blonden Mähne, einem langen Kleid und Stöckelschuhen liebkost er sein Mikrofon und singt play-back zu einem russischen Kuschelsong. Am Höhepunkt des Stücks beugt er sich tief vornüber und reißt sich eine Maske vom Gesicht. Zum Vorschein kommen kantige, fast schon leichenhafte Wangenknochen, eine lange, gerade Nase, große Augen und ein sorgfältig getrimmter grauer Schnurrbart.

Begeisterter Applaus.

Wir befinden uns in einem Raum mit hohen Decken, einem von mehreren exakt identischen Einzimmerateliers in einem Betonblock, den man in der Sowjetzeit eigens für Künstler gebaut hat. Glebus, der hier arbeitet, ist ein moldawischer Maskenbauer und darf wohl als der berühmteste Künstler des Landes gelten. Seine Masken, die ringsum an allen Wänden hängen und sich auf dem Boden stapeln, sind freche, respektlose Karikaturen der Prominenten. Ob Politiker, Musiker oder Entertainer: Allen verleiht er einen übermenschlichen Glanz.

Glebus wohnt in einem von mehreren einfachen, cottage-artigen Häuschen in einer baumbestandenen Straße. Als wir ihn heute früh dort abholten, war mir gleich aufgefallen, wie schwach und gebrechlich er ist. Jetzt aber, wo er seine Werke und außerdem ein Publikum um sich hat, ist er plötzlich wie ausgewechselt. Mit funkelnden Augen holt er seine Skizzenbücher hervor, macht kleine Zeichnungen von unserem Team, beschwatzt uns, ist neugierig, fragt uns aus.

Er will unbedingt, dass wir für ihn eine Kuh zeichnen, wenn wir schon mal da sind.

»Ich frage jeden, der hierherkommt, ob er mir eine Kuh hierlassen kann.«

In einem Album hat er sie alle aufbewahrt. Vorne auf dem Umschlag steht »Kühe aller Länder, vereinigt euch«.

Während Glebus plaudert, unterhalte ich mich mit seinem Sohn Lică, einem großen, schlanken Mann mittleren Alters mit markanten Gesichtszügen und einer Baseballkappe mit New-York-Yankees-Aufdruck, unter der ein Pferdeschwanz hervorschaut.

Ich spreche über die erstaunliche Energie, die sein Vater bei seinen Späßchen mit den Masken an den Tag legt.

Lică nickt. »Er mag es nicht, wenn irgendwo zu viele Menschen sind oder wenn es Gedränge gibt. Er bezeichnet das hier als ›Theater für einen Zuschauer‹.«

Ich will von Lică wissen, wie viel Freiheit die Künstler in der sowjetischen Zeit hatten.

»Malen durfte man alles, aber ausstellen durfte man es nicht, außer wenn es harmlos war. Alles wurde politisiert. Und das hat sich immer noch nicht geändert. Wir haben uns so an dieses System gewöhnt, dass wir da nicht so einfach rauskommen.«

Sein Vater, der gerade versucht, mich zu zeichnen, ruft Lică quer durchs Zimmer zu, dass er mich doch ein Stück zur Seite drehen soll.

»In der sowjetischen Zeit war alles erlaubt, aber es gab nichts, was man hätte tun können. Man hätte alles lesen dürfen, nur gab es nichts zum Lesen. Der Kommunismus beruhte einzig und allein auf Versprechungen, dass dies oder jenes passieren würde – und wenn nicht morgen, dann eben in hundert Jahren.«

Er hält inne.

»Jetzt sind wir in der Realität angekommen.«

Ich frage ihn, was er über die Rolle Moldawiens in der Welt denkt.

»Wir sind Europäer. Ich sage nicht, das eine ist besser als das andere, aber unsere Kultur gehört nicht zu der des Ostens. Allerdings war der Dnjestr schon immer die Grenze zwischen Ost und West. Seit Jahrhunderten.«

Er seufzt tief.

»Ich weiß nicht, ob das gut ist, aber es ist nun mal so.«

Ein wenig später fahren wir von Chişinău ein letztes Mal Richtung Süden. Nach einer Weile sehen wir zwischen den weitläufigen Weinbergen und langen Reihen von Walnussbäumen ein beeindruckend massives, rot-weiß bemaltes Betonschild aufragen, das uns zu verstehen gibt, dass wir nun das Territorium der Republik Gagausien betreten. Interessanterweise sind die 170 000 Einwohner dieser Region zum einen Teil Christen und zum anderen Teil muslimische Türken. Anders als das problematische Transnistrien beharrte das nur halb so große Gagausien jedoch nicht auf der vollen Unabhängigkeit, sondern wurde stattdessen zum autonomen Gebiet innerhalb Moldawiens.

An den sanft abfallenden Hängen finden sich einige der besten Weinanbauflächen des Landes, und da die Weinproduktion in Moldawien dreißig Prozent des Bruttoinlandsprodukts ausmacht, ist es für beide Seiten von großer Bedeutung, dass die Beziehungen harmonisch bleiben.

Im Zentrum von Comrat (»Kamerad«), der unscheinbaren Hauptstadt Gagausiens, kann man am Portal einer Kirche ein riesiges, makabres Bildnis vom Haupt Johannes des Täufers auf einem Streitross bewundern. Vor dem Rathaus steht die einzige noch erhaltene Lenin-Statue, die ich in Europa bisher gesehen habe.

Wie um das ungewöhnliche Arrangement zwischen dem Mutterland und dem Satellitenstaat zu unterstreichen, weht über dem

Verwaltungsgebäude neben der blau-weiß-roten, quer gestreiften gagausischen Flagge auch die blau-gelb-rote Trikolore Moldawiens.

Bevor wir Moldawien verlassen, erwartet uns noch eine letzte Feier. Im Dorf Văleni lebt ein Ehepaar, beide weit über sechzig, das es in Moldawien zu enormer Berühmtheit gebracht hat. Durch ein massives eisernes Flügeltor betreten wir einen kleinen Innenhof, der an drei Seiten von niedrigen Gebäuden umgeben ist. In der Mitte steht ein langer, gedeckter Tisch. Dahinter ist ein Hof zu sehen, mit Schuppen, Heuballen, Milchkannen, Pferden, Ziegen, Hühnern, einer Gänseschar, einem Schlagzeug, vier schwarzen Verstärkern, einer Reihe von Mikrofonständern und einem Bündel von Kabeln, die sich durch den Staub winden.

Eine kleine, rundliche Dame mit strahlenden Augen und einem roten, wettergegerbten Gesicht bittet uns herein. Es ist Lidia, allgemein auch als »Bunica«, also »Großmutter«, bekannt. Sie stahl allen anderen die Show, als sie beim Eurovision Song Contest 2005 mit der Band, die für Moldawien antrat und den sechsten Platz belegte, auf die Pauke haute.

Es wäre nie dazu gekommen, wenn nicht ein junger Liedermacher namens Roman auf seiner Suche nach Inspiration hierher in die weite, sandige Ebene des Prut-Tales geraten wäre, um sich mit einem Mann zu treffen, der als legendärer Trommelbauer bekannt ist.

Dieser zeigte Roman seine Arbeit und bat Lidia, ihm bei der Demonstration einiger seiner Trommeln zur Hand zu gehen. Die Energie und Kraft, die von dieser traditionellen Musik ausging, beeindruckte Roman sehr. Er mischte die Musik, die er hier gehört hatte, mit dem Ethno-Folk-Mix seiner Band Zdob și Zdub, und Bunica wurde eine Art Maskottchen.

Heute ist Roman zurückgekommen, um sich dafür zu revanchieren, und gibt auf ihrem Hof ein kleines Konzert.

Roman, ein schmaler, blasser junger Mann mit nacktem Oberkörper und schwarzer Schirmmütze, wirkt im Vergleich zu Bunicas temperamentvoller Freundlichkeit höflich, aber fast schon ein wenig lethargisch. Wie sein Name bereits andeutet, ist er Roma, andere aus seiner Band sind Russen. Immer ein wenig im Schlepptau von Lidia, hilft ihr Mann Tudor hier und dort aus. Wie sie ist auch er klein, untersetzt und hat ein wettergegerbtes Gesicht. Er trägt einen schwarzen Filzhut und strahlt alle um ihn herum fröhlich an.

An der langen Tafel wird das Essen serviert: eine leckere, sättigende Fischsuppe, gefolgt von Ente mit Nudeln, verschiedenen Salaten, Feta und einem starken Wein aus der Gegend, den wir mit einem ausgelassenen »Noroc!« hinunterkippen.

Nach dem Essen schart Roman, der schon in vielen großen Konzerthallen in ganz Europa gespielt hat, seine Band um sich, mitten zwischen den Ziegen und Gänsen. Zur üblichen Besetzung mit Posaune, Trompete, diversen Flöten, Gitarren und Schlagzeug gesellen sich heute auch Bunica und Tudor, ihr Sohn, zwei Schwiegertöchter sowie mehrere Neffen und Nichten. Das Ganze sieht aus wie eine moldawische Trapp-Familie, mit Männern in bestickten Jacken und Frauen in geblümten Röcken und weißen Kopftüchern. Ihre Anwesenheit scheint Roman derart zu beflügeln, dass er sich zu einem außergewöhnlichen Hornpfeifen-Tanz mit rasanter Fußtechnik und immer schnellerem Tempo hinreißen lässt, bis die Nachbarn, die zum Zuschauen vorbeigekommen sind, ebenfalls alle auf den Beinen sind. Ein Hund hat sich vom Zwinger losgerissen und rast, seine Kette hinter sich herziehend, quer durch den Hof.

Es ist unser letzter Eindruck von diesem chaotischen Land – und ein glücklicher. Wie ein Einheimischer mir gestern Abend erklärte: Moldawien ist eine kleine, schwache Nation, von deren Bevölkerung ein Viertel ins Ausland geflohen ist. Die Polizei ist nur auf den eigenen Profit aus und das Justizsystem noch nicht stark genug, um gegen die ausufernde Korruption anzugehen. Doch die Menschen hier sind nicht so schlitzohrig, oberflächlich und heuchlerisch wie die Rumänen, sagte der Mann, sie bringen nicht anderer Leute Großeltern um, so wie die Russen, und sie sind nicht wie die Ukrainer, »die so klingen, als wären sie ständig betrunken«. Dies mag zwar nicht gerade eine besonders rühmliche Anmerkung zum Thema Nationalstolz sein, aber doch eine ziemlich treffende Definition dessen, was es heißt, in der heutigen Zeit Moldawier zu sein.

RUMÄNIEN

Zweiundfünfzigster Tag
Sulina

Wenn es einen Ort gibt, der es wirklich verdient, als »neues Europa« bezeichnet zu werden, dann ist es das Donaudelta, denn hier kommen pro Sekunde 46 Kilo Sediment zum Kontinent hinzu. Im Jahr sind das vierzig Millionen Tonnen. Die Donau, der zweitlängste Fluss Europas nach der Wolga, entspringt aus zwei Quellflüssen im Schwarzwald und endet in drei Flussarmen, die sich durch die über 9000 Quadratkilometer des Mündungsgebietes winden. Auf ihrem Weg vom Schwarzwald bis zum Schwarzen Meer fließt sie durch zehn Länder und legt dabei 2850 Kilometer zurück.

Auf dem mittleren Flussarm des Deltas, dem Brațul Sulina, sind wir gestern Nacht vom Schwarzen Meer aus nach Rumänien eingereist. Es war eine stürmische erste Begegnung, denn der raue Nordwind peitschte die See auf und versuchte mit aller Macht, uns von der Küste fernzuhalten. Umso erleichterter waren wir, als wir endlich die schützenden Dämme erreicht hatten.

Wir haben uns in der Casa Coral einquartiert, einem Restaurant in der Nähe des Flusses mit einer Handvoll winziger Zimmer in einem Seitentrakt, zwei wachsamen Hunden und einem Gastraum, dessen Tür dem Nordwind nicht einmal annähernd standhält. Kaum ist sie zu, fliegt sie bei der nächsten Böe auch schon laut krachend wieder auf, weshalb die Bedienung dazu übergegangen ist, sie einfach abzuschließen. Jeder neu eintreffende Gast muss sich also erst einmal an seinem Hut festhalten und kräftig an die Fensterscheibe klopfen, wenn er bemerkt werden will.

Drinnen hängt an der Wand in einem prächtigen, mit schwarzem Samt ausgeschlagenen Kasten eine Gedenkmünze. Geprägt wurde sie 2006, zum 150. Jahrestag einer der ersten, vermutlich sogar *der* ersten gesamteuropäischen Kooperation überhaupt, zu der es bereits hundert Jahre vor Gründung der EWG beziehungsweise der EU kam. Damals riefen Großbritannien, Frankreich, Preußen und die anderen Siegermächte des Krimkriegs eine europäische Kommission ins Leben, deren Ziel es war, die Donau für die internationale Schifffahrt nutzbar zu machen und sie vor der Übernahme durch die Russen zu schützen.

Eine Folge der Bemühungen dieser Kommission war, dass die Zahl der Einwohner von Sulina auf 5000 stieg. Die Bevölkerung der Stadt setzte sich damals aus 27 verschiedenen Nationen zusammen, was ihr Ende des 19. Jahrhunderts den inoffiziellen Namen »Europolis« eintrug.

Das Donaudelta ist eine derart einsame Wasserlandschaft, dass es sich selbst hartgesottene Abenteurer zweimal überlegen, ob sie sich wirklich hierher vorwagen sollen. Es überrascht daher auch nicht, dass sich in diesem Gebiet Ende des 18. Jahrhunderts die sogenannten Lipowaner ansiedelten, die sich vor der religiösen Verfolgung in Russland hierher geflüchtet hatten. Viele Lipowaner sind heute Fischer und befahren das Netz aus schmalen Kanälen, das die Stadt umgibt.

Die Männer sind gar nicht so leicht zu finden. Für ihre Arbeit verwenden sie unauffällige, kanuähnliche Holzboote. Heute Morgen holen sie die Netze ein, die sie gestern Nacht ausgebracht haben. Das eine Ende ist an einem spitzen Stock befestigt, der in den schlammigen Grund des seichten Gewässers gerammt wird, das andere Ende des abgerollten Netzes wird etwa zehn Meter weiter ausgelegt und mit leeren Plastikflaschen markiert. Sobald die Fischer ihre Netze wieder eingezogen haben, rudern sie durch einen Seitenarm zu einer kleinen Insel, auf der ein langes, hohes Holzgebäude mit Reetdach steht. Es dient als Kühlhaus, Werkstatt, Materiallager, Küche und Schlafstätte in einem. Jeden Montagmorgen lassen die Fischer ihre Frauen und Kinder in Sulina zurück, um die Woche über hier zu arbeiten. Die Hechte, Brassen und Barsche, die sie fangen, werden auf Eis gelagert, bis sie am Wochenende mit Booten in die Stadt gebracht werden.

Die Männer sind wortkarg, und man merkt ihnen an, dass sie ein hartes Leben führen. Wenn sie vom Fluss kommen, setzen sie sich an den Tisch, essen Würste und wärmen sich mit Wodka auf. Die vielen Hunde und Katzen, die neugierig schnüffelnd zwischen eingeholten Fischernetzen, ausrangierten Gummistiefeln und Resten von angeschwemmten Grasbüscheln und Wasserpflanzen herumstreunen, halten sich die Männer, um der Rattenplage Herr zu werden.

Zurück in Sulina lernen wir bei einem hübschen, hellblau und weiß gestrichenen Häuschen in einer staubigen Seitenstraße einige der Frauen kennen, die die Fischer in der Stadt zurückgelassen haben. Die Damen sind wesentlich vergnügter als ihre Männer, allesamt vollbusig und im mittleren Alter. Heute haben sie ihre traditionelle Tracht angelegt: dunkelblaue Röcke mit silbernen Bändern am Saum, hellblaue paillettenbesetzte Kappen, die sie auf dem Hinterkopf tragen, und geblümte Schultertücher. Man hat fast das Gefühl, irgendwo in der Nähe von Moskau auf dem Land zu sein. Mit ihrem hellen Haar und den blauen Augen sehen sie typisch slawisch aus, wie aus dem Bilderbuch. Sie sprechen Russisch und singen auf Russisch, traurige Lieder über die Liebe und die Donau. Und wie es sich für anständige Russinnen nun mal gehört, müssen sie ihren Gesang in regelmäßigen Abständen unterbrechen, um zu ihrem Stalinskaya Wodka einen Trinkspruch auszubringen.

Das Ganze wirkt wie eine verschärfte Variante eines Landfrauenvereins. Während das Mannsvolk auf den langen, trostlosen Wasserwegen des Marschlandes für den Lebensunterhalt sorgt, bringen die lustigen Lipowanerinnen eine heimliche Heiterkeit in die kahlen, zugigen Seitensträßchen dieses vergessenen kleinen Städtchens am Ende der Donau.

Tulcea

Nur wenige Kilometer außerhalb von Tulcea, der größten Stadt im Mündungsgebiet, hat man vor Kurzem ein Hotel gebaut, das mit einer unglaublich komfortablen Unterbringung und zugleich mit unglaublich ausführlichen Informationen über diese einzigartige Umgebung aufwartet. Von dreißig schiefergrauen Holzhäuschen aus blickt man auf ein Labyrinth aus Wasser, Schilf und Sandbänken, eine Zufluchtsstätte für Millionen von Vögeln, aber nur eine Handvoll Menschen.

Virgil Muneanu, ein ehemaliger Gouverneur der Deltaregion, wirkt fast schon fanatisch in seinem Engagement für den Erhalt der Umwelt und den Schutz seltener Vögel. Ein Grund dafür mag sein, dass er die verheerende Politik miterlebt hat, die Präsident Ceaușescu im Mündungsgebiet der Donau betrieb. Dieser hatte damals unter anderem vor, es als Lagerstätte für den Giftmüll einer Goldmine zu nutzen oder es trockenzulegen und dort Getreide anzubauen. Im Delta leben 95 Prozent des weltweiten Bestandes an Rothalsgänsen. Jedes Jahr brüten hier 3000 Pelikanpärchen, und auf ihrem Weg von und nach Afrika machen Arktische Äschen und Mandarinenten aus Sibirien in diesem Gebiet Rast.

Die Umweltverschmutzung stellt nach wie vor eine ernst zu nehmende Bedrohung dar. Die Verantwortung, die Rumänien selbst in Zusammenhang mit diesem Thema trägt, leugnet Muneanu jedoch keineswegs.

»Schließlich verläuft die Donau auf einer Strecke von tausend Kilometern durch Rumänien, und unser Land gilt als einer der größten Umweltsünder.«

Was optimistisch stimmt, ist, dass die Schilfregion, die 300 000 Hektar von der Gesamtfläche des Deltas ausmacht, eine natürliche Filterfunktion besitzt. Die Pflanzen binden einen Großteil der Schwermetalle und chemischen Substanzen, die im Wasser gelöst sind.

Obwohl der Wind inzwischen einen Regenschauer nach dem anderen über das Marschland fegt, ist Muneanu fest davon überzeugt, dass ich das Delta am besten von einem offenen Boot aus kennenlernen sollte. So tuckern wir also kurz darauf durch die befahrbaren Rinnen zwischen dem dichten Schilfgürtel und den Landzungen, auf denen Pappeln, Weiden und kleine Eichen wachsen. An einigen Stellen ist der Wasserspiegel bereits so stark angestiegen, dass von manchen Bäumen nur noch die obersten Äste herausschauen, so als würden sie ein letztes Mal um Hilfe rufen.

Für Menschen ist das Mündungsgebiet oder – um es beim offiziellen Namen der UNESCO zu nennen – das »Biosphärenreservat Donaudelta« eine nicht gerade gastliche Umgebung. Das ist auch der Grund, weshalb in der gesamten Region nur rund 25 000 Menschen leben, und ich habe den leisen Verdacht, dass das Muneanu, der mit Regentropfen an der Nasenspitze unter seinem Umhang kauert, ganz recht ist. Seiner Ansicht nach ist es nämlich der Mensch, der letztlich die Verantwortung für sämtliche Probleme trägt, ob es nun die illegale Störfischerei ist (mit der die unersättliche weltweite Gier nach Kaviar befriedigt wird) oder die Pläne der Ukraine, ihren Teil dieses empfindlichen Ökosystems als Jagdrevier zu nutzen.

Der Wind frischt auf, und der Regen wird immer stärker, sodass wir schließlich doch den Bootssteg ansteuern. Nach dieser feuchten Fahrt sind der exzellente rumänische Wein und das warme Kaminfeuer eine umso willkommenere Abwechslung.

Richtung Norden nach Maramureș

Während Bulgarien ein großes Land ist, das im Lauf der Zeit kleiner wurde (es verlor nach dem Ersten Weltkrieg seinen Teil Makedoniens), ist Rumänien ein kleines Land, das im Lauf der Zeit größer wurde: Weil es sich in ebenjenem Krieg klugerweise auf die Seite der Gewinner gestellt hatte, wurde es mit einem Teil des zerstückelten österreichisch-ungarischen Reiches belohnt, sodass sich seine Größe quasi von einem Tag auf den anderen verdoppelte. Außerdem ist Rumänien nach der Türkei das mit Abstand größte Land, durch das wir auf unserer bisherigen Reise gekommen sind.

Leider ist es jedoch zugleich auch das Land mit dem miserabelsten Straßennetz: Es gibt in ganz Rumänien gerade mal 150 Kilometer Autobahn, und so zieht sich unsere Fahrt in den gebirgigen Norden ziemlich hin.

Die Region Rumäniens, die wir gerade durchqueren, entspricht dem alten Fürstentum Moldau, und dass sie außerdem an der Grenze zu Moldawien liegt, lässt die ganze Sache in geografischer Hinsicht ein wenig verworren erscheinen. Je weiter nach Norden wir jedoch kommen, umso weniger ähnelt die Landschaft der sanfthügeligen Tiefebene Moldawiens. Hinter der stark industriell geprägten Stadt Suceava erreichen wir die Gebirgsausläufer der Karpaten, des größten Gebirgszuges Mittel- und Osteuropas. In einem gut 1400 Kilometer langen Bogen erstreckt er sich von hier bis in die Tschechische Republik. Über mehrere Haarnadelkurven geht es durch Buchen- und Fichtenwälder steil bergan. Auf den Grünstreifen am Straßenrand liegen noch die letzten Schneereste, und oben am Pass befinden wir uns rund tausend Meter über dem Meeresspiegel. Die Luft ist eisig kalt, aber die Aussicht grandios. In feinen Abstufungen reihen sich bewaldete Bergketten aneinander, und über die Wiesen sind hoch aufgeschichtete Heuhaufen und mit kunstvollen Schnitzereien verzierte Holzhäuser verstreut.

Außerhalb des Dorfes Moldovița steht in idyllischer Abgeschiedenheit ein orthodoxes Kloster. Es wurde im frühen 16. Jahrhundert von einem gewissen Petru Rareș erbaut, dem unehelichen Sohn des großen Kirchenbaumeisters Ștefan cel Mare (Stefan der Große) von Moldau. Als die Türken in das Land einfielen, gestatteten sie dem Kloster, seine Pforten auch weiterhin offen zu halten. Paradoxerweise waren es die Christen selbst, genauer gesagt die Katholiken der österreichisch-ungarischen Monarchie, die später die Schließung des Klosters veranlassten, sodass es von 1785 bis 1935 verlassen war. Inzwischen steht es unter der Leitung eines orthodoxen Frauenordens und ist Besuchern zugänglich.

An der mit einem Spitzdach versehenen Klosterpforte ist in den Schlussstein des Torbogens ein Motiv eingemeißelt, das an die Zeiten erinnert, bevor die Osmanen und die Habsburger hier aufkreuzten: Es ist der Schädel eines Auerochsen, die längst ausgestorben sind. Zusammen mit den drei Sternen darüber bildet er das Wappen des mittelalterlichen Fürstentums Moldau. Dann erleben wir eine sensationelle Überraschung: Wie eine Perle im Inneren einer Auster befindet sich hinter den hohen Steinmauern des Klosters eine herrlich bemalte Kirche, wie es sie nur in Rumänien gibt. Es ist eine von nur sieben im ganzen Land, die alle als ausgesprochene Schmuckstücke gelten.

Die auffälligste Besonderheit der Klosterkirche ist, dass sie komplett bemalt ist, und zwar innen wie außen. Jeder Zentimeter der hohen, schmalen Fassadensegmente ist in drastischer Ausführlichkeit mit Fresken verziert, die fast wirken wie ein Comic auf Stein und Putz.

Die Auferstehung Jesu, in aller Herrlichkeit, flankiert von Propheten, Aposteln und Evangelisten. Der Mensch, der in einen Höllenschlund aus nackten Körpern stürzt, von Teufeln mit schwarzen Schwänzen hinabgestoßen in eine von Aalen und Kraken bevölkerte Unterwelt. Man sieht Wunder, die mit überbordender Dramatik dargestellt sind, und Heilige, die gegeißelt und gerichtet werden. In einer besonders abenteuerlichen Szene steht ein Henker mit gezücktem Schwert hinter einer Reihe frisch enthaupteter Märtyrer, aus deren Hals das Blut spritzt, während ihre abgetrennten Köpfe mit noch immer strahlendem Heiligenschein auf dem Boden herumkugeln.

Auf einem Fresko ist die Belagerung Konstantinopels dargestellt. Die Szene muss damals eine ähnliche Wirkung gehabt haben wie heutzutage Filmsequenzen in den Fernsehnachrichten.

Sämtliche Fresken wurden etwa zur selben Zeit von einem unbekannten Künstler angefertigt. Sie wurden auf eine fünf Millimeter dicke Schicht aus schnell trocknendem Putz aufgebracht, und zwar mit einer solchen Kunstfertigkeit, dass sich viele davon über fast 500 Jahre gehalten haben, ohne dass auch nur die geringsten Restaurierungsmaßnahmen erforderlich gewesen wären.

Die Nonnen, die sich um die Kirche und das Kloster kümmern, kochen für uns ein leckeres veganes Mittagessen. Nach einer Auberginen-Tomaten-Roulade gibt es Suppe und danach Bohnen und Gurken. Abgerundet wird das Ganze von einem Schokoladenkuchen mit Walnüssen. Sie nötigen uns ein Glas *pălincă* nach dem anderen auf, einen destillierten Pflaumenschnaps, der mich im Handumdrehen in einen geradezu euphorischen Zustand versetzt.

Das Letzte, woran ich mich erinnern kann, als wir Moldoviţa wieder verlassen, ist der Anblick einer Nonne, komplett in Schwarz, die sich gerade über ein Gemüsebeet beugt, während die tief stehende Sonne die prächtigen Steinmauern und Türmchen des Klosters hinter ihr dramatisch beleuchtet.

Knapp drei Stunden später schleichen wir hinter mehreren mit Baumstämmen beladenen Sattelschleppern zum 1416 Meter hoch gelegenen Prislop-Pass hinauf. Mit seiner Überquerung lassen wir die Moldau hinter uns und kommen nach Maramureş, eine nicht allzu große, schöne, aber vergleichsweise rückständige Region, die sich an der ukrainischen Grenze entlangzieht.

Im nächsten Augenblick umfängt uns – wie zur Begrüßung – ein dichter Teppich aus dunklen Nadelbäumen, durch den wir hinunter ins Tal fahren. Allmählich treten an seine Stelle Wiesen und kleine Dörfer mit Holzhäusern, deren steile Dächer an die schroffen Bergkämme und hohen Bäume erinnern, die wir eben passiert haben. Dann bricht die Nacht an, und die Häuser und Kirchen, die Felder und Wälder verschmelzen miteinander in der unendlichen Dunkelheit.

Sechsundfünfzigster Tag
Vişeu de Sus, Maramureş

Im Vergleich zu der herrlichen Karpatenlandschaft, an der wir uns gestern sattgesehen haben, ist der Blick aus dem Fenster des Hotel Gabriela in Vişeu de Sus eine herbe Enttäuschung. Mehr als eine Hauptstraße, eine Eisenbahnlinie und ein paar halb verfallene Gewerbehallen gibt es nicht zu sehen. An einer davon hat man mit weißer Farbe die wenig verlockenden Wörter »Night Club« ans Eingangstor gepinselt.

Was mir in der vergangenen Nacht zu schaffen machte, waren die karpatischen Spezialitäten, an denen ich mich gestern sattgegessen habe. Im Lokal neben dem Hotel aß ich ein Schmorgericht aus Schweinefleisch und Pilzen, das sehr üppig, schwer und mit viel Knoblauch zubereitet war. Und ich hätte mich keinesfalls dazu hinreißen lassen sollen, auch noch von dem selbst gebrannten *ţuică* zu trinken, den uns der Schwiegervater unseres Fahrers Andrei aus einer Plastikpfandflasche kredenzte.

Die Folge war, dass ich die ganze Nacht lang Herzrasen hatte und fatalerweise außerstande war, die Ohrwürmer aus *The Sound of Music* wieder aus meinem Kopf zu kriegen.

Heute ist Allerseelen, und in diesem konservativen, ländlich geprägten, extrem religiösen Winkel des Landes nimmt man diesen Feiertag besonders ernst. Wir machen einen Ausflug in das kleine Seitental des Flusses Iza. Die hügelige Landschaft ist in einen kühlen Morgennebel gehüllt, und knorrige Bäume säumen die Wiesen und Felder.

Das Städtchen Ieud (sprich: Jä-uhd) liegt in einem Taleinschnitt am Ende der Straße. Wie man mir gesagt hat, sind die Menschen hier extrem strenggläubig. Zwischen 1787 und 1980 soll es keinen einzigen Scheidungsfall gegeben haben.

Als ich den Kirchhof, wo die heutigen Feierlichkeiten stattfinden, durch ein überdachtes Törchen betrete, ist von einer abweisenden oder strengen Atmosphäre jedoch nichts zu spüren. Stattdessen grüßen mich zwei ausgesprochen gut gelaunte Damen mit schwarzen Kopftüchern, pelzbesetzten Jacken und weiten schwarzen Röcken und bieten mir eine Art Schmalzkringel an, wie sie nur an Allerseelen gebacken werden, sowie *afinata*, ein wärmendes Gebräu, das wie Heidelbeersaft mit Schuss schmeckt.

Ihre Nachbarinnen – alle in etwa gleich alt, klein und rund – sind gerade damit beschäftigt, die Gräber rund um die Kirche zu pflegen. Sie jäten, rechen, pflanzen Blumen oder legen teilweise auch einfach nur Muster aus Blüten auf die schwarze Erde. Von irgendwoher unten im Ort hört man das aufdringliche Kreischen einer Kettensäge.

Der Pfarrer, eine groß gewachsene, imposante Gestalt in schwarzem Gewand mit einem langen Bart und einem dichten grauen Haarschopf, der von einer winzigen schwarzen Kappe mehr schlecht als recht gebändigt wird, hat bereits damit begonnen, die Gräber zu segnen. Gemeinsam mit einem Messdiener geht er von einem Grabstein zum anderen, spricht Gebete, singt Antwortpsalmen und sprenkelt dann zwei Spritzer Weihwasser darauf.

Wäre ich nicht gestern erst in Moldovița gewesen, wäre die Holzkirche von Ieud für mich sicherlich eines der schönsten und grazilsten Bauwerke, die ich seit langer Zeit gesehen habe.

Sie wurde im Jahr 1364 errichtet und besitzt zwei extrem steile, übereinander angeordnete und mit Holzschindeln verkleidete Satteldächer, die fast bis zum Boden reichen und sich um die ganze Kirche herum ziehen, sie umfangen und schützen wie ein Südwester bei stürmischem Wind den Kopf seines Trägers. An einer Seite ragt ein rund dreißig Meter hoher Turm mit einem Helmdach auf, das nach oben hin spitz zuläuft wie ein Zauberhut. Das ganze Ensemble besticht durch seine beeindruckende Schlichtheit.

Im Inneren der Kirche, die unter der Last der beiden Dächer fast erdrückt zu werden scheint, herrscht eine anheimelnde Dunkelheit, fast wie in einer Höhle. Die Wände und Holzbalken sind mit den gleichen glorienbekränzten Engeln und Heiligen, Menschwerdungen, Jüngsten Gerichten und Himmelfahrten bemalt wie in Moldovița, doch da die Malereien hier älter sind, wurde eine einfachere Technik angewandt, die sie weniger überladen wirken lässt.

Ich lerne einen rotgesichtigen Mann aus dem Ort kennen, Filimon Gheorge, der mit seinem Sohn Ionuț hierhergekommen ist, einem blassen, ernsthaften jungen Mann. Die beiden sind Musiker.

Nun werden auf dem ganzen Friedhof Kerzen angezündet, und die Familien der Verstorbenen versammeln sich an den Gräbern zur Andacht. Ionuț erklärt mir, dass am heutigen Tag der Toten gedacht wird, was für die hiesigen Gemeinden eine ebenso große Bedeutung hat wie die Feier einer Geburt oder Hochzeit. Wenn jemand gestorben ist, sagt er, müssen alle Hinterbliebenen sechs Wochen lang Schwarz tragen. Die männlichen Familienmitglieder dürfen in dieser Zeit außerdem keine Feste feiern, keinen Alkohol trinken und keinen Sex haben und müssen jeden Sonntag zur Kirche gehen, um für die Seelen der Verstorbenen zu beten.

Es hat etwas sehr Bewegendes, zu sehen, wie all die Familien still und ehrerbietig neben ihren Toten stehen, während der Pfarrer – nun mit einem goldbestickten Gewand über seiner schwarzen Soutane – aus der Kirche tritt, um mit der Andacht zu beginnen.

Anschließend lädt uns Filimon zum Essen ein, das sich später sogar zu einem regelrechten Fest auswächst. Er wohnt in einem massiven Holzhaus, wie es sie hier nur noch selten gibt. Ionuț erzählt, dass man unter Ceaușescu versuchte, die Leute vom Bau solcher Häuser abzubringen, und sie dazu überredete, sie durch Häuser mit Ziegelmauern und Blechdächern zu ersetzen. Doch die Menschen hier oben sind immer als Letzte dran, wenn es um irgendwelche Veränderungen geht, sagt er. Sie sehen sich als die wahren Rumänen, denn als die Römer kamen und diesen Teil Europas zu ihrer Kolonie machten, flüchtete sich das ursprünglich dort ansässige Volk der Daker hierher nach Maramureș und blieb daher unbesiegt.

Wir sitzen um den Küchentisch, der Raum ist voll mit Zigarettenrauch und Musikern. Jemand hat ein Stück von dem Hartkäse besorgt, der typisch für diese Region ist. Er wird mit Schmalz, Zwiebeln, Brot und Salz gegessen und mit *pălincă* hinuntergespült, dem allmächtigen Geist, der mir allmählich zum Verhängnis zu werden droht. Danach gibt es Wurst und Kartoffelbrei mit *sarmale*, gefüllten Kohlrouladen, sowie einen polentaähnlichen Maisbrei.

Filimons Frau, die trotz des ganzen Trubels bewundernswert gelassen bleibt, trägt ein Gericht nach dem anderen auf, während ihre Mutter, die schon über achtzig sein muss, Brennmaterial für den Holzofen holt. Ionuț bringt Bier und Wein. Dann werden die Zigaretten ausgedrückt, und die Musik kann beginnen. Die Männer spielen schmissige volkstümliche Stücke, doch der Trommler in dem knallroten Hemd, der gut angesäuselt neben mir sitzt, verdirbt mir fast den ganzen Spaß. Je mehr man ihm zu trinken gibt, umso heftiger und weniger rhythmisch drischt er auf sein Instrument ein, und bei jedem Schlag stößt er ein irres, schrilles Lachen aus.

Ich versuche, mit Humor dagegenzuhalten, und fange jedes Mal theatralisch zu jaulen an, wenn er auf die Trommel haut. Doch dies scheint ihn nur noch mehr zu beflügeln. Er trommelt immer wilder, bis mein Gejammere irgendwann echt ist. Und dann muss er erst recht lachen.

Er rollt mit den Augen, stupst mich mit einem Augenzwinkern in die Seite und gibt einen Spruch zum Besten, bei dem die anderen alle losbrüllen. Der arme Ionuț muss ihn übersetzen.

»Er sagt, er kann gleichzeitig trommeln und mit einer Frau schlafen.«

Jetzt habe ich allen Grund zum Lachen.

Siebenundfünfzigster Tag
Vișeu de Sus, Maramureș

Jeden Montagmorgen verlässt ein Zug mit Holzfällern das Städtchen Vișeu de Sus und fährt hinauf in den Hochwald des Maramureș-Gebirges. Es ist acht Uhr, und wir haben uns im Holzlager einer Schweizer Firma eingefunden, die uns gestattet hat, die Männer heute zu begleiten. Der wolkenlose Himmel sorgt für einen frischen Morgen, lässt aber auf einen Tag mit strahlendem Sonnenschein hoffen. Was den Reiz der ganzen Sache ausmacht, ist – neben den Dampfloks und Holzfällern an sich – auch die Tatsache, dass das Tal, eines der entlegensten dieser Grenzregion, nur über eine rund vierzig Kilometer lange Bahnverbindung zu erreichen ist.

So früh am Morgen ist das Holzlager alles andere als ein idyllischer Ort. Wir stampfen mit den Füßen, um uns ein wenig aufzuwärmen, während nach und nach sechzig oder siebzig Holzfäller eintrudeln. Die meisten kommen zu Fuß oder mit ihren Pferdekarren. Das Klischee von irgendwelchen ungehobelten Hinterwäldlern ist hier jedoch fehl am Platz. Die Männer, von denen die jüngsten noch keine zwanzig, die ältesten schätzungsweise Mitte fünfzig sind, haben markante Gesichter, einen trockenen Husten und wirken müde. Bunt karierte Hemden, Rucksäcke oder Funktionskleidung sieht man hier nirgends. Stattdessen tragen die Holzfäller Pudelmützen und dünne, oft abgewetzte Strickjacken über ganz normalen Hemden oder Pullovern. Ihre persönlichen Dinge haben sie in Plastiktüten bei sich. Auf dem Gelände gibt es einen kleinen Laden, wo sie Proviant kaufen können: Würste, dicke Scheiben Schweineschmalz, Brot und Konserven. In dem kleinen Café nebenan drängen sich mehrere Eisenbahner in ölverschmierten Overalls, die qualmen, als ginge es um ihr Leben, und sich dazu einen Schnaps genehmigen. Einer der Männer reißt einen Witz, und die anderen lachen laut, aber es hört sich so an, als würden sie das eher aus Gewohnheit tun als aus Überzeugung.

Eine Frau mit Kopftuch macht uns Tee. Er wird in kleinen Gläsern serviert, fertig gezuckert wie in Indien. Durch ein trübes Fenster kann ich sehen, wie die Sonnenstrahlen auf der gegenüberliegenden Talseite allmählich den Berg hinuntergekrochen kommen und dessen bewaldete Flanke dabei in eine Pyramide aus Gold verwandeln.

Um kurz vor halb zehn geht es los. Die Tenderlok – eine Maschine mit Baujahr 1954 aus rumänischer Produktion – lässt eine Rauchfahne aufsteigen und schnauft dann davon. Sie zieht einen Güterwaggon hinter sich her, auf dem sich das Brennholz für den Dampfkessel stapelt, und einen mit Sitzreihen ausgestatteten, rundherum offenen Waggon, einen geschlossenen Personenwagen sowie zwei oder drei Gabelwagen für den Transport der Stämme.

Die mögliche Höchstgeschwindigkeit auf dieser Strecke beträgt knapp fünfzig Stundenkilometer. Auf unserer Fahrt aus Vișeu de Sus erreichen wir jedoch nur selten mehr als dreißig Stundenkilometer, da wir immer wieder anhalten müssen, um weitere Holzfäller zusteigen zu lassen. Doch auch das kommt einem schon schnell genug vor. Was nur beim Reisen mit der Bahn möglich ist und mir schon immer unverschämt viel Spaß gemacht hat, ist, bei wildfremden Leuten im Vorbeifahren über die Hecken zu linsen, und entlang dieser Eisenbahnstrecke habe ich reichlich Gelegenheit dazu. Wir fahren an altmodischen, einstöckigen Häusern mit seitlicher Holzverkleidung und Klohäuschen im Freien vorbei. Aus den Kaminen steigen gekräuselte Rauchfahnen auf. Die Wiesen um die Häuser sind bereits gemäht worden, und das Heu ist zu hohen, spitz zulaufenden Garbenbündeln aufgeschlichtet, wie sie hier überall in den Bergen zu sehen sind. In den Schuppen trocknen Maiskolben neben riesigen Haufen frisch geernteter Kürbisse. Ein paar Frauen, die gerade mit ihren Rechen, Sensen und Hacken zugange sind, blicken kurz auf, als wir an ihnen vorbeifahren. Ihre Männer sitzen wahrscheinlich hier im Zug.

Auf dem offenen Waggon, auf dem wir uns befinden, wird bereits ausgiebig Karten gespielt, und man reicht Bier und țuică herum (eine nicht ganz so fatale, da nur einmal destillierte Variante des pălincă). Ich nehme mir vor, unbedingt auf Abstand zu gehen, wenn die Jungs nachher mit dem Bäumefällen beginnen.

Wir haben die Stadt hinter uns gelassen, und nun schlingert die Lok zischend und röchelnd an der Vaser entlang, legt sich mit dem Fluss in die Kurven und folgt dem glitzernden Sonnenlicht auf der Wasseroberfläche. Der Wald rings um uns rückt allmählich näher, und aus der Schlucht schlägt uns ein intensiver moosiger Geruch entgegen. Ab jetzt halten wir nur noch, damit der Fahrer und der Heizer mit Eimern zum Fluss hinuntersteigen und frisches Wasser für die Lok holen können. Einzig die immer gereiztere Stimmung unter den Kartenspielern sorgt dafür, dass die Idylle nicht noch unerträglich wird.

Kurz nach Mittag erreichen wir die ersten Lagerplätze. Die Bahnhofsgebäude sehen marode, teils sogar regelrecht baufällig aus. Wir werden von Hundegebell empfangen. Ein paar Männer steigen aus, und einer von ihnen greift einem anderen zur Begrüßung derb in den Schritt. Von irgendwoher schleppt jemand zwei Matratzen und ein Bettgestell an, die unachtsam in den Waggon hinter der Lok geworfen werden. Ich vermute, dass sie zum Verheizen gedacht sind.

Wir fahren weiter, aus den Buchenwäldern hinaus, in dichte Schonungen von Nadelbäumen. Einer der eben zugestiegenen Männer bietet mir eine Zigarette an. Er zeigt mir die Schachtel.

»Ukraine«, sagt er.

Ich nicke und lächle.

»Ukraine«, sagt er noch einmal, als hätte ich nicht ganz verstanden. »Ukraine. Tschernobyl!«

Dann brüllt er vor Lachen.

Als wir zum zweiten Lagerplatz kommen, greifen die meisten Holzfäller – einschließlich der Kartenspieler – nach ihren Tüten, springen aus dem Zug und verdrücken sich erst mal auf die Toiletten. Am dritten Lagerplatz, nur fünf Kilometer von der ukrainischen Grenze entfernt, sind wir dann fast die Einzigen, die noch im Zug sitzen.

Verglichen mit den beiden Lagerplätzen, die wir eben passiert haben, wirkt der dritte fast schon idyllisch: Am dunklen Waldrand stehen mehrere moderne Holzhäuschen, davor erstreckt sich das flache, grasbewachsene Flussufer, wo über einem Lagerfeuer gerade Mittagessen gekocht wird – wieder mal eine Cholesterinbombe, wie ich gestehen muss: Bauchspeck mit Kruste vom Grill, was sich als ziemlich lecker erweist, vor allem wenn man das herrlich klare, kalte Wasser der Vaser dazu trinkt.

Von unserem Gastgeber erfahre ich, dass hier oben früher einmal 500 Waldarbeiter beschäftigt waren. Aus Gründen des Umweltschutzes dürfen jetzt jedoch nicht mehr so viele Bäume gefällt werden, sodass es nur noch Arbeit für hundert Männer gibt.

Früher wurden die Baumstämme noch mit Flößen hinunter ins Tal gebracht, eine langwierige und kostspielige Angelegenheit. Inzwischen wurde der Transport auf die Schiene verlegt, und so ist es der Existenz der dampfbetriebenen Waldbahn zu verdanken, dass in dieser engen, abgeschiedenen Bergregion überhaupt noch Holzeinschlag betrieben werden kann. Später schauen wir den Holzfällern bei der Arbeit zu, die ihnen überraschend leicht von der Hand zu gehen scheint. Bei der Wahl der Waffen ist die Axt längst von der Kettensäge abgelöst worden, die sich die Männer über die Schulter hängen wie eine Flinte. Dann wird ein Baum ausgewählt und der Fallkerb gesetzt, und keine dreißig Minuten später hat die Kettensäge ihn umgelegt. Zwei Männer entrinden den Stamm, während ein dritter ein Allzweck-Fahrzeug für Waldarbeiten heraufbringt. Diese Forstschlepper, auch TAF genannt, sind unglaubliche Kraftpakete. Erst kürzlich hat eines davon eine 27 Tonnen schwere Lok ganz allein aus dem Fluss gezogen. Obwohl nicht nur der eben gefällte Zwanzigmeterstamm daranhängt, sondern noch zwei weitere, befördert der TAF das Gesamtgewicht von mehr als drei Tonnen spielend die fünfzig Grad steile Böschung hinauf zur Verladestelle.

Hier oben im Wald kommt man sich vor wie in einer anderen Welt. Wenn die Lastwagen gerade mal nicht in Betrieb sind, herrscht beinahe völlige Stille. Maramureș ist schon ein ziemlich abgelegener Ort, doch hier befinden wir uns sicherlich in einem der unzugänglichsten Winkel Europas, in die wir auf unserer bisherigen Reise vorgedrungen sind.

Achtundfünfzigster Tag
Săpânța, Maramureș

Überall in den Tälern Nordrumäniens stößt man auf die Relikte von Präsident Ceaușescus gescheiterten Versuchen, die ländlichen Regionen mit Gewalt zu industrialisieren. Von den Fabriken und Stahlwerken, die in den Siebziger- und Achtzigerjahren hierher gestellt wurden, sind nur noch die Gerippe übrig, die die Hauptstraße säumen. Die Fenster sind eingeschlagen, die Türen hängen lose in den Angeln und knarzen im Wind. Das traditionelle Landleben dagegen, das Ceaușescu zu zerstören trachtete, hat überlebt.

Das wird deutlich, wenn man nach Săpânța kommt. Hier gibt es durchaus auch Autos, Touristen, Mädchen mit Nasensteckern und langen, bunt lackierten Fingernägeln, und einmal rollt sogar ein Geländewagen mit verdunkelten Fensterscheiben an uns vorbei und muss einer Kuhherde ausweichen, die die Straße entlanggetrieben wird. Das Ehepaar, das mir den Ort zeigt, hat jedoch noch nie ein Auto besessen. Ihr Pferdefuhrwerk, das – mit Ausnahme der Gummireifen – vor tausend Jahren vermutlich keinen Deut anders ausgesehen hätte, reicht ihnen voll und ganz. Der Mann ist Bauer und stammt aus Bukarest, wo auch seine Tochter lebt. Er trägt einen gemusterten Pulli und einen Strohhut. Seine Frau, die hinter mir sitzt, ist komplett schwarz gekleidet – ebenso schwarz wie ihr Handy. Das Pferd der beiden ist neun Jahre alt, verrichtet aber immer noch sämtliche Arbeiten, die am Hof anfallen. Einen Traktor können sie sich nicht leisten, aber er scheint ihnen auch nicht wirklich abzugehen.

Mit anderen Worten: Sie sind glücklich. Hoffnungslos altmodisch, würden Leute vom Schlage eines Ceaușescu vermutlich sagen, aber zweifellos glücklich.

Bei der beeindruckendsten Sehenswürdigkeit von Săpânța, dem berühmten »Fröhlichen Friedhof«, setzen sie mich ab.

Anstatt mit Grabsteinen sind die Gräber hier mit geschnitzten Holzkreuzen versehen, auf denen in leuchtenden Farben Szenen aus dem Leben der Verstorbenen dargestellt und passende Inschriften in Versform angebracht sind.

Die meisten davon sind das Werk von Stan Ion Pătraș, einem Mann aus dem Ort, der seine ersten Schnitzereien im Alter von vierzehn Jahren anfertigte und vor fast genau dreißig Jahren mit 71 starb. Alle sagen, dass er ein glücklicher Mann war, der Wein, Weib und Gesang liebte. Da ihm Geld nicht besonders wichtig war, ließ er sich gerne in Form von Schnaps bezahlen. Der Friedhof erstrahlt in der Farbe, die sein Markenzeichen war, dem »Săpânța-Blau«, das er als Ausdruck von Hoffnung und Freiheit betrachtete, so wie Grün für das Leben stand, Gelb für die Fruchtbarkeit und Rot für die Leidenschaft.

Die dichten Reihen von Kreuzen illustrieren auf einzigartige Art und Weise das Leben im Ort. Man kann Hausfrauen am Herd sehen, Bauern auf dem Feld, Jäger beim Schießen, Ärzte mit ihren Patienten, Zimmerer bei der Holzbearbeitung und Musiker mit Instrumenten. Dabei verzichtet Pătraș auf die abgenutzte Ikonografie des Todes wie Totenschädel, Engel oder den Sensenmann und zelebriert stattdessen die kleinen Freuden des Alltags in Săpânța: gemeinsame Mahlzeiten, Bauern bei der Heumahd, Kinder an der Hand ihrer Eltern. Das heißt allerdings nicht, dass er Tragisches ausblendet. So findet man zum Beispiel auch die ungewöhnlich drastischen Darstellungen eines dreizehnjährigen Jungen, der vom Blitz getroffen wird, der Explosion einer Fabrik, bei der drei Frauen ums Leben kamen, oder eines Siebenundzwanzigjährigen, der vom Zug erfasst wurde.

Pătraș' eigenwillige Epitaphe, die immer in der Ich-Form formuliert sind, ergänzen die Szenen.

»Zwei hinterhältige Straßenräuber schlugen mir auf den Kopf und nahmen mir mit 22 Jahren das Leben.«

»Ein böser Mann erschoss mich von hinten.«

Diese einfache, bewusst naive Ausdrucksweise hat eine überraschend beeindruckende Wirkung.

»Ich hieß Maria Monghi. Ich war ein kleines Mädchen und ging noch zum Kindergarten. Ich wurde vor unserem Haus vom Traktor überfahren.«

Wie beim Allerseelen-Gottesdienst in Ieud offenbart sich auch hier, wie eng der Tod mit dem Alltagsleben der Menschen verknüpft ist. Er wird als unausweichlich, als Teil des Ganzen gesehen, als etwas, das man respektierten anstatt fürchten, nie aber ignorieren sollte.

Der letzte Eindruck, den ich vom Fröhlichen Friedhof mitnehme, ist das geschnitzte Porträt von Stan Ion Pătraş' eigenem Grab. Es zeigt einen vergnügten Mann mit einem breiten, vom Leben gezeichneten Gesicht, einer Knollennase und einem Strohhut, der ihm ein wenig schief auf dem Kopf sitzt. Er sieht genauso aus, wie ich es mir erhofft hatte. Und er ist der erste Mensch, der mich dazu gebracht hat, dass ich einen Friedhof mit einem Lächeln auf den Lippen verlasse.

Sechzigster Tag
Sighişoara, Transsilvanien

Die nächtlichen Geräusche von Sighişoara sind überraschend einschläfernd. Ich liege auf dem Bett in meiner schicken Mansardensuite in der Casa Cu Cerb, dem »Haus mit dem Hirschgeweih«. Draußen, an dem gedrungenen mittelalterlichen Turm, schlägt die Uhr, allerdings mit großer Zurückhaltung, alle Viertelstunde, während das Verstreichen jeder vollen Stunde mit einem perlenden Glockenläuten zelebriert wird. All das wirkt jedoch keineswegs störend, sondern trägt vielmehr zur idyllischen Atmosphäre dieses hübschen Städtchens bei, das nur eine Tagesreise von der ukrainischen Grenze im Norden entfernt ist.

Vom Hotel aus, in dem schon Prinz Charles nächtigte, blickt man auf einen hübschen, kopfsteingepflasterten Platz hinunter. Rings-

herum stehen bunt bemalte Häuser mit bröckeligem Stuck, Ziegel-
dächern und Fledermausgauben. Das Ganze könnte wunderbar als
Kulisse für eines der Grimm'schen Märchen herhalten. Ganz so
idyllisch, wie es den Anschein erweckt, ging es in Sighişoara jedoch
nicht immer zu, denn die Stadt gehörte einst zu Siebenbürgen,
einem Gebiet mit sieben Festungsstädten, die im 13. Jahrhundert
von Kolonisten aus verschiedenen Teilen Deutschlands gegründet
worden waren.

Die Magyaren – eingeschüchtert durch die Tataren, die (ebenso
wie sie selbst es einst getan hatten) aus dem asiatischen Raum hierher strömten – übertrugen jenen Sachsen die Verteidigung dieses
Teils von Transsilvanien, wo diese bis zum Ende des 20. Jahrhunderts blieben. Rudi Fischer kann sich noch an jene Zeit erinnern,
als seine Mutter ein Lehrerinnenseminar in Sighişoara besuchte,
die Stadt noch Schäßburg hieß und das nahe gelegene Braşov den
Namen Kronstadt trug. Die Siebenbürger Sachsen nahmen ihren
Auftrag zur Verteidigung offensichtlich ernst. Jede Gilde wurde
beauftragt, das nötige Geld für den Bau eines Turmes zu beschaf-
fen. Im Lauf von 200 Jahren entstanden so sechzehn massive Steintürme mit jeweils vier kleinen Ecktürmchen auf ihren rot geziegel-
ten Dächern. Neun davon sind heute noch zu sehen, darunter der
Turm der Seiler, der Schlachter, der Kürschner, der Schuster, der
Spengler und der Schneider.

Meine Fremdenführerin in Sighişoara – oder Schäßburg, wie die
Siebenbürger Sachsen es nannten, oder Segesvár, wie die Ungarn es
nannten – heißt Ioana und ist erkältet. Eingemummelt in mehrere
Pullover, einen rot-grünen Samtmantel und einen dicken Strick-
schal bemüht sie sich nach Kräften, mir die Stadt zu zeigen, in der
sie aufgewachsen ist.

Ich frage sie nach ihren Erinnerungen an die Kindheit.

»Man konnte hier wunderbar spielen. Ich spielte mit meinen
Freundinnen. Ich war eine Prinzessin und spazierte in der Unterwäsche meiner Großmutter und in Stöckelschuhen herum.«

Für ein kleines Mädchen mit einer lebhaften Phantasie muss die
Stadt eine herrliche Kulisse gewesen sein. Das alte Zentrum von
Sighişoara auf dem »Schulberg« ist ein Ensemble von Bauwerken

aus dem Mittelalter, dem 17. und dem 18. Jahrhundert, das Lust auf mehr macht. Eines der schönsten davon ist jedoch kein Haus, sondern ein überdachter Treppenaufgang, die sogenannte »Schülertreppe«, die einst zum Schutz der Schüler gebaut wurde, die aus der Unterstadt zur Schule hinaufstiegen. Jede Treppenflucht besteht aus sechs breiten Steinstufen, eine für jeden Wochentag. Die siebte Stufe ist – in Anlehnung an den sonntäglichen Ruhetag – ein Treppenabsatz. Das raffiniert erdachte, zweckmäßige Bauwerk ist zugleich auch ziemlich massiv: Bereits seit 380 Jahren steigen die Menschen die Stufen hinauf.

Am oberen Ende der Treppe befindet sich auch heute noch eine Schule, und als Ioana wieder zu Atem gekommen ist, erzählt sie mir von ihrer glücklichen Schulzeit gemeinsam mit ungarischen, jüdischen und deutschen Kindern.

»Als ich noch klein war, hatten die Menschen keine Probleme miteinander. Alles war gut. Ich habe deutsch gegessen, deutsch gespielt und den ganzen Tag Deutsch gesprochen, aber weil ich das Essen hasste, habe ich die Sprache nie richtig gelernt.«

Inzwischen sind die meisten ihrer deutschen Freunde fortgezogen. Für sie hatte sich die Lage zu verschärfen begonnen, als Transsilvanien im Jahr 1918 Rumänien zugeschlagen wurde. Erst in den Achtzigerjahren jedoch, unter Ceaușescu, hatte man ihnen eindeutig zu verstehen gegeben, dass sie hier unerwünscht waren, und nach dem Fall der Berliner Mauer machten die meisten von ihnen von der Möglichkeit einer sicheren Rückkehr nach Deutschland Gebrauch.

Sighișoara hat jedoch nicht nur als spätmittelalterliche Bastion Berühmtheit erlangt. An einer Mauer in der Nähe des Hotels hängt eine Tafel, die dem Passanten verrät, dass hier Vlad Țepeș geboren wurde, auch bekannt als Vlad der Pfähler und Vorbild für den fiktiven Graf Dracula.

Ioanas Meinung nach war Vlad Țepeș ein bedeutender Mann, ein Nationalheld, der tapfer gegen die Türken kämpfte und der seitdem schwer verunglimpft wurde.

Mir fällt wieder ein, dass ich irgendwo gelesen habe, »Dracul« würde so viel wie »Teufel« bedeuten.

»Nein, nein«, widerspricht Ioana und schüttelt heftig den Kopf.

»Im Jahr 1431 wurde sein Vater zum Ritter des Draco-Ordens geschlagen – und ›draco‹ heißt ›Drache‹. Es war eine Ehre, zum Drachenorden zu gehören.

Sie fasst meine Enttäuschung als Ungläubigkeit auf.

»›Draco‹«, wiederholt sie, »heißt ›Drache‹.«

»Aber er hat doch ab und zu Leute gepfählt, oder etwa nicht?«

»Auch nicht öfter als andere«, erwidert Ioana unwirsch. »Das haben doch damals alle gemacht.«

Trotzdem will ich mich damit irgendwie nicht abfinden. Andere Menschen mögen bei Transsilvanien ja meinetwegen an saftig grüne Weiden und melancholische Ungarn denken, aber all diejenigen von uns, die nach der Lektüre von Bram Stokers Roman Blut geleckt haben, verbinden Transsilvanien nun mal unweigerlich mit Vampirzähnen, Knoblauch und schwarzen, wehenden Umhängen. Deshalb steht ja auch direkt unter der Tafel eine Frau, die Dracula-T-Shirts, Vampirgebisse und sogar Flaschenöffner in Form des Grafen verkauft. Drachen dagegen sieht man hier nirgendwo. Mit der Wahrheit lassen sich nun mal nicht so gute Geschäfte machen.

Ioana lässt sich breitschlagen und willigt ein, morgen mit mir ins Herz der Karpaten vorzudringen, in das Dorf Bran und zu der Burg, die – halb Festung, halb Palast – für immer und ewig als Schloss Dracula bekannt sein wird.

Einundsechzigster Tag
Von Sighişoara nach Bukarest

»Transsilvanien hatte ein hohes Mittelalter, einen Hauch von Renaissance, sein Barock und seine Aufklärung – alle historischen Phasen, die auch Europa durchlaufen hat im Unterschied zu Russland oder Rumänien, … Bulgarien, Serbien, Makedonien, Albanien, Thrakien, Griechenland oder der Ukraine.«

So weit die Worte des Historikers John Lukacs, zitiert in Robert D. Kaplans Buch Die Geister des Balkan. Sie beantworten einige Fragen, darunter auch die, weshalb der Verlust Transsilvaniens an Rumänien die Ungarn und die Deutschen auch heute noch schmerzt. Sie erklären vermutlich auch die Frustration derer, die befürchten, Transsilvanien könnte sich weniger zu einem Synonym für die Aufklärung entwickeln als zu einen Synonym für eine der weltweit exportfähigsten Fiktionen.

Bram Stoker schuf mit seiner Figur des Grafen Dracula nicht einfach bloß irgendein Ungeheuer, sondern eines, an das die Menschen auch glauben wollten. Und Dracula ist nicht nur von den Toten unter die Lebenden zurückgekehrt, sondern auch von der fiktionalen in die reale Welt.

Schloss Bran, knapp dreißig Kilometer südwestlich der Stadt Brașow gelegen, ragt dramatisch von einem nahezu uneinnehmbar erscheinenden Felsen empor. Eingerahmt sind seine ziegelroten Walmdächer und das gewaltige, zinnenbewehrte, von steinernen Kaminen durchbohrte Burgverlies von einem Rahmen aus goldenem Herbstlaub.

Ob es überhaupt irgendeine Verbindung zwischen Schloss Bran und Vlad dem Pfähler gibt – außer dass dieser die Burg im Jahr 1460 vermutlich ein Weilchen belagerte –, ist nicht bewiesen. Dennoch sind die Menschen bereit zu glauben, dass es genau diese Mauern waren, an denen er herumturnte, und jene erleuchteten Fenster, durch die er ins Schloss gelangte. Und aus demselben Grund floriert auch rings um uns, auf dem Parkplatz, die Dracula-Industrie. Hier gibt es für Weinliebhaber Vampir-Pinot-Noir oder Dracula-Blut, für Eltern T-Shirts und Kaffeebecher, für Kinder abgetrennte Gummihände und für Nachtschwärmer eine »Fürst der Finsternis«-Disco samt zuckender Skelette. Und es wäre um ein Haar noch schlimmer gekommen: Ein Antrag auf Bau eines Dracula-Freizeitparks, für den mehrere Hektar Eichenwald hätten gerodet werden müssen, konnte zum Glück noch abgeschmettert werden. Zu verdanken ist dies einer Initiative von rumänischen Umweltschützern und dem Mihai-Eminescu-Trust, der ursprünglich gegründet wurde, um den traditionellen Landbau zu erhalten, und dem Prinz Charles als königlicher Schirmherr vorsteht.

Bei meinem Aufstieg zum Schloss begleitet mich Petre Moraru.

Der Schauspieler bessert sein Gehalt auf, indem er in einem Club in Bukarest Dracula mimt.

»Jetzt ist bald wieder Halloween«, erinnert er mich. »Da bin ich immer gut ausgebucht.«

Seiner Ansicht nach gab es die Vorstellung von Vampiren in Menschengestalt schon lange vor Bram Stoker. Die rumänischen Bauern waren sehr fromm (und sind es noch heute), und nichts ängstigt sie mehr als der Gedanke an Untote – die Vorstellung, dass ein Körper in einen Zustand verfallen könnte, in dem er streng genommen hinüber ist, aber seine Seele weiterlebt. Petre hat erst kürzlich von einem Fall gehört, bei dem jemandem ein Pfahl durch das Herz gerammt wurde, weil er eine Familie terrorisiert hatte.

Was – zumindest aus seiner Sicht – sicherlich gut fürs Geschäft ist.

Schon das Schloss Bran an sich verwischt die Grenzen zwischen Fakten und Fiktion. Es sieht von außen genauso aus wie die Schlösser, die man sonst auf Buchtiteln oder als Theaterkulisse findet, und die Innenräume wirken wie eine Filmkulisse. Die Ausstattung und Möblierung, eine Mischung aus Nationalromantik und kunsthandwerklich geprägten Stilelementen mit einer Vielzahl von gruseligen Fenstern, flackernden offenen Kaminen und Wendeltreppen, stammt aus dem Jahr 1920 und geht auf Königin Maria von Rumänien und ihren Hofarchitekten zurück.

Nachdem das türkische Herrschaftsgebiet gegen Ende des 19. Jahrhunderts zerfallen war, stellten die europäischen Mächte eine Art Komplettservice für den Wiederaufbau der soeben befreiten Länder bereit – inklusive Verfassung, Grenzen und einem Monarchen. So wurde aus Prinz Karl von Hohenzollern-Sigmaringen auf einmal König Carol von Rumänien, obwohl er bis dahin noch nie etwas von einem Ort dieses Namens gehört hatte. (Die Griechen bekamen einen dänischen Prinzen Georg und die Bulgaren einen Ferdinand, einen Wettiner (Sachsen-Coburg).

Das Schloss ist voll mit gerahmten Fotos von nordisch wirkenden Königinnen und Prinzessinnen in seidenen Kleidern mit Jugendstilgürteln, allesamt gesunde und hübsche rheinische Schönheiten mit drallen, weißen Hälsen – die perfekte Beute für einen Vampir.

Und dann ist er plötzlich da. Petre – im Dracula-Kostüm, samt schwarzem Umhang, kerzenwachsgesprenkeltem Mantel und weißem Seidenschal – ist bereit für seinen Einsatz als Kinderschreck.

Als die erste Schulklasse die Treppe heraufgeschnauft kommt, setzt Petre noch schnell sein Gebiss ein und fängt dann an, mit den Augen zu rollen.

»In Transsilvanien kann man sehr sonderbare Dinge erleben. Manchmal kann man im Wald blaue Flammen sehen, und manchmal ...«

In diesem Moment klingelt sein Handy.

»Könnte ein Engagement sein«, erklärt er und schlüpft ohne zu zögern aus seiner Rolle, um in seinem Mantel nach dem Telefon kramen zu können. Die Kinder sind begeistert.

Bevor wir in den Zug nach Bukarest umsteigen können, müssen wir zunächst nach Braşow zurück. Auch über diese Stadt kursieren einige schauerliche siebenbürgische Legenden. Auf der extrem weitläufigen Piaţa Sfatului, dem Rathausplatz, soll einst der Rattenfänger von Hameln mit seinen Kindern im Schlepptau gesichtet worden sein. Der Platz ist von ansprechend proportionierten Häusern umgeben, darunter das Rathaus aus dem 15. Jahrhundert, das Kaufmannshaus aus der Renaissance und als eindrucksvollstes Gebäude die Schwarze Kirche. Dieses monumentale, reich mit Fialen verzierte Bauwerk wird in meinem Reiseführer als »bedeutendste gotische Kirche zwischen Wien und Istanbul« gerühmt. Ihr Name ist eine Anspielung auf ihr Aussehen nach einem Brand im Jahr 1689. Mir kommen die nackten Mauern jedoch ziemlich abweisend vor. Außerdem sind sämtliche Türen verschlossen.

Hoch oben am bewaldeten Berghang hinter der Altstadt sind die Buchstaben B-R-A-Ş-O-W zu lesen, in fast genau derselben Größe und Form wie beim »Hollywood«-Schriftzug in Los Angeles. Und der Vergleich ist keinesfalls so abwegig, wie er auf den ersten Blick scheinen mag, denn wenn es darum geht, phantastische Geschichten zu liefern, haben Hollywood und Transsilvanien durchaus einiges gemeinsam.

Der Nachtzug nach Bukarest windet sich durch die Karpaten, die letzte große natürliche Grenze Europas. Durch die Lücken, die sich hin und wieder zwischen den Bergen auftun, flutet das Sonnenlicht und lässt die Buchen- und Eichenwälder in einem satten goldbraunen Glanz erstrahlen.

Ich komme mit einem jungen Mann namens Emile ins Gespräch. Er hat ein südländisches Aussehen, schulterlanges dunkles Haar und einen durchdringenden Blick.

Wie man es von jemandem erwarten kann, der gerade ein Buch mit dem Titel *Lehre vom Zerfall* liest, hat er für Small Talk nicht viel übrig. Das Buch bietet jedoch genug Ansatzpunkte für eine angeregte Unterhaltung, und als die Schatten länger werden, sind wir bereits mitten in einer dieser endlosen Diskussionen über den Sinn des Lebens und dergleichen – und wahrscheinlich geht es auf Zugreisen durch Europa bei länger werdenden Schatten immer um dieses Thema.

Emil Cioran, der Autor des Buches, war ein rumänischer Philosoph, der so knackige Aphorismen wie »Ohne Bach wäre Gott nur eine zweitklassige Figur« von sich gab. Er vertrat eine nihilistische Antiphilosophie, der zufolge das einzig Richtige, was man mit seinem Leben anstellen kann, darin besteht, es zu beenden. Ihm selbst gelang es jedoch zeit seines Lebens nicht, seinem eigenen Credo gerecht zu werden: Er starb im reifen Alter von 84 Jahren.

Emile fragt, ob ich Ciorans Freund Constantin Noica kenne. Er habe die Theorie der Nicht-Geschichte entwickelt.

»Die was?«

»Seine Theorie besagt, dass Rumänien sich für die Ewigkeit entschieden hat, dass keinerlei Verbindung zur historischen Zeit mehr besteht. Wir befinden uns an der Schnittstelle aller Nationen, Invasoren, Imperien. Und um zu überleben ...«

Er lehnt sich nach vorn. Ich lehne mich nach vorn.

»... hat das rumänische Volk beschlossen, in der Ewigkeit zu verharren.«

Der Zug rauscht in einen Tunnel – perfektes Timing.

Als wir die Karpaten schließlich überwunden, die Erdölfelder und das industriell geprägte Tiefland um Ploieşti passiert und die entfernter gelegenen Außenbezirke Bukarests erreicht haben, habe ich erfahren, dass Emile ein Fan von Steaua (»Stern«) Bukarest ist –

»wir sind Südländer, wir lieben Fußball« –, dass Ru
rückständige Agrarnation war, die Ende des 19. Jahr
einer Hauruckaktion »mit Europa synchronisiert« wurd
Bram Stoker in Emiles Augen ein prophetischer Schrifts
der an eine unserer fundamentalsten Empfindungen rüł
lich die Angst vor dem Älterwerden und das Streben nach
lichkeit.

Meine lange Reise endet im zeitlosen Athenee Palace Hotel in
Bukarest, inzwischen umbenannt in Athenee Palace Hilton. Dort
ist gerade ein riesiges Hochzeitsbankett im Gange. Auf dem Weg
zum Aufzug begegnet mir ein prächtig herausgeputztes Brautpaar,
das sich vor dem Betreten des Festsaales schnell noch mal zurecht-
macht. Fast schon zwanghaft überprüfen die beiden jungen Leute
den Sitz ihrer Kleidung, räuspern sich, fahren sich mit der Zunge
über die Lippen und tauschen nervöse Blicke aus. Dann gehen die
Türen auf, die Anwesenden erheben sich, und begleitet vom unver-
kennbaren Quäken eben aufgeblasener Dudelsäcke betritt das stattliche Paar den Saal.

Nach anderthalb Wochen im tiefsten Norden des Landes verpasst
mir diese Szene einen kurzen, aber heftigen Kulturschock.

Zweiundsechzigster Tag
Bukarest

Das über neunzig Jahre alte Athenee Palace blickt auf eine zweifel-
hafte Vergangenheit zurück. So komfortabel und seriös das Haus
heute auch sein mag, so gern hätte ich es in der Zeit zwischen den
Weltkriegen erlebt, in der das Hotel meinem Reiseführer zufolge
eine »berüchtigte Lasterhöhle« war, oder wenigstens in den Fünfzigerjahren, als es sich zum Treffpunkt für Spione entwickelte, »mit
verwanzten Zimmern und angezapften Telefonen, um die Berichte
von Informanten und Prostituierten zu untermauern«.

Jedenfalls habe ich das Gefühl, dass mir irgendwas fehlt, als ich
von meinem kultivierten Hotel hinüber ins Nationale Kunstmuseum gehe, um mich dort ein Stündchen der Kultur zu widmen. Es

.r fünf Minuten vom Hotel an der Piaţa Revoluţiei, dem Revo-
,tionsplatz, entfernt und diente einst als Königspalast. Mit seiner
eleganten Fassade würde es sich auch an den Champs-Élysées ganz
gut machen, doch da wir hier in Bukarest sind, befindet sich direkt
gegenüber das ehemalige Hauptquartier des Zentralkommitees der
Kommunistischen Partei. Vom Dach dieses Gebäudes aus ließ sich
Ceauşescu im Dezember 1989 mit dem Hubschrauber aus der Stadt
ausfliegen. Drei Tage später, am ersten Weihnachtsfeiertag, wurde
er zusammen mit seiner Frau hingerichtet.

Die Kommunisten wussten, wie man Paläste baut. Das Nationale
Kunstmuseum würde problemlos in eines der kleinen Nebenzim-
mer jenes riesigen Gebäudes hineinpassen, von dem aus Nicolae
Ceauşescu Rumänien regierte. 20000 Arbeiter sowie 700 Architekten und Ingenieure waren fünf Jahre lang rund um die Uhr beschäftigt, um für ihn eines der weltgrößten Regierungsgebäude zu errichten, das zweitgrößte nach dem Pentagon. Das gigantische Bauwerk
hieß zuerst »Haus des Volkes«, später »Parlamentspalast«.

Im Museum ist so gut wie nichts los, was schade ist, da hier einige
wirklich bemerkenswerte Werke ausgestellt sind. So stehe ich zum
Beispiel eine ganze Weile vor Brueghels überwältigendem »Beth-
lehemitischen Kindermord«, einer zeitlosen Darstellung tyranni-
scher Unterdrückung, die die ganze finstere Brutalität zum Ausdruck bringt, von der Europa in den vergangenen hundert Jahren
heimgesucht wurde.

Beim Anblick des Gemäldes frage ich mich, welchen Platz
Ceauşescu in der Verbrechergalerie des 20. Jahrhunderts wohl ein-
nehmen würde.

Begleitet von Bogdan Moncea setze ich meine Suche nach einer
Antwort bei einem Rundgang durch Ceauşescus Bukarest fort.
Moncea ist ein unendlich hilfsbereiter und geduldiger Mann, der
die äußerst erfolgreichen Castel Studios am Stadtrand leitet, wo
unter anderem der Film *Unterwegs nach Cold Mountain* mit Jude Law
und Nicole Kidman gedreht wurde.

Moncea erinnert mich daran, dass Ceauşescu anfangs im Westen noch als eher gemäßigter Kommunist galt, als jemand, mit dem
man durchaus Geschäfte machen konnte. Sein Widerstand gegen

die Unterdrückung des »Prager Frühlings« 1968 durch die Russen wurde als Beweis dafür gesehen, dass der Kommunismus in Osteuropa keineswegs ein monolithisches System war. Ganz offensichtlich strebte Ceaușescu für Rumänien einen nationalen Kommunismus an, anstatt nach der Pfeife Moskaus zu tanzen. Zudem galt Rumänien als ein Land mit einem enormen wirtschaftlichen Potenzial, denn es besaß eine Luftfahrtindustrie von Weltrang, reiche Öl- und Erdgasvorkommen und vor allem eine florierende Landwirtschaft.

Ceaușescu aber, ein Mann mit geringer Schulbildung (Moncea zufolge ging er nur vier Jahre lang zur Schule und konnte kaum lesen und schreiben), zeigte sich letztlich doch mehr von den Errungenschaften des Ostens beeindruckt. Mit Stalins UdSSR, Nordkorea und China als Vorbild startete er eine unglaublich viel Geld verschlingende, schlecht organisierte Industrialisierungskampagne auf Kosten des gesunden und profitablen Agrarsektors.

»In den Vierziger- und Fünfzigerjahren waren wir noch der zweitgrößte Nahrungsmittelproduzent Europas, gleich nach den Franzosen. Vierzig Jahre später verhungerten die Menschen hier auf der Straße.«

Ceaușescu wies jede Verantwortung von sich und stilisierte sich immer mehr zum Retter der Nation, zu dem Mann, der das Land Rumänien, sein Volk und seine Traditionen verkörperte.

Kurz gesagt: Er verlor den Verstand.

Das Land musste viel Leid ertragen. Ceaușescu zerstörte Kirchen, tyrannisierte nicht-rumänische Minderheiten wie die Ungarn und die Roma und versuchte, die Arbeitskraft im Land mithilfe zweifelhafter Maßnahmen zu steigern. So erließ er beispielsweise ein Abtreibungs- und Verhütungsverbot und rief eine »Baby-Polizei« ins Leben, die gynäkologische Zwangsuntersuchungen durchführte, was im Lauf der Zeit zu einer großen Menge ungewollter Kinder führte.

Nicht nur der Bau des »Haus des Volkes« verschlang Unsummen, sondern auch die Räumung eines riesigen Areals um diesen Gebäudekomplex, wo Ceaușescu seine Vision von einem Centru Civic, »einer sozialistischen Hauptstadt für den sozialistischen

Menschen« verwirklichen wollte. Um Platz für seine Version von Kim-Il-Sungs Nordkorea zu schaffen, machte er neun Quadratkilometer alter Bausubstanz dem Erdboden gleich, darunter auch sechzehn Kirchen und drei Synagogen.

Bogdan Moncea erklärt mir, welche Idee dahinterstand.

»Geplant war ein zentrales System, das alle umfasst und von einer Stelle aus alle mit Strom und Wasser versorgt. Aber letztlich ging es dabei nur um die Kontrolle.«

Eine Begleiterscheinung der Zwangsmaßnahmen im alten Bukarest war, dass eine halbe Million herumstreunende Hunde – die Haustiere der 40 000 Menschen, die aus ihren Häusern vertrieben worden waren – auf die Stadt losgelassen wurden. Es kam zu regelrechten Hundekriegen, bis nur noch die stärksten übrig blieben. Sie laufen auch heute noch in ganzen Rudeln durch die Straßen.

Bogdan Moncea biegt auf den langen Boulevard ab, der das gesamte Centru Civic durchquert. Als Ceaușescu erfuhr, dass die Champs-Élysées der längste Boulevard Europas waren, wollte er einen noch längeren und breiteren.

Also baute man den »Boulevard des Sieges des Sozialismus« – heute Bulevardul Unirii, Platz der Einheit, genannt –, der zehn Meter breiter und etwa sechzig Meter länger ausfiel als sein Pariser Pendant.

Im steinernen Halbrund des neoklassizistischen Säulengangs am Ende des Boulevards lassen wir uns in einem Café nieder. Moncea räumt ein, dass sich nach dem Sturz Ceaușescus die Dinge nicht über Nacht änderten. Die Kommunisten blieben an der Macht, und nicht lange nach seiner Hinrichtung kam es zu einem Zwischenfall mit sieben Toten und 300 Verletzten, nachdem man Bergarbeiter in die Hauptstadt geholt hatte, um die prodemokratischen Kundgebungen zu sprengen. Obwohl derzeit zwei Millionen Rumänen nach Spanien oder Italien ausgewandert sind, um dort Geld zu verdienen, geht es mit der Wirtschaft inzwischen wieder bergauf. Bukarest steckt mitten in einem Bauboom. Die neue Generation junger Regisseure, die erst kürzlich bei den Filmfestspielen in Cannes und Berlin ausgezeichnet wurden, stimmen Moncea optimistisch. Auch die Presse hat ihre Freiheit wiedererlangt, und Moncea begrüßt die Aussicht auf eine Mitgliedschaft in der Europäischen Union. (Rumänien trat am 1. Januar 2007 der Europäischen Union bei. *Anm. d. Übers.*)

Sowohl Bogdan Moncea als auch Emile haben darüber gesprochen, welche Bedeutung der Sport für die allgemeine Moral der Bevölkerung hat. Nun ist es uns gelungen, eine Audienz bei dem Mann zu erhalten, dem Steaua Bucharest gehört, der erfolgreichste Fußballclub Rumäniens und Gewinner des Europapokals der Landesmeister 1986.

Die Gelegenheit zu einem persönlichen Treffen mit einer so herausragenden Persönlichkeit wie George »Gigi« Becali bekommt man nur selten. Monceas Begeisterung hält sich trotzdem in Grenzen.

»Er ist ziemlich ungebildet, ein einfacher Schafzüchter. Früher hat er Schafe verkauft. Jetzt handelt er mit Immobilien.«

Zur vereinbarten Zeit stehen wir vor einer großen Villa im französischen Stil, in der sich einmal die argentinische Botschaft befand. Draußen, vor einem schmiedeeisernen, mit goldenen Ranken verzierten Tor, poliert gerade jemand eine Maybach-Limousine mit Vorhängen am Heckfenster.

Man führt uns hinein. Drinnen sind die Handwerker zugange, und es empfangen uns der Geruch von frischem Putz und der Lärm von Hämmern und Bohrmaschinen. Zum Glück gibt es hinter dem Haus noch einen Garten. Dort nehmen wir an einem Tisch unter einer hohen Tanne Platz und warten.

Und wie wir warten. Anderthalb Stunden lang. Dann klingelt irgendein Handy, und man hört ein paar hastig ausgegebene Anweisungen. Es ist, als würde kurz vor einem drohenden Gewitter plötzlich der Wind auffrischen. Die Lakaien erheben sich und tauschen nervöse Blicke untereinander aus. Und dann kommt hinter dem Haus der Herr desselben hervor, inmitten eines ganzen Schwarms von Bediensteten. »Gigi« Becali ist von kleiner, gedrungener Statur und sieht sehr gepflegt aus – wie jemand, der gern ein wenig größer wäre, schießt es mir durch den Kopf. Es ist, als würde sein vorspringendes Kinn die fehlende Körpergröße wettmachen wollen, und als er mich mit einem kernigen Handschlag begrüßt, kommt mir unvermittelt das Wort »napoleonisch« in den Sinn. Über seinen Dolmetscher lässt er sich für sein Zuspätkommen entschuldigen, gibt mir aber im selben Atemzug zu verstehen, dass ich froh sein kann, überhaupt mit ihm sprechen zu dürfen. Für ihn ist das ein Akt der Gastfreundschaft gegenüber Besuchern seines Landes. Ein Zeichen der typisch rumänischen Gastfreundschaft, fügt er hinzu. Das Thema scheint ihm zu gefallen. Rumänien ist ein wundervolles Land, sagt er, und alles, was er tut, tut er für sein Land und für Gott.

Sein Vater hasste die Kommunisten. Einmal griff er Stalin sogar mit einem Messer an. Das lässt mich aufhorchen, aber dann stellt sich heraus, dass sich diese Episode in einem Restaurant ereignete und Stalin nur als Porträt an der Wand hing. Trotzdem warf man den Vater dafür ins Gefängnis.

In den Achtzigerjahren verdiente »Gigi« Becali mit seiner Familienherde von 600 Schafen viel Geld, das er in Dollar investierte. Als es 1989 zur Revolution kam, hatte er somit die besten Voraussetzungen, um das Chaos zu seinem Vorteil zu nutzen.

»Damals verkauften die Menschen in Rumänien alles, was sie besaßen. Egal was.«

Und da trat Becali auf den Plan. Dass er Steaua Bucharest übernahm, scheint weniger mit einer Liebe zum Fußball zu tun zu haben als mit einer Liebe zu dem, wofür der Verein steht – und natürlich mit der Liebe zu sich selbst.

»Wie jeder reiche Mann genieße auch ich es, wenn irgendwo ein Bild von mir prangt.«

Ins Detail geht »Gigi« Becali jedoch nicht, vielleicht weil seine Mannschaft gerade in der Champions League 4:1 gegen Real Madrid verloren hat.

»Steaua«, verkündet er, »ist ein Symbol, und bei einem Symbol spielt Geld keine Rolle.« Ich habe das dumpfe Gefühl, dass Steaua für Becali nur der erste Schritt ist und er als Nächstes am liebsten ganz Rumänien kaufen würde.

Er scheint zu glauben, dass die Hand des Schicksals besonders schwer auf seinen Schultern lastet: Demnächst möchte er eine neue christdemokratische Partei ins Leben rufen, aber natürlich nur aus Pflichtgefühl gegenüber seinen Landsleuten, wie er sagt.

»Denn es ist Gott, der mir diese Kraft, dieses Geld und alles andere gibt, und deshalb glaube ich, dass ich das meinem Land und meinem Volk schuldig bin.«

Gott kann wirklich froh sein, dass er jemanden wie »Gigi« Becali kennt.

Nach unserem Gespräch – oder besser gesagt nach Becalis Monolog, da er es mit dem Zuhören nicht so hat – posieren wir noch für unseren Fotografen. Becali ist entspannt, fast ein bisschen überschwänglich. Er legt seine Hand auf meine Schulter, sagt etwas zu meiner Dolmetscherin und lacht dann laut. Nach dem Fototermin frage ich sie, was er ihr erzählt hat.

»Er sagte: Ihnen ist schon klar, dass Sie jetzt ein Foto von sich zusammen mit dem nächsten Präsidenten Rumäniens haben?«

Wir lachen ebenfalls und schütteln einander die Hände, herzlich und wie richtige Männer. Trotzdem empfinde ich die Begegnung irgendwie als beunruhigend. Dass ein chauvinistischer, religiöser Eiferer bei der rumänischen Präsidentschaftswahl überhaupt eine Chance haben könnte, ist in meinen Augen eine geradezu lächerliche Vorstellung. Beim Abschied beschleicht mich jedoch das dumpfe Gefühl, dass Bogdan Moncea und seinesgleichen diese Möglichkeit für gar nicht so abwegig halten. Umgeben von seinem Hofstaat sitzt »Gigi« Becali in seinem blau-weißen Hemd am Gartentisch. Er hat sein Jackett ausgezogen und lässt sich nun von einem schmächtigen, eingeschüchtert wirkenden jungen Mann die Schultern massieren. Ein halbes Dutzend schwere Jungs in dunklen Anzügen sitzen um ihn herum, lachen lauthals und scheinen sich königlich zu amüsieren. Von wegen Napoleon – das ist nichts anderes als eine Szene aus einem Mafia-Film.

Dreiundsechzigster Tag
Bukarest

Es ist ein trüber, bewölkter Morgen, als ich zu meiner Besichtigung von Ceaușescus »Haus des Volkes« aufbreche, das inzwischen in »Parlamentspalast« umbenannt wurde. Wie ein Raubvogel über seiner Beute kauert der natursteinverkleidete Betonkoloss über der Stadt, als wolle er sie jeden Augenblick verschlingen.

Und wie alles, was mit Diktatoren zu tun hat, ist auch dieser Bau so konzipiert, dass man sich daneben furchtbar klein und unbedeutend vorkommt. Demselben Zweck dienen auch die 1000 Räume – teils so groß wie ein Fußballfeld –, die 2800 Kronleuchter aus insgesamt 3500 Tonnen Kristallglas und die eine Million Kubikmeter Marmor.

»Und das ist noch nicht alles«, klärt mich mein Begleiter auf. Auch er heißt Bogdan, Bogdan Olteanu. Er ist Abgeordneter der Liberalen Partei und Präsident der Abgeordnetenkammer.

Sein Büro ist äußerst geschmackvoll ausgestattet, mit einem wunderschönen Parkettboden, einer Wandvertäfelung aus Walnussholz und einer klassizistischen Decke. Mit einer Höhe von nur sechs Metern zählt der Raum zu den lauschigeren Eckchen dieses Palastes.

Olteanu, ein schlanker Mann mit kahl geschorenem Kopf, ist Anwalt, seine Frau erwartet gerade ihr zweites Kind. Als Achtzehnjähriger stand er an dem Tag, an dem Ceaușescus Machtgefüge wie ein Kartenhaus in sich zusammenstürzte, auf dem Platz der Revolution. Jetzt, mit 35, gehört er zur jungen Generation rumänischer Nachwuchspolitiker. Seinen Worten zufolge ist er jedoch weniger an einer internationalen Rolle als demagogischer Phrasendrescher interessiert als an der Bewältigung drängender Aufgaben innerhalb Rumäniens, beispielsweise der Bereitstellung besserer Schulen, Wohnungen und Krankenhäuser.

Besonders am Herzen liegt ihm zunächst jedoch die Frage, ob er für unser Interview seine Krawatte lieber ablegen soll oder doch nicht. Er beschließt, sie abzunehmen.

Wir wandeln durch einen der riesigen Ballsäle, wo gerade eine Schwadron Putzfrauen bei der Arbeit ist. Angesichts dieser Herkulesaufgabe lassen sie die Wischmopps langsam und lautlos über den glatt polierten Holzboden gleiten, quer durch den Saal, von einer Seite zur anderen. Bogdan Olteanu entschuldigt sich für das Chaos, aber gestern habe hier eine Halloween-Party stattgefunden.

Im Lauf unserer Unterhaltung erfahre ich allerhand Wissenswertes über diesen Koloss, so zum Beispiel, dass Ceaușescu zwar genau festlegte, wie der Palast auszusehen hatte, jedoch keine Bauzeichnungen lesen konnte (die verantwortliche Architektin war erst siebenundzwanzig Jahre alt, als sie den Auftrag übernahm). Die einzige mögliche Vorgehensweise bestand also darin, irgendetwas zu bauen, es von Ceaușescu begutachten zu lassen und es, wenn es ihm nicht gefiel, wieder abzureißen, um es noch mal zu versuchen.

»Alles hier entstand in mehreren Anläufen. So arbeitete er nun mal am liebsten.«

Sämtliche verwendeten Materialien stammen aus Rumänien und wurden von rumänischen Handwerkern gebaut, geschnitzt oder verlegt: der viele Marmor, die Kilometer an Eichen- und Kirschholz, einfach alles.

Und als der Palast fertig war, wohnte Ceaușescu nicht einmal darin.

Was mich überrascht – obwohl es das eigentlich nicht sollte –, ist die Tatsache, dass sich die Bukarester mit diesem Ungetüm in ihrer Mitte nicht nur abgefunden haben, sondern inzwischen sogar fast schon stolz darauf sind. Aufgrund seiner grotesken Dimensionen ist es eine der wichtigsten Touristenattraktionen geworden, und kluge Menschen wie Bogdan Olteanu und seine Kollegen fordern keineswegs seinen Abriss, sondern suchen nach Möglichkeiten, ihr Parlamentsgebäude für Konferenzen, Bälle, Messen oder andere Veranstaltungen zu vermieten, um die hohen Kosten wenigstens halbwegs bestreiten zu können. Allein die Beleuchtung verschlingt 200 000 Euro im Monat.

Es dämmert bereits, als sich mein Taxi durch den dichten, trägen Verkehr kämpft. Ich bin unterwegs zu einer rumänischen und zugleich internationalen Legende: dem Tennisspieler Ilie Năstase. In den Siebzigerjahren war er einer der erfolgreichsten Tennisspieler der Welt. Er holte sich den Titel bei den French Open und bei den US Open, und in Wimbledon gewann er zwar kein Einzel-Finale, wurde aber zweimal Zweiter: 1972 hinter Stan Smith und 1976 hinter Björn Borg. Im Doppel gewann Năstase 1973 in Wimbledon.

Doch eigentlich ist es gar nicht das Tennis, weshalb ich ihn gerne

kennenlernen möchte. Ich finde einfach, dass es in unserer zunehmend strukturierten, leistungsorientierten Welt des Sports guttut,
sich an Menschen wie Năstase zu erinnern, die einen ganz eigenen, durchaus auch ausschweifenden Stil hatten, die unberechen-
bar waren, temperamentvoll, überreizt, frech und einfach unglaublich sehenswert.

Anders als »Gigi Becali« wohnt Năstase in einem komfortablen,
aber keineswegs protzigen Haus. Es ist eines von mehreren dicht
nebeneinanderstehenden Einfamilienhäusern in einer geschäftigen
Allee am Stadtrand. Mit seinen Türmchen, dem großen Dachüber-
stand und den in einem unbeschreiblichen Orangeton gestrichenen Ziegelmauern sieht es aus wie ein winziges Landschlösschen.
Drinnen erwartet uns ein noch gewagterer Stilmix. Zwischen den
nackten, weiß getünchten Betonmauern findet sich ein wildes Sam-
melsurium an Holzschnitzereien, Marmor, spanischem Schmiede-
eisen und hochglanzpolierten Chinoiserien. Überall hängen Fotos,
von denen die meisten »Nasty« selbst zeigen: wie er seinen Arm
um Muhammad Ali oder seinen früheren Doppel-Partner Ion Țiriac
legt oder wie er eine von vielen hübschen Frauen küsst. Auf einem
der Bilder sieht man den jungen Ilie im Blazer und mit ordentlich
gekämmtem Haar neben Richard Nixon vor dem Weißen Haus.

Der Mann hält, was er verspricht, als wir ihm einen Augenblick
später gegenüberstehen. Er ist gerade sechzig geworden, hat eine
dreißigjährige Frau und ein Baby, das etwa so alt ist wie mein vor
Kurzem geborener Enkel. Sein rundes Mondgesicht ist inzwischen
noch etwas breiter geworden, aber sein Blick ist immer noch so
spitzbübisch und sein Haar ebenso dunkel, strähnig und lang wie
damals, als er den All England Club in Wimbledon damit scho-
ckierte. Mit federnden Schritten geht er hin und her, zeigt mir dies
und jenes, erzählt mir von den diversen Geschäften, mit denen er
sich derzeit beschäftigt, und was seine Kinder gerade machen. So
ähnlich muss es einem auch vorgekommen sein, wenn man ihm auf
dem Court gegenüberstand.

Er schenkt mir großzügig ein Glas Veuve Cliquot ein.

»Meine Frau importiert das Zeug.«

Die Gläser haben keinen Fuß, sondern müssen in rankenartigen

Metallständern abgestellt werden – typisch Năstase, immer etwas Besonderes.

Ich frage ihn nach den Jahren unter Ceaușescu. Er zuckt mit den Achseln. Für ihn war die Zeit gar nicht so übel. Als erfolgreichem Sportler gewährte man ihm so manche Privilegien, in Bezug auf Reisen, aber auch auf die Einfuhr von Waren, die man dem Rest des Landes vorenthielt. Ceaușescus Kinder kannte er gut, aber er erinnert sich auch noch daran, wie er dem Präsidenten einmal bei einem offiziellen Anlass Paroli bot.

»Er sagte: Ich habe Sie auf Rumänisch fluchen gehört. Warum tun Sie das? Und ich war so dumm, ihm auch noch zu antworten. Ich sagte: Ich bin Rumäne, und ich habe ein rumänisches Temperament. Und da meinte der Premierminister, der neben mir saß: Seien Sie vorsichtig, wenn Sie morgen noch am Leben sein wollen.«

Năstases Urteil über das Land seit Ceaușescus Abgang fällt nicht gerade erfreulich aus.

»Die Menschen haben jetzt zwar mehr Freiheiten, denke ich, aber dafür haben sie weniger Geld. Ich spreche von den Menschen im Allgemeinen, nicht von den wenigen sehr reichen. Früher hatten sie Geld zum Reisen, aber keine Pässe. Nun ist die Freiheit da, aber es fehlt ihnen das Geld.«

Die Lage seiner Landsleute machte ihn so wütend, dass er sich 1996 dazu überreden ließ, als Bürgermeister von Bukarest zu kandidieren. Heute weiß er, dass er dies besser nicht hätte tun sollen.

»Ich bin für die Sozialisten angetreten, und sie haben mir erklärt, dass man den Leuten alles Mögliche versprechen muss, wenn man gewinnen will. Und das hat mir nicht gefallen.«

Năstase ist viel unterwegs, fliegt nach New York, London und Paris. In Kürze erscheint eine neue Biografie über ihn. Darin behauptet er, mit 2500 Frauen geschlafen zu haben.

»Ist das wahr?«

Er grinst breit. Offensichtlich freut es ihn, wenn man ihn darauf anspricht. Bei seiner Antwort zeigt er sich jedoch bescheiden.

»Der Autor hat mich gefragt: Mit wie vielen Mädchen haben Sie geschlafen? Ich sage: Das weiß ich nicht. Ich zähle sie nicht. Dreißig Jahre ... vielleicht drei im Monat, vier, vielleicht auch fünf. Er sagt: Das wären ja fast zweitausend. Ich sage: Nein, nein, höchstens achthundert oder neunhundert. Er sagt: Das können wir nicht machen. Das ist nicht gut für Ihr Image und nicht gut für mein Buch. Und da habe ich gesagt: Okay, dann schreiben Sie zweitausendfünfhundert.«

Ich bin mir nicht sicher, ob er mich dabei ertappt hat, wie ich auf das Foto von seiner Frau und dem Kind schiele. Jedenfalls fügt er beschwichtigend hinzu: »Aber die einzige Frau, die für mich zählt, ist natürlich die, die ich jetzt habe.«

Er kann das Spielen einfach nicht lassen. Zum Schluss stelle ich ihm noch eine Nullachtfünfzehnfrage und will von ihm wissen, wie er den typischen Rumänen beschreiben würde.

Năstase grinst verschmitzt.

»Er betrügt, er lügt ...« Weiter kommt er nicht. Dann bricht er in schallendes Gelächter aus.

Wir haben eben das Haus verlassen, als uns auf der Straße eine Frau entgegenkommt. Es ist Frau Năstase, die zwei Tüten mit Einkäufen schleppt. Sie sieht irgendwie müde aus.

Von Bukarest zum Eisernen Tor

Bukarest verfügt über erstaunlich viele Theater, und eines der kleineren, interessanteren ist das Odeon. Dessen altmodische klassizistische Fassade wirkt zwischen den benachbarten, höheren Gebäuden ziemlich eingezwängt. Auf dem Spielplan stehen europäische Klassiker, zurzeit Shakespeares *Cymbeline*, Oscar Wildes *Bildnis des Dorian Gray* sowie ein Stück über den Marquis de Sade, das noch in Vorbereitung ist. Einer der führenden Schauspieler des Ensembles ist Dan Bădărău, ein gut aussehender Mann Mitte vierzig mit einer sanften Stimme und langem, zu einem Pferdeschwanz zusammengebundenem Haar. Er stammt aus der Provinz, aus der Stadt Drobeta-Turnu Severin im Südwesten des Landes. Er war einer der vier Glücklichen, die einen Platz an der Akademie für Theater und Film in Bukarest bekamen. Beworben hatten sich insgesamt Vierhun-

Istanbul, Türkei   Auf der Galata-Brücke, die über das Goldene Horn führt. Auf den vom Istanbuler Stadtrat finanzierten Tafeln sind die Worte Kemal Atatürks zu lesen, des Gründers der modernen Türkei: „Unsere heiligste Pflicht ist es, die Republik am Leben zu erhalten."

Göreme / Kappadokien, Türkei   Von der Verwitterung gezeichnete Fels-säulen aus vulkanischem Gestein in einer Region, die auch als „Tal der Liebe" bekannt ist – warum, ist mir allerdings schleierhaft ...

Edirne, Türkei   Strahlende Pracht in Edirne. Mit Selen in der Selimiye Camii, dem Meisterwerk des großen osmanischen Baumeisters Sinan, der hier auch beigesetzt ist

Edirne, Türkei
Junge Männer in
Aktion beim Ring-
kampf mit Oliven-
öl. Dabei ist es
erlaubt, den Gegner
an den Pobacken
auszuhebeln *(oben)*.

Selçuk, Türkei
Ein Simit-Verkäufer
lockt die Menschen-
massen bei den
Kamelkämpfen mit
seinen Sesamringen
(rechts).

Göreme / Kappadokien, Türkei   Ein kalter, wolkenloser Tag in Göreme – perfekte Voraussetzungen für eine Ballonfahrt, bei der man diese einzigartige Landschaft auf ideale Weise erleben kann. Die frische, dünne Schneedecke hebt die eigentümlichen Felsformationen besonders gut hervor.

Gradişte, Moldawien   Olga nimmt mich mit in ihr Heimatdorf, wo ihre
Mutter Helena immer noch lebt, und zeigt mir das Haus, in dem diese
geboren wurde.

Chişinău, Moldawien   Maskenbauer Glebus Sainciuc (Mitte), einer der
berühmten Söhne des Landes, mit Sohn Lică in seiner Werkstatt

Vișeu de Sus / Maramureș, Rumänien
Die Waldbahn bringt die Holzfäller in eines der entlegensten Täler der nordrumänischen Provinz Maramureș (links).

Von Sighișoara nach Bukarest, Rumänien
Dracula-Land. Um die hohen Mauern von Schloss Bran rankt sich Bram Stokers Legende von Graf Dracula (links).

Săpânța / Maramureș, Rumänien
Einige von Stan Ion Pătraș' Werken auf dem „Fröhlichen Friedhof" von Săpânța – eine lebhafte Darstellung des ländlichen Lebens im Ort. Pătraș selbst, einen Liebhaber schwerer Tropfen und leichter Mädchen, sieht man rechts unten (rechts).

Moldovița, Rumänien
Eines der Kleinode Nordrumäniens ist die bemalte Kirche im Kloster Moldovița, die vor fast 500 Jahren erbaut wurde (links).

Belgrad, Serbien   Spazierfahrt auf der Donau. Braća Petrović zeigt mir, was in seinem alten Porsche Schwimmwagen steckt.

Budapest, Ungarn   Bezauberndes Budapest. Im Prachtbau des Parlaments vereinen sich Westminster und der Vatikan.

Budapest, Ungarn   Das Haus des Terrors bietet zahlreiche theatralische Effekte auf, darunter diesen sowjetischen Panzer, der von einer Wand mit den Fotos von Regimeopfern fast erdrückt wird.

dert. Bădărău hat ein paar Tage frei und will seine Eltern besuchen. Er hat sich bereit erklärt, mich in seine Heimatstadt mitzunehmen und anschließend noch bis zur Donau zu begleiten.

Wir fahren durch eine nur mäßig reizvolle Landschaft. Städte und Dörfer mit kleinen, ziegelgedeckten Häusern, ergänzt durch schmuddelige Betonblöcke, die aussehen, als hätte man aus einer übervölkerten Stadt ein paar Stücke herausgebrochen und hierher, aufs weniger dicht besiedelte flache Land verfrachtet.

Es gibt nichts Außergewöhnliches zu sehen, bis wir in das Städtchen Buzescu kommen, anderthalb Stunden südwestlich der Hauptstadt. Buzescu ist das Beverly Hills der Roma: In der nur wenige Hundert Meter langen Hauptstraße steht eine extravagante Villa neben der anderen. Es scheint, als wollten sie sich gegenseitig übertreffen, mit einem zusätzlichen Türmchen oder noch einem silbernen Schnörkel mehr.

Auf dicht nebeneinanderstehenden Schmucksäulen ruhen mit filigranen Schnitzereien verzierte Balkone, über denen sich wiederum spitze Blechdächer erheben. Bei manchen der Häuser sind zwischen den gemauerten Kaminen Bänder mit großen, metallenen Buchstaben angebracht, auf denen der Name der Eigentümer – meist gut betuchte Roma-Familien – steht. Viele dieser billigen Villen haben furchtbar überladene, mit schmiedeeisernem Rankenwerk überzogene Eingangstore, vor denen bullige Typen in dunklen Lederjacken herumhängen, die einen äußerst bedrohlichen Eindruck machen.

Keiner weiß genau, wie viele Roma es in Rumänien gibt – die Angaben schwanken zwischen einer halben Million und zwei Millionen –, doch sind es mehr als in jedem anderen Land Europas.

Viele der Villen auf diesem kurzen Straßenabschnitt mögen lediglich repräsentativen Zwecken dienen und vom Erfolg ihrer Besitzer zeugen, ob in der Musikbranche, als Autohändler oder in irgendeinem anderen Bereich. Letztendlich aber ist das Los der meisten hier lebenden Roma nicht viel anders als das der bulgarischen Roma. In der Regel sind sie arm, verfügen nur über eine geringe Bildung und werden, sofern sie überhaupt wahrgenommen werden, mit Misstrauen beäugt.

Hinter Craiova kommen wir an ganzen Feldern von Pferdekopf-pumpen und kleinen, gelb gestrichenen Fördertürmen vorbei. Mitte des 19. Jahrhunderts war Rumänien das erste Land der Welt, wo man mit der Suche nach Erdöl begann, und es galt lange Zeit als größter Erdölförderer. Die Ressourcen des Landes, nach denen auch Hitler gierte, waren der Hauptgrund, warum Rumänien im Zweiten Weltkrieg zunächst gezwungen war, sich auf die Seite der Nazis zu stellen. Daraufhin kam es zu einer schändlichen Hetzjagd auf Juden und Roma, von denen viele in die Konzentrationslager Transnistriens deportiert wurden. Heute deckt Rumänien mehr als die Hälfte seines Bedarfs an Erdöl über Importe.

Wir nähern uns der Donau, und das monotone Flachland wird allmählich von niedrigen, bewaldeten Hügeln abgelöst. Dan Bădărău bekommt Heimweh. In diesen grünen Tälern nahe der serbischen Grenze hat er als Kind die Ferien verbracht. Er erinnert sich noch daran, wie sie früher Cowboy und Indianer spielten, sich Geschichten und Abenteuer ausdachten. Genau wie ich hatte auch er schon immer Spaß daran, Dinge kreativ umzusetzen und alle möglichen Rollen gleichzeitig zu spielen, und genauso wie meine Eltern waren auch seine strikt gegen eine Schauspielerkarriere.

Am späten Nachmittag stehen wir bei Turnu Severin am Ufer der Donau. Wir befinden uns an einem der strategisch wichtigsten Punkte an diesem Fluss. Vor fast genau 2000 Jahren befahl Kaiser Trajan an ebendieser Stelle, die gewaltigen Kalksteinklippen dieses engen Taldurchbruchs, den man Porta Ferrea (Eisernes Tor) nannte, durch eine Brücke miteinander zu verbinden. Er wollte seinen Feldzug gegen Thrakien fortsetzen und nach Norden weiterziehen, um es mit den Dakern aufzunehmen. Ein Grieche, Apollodorus von Damaskus, führte die gewaltige Aufgabe pflichtbewusst aus und vollbrachte ein Meisterwerk, das den Menschen der damaligen Zeit wie ein Weltwunder erschienen sein muss. Heute sind am Ufer unter uns nur noch die verwitterten Überreste zweier monumentaler Brückenpfeiler zu sehen. Auf der gegenüberliegenden, serbischen Seite kann man, wenn auch mit Mühe, einen dritten ausmachen.

Wendet man den Blick jedoch um ein paar Grad nach Norden, sieht man – je nachdem, welche Einstellung man mitbringt – entweder ein besonders beeindruckendes Beispiel für die genialen technologischen Möglichkeiten unserer heutigen Zeit oder aber eines der katastrophalsten Verbrechen an unserer Umwelt.

Das Eiserne Tor war schon immer einer der berühmtesten Donaudurchbrüche. »Über Jahrhunderte hinweg«, so schreibt Patrick Leigh Fermor in *Zwischen Wäldern und Wasser*, »hatten Felsen so spitz wie Drachenzähne die Durchfahrt zur Gefahr für Leib und Leben gemacht.« Den ersten Versuch, die Donau auf diesem lebensgefährlichen Streckenabschnitt zu zähmen, unternahm man im Jahr 1896, indem man eine sichere Fahrrinne ins felsige Flussbett sprengte. Sechzig Jahre danach schlossen sich die Regierungen von Rumänien und Jugoslawien, die das Potenzial dieses gewaltigen Stroms erkannt hatten, zusammen und bauten gemeinsam die Wasserkraftanlage und die Verbindungsbrücke, die auch heute noch existieren. Es ist ein beeindruckendes Schauspiel: Die Staumauer ist an ihrem Fuß 460 Meter dick, und die Krone oben ist anderthalb Kilometer lang. Die Mauer überragt die Wasseroberfläche der Donau um dreißig Meter, das Kraftwerk erzeugt mehrere Milliarden Kilowatt Strom im Jahr. Wenn man sieht, wie die Wasserwände durch die sechzehn Schleusentore dieses gewaltigen Bauwerks in die Tiefe stürzen, erfasst einen beinahe ein Gefühl der Ehrfurcht. Allerdings wurde der Wasserspiegel der Donau hinter dem Damm durch das Kraftwerk um rund 35 Meter gehoben. Genau genommen hat das Wasserkraftwerk Porţile de Fier also das Eiserne Tor, von dem es ursprünglich seinen Namen erhielt, zerstört. Das dramatische Tosen und Wirbeln des Wassers gibt es nicht mehr, ebenso wenig wie die alte Grenzstadt Orşowa oder aber eine türkische Siedlung mit Moscheen und Festungen, in der die Argonauten der Legende zufolge den Olivenbaum fanden.

Leigh Fermor, den das alte Eiserne Tor so fasziniert hatte, fügte seinem Buch eine wehmütige Nachbemerkung hinzu. Durch den Staudamm, so schreibt er, »wurden mehr als einhundertdreißig Meilen der Donau in einen gewaltigen Stausee verwandelt ... Er hat Schluchten verschwinden lassen, schroff aufragende Felsen in sanfte Hügel verwandelt ... Mythen, verhallte Stimmen, Geschichte und Legenden sind allesamt ausgelöscht; was bleibt, ist nur dieses Tal der Schatten«.

Ein ähnliches Gefühl von Verlust und Bedauern überkommt mich, als Dan Bădărău und ich später vor dem Stadttheater von Turnu Severin stehen, wo er in einigen Laienproduktionen zum ersten Mal auf der Bühne stand. Heute dient das mit einem klassizistischen Giebeldreieck versehene Gebäude außer als Theater auch als Bibliothek und Kino, und obwohl es nicht so aussieht, als würde es gut laufen, macht es einen doch recht ordentlichen Eindruck. Bădărău dagegen findet, dass das Theater schäbig und heruntergekommen ist, und entschuldigt sich dafür, dass er meine Zeit damit vergeudet. Noch deprimierter wird er, als wir die Straße überqueren und in ein Viertel kommen, das seiner Erinnerung nach früher einmal sehr lebendig war und in dem es etliche Cafés und andere Treffpunkte gab. Inzwischen hat man es dem Erdboden gleichgemacht und stattdessen einen Springbrunnen aus Beton aufgestellt, der nicht mehr funktioniert. Das rostige, wasserlose, aber dafür mit angewehtem Müll gefüllte Becken ist ein Armutszeugnis für das ganze von oben verordnete Konzept der »Stadtentwicklung«. Er schüttelt den Kopf.

»Sie setzen den Leuten hier einfach irgendwas vor die Nase, anstatt sie selbst machen zu lassen, was ihnen wichtig erscheint.«

Ich versuche, Bădărău ein wenig aufzuheitern, und erzähle ihm, dass mich das alles an das Sheffield der Sechziger- und Siebzigerjahre erinnert. Auch in diesem Punkt scheint es bei unseren Kindheitserinnerungen einige Parallelen zu geben.

Eigentlich ist Bădărău ein wirklich netter Kerl, nur leider neigt er dazu, sich ständig zu entschuldigen.

Fünfundsechzigster Tag
Auf der Donau von Rumänien nach Serbien

Ein schneidender, bitterkalter Nordwind fegt das Flussufer entlang und treibt Gischtfahnen über den Rand der Staumauer – nicht gerade ideale Bedingungen für eine Bootsfahrt nach Serbien, finde ich. Doch Bădărău ist zuversichtlich.

»Wir kommen gleich in die Kazan-Schlucht. Sie ist wunderschön, sie wird dir gefallen.«

Und tatsächlich: Kaum sind wir vom Staudamm aus ein Stück flussaufwärts gefahren, verliert der Wind an Schärfe und die Donau wird von einem sichtbar fließenden Gewässer zu Leigh Fermors »gewaltigem Stausee«.

Während Sorin, unser Bootsführer, Kurs auf einen schmaleren Seitenarm mit steil abfallenden Felswänden nimmt, habe ich Gelegenheit, die Unterschiede zwischen den beiden Flussufern zu studieren. Die rumänische Seite ist eher felsig und schroff, die serbische grüner, flacher und einladender. Ich will von Bădărău wissen, wie die Völker beiderseits der Donau miteinander auskommen.

»Gut«, antwortet er. »Wir sind ja letztlich alle Sklaven.«

Doch schon im nächsten Augenblick lässt er seiner Bemerkung eine Flut von Entschuldigungen folgen.

»Oh, nein, Entschuldigung! Slawen, meine ich natürlich! Wir sind alle Slawen.«

Er hält die Serben für gute Menschen, die ebenso emotional sein können wie die Rumänen. Darüber, ob es in den Kriegen der 1990-er Jahre tatsächlich zu Schießereien zwischen den beiden Völkern kam, will er sich jedoch nicht äußern. (Im Jahr 1989 war Rumänien der fünftgrößte Waffenexporteur der Welt, und seit meinem Treffen mit Kapitän Sablić in Rijeka weiß ich, dass das Land auch die Kroaten mit Waffen belieferte.) Stattdessen erzählt Bădărău mir lieber voller Bewunderung und mit großem Respekt von den serbischen Schauspielern, die er kennt. Sie sind sehr überzeugend und ausdrucksstark, sagt er, und scheuen sich nicht, den Rahmen des Konventionellen auszureizen. Er findet, dass die Belgrader Theaterszene ohnehin mutiger und experimenteller ist als alles, was in Bukarest je gespielt wurde.

Wir fahren weiter in die Kazan-Schlucht hinein, und am rumänischen Ufer, wo sich ein kleines Tal bis hinunter zur Donau zieht, wird plötzlich ein überdimensionaler, in den Stein gehauener Männerkopf sichtbar. Darunter ist die lateinische Inschrift »Decebalus Rex – Dragan Fecit« zu lesen.

Wie sich herausstellt, ist die Skulptur weniger antik, als ich zunächst vermutet hatte: Sie stammt aus den 1990-er Jahren. Decebalus, die dargestellte Figur, war ein dakischer König, der es mit dem Heer Kaiser Trajans aufnahm und als bedeutender rumänischer Volksheld gilt. Dragan dagegen ist – ganz prosaisch – ein reicher Geschäftsmann, der die Anfertigung des Werks finanzierte.

Neben diesem etwas ominösen Zeugnis des wiedererstarkenden Nationalismus liegt die Einfahrt zur Schlucht.

»Kazan« bedeutet so viel wie »Kessel«, und der Engpass muss früher einmal ebenso Furcht einflößend gewesen sein wie das Eiserne Tor. Links und rechts von uns erheben sich 300 Meter hohe, graue Felswände, an die sich hartnäckig vereinzelte Nadelbäume klammern.

Bădărău macht mich darauf aufmerksam, dass wir uns an einem Punkt von entscheidender Bedeutung befinden, denn hier fließt die Donau zwischen zwei Gebirgszügen hindurch: Im Osten liegen die Karpaten, die wir in den vergangenen zwei Wochen mehrmals durchquert haben, im Westen der Balkan, wo wir das letzte Mal vor zwei Monaten waren, und das Serbische Erzgebirge.

Auch die Kazan-Schlucht stellt somit – in geografischer wie politischer Hinsicht – ein Tor nach Europa dar. Jetzt, wo Bădărău mich hindurchgeführt hat, trennen sich unsere Wege. Er muss zurück nach Bukarest. Wenn er heute Abend in *Cymbeline* auf der Bühne steht, werde ich bereits in Belgrad sein.

SERBIEN

Belgrad

Ich fahre auf das Ufer der Donau zu, in einem Auto, das genauso alt ist wie ich. Der Mann, der neben mir am Steuer sitzt, ist Braća Petrović, ein leidenschaftlicher, aber bescheiden wirkender Belgrader, Jahrgang 1948, mit kurzem, angegrautem Haar. Ich werfe ihm einen leicht nervösen Blick zu, denn obwohl wir nur noch wenige Meter von dem grau-grünen Wasser entfernt sind, macht er keinerlei Anstalten, zu bremsen. Es sieht auch nicht danach aus, als würde er demnächst halten. Mir bleibt keine Zeit mehr, etwas zu sagen. Braća presst die Lippen zusammen, packt das Lenkrad etwas fester und fährt dann geradewegs in die Donau. Immer höher steigt das strudelnde Wasser um uns und das Auto. Doch Braća wirkt völlig entspannt. Er macht eine Rechtskurve und steuert das gegenüberliegende Ufer an.

Zum Glück ist das Auto, in dem wir beide sitzen, genau für diesen Zweck vorgesehen. Es wurde von niemand Geringerem als Ferdinand Porsche entwickelt, und zwar im Jahr 1941, für den Einmarsch der Deutschen in Russland. Ausgestattet mit einer Heckschraube, die über die Antriebswelle in Gang gesetzt wurde, brachte es der sogenannte Schwimmwagen im Wasser auf dreizehn und an Land auf achtzig Stundenkilometer. Er wurde zur Überquerung der Wolga eingesetzt, dem einzigen Fluss Europas, der noch länger ist als derjenige, auf dem wir uns gerade befinden. Als unverwüstlich erwiesen sich die Fahrzeuge jedoch nicht gerade. Es wurden fast 15 000 Stück davon hergestellt, aber die Ausfallquote war enorm: Allein bei

Stalingrad gingen 200 davon unter. Unser Exemplar, ein flaschengrüner Viersitzer mit offenem Verdeck, wurde aus der Wolga geborgen, mit einem roten Stern versehen und von der russischen Armee 1944 hierher an die Donau gebracht.

Braća hat den amphibischen Kübelwagen gekauft und wieder hergerichtet. Er ist mächtig stolz auf seinen Schwimmwagen, denn er ist der Einzige, der auch heute noch zu Land und zu Wasser gefahren werden kann.

Was außerdem erstaunlich ist: Als wir wieder aus der Donau herausfahren, ist im Fahrzeuginneren kein einziger Tropfen Wasser zu sehen.

Irgendwie hat Braća mit seiner Neugierde und seiner Begeisterung für mechanische Dinge etwas typisch Serbisches. Im Lauf des Tages stellt sich heraus, dass er auch noch den typisch serbischen Fleiß für sich beanspruchen kann: Er betreibt mit seiner Familie ein Café und einen Partyservice, leitet ein Puppentheater und versucht sich außerdem in diversen Bühnenproduktionen.

Wir trafen uns heute gleich am frühen Morgen bei einer alten Autowerkstatt gegenüber dem Polizeirevier im Zentrum Belgrads. Fast ein wenig schüchtern führte mich Braća durch seine Automobilsammlung. Dazu gehören die unterschiedlichsten historischen Modelle, vom Ford Prefect Baujahr 1949 bis hin zum Marot-Gardon mit De Dion-Bouton-Einzylinder-Motor von 1897, und vom Fiat Jolly – einem von Ghia zum Strandwagen umgebauten Cinquecento mit Plastiksitzen, offenen Seiten und einem zeltartigen Verdeck – bis zu einem phantastischen Tourer, der 1929 von Škoda hergestellt wurde.

Braća liebt Autos, die eine Geschichte erzählen, und ist daher auch besonders stolz auf einen Mercedes-Benz von 1955, der hier auch »Adenauer« genannt wird.

»Mit diesem Auto«, erklärt er, »gaben die Deutschen dem Rest der Welt zu verstehen: Wir sind wieder wer!«

Und damit ich ihn ja nicht für humorlos halte, zeigt er mir auch gleich die beiden Puppen, die in dem Auto sitzen: auf der Rückbank Tito, in voller Montur, und auf dem Fahrersitz Slobodan Milošević, der serbische Expräsident, der im März 2006 in seiner Gefängniszelle in Den Haag starb, nachdem er als Kriegsverbrecher verurteilt worden war.

Ein weiteres Kapitel aus der Geschichte des Landes erzählt der luxuriöse Packard mit dem Kennzeichen »Jugoslawien 1«, in dem der russische Regierungschef Chruschtschow im Jahr 1955 zu seinem ersten Staatsbesuch in Belgrad chauffiert wurde. Interessant sei, so Braća, dass der Führer der kommunistischen Welt trotz des Kalten Krieges immer amerikanische Autos bevorzugte.

Die Gelegenheit zu einer Stadtrundfahrt in einem Amphibienfahrzeug bietet sich nicht oft, doch Braća veranstaltete auf unserer Fahrt zum Fluss eine für mich. Es schien niemanden auch nur im Geringsten zu irritieren, als wir über den Platz der Republik tuckerten, vorbei am Nationaltheater, dem Nationalmuseum und einer Statue von Prinz Mihailo Obrenović III., der als der große Befreier Serbiens aus der türkischen Herrschaft im 19. Jahrhundert gilt. Mit einer konstanten Geschwindigkeit von vierzig Stundenkilometern klapperten wir an den eindrucksvollen Mauern Kalemegdans vorbei, der von den Römern erbauten, im Lauf der Jahre von den Türken, den Franzosen und den Ungarn erweiterten Festung, die über der Mündung der Save in die Donau thront. Bis 1918 gehörten die baumbestandenen Ufer der Region Vojvodina auf der anderen Seite der Donau zu Österreich-Ungarn. Bei der großen Aufteilung der Donaumonarchie durch den Vertrag von Trianon wurde 1920 Transsilvanien Rumänien zugeschlagen und Vojvodina dem damals gerade neu entstehenden Jugoslawien.

Wegen seiner exponierten Lage an der Schnittstelle der Nord-Südmit der Ost-West-Grenze Europas war Belgrad seit jeher militärisch sehr begehrt. Rund zwanzigmal ist diese Stadt verwüstet worden, und immer ist sie wiederauferstanden. Allein im Laufe meines Lebens musste sie die Zerstörung durch die Nazis, die erbitterten Kämpfe zwischen Deutschen und Russen 1944 und die Bombardierung durch die Amerikaner und Briten 1999 über sich ergehen lassen.

Braća ist niemand, der Milošević verteidigt, aber als ich ihn auf den Balkankrieg der Neunzigerjahre anspreche, in dessen Zusammenhang die Serben meist als die Bösen dargestellt werden, ereifert er sich doch ein wenig.

Es sei ein Krieg gewesen, in dem es um Politik und um Religion ging, meint er, und alle Beteiligten trügen die Schuld dafür. Und dann sagt er noch etwas, was mich überrascht: Er erklärt mir, dass es in Belgrad trotz der von der Presse so viel zitierten Feindseligkeit der Serben gegenüber den Muslimen heute eine mehrere Tausend Mitglieder zählende muslimische Gemeinde gebe. Aus den Zeiten der osmanischen Besetzung haben sich Tausende türkischer Wörter gehalten, oft für ganz grundlegende Dinge wie Brot oder Suppe.

Durch das Dröhnen des Verkehrs spreche ich ihn auf die Bombenangriffe der Alliierten von 1999 an und frage ihn, ob das Leben in der Stadt damals zum Stillstand gekommen sei.

Braća lächelt. »Oh, ja«, sagt er und weicht einem Bus aus. »Es gab damals kaum Autos. Sehr angenehm.«

Siebenundsechzigster Tag
Belgrad

Über Mittag mache ich mich eine Weile lang mitten auf der Donau als Vorschoter eines Segelbootes nützlich, während der kälteste Wind des bisher kältesten Tages unserer Reise meinen Kopf mit eisernem Griff umklammert hält. Wir fahren ein Rennen gegen ein paar andere Boote des Zemun Yachting Club, dessen Clubhaus im dampfigen, gut besuchten Oberdeck eines vertäuten Frachtkahns untergebracht ist. Er ist nach einer nahe gelegenen Stadt an der Donau benannt, die noch älter ist als Belgrad. Die Crew ist ein netter Haufen, sehr entspannte Leute, die meisten davon aus der Medienbranche.

Mein Kapitän stellt sich mir als Rambo Amadeus vor – ein großer Name für einen großen Mann. Er überragt mich um ein gutes Stück und trägt stets eine dunkle Sonnenbrille, sodass ich mir nie ganz sicher bin, was ich von dem, was er erzählt, glauben soll und was nicht. Er behauptet jedenfalls, den Begriff »Turbo-Folk« erfunden zu haben. Dabei handelt es sich um eine lärmende, trashige Discomusik, die mein Reiseführer als »Balkanvariante des Gangster-Rap, nur ohne Rap« bezeichnet. Rambo besitzt die physische Präsenz –

und teils auch die Ansichten – eines Unterwelt-Schwergewichts. »Fernsehen ist blöd. Internet ist cool.« Kurz gesagt: Er ist nicht der Typ von Mensch, den man normalerweise mit einem Segelclub in Verbindung bringen würde.

Aber er hat Humor, ist intelligent und kann so gut segeln, dass er dieses Rennen bestimmt gewonnen hätte, wenn ich nicht mit an Bord gewesen wäre und ihn ständig mit irgendwelchen bescheuerten Fragen gelöchert hätte.

Seiner Ansicht nach handelte es sich bei dem Krieg der Neunzigerjahre – wie auch bei jedem anderen – um einen erbarmungslosen, aber unvermeidlichen Prozess, vor allem, wenn man bedenkt, wie sehr die Wirtschaft eines Landes in die Vorbereitung oder die Abwehr von Kriegen involviert ist.

Er sagt, dass die Zustände in Belgrad Ende der Neunzigerjahre ziemlich schlimm waren.

»Wenn damals jemand seinen Fernseher aus dem Fenster warf, dann hat das niemanden gekümmert.«

Doch kaum hat er das gesagt, besinnt er sich eines Besseren.

»Na ja, eigentlich hat damals keiner seinen Fernseher aus dem Fenster geworfen.«

»Zu wertvoll?«

»Genau.«

Es ist Mitternacht. Auf den Pfützen im Hafen bildet sich eine Eisschicht. Ich betrete die Landungsbrücke eines der Nachtclubs auf dem Fluss. Belgrad ist als Stadt mit der höchsten Club-Dichte in ganz Europa bekannt, und tatsächlich scheint man hier unter »Nachtleben« etwas zu verstehen, was auch wirklich die ganze Nacht lang dauert.

Ich komme mit Tijana ins Gespräch, einer dunkelhaarigen, zierlichen Frau, die zurzeit als Sängerin und DJane arbeitet und auf ihrer Tour unter anderem in Mailand, Paris und Berlin war. Sie ist mit ihrer Freundin Jelena hier, einer blonden Fernsehmoderatorin, die gerade eine Umschulung zur Filmregisseurin macht.

»Ich glaube, die Menschen in Serbien fühlen sich immer noch isoliert«, sagt Tijana. »Wenn sie über andere Völker oder Länder sprechen, dann heißt es immer ›wir‹ und ›sie‹.«

Jelena nickt und fügt hinzu, dass weniger als drei Prozent der Serben unter 27 einen Reisepass besitzen.

»Sie haben also gar keine Möglichkeit, irgendwas anderes kennenzulernen.«

Tijana ist davon überzeugt, dass diese Isolation der Grund dafür ist, dass der Nationalstolz der Serben so stark ist. Und sie lässt noch eine interessante Bemerkung fallen: »In Serbien hat es niemals einen richtigen Krieg gegeben. Deshalb fühlt es sich hier auch ganz anders an als in Bosnien oder in manchen Teilen Kroatiens. Belgrad war immer irgendwie die glitzernde Metropole, und es war ja auch die Hauptstadt Jugoslawiens.«

»Und was war mit den Bomben?«

Tijana kann nur mühsam ein Grinsen unterdrücken.

»Das war im Grunde eine einzige Party. Niemand musste zur Schule, zur Uni oder zur Arbeit. Die Clubs waren durchgehend geöffnet, und es kümmerte niemanden, ob es nachts spät wurde, und man konnte die Musik so laut aufdrehen, wie man wollte, es war einfach alles … es war eine total verrückte Zeit.«

Jelena geht davon aus, dass sich die Dinge im Lauf der nächsten Generation nicht unbedingt zum Besseren verändern werden. Tijana ist der Meinung, dass sich die Situation in Serbien verbessern wird, allerdings nur langsam.

»Ich glaube, dass es zwischen den Völkern auf dem Balkan eigentlich keinen erbitterten Hass gibt … aber dann kommt halt immer wieder diese verdammte serbische Mentalität durch. So wie damals, als es die ersten positiven Veränderungen gab, und dann, mit der Ermordung von Dindić [reformorientierter Ministerpräsident, der 2003 bei einem Attentat ums Leben kam] war plötzlich wieder Schluss damit. Und dieselbe Mentalität, die auch Milošević an die Spitze des Staates gebracht hat, ist der Grund dafür, warum auch jetzt wieder alles in dieselbe Richtung geht.«

Erst spät komme ich zurück ins Hotel. Das Foyer ist voll mit schwarz gekleideten Gestalten. Im ersten Moment sehen sie aus wie Soldaten, aber dann merke ich, dass es nur Partygänger sind.

UNGARN

Esztergom

Der 4. Juni 1920 war ein schwarzer Tag in der Geschichte Ungarns. Mitten in der überladenen Pracht des Grand Palais de Trianon in Versailles wurde ein Vertrag unterzeichnet, der das Land von einem Tag auf den anderen auf ein Drittel seiner ursprünglichen Größe reduzierte. Nicht nur im Norden, sondern auch im Süden, Osten und Westen musste Ungarn Territorium abtreten. Der Zugang zur Küste über die Hafenstadt Fiume (heute Rijeka) war den Ungarn ab sofort verwehrt. Somit gibt es heute kaum eine Richtung, aus der man sich diesem Land nähern könnte, die nicht in irgendeiner Weise an dieses düstere Kapitel erinnert.

Es ist ein lauer Vormittag. Ich stehe auf der Maria-Valeria-Brücke und schaue hinunter auf die alles andere als schöne blaue Donau. Die erste Brücke an dieser Stelle wurde im Jahr 1895 unter Kaiser Franz Josef errichtet, um zwei Provinzen der österreichisch-ungarischen Monarchie miteinander zu verbinden. Dieses Reich, das sich damals noch von der Schweiz bis nach Russland erstreckte, existiert längst nicht mehr, und auf der anderen Seite der Brücke liegt ein fremdes Land. Auch die Brücke selbst hat gelitten: Sie wurde im Zweiten Weltkrieg von den Deutschen zerstört und erst 2001 wiedereröffnet.

Die österreichisch-ungarische Doppelmonarchie war ein politischer und religiöser Balanceakt, ein vielsprachiges Konglomerat, das zu einer Zeit bestand, als Europa gerade eine »Reformation« erlebte, eine Umgestaltung, in deren Verlauf mehrere unabhängige

221

Nationalstaaten entstanden. Die Untertanen Franz Josefs waren Katholiken, Protestanten, Juden, Muslime und griechisch-orthodoxe oder russisch-orthodoxe Christen, und sie sprachen ein Dutzend verschiedene Sprachen. Mit dem Ersten Weltkrieg brach das wackelige Konstrukt in sich zusammen, und Ungarn, das bis dahin ein maßgeblicher Bestandteil des Ganzen gewesen war, stellte von da an nur noch eines der Bruchstücke dar.

Wenn man von der heutigen Slowakei über die Brücke nach Ungarn fährt, bekommt man von all dem erst einmal nichts mit. Ungarn präsentiert sich von Anfang an mit seiner ganzen Dramatik: Gleich auf dem ersten flachen Hügel, der über dem Fluss und der Grenzstadt Esztergom aufragt, erhebt sich eine mächtige Basilika mit einer über neunzig Meter hohen Kuppel, die zugleich die größte Kathedrale des Landes ist. Sie wurde an jener Stelle errichtet, wo König Stephan I. im Jahr 1000 vor Christus gekrönt wurde, und beherbergt das Grabmal Kardinal József Mindszentys, der für seinen Widerstand gegen den Faschismus wie auch den Kommunismus Haft und Folter erdulden musste. Auf dem Hügel finden sich damit gleich mehrere mächtige Symbole des ungarischen Nationalstolzes, die Ausdruck der langen, traditionsreichen Geschichte des Landes, seiner Unabhängigkeit und seiner Religion sind.

Am Fuß des Hügels, auf dem die Basilika steht, stößt man auf enge kopfsteingepflasterte Gässchen mit gepflegten Grünstreifen, auf denen sorgfältig beschnittene Obstbäume und üppige Hortensienbüsche wachsen. In einem dieser Gässchen wohnt Bischof Kiss-Rigó. Er wird mich durch die Stadt führen, die man die »Wiege Ungarns« nennt.

Mit seinem grau melierten Haar und den roten Backen, seinem verschmitzten Lächeln und seiner Art, Geschichten zu erzählen, hat er für mich etwas von einem Iren. Er ist jedoch in Budapest aufgewachsen und wurde vor 29 Jahren hier zum Priester geweiht. Außerdem ist er der Torwart der örtlichen Priester-Fußballmannschaft und als solcher ziemlich stolz darauf, dass sie bei der letzten Meisterschaft in Zagreb Fünfter wurden.

Über die Maria-Valeria-Brücke weiß er interessante Dinge zu erzählen. So dauerte es nach dem Krieg offenbar eine ganze Weile, bis man bereit war, sie wiederaufzubauen. Den Politikern auf beiden Seiten waren die damaligen Verhältnisse eigentlich ganz recht. Bischof Kiss-Rigó sieht in der so lange hinausgezögerten Wiedereröffnung der Brücke vor sechs Jahren einen wichtigen Triumph der Kooperation über die Konfrontation. Und die Erwartungen scheinen sich erfüllt zu haben: Wenn ich mich umschaue, sehe ich etliche Menschen die Brücke überqueren, zu Fuß, mit dem Fahrrad, ja sogar mit Rollerblades, von einem Land ins andere.

Wir steigen den Hügel hinauf und unterhalten uns ein wenig über die kommunistische Ära. Als Priester bestand für Kiss-Rigó damals zu keinem Zeitpunkt Gefahr für Leib und Leben. Dennoch war alles »unter Kontrolle«, wie er es ausdrückt: Briefe wurden geöffnet, Telefone abgehört. Aber auch mit der heutigen Situation scheint er nicht allzu glücklich zu sein. Es gibt viel Korruption in Ungarn, sagt er, und es wird immer schlimmer.

Inzwischen haben wir den weitläufigen Vorplatz der Basilika erreicht, und der Blick des Betrachters wandert automatisch hinauf zu ihrem mächtigen Säulenportikus. Ich merke, wie unweigerlich der Protestant in mir erwacht, angesichts der fast schon bedrohlichen Dimensionen dieses monumentalen Bauwerks, und sogar der Bischof muss zugeben, dass es wahrscheinlich größer ist, als eigentlich nötig wäre. Die Basilika wurde 1869 nach fünfzigjähriger Bauzeit fertiggestellt und sollte nach langen Jahren der türkischen Unterdrückung und der habsburgischen Germanisierung als prachtvolle Untermauerung des wiedererwachten nationalen Geistes und katholischen Glaubens dienen, weshalb sie auch dem Petersdom in Rom nachempfunden ist.

»Die Basilika von Esztergom sollte zu einer Art mitteleuropäischem Petersdom werden«, erklärt er. Die Menschen waren damals von dem Bauwerk hellauf begeistert, und Beethoven bot sogar an, zur Eröffnung eine Messe zu schreiben, was jedoch am Finanziellen scheiterte. Letztendlich lieferte dann Franz Liszt eine Missa Solemnis und verlangte nicht einmal ein Honorar.«

Im kuppelüberwölbten Innenraum der Basilika drängen sich ehrfürchtig staunende Menschen. Die meisten von ihnen scheinen Touristen zu sein. Ich bin überrascht, als Bischof Kiss-Rigó mir erzählt, dass es nach der Zeit der kommunistischen Unterdrückung zunächst einmal keinen großen Ansturm auf die Kirchen gab.

»In schlimmen Zeiten ist der Glaube manchmal stärker«, sagt er, aber irgendwie scheinen ihn seine eigenen Worte nicht ganz zu überzeugen.

Heute bezeichnen sich 65 Prozent der Ungarn als Katholiken, aber nur zwölf Prozent gehen regelmäßig zum Gottesdienst.

Der Ort, der den tiefsten Eindruck bei mir hinterlässt, ist von schlichter Schönheit und zugleich von schwülstigem Prunk gekennzeichnet, denn er wurde bereits 300 Jahre vor der übrigen Basilika erbaut: Es ist eine Kapelle mit Wänden aus rotem Marmor, die von der Zerstörung durch die Türken verschont blieb und später in die Basilika integriert wurde. Auf andere Art beeindruckend ist die Gruft von Kardinal Mindszenty. Als wir sie betreten, kommt es aus irgendeinem Grund plötzlich zu einem Stromausfall, und die Dunkelheit der Krypta, die nur von ein paar spärlichen, schräg einfallenden Strahlen Tageslicht durchbrochen wird, verleiht der schmucklosen Gedenkstätte eine außergewöhnlich eindrucksvolle Wirkung.

»Vita Humiliavit Mors Exaltavit«, lautet die Inschrift am Grab. »Das Leben hat ihn erniedrigt, der Tod hat ihn erhöht.«

Die Fahrt durch das malerische Pilis-Gebirge bei Esztergom ist ein Genuss. Nachdem wir den Anstieg bewältigt haben, geht es durch lichte Buchenwälder, bis wir schließlich zu dem Landhaus kommen, wo unser Reiseführer und Dolmetscher György mit seiner Frau Tedikó und dem furchtbar anhänglichen Belgischen Schäferhund Zeus wohnt. Es ist ein heißer Nachmittag, und Tedikó bietet uns als kleine Erfrischung ein Getränk aus Minze, Limonen, Zucker und einem Schuss weißen Rum, an. Auf einer so langen Reise wie dieser ist es ein seltener Genuss, sich einfach mal in Ruhe hinsetzen zu können und die völlig unspektakuläre Beschaulichkeit der Felder, Wälder und fernen Hügel auf sich wirken zu lassen. Ich kann mir keine schönere Art vorstellen, einen Sommernachmittag zu verbringen.

Visegrád

Es ist später Vormittag. Durch das Städtchen Visegrád, acht Kilometer und zwei Flussschlaufen donauabwärts von Esztergom, direkt am Ufer gelegen, schiebt sich eine Prozession. Man hört Trommeln und Trompeten, sieht Flaggen und Wimpel im schwachen Wind flattern und Ritter in voller Rüstung, die in der staubigen Sommerhitze schwitzen. Der Zug scheint endlos: Edelmänner mit ihren Gemahlinnen hoch zu Ross, nebenherlaufendes Fußvolk, Mütter mit ihren Babys, Patrizier in den Farben ihrer Gilde, Landsknechte aus dem tatarischen Osten mit Helm und Fellumhang, die laute Befehle brüllen, Italiener mit leuchtend roten und goldenen Waffenröcken, ihre riesigen Fahnen in Scharlachrot und Dunkelblau hoch erhoben. Dann Bischöfe in schweren Dalmatiken, Bogenschützen mit Lederkappen, Herolde in Wappenröcken, Ritter in schwarzen Kettenhemden, vollständig gepanzerte Pferde, luftig gekleidete Kavalleristen und zum Schluss einige hinterherschlurfende Fußsoldaten. Und mittendrin, auf dickbeinigen Pferden, in buntem Samt gehüllt und unverkennbar, ein Königspaar.

Anlass für das alles ist der »Tag des mittleren Alters«, wie György es scherzhaft formuliert, ein alljährlicher Festzug, der mit unübersehbarer Nostalgie an die goldenen Zeiten erinnert, als die Ritter noch kühn waren und die kühnsten von ihnen hier in Ungarn zu finden waren. Der tatsächliche geschichtliche Hintergrund des ganzen Spektakels ist die Herrschaft von Matthias Corvinus (dessen Name eine Anspielung auf den Raben ist, der auch das königliche Wappen ziert). Matthias war der Sohn eines der erfolgreichsten Recken Europas, János Hunyadis, eines Transsilvaners, der den Großteil seines Erwachsenenlebens damit verbrachte, gegen die Türken zu kämpfen, und der sie, allen Widrigkeiten zum Trotz, während deren Belagerung von Belgrad besiegte.

Matthias selbst war erst vierzehn, als er im Jahr 1458 den Thron bestieg. Er nutzte die durch den Sieg seines Vaters entstandene Atempause, um sich einen Ruf als mächtiger, aber dennoch kultivierter Herrscher zu erwerben. Er erlegte dem Adel Steuern auf und

225

finanzierte mit den Geldern ein stehendes Heer von 30 000 Soldaten, das als »Schwarze Armee« berühmt wurde. Ebenso viel Geschick bewies er, wenn es darum ging, Gelehrte und Künstler zu sich in seine Paläste zu holen, von denen einer der in Visegrád war.

Visegrád (ein slawisches Wort, das so viel bedeutet wie »hoher Ort«) wacht hoch über der letzten Schlaufe der Donau, bevor diese Richtung Süden weiterfließt, nach Budapest und Belgrad. Über der Stadt thront die Ruine einer alten Burg aus dem 13. Jahrhundert. Auch Matthias' Palast verfiel und versank im Schutt, bis der Archäologe János Schulek ihn 1934 wiederentdeckte. Teilweise restauriert, dient er heute als Anlass und zugleich als Schauplatz dieser Feier alles Mittelalterlichen.

Ungarische Tagesausflügler flanieren zwischen Ständen mit Bier, Büchern, Würsten, Schmuck, Attila-DVDs und Landkarten von Ungarn aus der Zeit vor dem Vertrag von Trianon.

Inzwischen ist die lange Prozession im Palasthof angekommen, wo der König und die Königin des heutigen Tages in ihrem königlichen Pavillon Platz nehmen. Die Mitwirkenden bringen ihnen feierliche Loyalitätsbekundungen entgegen, dann gesellen sich viele von ihnen zu ihren Familien, die im Publikum stehen. So was sieht man wirklich nicht oft: ein Kreuzritter, der seinen Arm um eine Frau in türkisfarbenen Hotpants gelegt hat.

Die mehreren Tausend Gäste erwartet ein buntes Programm mit Umzügen, Musik, Schaukämpfen und allerhand künstlerischen Darbietungen. Die italienische Delegation wird angeführt von einer Phalanx knabenhafter Fahnenträgerinnen, die ihre an Stangen aufgezogenen Fahnen hoch in die Luft schleudern und sie dann mit verblüffender Sicherheit wieder auffangen. Die Greifvogelschau ist zunächst ein wenig fade, doch dann kommt Leben in die Vorführung, als eines der Tiere, das vornehm auf seinem Pflock sitzt, plötzlich seine Schwanzfedern hebt und einen perfekt platzierten Batzen Vogeldreck auf die nach oben gereckte Kameralinse eines Touristen platschen lässt. Einer der wenigen Programmpunkte, die sich mit der osmanischen Vergangenheit Ungarns befassen, ist eine Bauchtanz-Show. Das Highlight des ganzen Spektakels ist jedoch die bravouröse Solodarbietung von Lajos Kassai, einem Meister in der Kunst des berittenen Bogenschießens. In vollem Galopp, aus der Bewegung heraus, zielt er, schießt und legt nach, bis innerhalb von zwölf Sekunden sechs Pfeile den Köcher verlassen und die Zielscheibe getroffen haben. In der nächsten Runde peilt er Objekte an, die in die Luft geworfen werden, und trifft vier davon in Folge exakt in der Mitte. Und er kann in siebzehn Sekunden zwölf Pfeile auf eine Zielscheibe abfeuern.

Wie es sich für ein Mitglied des Weltverbands der berittenen Bogenschützen gehört, kennt sich Lajos auch in der Geschichte dieser Kunst aus. Ob ich gewusst habe, fragt er mich, dass das Schießen nach hinten eine Technik war, die Attila gegenüber den Römern den entscheidenden Vorteil verschaffte? Oder dass die Awaren, ein anderes zentralasiatisches Volk, den Steigbügel erfanden? Und dass ein aus dem vollen Galopp, also bei einer Geschwindigkeit von etwa fünfzig Stundenkilometern abgefeuerter Pfeil eine doppelt so große Durchschlagskraft besitzt wie ein aus dem Stand abgeschossener Pfeil? Das Geheimnis für den Erfolg der Hunnen, Awaren und Magyaren bei ihren Invasionen war ihre Reitkunst, wie sie allen Völkern im Blut lag, die über viele Generationen hinweg als Nomaden gelebt hatten.

Für Lajos, einen kräftig gebauten Mann mit kahl geschorenem Kopf und stahlblauen Augen, ist die Wiederbelebung dieser uralten Kunst zum Lebensinhalt geworden. In einem abgelegenen Tal besitzt er auf einem fünfzehn Hektar großen Grundstück eine Reitschule, wo er Kurse im Bogenschießen anbietet und sogar eine Jurte aufgebaut hat, die ihn immer wieder an die Wurzeln der Vorfahren erinnern soll, die er so bewundert.

»Insgeheim hält sich doch jeder Ungar für Attila.«

Ein Stück weiter flussabwärts, kurz vor Budapest, liegt das hübsche Städtchen Szentendre (St. Andreas), ein weiteres Stück im Puzzle der ungarischen Geschichte. Szentendre wurde von Serben gegründet, die nach der katastrophalen Niederlage ihrer Armeen gegen die Türken in der Schlacht auf dem Amselfeld im Jahr 1389 nach Norden geflohen waren. Einen weiteren Bevölkerungszuwachs erlebte die Stadt 1690, als das osmanische Heer Belgrad zurückeroberte.

Hier gibt es eine prächtige orthodoxe Kirche, neben der das ehemalige Pfarrhaus und heutige Wohnhaus der Eredics' steht, einer der rund hundert serbischen Familien, die auch heute noch in Szentendre leben.

Kálmán Eredics, der Familienälteste, hat sein kleines Ensemble vor 32 Jahren gegründet. Heute Abend sind noch weitere Mitglieder der musikalischen Familie dazugestoßen. Im lauschigen Garten des weitgehend aus dem 18. Jahrhundert stammenden Hauses spielen sie mit den unterschiedlichsten Streichinstrumenten (Kálmán selbst am Kontrabass) eine energiegeladene Volksmusik mit serbischen, aber auch mazedonischen und kroatischen Anklängen. Márta Sebestyén, eine der gefeiertesten Sängerinnen Ungarns, die unter anderem den unvergesslichen Titelsong zu dem Film *Der englische Patient* beisteuerte, arbeitet schon seit vielen Jahren mit der Gruppe zusammen. Mit ihrem enormen Ausdrucksreichtum und ihrer scheinbar mühelosen technischen Perfektion ist sie letztendlich jeder gesanglichen Anforderung gewachsen. Für den heutigen Abend jedoch, den wir in dem großen, ummauerten Garten verbringen, sind diese Lieder von Verlust und Verlangen genau das Richtige.

»Ein bisschen melancholisch«, sagt sie mit einem entschuldigenden Lächeln, nachdem die Sonne untergegangen ist und wir alle in ein nachdenkliches Schweigen verfallen sind. »Wie unsere Geschichte.«

Dann folgt ein alles andere als melancholisches Abendessen, gekrönt von einem aufwendigen, köstlichen Gulasch, das Zita, Kálmáns kleine, dunkelhaarige und temperamentvolle Frau, über dem offenen Feuer zubereitet hat. Dazu gibt es ungarischen Wein und zum Schluss *pálinka*. Als wir uns schließlich verabschieden, sind wir alle in bester Laune. Wir haben eine derart großzügige Gastfreundschaft erfahren, dass ich auf dem Weg zur Fähre, die uns nach Budapest bringen soll, schon gar nicht mehr sagen kann, ob nun die Musik die Nahrung der Liebe ist oder aber die Nahrung die Musik der Liebe. Das Bett ruft ...

Budapest

Das Gellért ist ein Hotel mit einer berühmten angegliederten Bade-anstalt, und in einer Anstalt kann man sich auch durchaus wähnen, wenn man frühmorgens aus dem Zimmer kommt und Gestalten in weißen Bademänteln und Pantoffeln durch die palastartigen Flure schlurfen sieht. Nächstes Jahr besteht das Gellért neunzig Jahre, und es wirkt genauso altehrwürdig wie manche seiner (Kur-)Gäste, die in Strömen hierherkommen, um in dem Wasser zu baden, auf dem der Ruhm des Gellért begründet ist.

Das luxuriös ausgestattete Hotel war erbaut worden, um die hei-ßen Quellen, die am Fuß des Gellértberges entspringen und schon zu Zeiten der Römer entdeckt und wärmstens weiterempfohlen worden waren, angemessen vermarkten zu können. Im Jahr 1918 wurde das Haus mit großem Pomp eröffnet. Während in Frank-reich gerade die letzten Schlachten des Weltkriegs geschlagen wur-den und die Friedensstifter schon kurz darauf über der künftigen Aufteilung Ungarns brüteten, richtete das Gellért den Blick noch einmal zurück auf die verflossenen Jahre des imperialen Selbstver-trauens, in denen sich Budapest zu einer der großen Metropolen Europas entwickelt hatte.

Ich bin schon seit einer ganze Weile wach und habe den »Führer durch das Gellért-Bad« studiert, ein Dokument von Ehrfurcht ein-flößendem Umfang, der mich in allen Einzelheiten über Einlass-kärtchen aus Plastik, Armbändchen für die Garderobenschränke, Strichcodes und die sogenannte »Anstandskleidung« aufklärt. Ich verlasse mein Hotelzimmer, so wie mir darin empfohlen wird und so wie es auch all die anderen Wellness-Willigen tun, im Hotel-Bade-mantel und in Hotel-Pantoffeln, mit einer Bademütze auf dem Kopf und einem Plastikbeutel mit meinen Wertsachen in der Hand.

Die Annahme, man könne mit den Hotelaufzügen direkt in den Bädertrakt gelangen, wäre der erste und harmloseste Trugschluss. Doch das Bad wird nicht vom Hotel selbst betrieben, sondern von der Stadt Budapest und befindet sich daher ganz am anderen Ende des Gellért.

Dennoch lohnt sich die Suche nach dem Aufzug, nicht nur, weil es die einzige Möglichkeit ist, nach unten zu kommen, sondern weil es sich dabei um ein regelrechtes Museumsstück handelt, und zwar eines, das noch voll funktionstüchtig ist: Es ist eine holzvertäfelte Kabine in einem gußeisenverzierten Schacht. Bedient wird dieses schwebende kleine Zimmer von einer Dame mit pechschwarz gefärbtem Haar, die Edith Piaf zum Verwechseln ähnlich sieht. Als wir aussteigen, befeuchtet sie ihren Finger auf einem Schwammkissen, pflückt eine Eintrittskarte von einem dicken Block und überreicht sie mir.

Ich trete aus dem Aufzug, gehe durch eine Tür und befinde mich in einem hoch überwölbten Raum mit den Ausmaßen einer gigantischen Bahnhofshalle. Durch ein monumentales, mit Keramikfliesen verziertes Jugendstilportal gelange ich in eine Halle mit Emporen und Porphyrsäulen, einem Tonnengewölbe mit Buntglaseinsätzen und Marmorstatuen nackter Mädchen. Eigentlich wäre das hier eher ein Ort für Männer in Frack und Zylinder und Frauen in langen Satinroben als für verwirrte Hotelgäste in Bademänteln. Eine der großen Tafeln an der Wand klärt mich darüber auf, dass das Wasser Kalzium, Magnesium, Hydrogenkarbonat, Sulfate und Chlorid enthält, während eine andere eine Fülle von Serviceangeboten auflistet, darunter Unterwassertraktionsbäder, Schlammpackungen, Zahnfleischmassagen, Inhalationstherapien für Senioren, Reizstrombehandlungen, Salzkammer-Sitzungen sowie in meinen Augen besonders besorgniserregende Kohlensäurewannenbäder.

Ich zücke meine Karte und passiere, den Strichcode brav nach oben haltend, das Drehkreuz. Am Damen- und gemischten Becken vorbei geht es zu den Garderoben des Thermalbereichs für Herren. Hier gibt man mir ein Armbändchen aus Gummi sowie die vorhin erwähnte »Anstandskleidung« – was letztlich nichts anderes ist als ein winziger Schurz mit einem Stofflappen vorne und hinten – und weist mir den Weg zu einem wieder anderen Flur.

Allmählich überkommt mich eine leichte Nervosität, denn bis jetzt habe ich noch keinen Tropfen Wasser gesehen, und mich beschleicht die Befürchtung, ich könnte doch noch unfreiwillig im Kohlensäurewannenbad landen. Doch dann sehe ich Licht am

Ende des Tunnels, und nachdem ich durch eine Fußwanne getapst bin, stehe ich plötzlich in einem wunderschönen Raum mit hohem Gewölbe und zwei Wasserbecken, wahlweise mit 36 oder 38 Grad. Ich entscheide mich für das wärmere der beiden, lehne mich an den gekachelten Beckenrand und lasse mir aus den Mündern mehrerer Marmorputten Wasser auf den Kopf tröpfeln.

Nichts in diesem Raum dient allein praktischen Zwecken. Jedes Detail, von den elegant geschwungenen Messinghandläufen bis zu den scherzenden Maiden in einem der ovalen Buntglasmedaillons an der Decke, soll einem das Gefühl vermitteln, man befände sich auf halber Strecke zum Gipfel des Olymp und vergnüge sich gerade mit irgendwelchen minderen Gottheiten.

Die Anstandskleidung scheint doch nicht ganz so obligatorisch zu sein, und vor allem die älteren Badegäste tragen ihren Schurz anscheinend generell nicht. Dieser Umstand sowie die Tatsache, dass der leiseste Luftzug ihn ohnehin zur Seite weht, lässt mich dem anstehenden Besuch des Dampfbads mit einem leicht mulmigen Gefühl entgegensehen. Doch natürlich erweist es sich letztlich als unbegründet, denn der Raum ist voller nackter Männer, die sich angeregt über den Aktienmarkt unterhalten.

Von meinem Hotelbalkon aus kann ich über die vorbeiratternden Trambahnen bis zu den grünen Stahlträgern der Freiheitsbrücke schauen, unter der die Donau – auf Ungarisch »Duna« – auf ihrem Weg Richtung Süden vorbeistrudelt. Es ist ein gewaltiger Fluss, breiter noch als die Themse in London. Im 19. Jahrhundert gab es hier zwei Städte, Buda, wo ich mich gerade befinde, und Pest, am gegenüberliegenden, flacheren Ufer. Die Römer versuchten erst gar nicht, den Fluss zu überqueren, sondern nutzten die Donau lediglich als Grenze ihres Reichs. Buda galt demnach als Teil der zivilisierten Welt, Pest dagegen lag jenseits davon, wo die Barbaren hausten. Erst die im 19. Jahrhundert errichteten Brücken, allen voran die 1849 von einem Engländer entworfene Kettenbrücke, verband die beiden Städte zu einer großen Hauptstadt – Budapest. Die Freiheitsbrücke wurde 1896 fertiggestellt, als sich die österreichisch-ungarische Monarchie gerade auf dem Höhepunkt ihrer Macht befand. Sie wird von vier eisernen Turul-Vögeln bekrönt. Dieser mythologische

Vogel soll den Vater von Árpád gezeugt haben, dem Großfürsten, der das Volk der Magyaren später über die Karpaten nach Ungarn führen sollte.

Das Budaer Ufer verfügt mit dem hohen Burgberg zwar über die dramatischere Skyline, doch das Bauwerk, das die Macht und Würde dieser Stadt am eindrucksvollsten repräsentiert, ist das monumentale, neogotische Parlamentsgebäude im Pester Stadtteil. Es weist die übliche Palette statistischer Superlative auf: 17 Jahre Bauzeit, 691 Räume, 40 Millionen Ziegelsteine und ein tausendköpfiges Heer von Arbeitern. Ceaușescu hätte es vermutlich gerade mal als Vorratskammer genügt, doch als es 1902 eröffnet wurde, war es das größte Parlamentsgebäude der Welt.

Der kluge und geistreiche Herr, der mir die Sehenswürdigkeit zeigt, ist Péter Zwack, unabhängiger Abgeordneter im Budapester Parlament und Oberhaupt des Familienbetriebs, der den »Unicum« erfunden hat, Ungarns beliebtesten Magenbitter. Wir treffen uns neben einem der beiden gewaltigen, ziemlich blasiert dreinschauenden Bronzelöwen, die vor dem Parlament posieren. Über ihnen sind die Flaggen Ungarns und der Europäischen Union gehisst, doch an diesem trägen Vormittag hängen sie nur schlapp da.

Beim Betreten des Gebäudes fällt der Blick auf einen breiten, mit einem roten Läufer belegten Treppenaufgang, zu dessen beiden Seiten bunte Glasfenster und vergoldete Säulen aufragen.

»Viel zu groß, das alles«, murmelt Péter Zwack. »Wo wir doch nur 386 Abgeordnete haben. Und das sind schon 186 zu viel.«

Der enormen Ausstrahlung dieses Bauwerkes kann jedoch auch er sich nicht ganz entziehen.

»Vor sechs Jahren bin ich diese Treppe zum ersten Mal als Parlamentsmitglied hinaufgestiegen. Es war ein unglaubliches Gefühl. Jeder ungarische Abgeordnete wird als ›Vater der Nation‹ bezeichnet.« In seinem Lächeln zeigt sich ein nicht nur gespielter Stolz. »Das heißt also, dass ich auch zu den Vätern dieser Nation gehöre.«

Der rote Läufer weist den Weg hinauf in eine zentral gelegene Halle mit hoher Kuppel, wo sich ein weiteres Kultobjekt dieser Nation befindet. Es handelt sich sogar um *das* Kultobjekt der Nation. Auf einem Marmorsockel, in einem Gehäuse aus Panzerglas, direkt unter dem höchsten Punkt der hundert Meter hohen Kuppel und von drei Soldaten mit gezückten Schwertern bewacht, liegt die tausend Jahre alte Krone von Stephan I., dem eigentlichen Vater der Nation. Der Papst hatte sie ihm einst zum Geschenk gemacht. Das goldene Kreuz auf dem Kronenbügel ist ein wenig verbogen, doch das macht die Insignie erst recht zu etwas ganz Besonderem. Nach dem Ende des Zweiten Weltkriegs gelangte das Nationalsymbol Ungarns in die Hände der Amerikaner und wurde in Fort Knox verwahrt, bis Präsident Carter 1978 der Rückgabe zustimmte.

Da das Parlament heute nicht tagt, haben Péter Zwack und ich die Abgeordnetenkammer fast ganz für uns allein. Sie weist eine ähnliche Extravaganz und Pracht auf wie ein Opernhaus, mit einer Wandvertäfelung, Pulten und Sitzen aus heller Eiche. Die Liebe zum Detail geht so weit, dass es hier sogar einen mit Nummern versehenen Zigarrenständer gibt, wo die Abgeordneten vor dem Betreten des Saals ihre Tabakstängel ablegen können.

Zwar wirkt das Parlamentsgebäude stilistisch völlig intakt, es musste aber nach den Bombardements des Zweiten Weltkriegs großenteils neu aufgebaut werden. Péter Zwack erinnert sich an die Zeit in Budapest gegen Ende des Krieges, als die Briten, Amerikaner und Russen versuchten, die deutschen Besatzungstruppen aus dem Land zu vertreiben.

»Solange man das Zischen der Bomben hören konnte, war alles in Ordnung«, erzählt er. »Aber wenn es still wurde, dann hatte man allen Grund zur Sorge.«

Den Bomben der befreundeten Nationen entkam er, aber die Unfreundlichkeit seiner ungarischen Landsleute stellte eine weitaus gefährlichere Bedrohung dar. Neunzig Prozent des Geldadels in Ungarn waren Juden, und so auch die Zwacks. Während der Besatzung begannen die Deutschen mit der systematischen Verhaftung und Deportation der jüdischen Bevölkerung von Budapest. Unterstützt wurden sie dabei von den sogenannten »Pfeilkreuzlern«, ungarischen Nazis, die Péter Zwack als »die wahren Schlächter« in Erinnerung geblieben sind. Sie brachten ihre Opfer zur Donau hinunter, banden drei oder vier von ihnen aneinander und erschossen einen, dessen Gewicht die anderen dann unter Wasser zog.

Péter Zwack selbst entkam nur mit knapper Not, indem er 1944 aus der Stadt flüchtete. Bei seiner Rückkehr 1987 fand er ein kommunistisches Land vor, das gerade mitten im Umbruch steckte. Die schlimme prosowjetische Zeit war zwar vorüber, doch es kam trotzdem noch vor, dass »junge Studenten vor dem Parlament mit Stöcken geschlagen wurden«. Der schnelle Niedergang des Kommunismus und der ebenso unerwartete Rückzug der sowjetischen Truppen aus Ungarn kam für ihn dennoch ziemlich überraschend.

»Ich hätte nie gedacht, dass sich etwas ändern könnte. Ich war mir sicher, dass sich der Kommunismus hier halten würde, bis ich tot bin.«

Er räumt allerdings ein, dass es auch jetzt noch viele Probleme gibt.

»Während der kommunistischen Zeit gab es keine Korruption, keinen Hunger ... jeder bekam etwas, auch wenn es nur sehr wenig war. Heutzutage, im Kapitalismus, haben vor allem die alten Menschen das Gefühl, dass es ihnen im Kommunismus besser ging.«

Obwohl Péter Zwack selbst zweifellos ein erfolgreicher Kapitalist geworden ist, liegt ihm nichts daran, die alten Kommunisten zur Strecke zu bringen, um alte Rechnungen zu begleichen.

»Wir hätten das damals gleich erledigen sollen, so wie die Deutschen 1990, als sie ganz streng aussortierten, wer bestraft werden sollte und wer nicht. In Ungarn dagegen ist dieses Kapitel heute noch nicht abgeschlossen.«

Als einziger parteiloser Abgeordneter ist Zwack logischerweise auch der Einzige, dem die Ausrottung der Korruption am Herzen liegt.

»Okay, sagen wir, das Land hat zehn Millionen Einwohner. Davon leben ungefähr drei Millionen Rentner von rund zweihundert Euro im Monat. Und daneben gibt es eine Million Superreiche, die enge Verbindungen zu den Mächtigen von früher haben ... Es schwelt ein unglaublicher Hass auf diese Neureichen mit ihren Goldkettchen.«

Folge davon ist eine Politik der Missgunst, die seiner Ansicht nach zum Fluch dieses Landes geworden ist.

»Es gibt in Ungarn keine Mittelschicht, so wie früher. Es gibt nur die extrem Reichen und die extrem Armen.«

Wir gehen hinaus auf die frisch geputzte, hell glänzende Kalksteinterrasse. Von hier aus hat man eine herrliche Aussicht hinunter auf die Donau, zu den Festungswällen des Burgbergs, die am gegenüberliegenden Ufer aufragen, und über die dunstige Silhouette der Mauern und der rötlich und goldfarben schimmernden Ziegeldächer. Budapest ist zweifellos die prächtigste Stadt, die wir auf unserer bisherigen Reise kennengelernt haben, und trotz der Befürchtungen, die Péter Zwack hegt, blickt er optimistisch in die Zukunft. Es kommt viel Geld ins Land, und die ausländischen Investitionen sind höher als in Wien, weshalb Ungarn derzeit als wichtigstes Finanz- und Handelszentrum Mitteleuropas gilt.

»Die Sowjets bezeichneten Ungarn früher als Osteuropa«, sagt er mit einer gewissen Schärfe im Ton, »aber das stimmt nicht. Wir gehören zu Mitteleuropa. Uns als Osteuropäer zu bezeichnen! Das können die Ungarn gar nicht leiden.«

Zweiundsiebzigster Tag
Budapest

Ein Kennzeichen des neu erwachenden Unternehmergeists dieser Stadt ist die Bereitschaft der jungen Existenzgründer, Risiken einzugehen. Oder wie soll ich sonst die Einladung von Katti Zoób verstehen, der neuesten, frechsten und angesagtesten Designerin Budapests, die mich gebeten hat, bei der nächsten Modenschau ein Modell aus ihrer Kollektion auf dem Laufsteg zu präsentieren?

Heute Vormittag soll ich zur Anprobe kommen, und so erscheine ich pflichtbewusst und pünktlich in ihrem Modesalon. Er liegt in einer Passage, und gleich um die Ecke verläuft eine viel befahrene, staubige Straße, über die der Verkehr von der Margaretenbrücke aus in die Stadt geleitet wird.

Die Adresse ist – ganz dem aktuellen Trend entsprechend – bewusst diskret: sechs umgebaute Appartements in einem fast ein wenig schmuddligen, cremefarben und weiß gestrichenen Wohnhaus mit stuckverzierter Fassade und einem beinahe klaustrophobisch kleinen Innenhof.

Drinnen dann Parkettboden und Kleiderständer mit teueren, eleganten Outfits. Einen Salon wie diesen würde man vielleicht in London oder Paris erwarten, doch in Budapest war er der Erste seiner Art. Katti Zoób hatte sich zunächst in der Theaterbranche einen Namen gemacht. Nun hat sie einen Vorstoß in die Welt der Haute Couture gewagt. Erst vor drei Monaten war Eröffnung. Obwohl sie fast ausschließlich Kollektionen für Frauen entwirft, würde sie sich gerne auch mal auf dem Gebiet der Herrenmode versuchen – und ich soll ihr Versuchskaninchen sein.

Man führt mich hinauf ins Atelier, wo Katti zwischen langen Reihen mit originellen Kreationen aus Chiffon, Seide und Taft sitzt, ihren bevorzugten Stoffen.

Irgendwie fühle ich mich hier auf eine angenehme Weise fehl am Platz.

Katti Zoób ist schätzungsweise Mitte vierzig, klein und hat einen dunkelroten Schimmer in ihrem Haar. Sie trägt ein schwarzes Oberteil und einen Rock aus weißem Taft, dazu ein seltsames netzartiges Beinkleid sowie hochhackige rote Riemchensandalen.

Ihr Englisch ist zwar etwas holprig, aber sie hat eine sehr humorvolle Art, sodass wir uns von Anfang an gut verstehen.

Das Motto ihrer Modenschau lautet »Ördögi Angyalok – Angyali Ördögök«, also »Teuflische Engel – Engelsgleiche Teufel«.

»Michael, ich möchte, dass du ein bisschen Teufel und ein bisschen Engel bist.«

»Okay, sagen wir, ich bin bi-moralisch. Ein bisschen gut und ein bisschen schlecht.«

Sie schaut etwas verdutzt.

»Ich bin bi-moralisch.«

Jetzt sieht sie mich neugierig, vielleicht auch ein wenig befremdet an.

»Wirklich?«

Ich beschließe, das Thema lieber nicht weiter zu vertiefen, und wir machen mit der Anprobe weiter.

Sie stellt sich für mich eine enge schwarze Lederjacke vor, die mit einer Applikation in Weiß versehen werden soll: Männer, Frauen, Schlangen und alles mögliche andere Gewirr und Gewusel.

»Wie wäre es mit einem Rock?«

»Äh ... na ja ...«

»Ein schwarzer Spitzenrock mit weißem Futter?«

»So eine Art durchsichtiger Kilt?«

Zum Glück bringt meine Bemerkung sie zum Lachen, und der Rock wird buchstäblich fallen gelassen.

Dann werden meine Maße genommen. Morgen soll ich wiederkommen, zur zweiten Anprobe. Und übermorgen ist es dann so weit.

Ich mag Katti. Sie ist klug und einfallsreich, aber in den Jahren, die sie am Theater verbrachte, hat sie auch gelernt, sich selbst nicht allzu ernst zu nehmen. Außerdem gefällt es mir, dass sie immer wieder neue Ideen hat. Ich bin schon auf dem Weg zur Tür, als ich hinter mir ein zartes Stimmchen höre.

»Und was ist mit Flügeln?«

Vierundsiebzigster Tag
Budapest

Vor fast genau fünfzig Jahren, im Oktober 1956, versammelten sich in Budapest Studenten und Arbeiter, um gegen ein von Moskau aus gesteuertes Regime zu demonstrieren, das ihr Land seit dem Ende des Krieges mit zunehmender Brutalität regiert hatte. Eine Stalin-Statue wurde vom Sockel geholt, die Polizei gab Schüsse in die Menge ab, und damit hatte der antikommunistische Aufstand begonnen. Es war der dritte, den es bis zu jenem Tag überhaupt in Europa gegeben hatte; der erste hatte sich am 17. Juni 1953 in Berlin und Ostdeutschland ereignet, der zweite hatte im Sommer desselben Jahres 1956 im polnischen Posen stattgefunden. Beinahe wären die Budapester Demonstranten erfolgreich gewesen. Moskau zog seine Truppen zurück, und der neue Premierminister, Imre Nagy (selbst ein Kommunist), war der Held der Stunde. Es bestand die berechtigte Hoffnung, dass das Land frei bleiben würde, denn nur wenige Monate zuvor, im Februar 1956, hatte Premiereminister Chruschtschow Stalin und die kommunistischen Hardliner in einer

Geheimrede auf dem 20. Parteitag der Kommunisten angeprangert. Amerika hatte sämtliche besetzten Länder dazu aufgefordert, dem Beispiel Ungarns zu folgen, weshalb die Ungarn fest mit der Unterstützung des Westens rechneten. Letztlich war jedoch weder auf den russischen Revisionismus noch auf den amerikanischen Antikommunismus Verlass. Chruschtschow ließ die Panzer wieder in Ungarn stationieren, und der Westen – der gerade von einem nutzlosen Krieg um den Suez-Kanal abgelenkt war – schaute zu.

Die Sowjetunion machte erneut ihren Herrschaftsanspruch in Ungarn geltend und blieb für die folgenden 24 Jahre im Land. Allerdings ging der russische Kommunismus im Lauf der Zeit in einer weniger repressiven und pragmatischeren ungarischen Variante auf, die als »Gulasch-Kommunismus« bekannt wurde.

Viele Ungarn, vor allem die jüngeren, sind es leid, ständig mit ihrer kommunistischen Vergangenheit konfrontiert zu werden. Für sie war der wichtigste Tag in der Geschichte des Landes der 1. Mai 2004, als Ungarn in die Europäische Gemeinschaft aufgenommen wurde. Die Zukunft ist dort, wo die Hoffnung ist, nicht in der Vergangenheit.

Es sind fast ausschließlich neugierige Besucher aus dem Ausland, die zum Nationalen Museum der Geschichte des Großen Vaterländischen Krieges, einem Skulpturenpark außerhalb der Stadt, fahren. Dort hat ein geschäftstüchtiger Privatmann und Sammler einige der bedeutendsten sowjetischen Denkmäler zusammengetragen und zwischen Rittersporn und Rosmarinbüschen aufgestellt. So finden sich hier unter anderem ein viereinhalb Meter hoher Lenin mit fliegenden Rockschößen und einer roten Fahne in der Hand, ein rennender Matrose in zehnfacher Lebensgröße sowie die monumentalen Köpfe von Marx und Engels. Es ist ein wenig traurig zu sehen, wie sich all diese Figuren, die einst die Macht besaßen, die Welt in Angst und Schrecken zu versetzen, sie zu begeistern oder aber zu verändern, heute hier draußen am Stadtrand stapeln und aussehen wie Gartenzwerge auf Anabolika.

Im Souvenirshop am Eingang werden alle möglichen Memorabilia verkauft: Orden, Aufnahmen alter sowjetischer Lieder und Dosen mit der Aufschrift »Der letzte Atemzug des Kommunismus«.

Eine wesentlich professioneller aufgezogene Aktion und beeindruckendere Erfahrung kann man im »Haus des Terrors« erleben, das – halb Museum, halb Multimediazentrum – die schlimmsten Gräueltaten der kommunistischen Ära auf höchst anschauliche Weise dokumentiert. Es befindet sich auf dem Andrássy-Boulevard im Haus mit der Nummer 60, was perfekt passt, denn hinter dieser meistgefürchteten Adresse Budapests verbarg sich früher das Hauptquartier der faschistischen Pfeilkreuzler, und später, nach dem Krieg, das des Staatssicherheitsdienstes ÁVO.

Das Haus präsentiert sich mit einer drastischen Theatralik, angefangen bei dem überdimensionalen ausgestanzten Schriftzug, der sich oben am Dach des Gebäudes entlangzieht, bis hin zu dem wuchtigen Panzer, der sich drinnen in den finsteren Treppenschacht duckt. Es wurde 2002 eröffnet, ist mit innovativster Multimediatechnik ausgestattet und arbeitet mit historischen Videosequenzen ebenso wie mit modernsten Licht- und Toneffekten. Auch einen Gerichtssaal gibt es, in dem sämtliche Oberflächen mit Dokumenten tapeziert und die Wände mit Aktenordnern verkleidet sind. Hier kann man sich den unglaublich fesselnden Mitschnitt des Geheimprozesses anschauen, bei dem die Anführer des Aufstands von 1956 mit stierem Blick ihre Verbrechen gestehen. Imre Nagy ist der Einzige, der sich nicht so verhält, als hätte man ihn einer Gehirnwäsche unterzogen. Er gibt seinen Anklägern selbst dann noch Kontra, als man ihn zum Tode verurteilt.

Eine Wand voller Fotos zeigt Mitglieder der ÁVO. Einer der Besucher weist mich darauf hin, dass manche von ihnen immer noch im öffentlichen Leben stehen, der eine als Schriftsteller, ein anderer als Fernsehmoderator.

Ein weiterer Raum präsentiert Plakate aus der kommunistischen Zeit, auf denen lauter glückliche, gut gelaunte Menschen abgebildet sind, die sich freuen, weil sie die planwirtschaftlichen Vorgaben übererfüllt haben, oder Arbeiter, die Hand in Hand auf dem Feld stehen. Ein anderes warnt vor den Gefahren des imperialistischen, bourgeoisen Colorado-Kartoffelkäfers, Amerikas neuester Waffe gegen das ungarische Volk. An einer anderen Stelle findet sich Archivmaterial über die ungarische Fußballmannschaft, die England 1953 im heimischen Wembley-Stadion mit einem 6:3 die schlimmste Niederlage aller Zeiten bescherte, bevor sie 1954 die Fußballweltmeisterschaft gegen Deutschland verlor.

Am eindrucksvollsten an der ganzen Ausstellung ist ein gläserner Aufzug in einem schwarzen Schacht, der fast unmerklich langsam in die Tiefe schwebt, hinunter zu den Todeszellen, während auf einem Bildschirm ein Mann beschreibt, wie es damals war, wenn er nach den Hinrichtungen sauber machen musste. Sein Bericht wirkt umso abschreckender, weil er dabei völlig nüchtern und emotionslos bleibt.

Das Haus des Terrors, für das offenbar keine Kosten und Mühen gescheut wurden, nutzt geschickt eine Vielzahl einfallsreicher, teils auch recht abstrakter Versatzstücke, um zweifelsfrei nachzuweisen, dass die kommunistische Herrschaft wirklich schlimm war.

All den anderen Abscheulichkeiten jedoch, die in dem Haus auf dem Andrássy-Boulevard Nummer 60 dokumentiert sind, wie beispielsweise die Folterung von Juden durch die Pfeilkreuzler, wird nur wenig Raum zugestanden. Ich bin daher nach meinem Besuch dieser außergewöhnlichen Stätte zwar zutiefst beeindruckt, komme mir aber auch ein wenig manipuliert vor.

Doch mit einem Mal sind alle Gedanken an Düsterkeit und Verderben verdrängt, denn mir fällt siedend heiß ein, dass ich mich gleich zum ersten Mal in meinem Leben auf einem Laufsteg präsentieren muss.

Katti ist beneidenswert gelassen. Selbst als sich die handverlesenen Gäste in dem langen Spiegelsaal auf ihren Plätzen niederlassen, nimmt sie sich die Zeit, um am unteren Saum meiner hautengen Lederjacke noch einen Teufelsschwanz festzunähen.

Hinter der Bühne hetzt alles hin und her. In letzter Minute werden noch ein paar Änderungen vorgenommen, dann wird die Musikanlage eingeschaltet. Als einen Augenblick später acht phantastisch aussehende Models und ich uns in einem gemeinsamen Backstage-Bereich umziehen, kann ich es kaum glauben, dass das hier ausnahmsweise mal kein Hirngespinst ist: Ich bin tatsächlich der einzige Mann in einer Damengarderobe!

Der Adrenalinpegel steigt, als es für Katti an der Zeit ist, hinauszugehen und der Budapester High Society gegenüberzutreten. Auf ein Signal hin ertönt eine funkige Musik mit einem dumpfen Bassrythmus, der das Publikum verstummen lässt. Katti verbeugt sich, stellt das Motto der Show und danach mich vor. Ich habe in meinem Leben genug Models bei der Arbeit gesehen, um eine halbwegs passable Parodie von einem Hüftschwung hinzukriegen, und der herumwirbelnde schwarze Schwanz kommt richtig gut an. Ich halte eine kurze Ansprache, für die mir deutlich mehr Aufmerksamkeit zuteil wird, als ein Typ mit einem langen schwarzen Schwanz es eigentlich verdient. Als das auch erledigt ist, entspanne ich mich und schaue meinen acht Kolleginnen zu, die zeigen, was sie können. Insgesamt acht Mal wechseln sie ihr Outfit und teils auch ihr Make-up. Groß, flachbrüstig und mit extrem hochhackigen Schuhen traben sie wie Vollblutpferde übers Parkett und werfen ihre ungemein langen Beine von sich, als würden sie mit einer Peitsche knallen. 64 Durchläufe in nur 35 Minuten – Respekt!

Mit meinem Versuch, im Anschluss an die Show in den ungarischen Model-Verband aufgenommen zu werden, habe ich leider keinen Erfolg. Nicht einmal als Fördermitglied wollen sie mich haben. Na ja, vielleicht ist es ja auch besser so. Übermorgen reise ich eh in die Ukraine weiter.

Fünfundsiebzigster Tag
Budapest

Die selbstbewusste Stadt Budapest verfügt über mehrere Wahrzeichen. Manche davon, wie die Burg oder der Königspalast, haben, was ihren ursprünglichen Verwendungszweck betrifft, längst ausgedient – andere, beispielsweise das Parlamentsgebäude, sind zu groß für ihren heutigen Verwendungszweck. Was sie jedoch gemeinsam haben, ist ihre Überfülle an Eleganz, Größe und Prunk. Eine Stippvisite im 9. Bezirk im Süden des ehemaligen Pest, direkt am Donauufer, beweist, dass der traditionelle Monumentalismus nicht gänzlich vergessen ist. Der riesige (in meinem Reiseführer allerdings als »aufgeblasen« bezeichnete) Komplex des Palasts der

Künste beherbergt die größte Konzerthalle Europas, und das neue Nationaltheater daneben hat nicht nur gigantische Ausmaße, sondern sieht außerdem ziemlich schräg aus: Die Außenmauern sind mit blauem Teppichboden verkleidet, im angrenzenden Park sitzen auf Stühlen und Bänken lebensgroße Bronzefiguren berühmter Schauspieler und Schauspielerinnen, und in einem Becken nebenan liegt die klassizistische Fassade des alten Nationaltheaters und ragt an einer Ecke aus dem Wasser heraus. »Praktisch« und »zweckmäßig« sind ganz bestimmt nicht die ersten Wörter, die einem in den Sinn kommen, wenn man die Architektur Budapests beschreiben soll. Natürlich erfüllen diese Gebäude durchaus auch einen Zweck, doch wesentlich wichtiger ist, dass sie diesen Zweck mit großem Pomp zelebrieren.

Gewappnet mit dieser Erkenntnis nehme ich ein letztes Bad – die Budapester lieben es, zu baden! – und zwar im prunkvollen Széchenyi Gyógyfürdö, wo das Heilwasser aus über tausend Metern Tiefe hervorsprudelt. Es gibt gewiss nicht viele Orte auf der Welt, an denen dem Wasser mit einem derartigen Aufwand gehuldigt wird. Allein schon der Klang des Wortes »Gyógyfürdö« – es bedeutet so viel wie Thermalbad – verheißt etwas höchst Surreales und Wundersames.

Von außen sieht die Badeanlage aus wie ein kleiner Barockpalast. Man betritt einen zentralen Kuppelbau und gelangt durch Korridore, die mit Mosaiken ausgelegt sind, zu privaten Umkleidekabinen sowie in ein Spezialkrankenhaus für Mineralkuren. Wie Pilze wuchert weißer Stuck aus den Wänden hervor, und halbrunde Gemälde zu beiden Seiten des Raumes stellen einmal Venus dar, die von vier Dienerinnen in langen Roben gebadet wird, und gegenüber Neptun, wie er gerade eine Meerjungfrau belästigt.

Für einen Augenblick könnte man glatt vergessen, dass man eigentlich hierhergekommen ist, um nass zu werden. Schon allein der Akt des Umziehens scheint in diesem Ambiente etwas unangemessen, doch wenn man erst einmal zu den drei dampfenden Wasserbecken hinausgetreten ist, kann es, wenn viel los ist, durchaus vorkommen, dass man sich in Gesellschaft von ein paar Tausend anderen Badegästen befindet. Die Außenbecken sind einzig und allein zum Planschen im warmen Wasser vorgesehen. Hier gibt es keine Bahnen oder Möchtegern-Olympioniken, die das Becken durchpflügen. Das Einzige, was vielleicht noch einen kompetitiven Charakter hat, sind die Schachturniere, die am Beckenrand stattfinden. Dass die Spieler und Spielerinnen dabei bis zur Hüfte im Wasser stehen, bedarf wohl kaum der Erwähnung.

Ungefähr 160 Kilometer östlich von Budapest gehen die Felder in eine endlose Weite über, die kargen, wilden Ebenen der Puszta, von der eine seltsam hypnotische Wirkung ausgeht. Einstmals eine sumpfige Flussniederung, wurde das Gebiet Mitte des 19. Jahrhunderts trockengelegt. Heute findet man in der Puszta ganze Herden von gehörnten Ungarischen Steppenrindern und Scharen von Touristen, die hierherkommen, um sie sich anzusehen.

Es ist schon ziemlich spät bei unserer Ankunft in dem Dorf Hortobágy (sprich: Horto-badsch), und wir erleben einen eindrucksvollen Sonnenuntergang vor einem wolkenlosen Himmel. Als wir die *gulyás*, also die Rinderhirten, und die *csikós*, die Pferdehirten, nach einer holperigen Fahrt über festgebackenes Grasland endlich finden, haben sie sich bereits bei mehreren hübschen weiß getünchten Häuschen mit Strohdach versammelt. Sie haben Feierabend und bereiten gerade das Essen zu.

Eine Herde Ungarischer Steppenrinder, groß wie Hirschböcke und gedrungen wie Panzerwagen, wirbelt Staub auf, als sie zum Brunnen getrieben wird. Mit seinen hohen Pfosten und Querbalken erinnert mich der Ziehbrunnen an einen Schaduff, wie er in den Oasen der Sahara zur Bewässerung verwendet wird.

Ich versuche, mich irgendwie nützlich zu machen, stelle mich aber ziemlich unbeholfen an. Ein kräftiger Ruck am Seil lässt den Eimer in den Brunnenschacht sausen, mit einem erneuten Ruck zieht man ihn wieder hoch. Die Kunst besteht allerdings darin, den ledernen Eimer genau im richtigen Moment zu fassen zu kriegen und seinen Schwung zu nutzen, um ihn ohne große Mühe in die Rinnen leeren zu können, durch die das Wasser zu den Tränken weitergeleitet wird. Ich habe jedoch Schwierigkeiten, den optimalen Zeitpunkt zu erwischen. Der Eimer verliert an Schwung, und ich muss wieder von vorne beginnen. Als ich in den Gesichtern der Rinder, die von den

Tränken aufschauen, einen zunehmenden Missmut zu erkennen glaube, gebe ich dann doch lieber ab an meinen Lehrer, einen kleinen, pummeligen, rotwangigen Mann mit einem halbkreisförmigen schwarzen Hut, der ihm das Aussehen eines französischen Landpfarrers verleiht. Er führt die Bewegungen mit exquisiter Anmut aus, immer und immer wieder.

Ich werde von der Viehtränke an den Kochtopf versetzt. Zuerst helfe ich beim Holzhacken für das Lagerfeuer, dann soll ich Zwiebeln und Paprika schneiden, für den großen Topf mit Gulasch. Das Messer, das sie mir geben, würde jedoch nicht mal zum Schneiden von Butter taugen, und ich merke, wie die harten Männer der Puszta mich mit kaum verhohlener Verzweiflung beobachten, während ich mühevoll versuche, eine Zwiebel zu schälen.

Als das Gulasch dann endlich vor sich hin köchelt, finden sie etwas, was sie mir überantworten können: Ich darf das Paprikapulver in den Topf streuen. Das mache ich so geschickt, dass sie mich auch gleich noch zum Rühren abstellen.

Inzwischen galoppiert – wie auf Kommando – eine Herde zierlicher, schlanker Pferde mit glänzendem Fell heran, begleitet von den csikós, die hier draußen in der Hierarchie der Puszta ganz oben stehen.

Sie tragen einen weiten Mantel in demselben Indigoblau wie die Tuareg in der Sahara, allerdings ergänzen sie ihn mit einer schwarzen Weste, einem ausladenden schwarzen Hut mit einer Feder hinter der aufgeschlagenen Krempe und kniehohen schwarzen Lederstiefeln.

Obwohl sie darin ein klein wenig tuntenhaft aussehen, haben die csikós sehr wohl Gelegenheit, ihre Männlichkeit auszuleben. Ganz ohne Sattel galoppieren sie herum, lassen schrecklich lange Peitschen knallen und schicken ihre gut genährten, glücklich kläffenden Hunde los, um das ebenso gut genährte Vieh zusammenzutreiben. Ein paar andere Männer springen nicht nur auf ihre Pferde, sondern auch noch aufeinander und bilden so gefährliche Pyramiden auf galoppierenden Pferden. Wieder ein anderer Mann hält im Stehen, aber ohne Sattel, fünf sich aufbäumende Pferde gleichzeitig im Zaum.

Als die Männer mit ihrer temperamentvollen Darbietung – und mit dem Gulasch – fertig sind, das Bier hervorgeholt ist und die die letzten Strahlen der Sonne den Horizont blutrot färben, senkt sich ein tiefer Frieden auf die Ebene. Die unendliche Weite des Landes spiegelt die Unendlichkeit des nächtlichen Himmels wider, die Stimmen werden leiser, und für einen Augenblick ist das verhaltene Läuten der Kuhglocken das einzige Geräusch, das zu hören ist. Nun zeigt sich die Puszta von ihrer einzigartigen und wahrhaft authentischen Seite. Die lange Fahrt hierher hat sich gelohnt.

Sechsundsiebzigster Tag
Von Hortobágy zur ukrainischen Grenze

Es geht zurück nach Debrecen, wo wir in den Nachtzug nach Lemberg steigen. Die Ausstattung ist zwar nicht mehr die allerneueste, aber man hat sich bemüht, die Abteile zumindest etwas zu verschönern, und alles mit Blumen dekoriert. Leider handelt es sich dabei um Plastikblumen, und wenn sie sich dann auch noch mitsamt Plastikhängekörben mitten im Gang befinden, kann es ziemlich unangenehm sein, sich daran vorbeiquetschen zu müssen. Mit an Bord sind zwei Zugbegleiter: eine blonde Ukrainerin um die vierzig und ihr braun gebrannter ungarischer Kollege, der ständig mit halb offenem Hemd im Abteil aufkreuzt und seine perfekt gebräunte Brust zur Schaut trägt. Da es im Zug keine Speisen und Getränke zu kaufen gibt, haben die beiden nicht besonders viel zu tun, außer unsere Betten für die Nacht vorzubereiten.

Um Viertel vor elf fahren wir in den letzten Bahnhof auf ungarischem Staatsgebiet ein, in einem unscheinbaren Ort namens Záhony. Ein Trupp ungarischer Grenzsoldaten, alles sonnenverbrannte Bauernjungen, laufen durch das Abteil und begaffen ungläubig unsere dreißig Gepäckstücke. Ich stelle meine Armbanduhr eine Stunde vor, auf osteuropäische Zeit, und warte, wie so oft in grenzüberschreitenden Zügen, im Niemandsland. Endlich schieben sich die Waggons knarrend weiter Richtung Grenze. Vor nicht einmal neunzig Jahren hätte man Ungarn in diesem Moment nicht verlassen, sondern wäre einfach in einen anderen Landesteil gekommen, der damals Galizien hieß.

Im vergangenen Jahrhundert trat Ungarn in zwei Weltkriege ein, um sein Territorium zu verteidigen oder zurückzuerobern, und beide Male ging es als einer der Verlierer daraus hervor. Bei den anschließenden Gebietsabtrennungen verlor das Land die Hälfte seiner Bevölkerung, und das Staatsgebiet wurde um zwei Drittel verkleinert. Die Ungarn leben also in dem Bewusstsein, dass ihr Land eigentlich größer sein sollte. Eine Fülle von Talenten stammt aus Ungarn. Das Land ist oder war die Heimat von Edward Teller, dem Atomwissenschaftler, von Ernö Rubik, dem Erfinder des Zauberwürfels, von László József Bíró, der den ersten Kugelschreiber entwickelte, von Bartók, Liszt, Kodály und Tony Curtis. In Budapest stehen einige der prächtigsten Bauwerke Europas. Dennoch ist der Nationalismus in Ungarn – anders als beispielsweise in den Balkanländern – kein großes Thema mehr. Die Ungarn stehen über all dem. Und trotz allem glauben sie immer noch, dass ihr Land im Herzen Europas liegt.

Ich werde in meinen Grübeleien abrupt unterbrochen, als wir mit quietschenden Bremsen in Tschop halten. Jetzt sind die jungen ukrainischen Grenzer an der Reihe, den Zug und seinen Inhalt zu durchsuchen. Sie tragen Tarnanzüge und erscheinen mit großen, liebenswerten Schäferhunden, die uns alle äußerst höflich abschnüffeln.

Und dann bekommen wir noch einmal den Atem der Geschichte zu spüren: Als die Bolschewiken in Russland die Macht übernahmen, beschlossen sie, die Spurweite ihres Eisenbahnnetzes aus Gründen der nationalen Sicherheit nicht denen des übrigen Europas anzugleichen. Für uns hat das zur Folge, dass unser Zug nachts um halb eins in spezielle Gleitschienen verschoben wird. Dort werden die Räder jedes Waggons abgeschraubt, woraufhin das ganze Ding mithilfe hydraulischer Hebeböcke mehrere Meter in die Luft gehoben wird.

Wir stehen gerade im Freien und filmen diese mühselige Prozedur, als plötzlich ein völlig verschlafen wirkender Fahrgast die Tür öffnet, einen Blick auf den fast zwei Meter tiefen Abgrund unter sich wirft und schleunigst wieder dorthin verschwindet, wo er hergekommen ist.

Im Licht von Scheinwerfern, die neben dem Waggon hergerollt werden, zieht das Zugteam die alten Drehgestelle heraus und lässt komplett neue daruntergleiten. Dann wird der Waggon wieder heruntergelassen und die neuen Drehgestelle werden befestigt. Der ganze Vorgang, also der Austausch der Radsätze für den gesamten Zug Budapest–Lwiw, dauert nicht einmal eine Stunde.

Um zwei Uhr sind wir wieder unterwegs, jetzt Richtung Nordosten, entlang der slowakisch-ungarischen Grenze. Wir fahren durch die Täler Rutheniens, benannt nach »Ruthenia«, der alten lateinischen Bezeichnung für Russland, und weiter in das ehemalige Galizien, ein Land, das sich einst von Südpolen bis zu den Karpaten erstreckte.

UKRAINE

Siebenundsiebzigster Tag
Lemberg

Halb sechs. Ich schiebe meine Vase mit gelben Plastikrosen und den ausgefransten Spitzenvorhang zur Seite. Es dämmert schon, aber trotzdem kommt nur herzlich wenig Licht ins Abteil. Draußen hat sich alles verändert. Anstatt der Weite des ungarischen Tieflands sieht man nun die baumgesäumten Felder und steilen Berge der nördlichen Karpaten, anstatt des Sonnenscheins und wolkenlosen Himmels der vergangenen zwei Wochen nur strömenden Regen und tiefhängende Wolken. Unsere ukrainische Zugbegleiterin, die nun wieder in ihrem Heimatland ist und damit die alleinige Verantwortung für unseren Waggon hat, ist längst auf den Beinen. Sie hat alles souverän im Griff. Als unser Team endlich vollständig eingetrudelt ist und wir alle hinaus in die düstere Landschaft starren, bringt sie uns Tee in Gläsern mit einer Metallhalterung aus Edelstahl. Sie strahlt uns an und sagt uns in mütterlicher Manier, wie viel angenehmer es doch sei, sich an uns vorbeizudrücken als an den Bierbäuchen ihrer Kollegen.

Draußen werden aus den Hügeln allmählich kleine Berge, deren Gipfel in den Wolken hängen. Die Dörfer und Bauernhöfe schmiegen sich tiefer in die Täler. Sie sehen trostlos aus heute Morgen, mit ihren grauen Mauern und Dächern. Die Bahnhöfe wirken verwahrlost. An einem patrouilliert auf dem Bahnsteig ein Rudel bellender Hunde auf und ab. Reisende sieht man hier nicht. Die Felder haben etwas seltsam Vertrautes, denn hier wird das Heu in derselben Weise zu spitz zulaufenden Haufen aufgeschichtet wie in Rumänien – eine typische Karpatenlandschaft, waldreich und unberührt, und selbst an einem so düsteren Morgen wie diesem weckt sie in einem den Wunsch, dort draußen zu sein, mittendrin.

Wer auch immer die Schilder für den Bahnhof von Lwiw herstellt, muss in den letzten Jahren ein ziemlich gutes Geschäft gemacht haben, denn der Name der Stadt wurde seit dem Ersten Weltkrieg ganze vier Mal geändert. Zu Zeiten der Donaumonarchie hieß sie Lemberg, gehörte ab 1919 unter dem Namen Lwów zu Polen, ab 1945 als Lwow zur UdSSR und heißt seit 1991 auf Ukrainisch Lwiw.

Und ein Teil dieses Landes hatte die Stadt schon lange sein wollen, denn sie steht seit 150 Jahren an der Spitze der ukrainischen Nationalbewegung. Als die Unabhängigkeit dann endlich errungen war, konnte man es in Lemberg kaum erwarten, die Lenin-Statue durch ein riesiges Denkmal von Taras Schewtschenko zu ersetzen, dem Schriftsteller des 19. Jahrhunderts, der oft als »Schöpfer der ukrainischen Sprache« bezeichnet wird.

Die Vermutung, Lemberg könnte noch die Narben seiner wechselhaften Geschichte tragen, erweist sich als falsch, sobald wir im Herzen der Stadt angekommen sind. Die Stadt ist reich an schönen Bauwerken und weitläufigen Plätzen in einer unerwartet prächtigen Stilmischung aus Barock und Renaissance. Das beschauliche Zentrum eignet sich perfekt für einen Stadtrundgang. Es gibt allerhand zu entdecken, nur gießt es leider in Strömen, und in der ganzen Altstadt sind die Straßen aufgegraben, weil gerade überall neue Kabel verlegt werden.

Keineswegs davon abschrecken lassen haben sich jedoch die Organisatoren einer politischen Kundgebung, die mehrere Hundert Schirme auf den Prospekt Swobody, den Freiheitsplatz, gelockt hat. Die ukrainische Politik ist auch nach der Orangen Revolution von 2004, die Hoffnungen auf eine neue Ära der Reformen und der Demokratie im westlichen Stil weckte, noch recht unbeständig. Seitdem haben die Liberalisierer sich untereinander entzweit, und die konservativeren russophilen Parteien holen kontinuierlich auf.

Die Atmosphäre in Lemberg ist eindeutig europäisch geprägt. Es gibt hier ein Opernhaus, das ebenso unübersehbar im Stil der zweiten Hälfte des 19. Jahrhunderts gestaltet ist wie die Opernhäuser in Paris oder Wien, außerdem katholische wie orthodoxe Kirchen, und rund um den Plotscha Rynok, den Marktplatz, stehen einige stattliche Bürgerhäuser mit Namen wie Venezianisches Haus oder Italienischer Hof. Das Rathaus wird von einem Turm im florentinischen Stil überragt. Lwiw lag einst an der Verbindungsroute zwischen Europa und Asien, und Handel und Toleranz waren auch die Grundlage des Wohlstands dieser Stadt. Die Überreste des alten Judenviertels dokumentieren jedoch, was geschieht, wenn beides nicht mehr gegeben ist. In dem Pogrom, das sich zwischen 1941 und 1945 ereignete, vertrieben die Deutschen, unterstützt von Ukrainern und Polen, sämtliche jüdischen Bürger der Stadt. Die meisten wurden in Konzentrationslagern in der Umgebung umgebracht.

Ich laufe durch den Regen, lasse mich durch das verführerische Labyrinth aus Höfen, Treppen und kleinen Gässchen treiben, staune über die kunstvoll verzierten Mauern, Fassaden und Brüstungen. Überall sieht man Löwen – was eigentlich selbstverständlich ist, denn immerhin sind Lwiw, Lwow und Lwów auf das lateinische leo zurückzuführen. Neugierig spaziere ich durch dunkle Gassen, an deren Ende spärlich beleuchtete Bars zu finden sind. Aus irgendeinem Grund aber hüte ich mich davor, sie zu betreten.

Lemberg erweist sich als geheimnisvoller, faszinierender Einstieg in die Ukraine, das zweitgrößte Land meiner bisherigen Reise. In Hinblick auf Europa wird die Ukraine meiner Ansicht nach eher Fragen aufwerfen als Antworten bereithalten. Hier, auf dem Terrain der heutigen Ukraine, fand jedoch vor etwas mehr als sechzig Jahren eine Begegnung statt, die einen der Gründe für meine Reise darstellt: Für ein paar Tage im Februar 1945 kamen in Jalta auf der Insel Krim Churchill, Roosevelt und Stalin zusammen und schufen das Europa, mit dem meine Generation groß geworden ist. Diesen Ort muss ich mir selbstverständlich ansehen.

Von Lemberg nach Jalta

Auf der Fahrt zum Flughafen wird mir bewusst, wie sehr wir Reisenden Städte anhand dessen beurteilen, was uns besonders schön erscheint. So ist auch das alte Lemberg durchaus hübsch und völlig zu Recht zum Weltkulturerbe ernannt worden, doch die Mehrheit der Dreiviertelmillion Einwohner lebt in verwahrlosten Vierteln und schäbigen, abgasgeschwärzten Hochhaussiedlungen, die von den Restaurierungsmaßnahmen der UNESCO gänzlich unberührt bleiben werden.

Den Flughafen in die Weltkulturerbeliste mitaufzunehmen, wäre allerdings eine Überlegung wert, denn er verfügt über eines der ungewöhnlichsten Terminals, an denen ich jemals eingecheckt habe.

Wir schleppen unser Gepäck die Stufen eines stattlichen, neoklassischen Portals hinauf und betreten eine Halle, die aussieht wie die Miniaturversion eines antiken Tempels. Einen Check-in-Schalter oder Kofferkulis sucht man hier vergebens. Stattdessen erwartet uns ein Säulenrund mit üppigen Stuckverzierungen und Wandgemälden, auf denen Szenen aus dem bäuerlichen Alltag dargestellt sind. Die Abflugtafel ist nicht mehr als ein hölzernes Brett mit den Abflugzeiten darauf, das ganz oben an einer der Wände angeschraubt ist. Die Flugnummern und Namen der Flugziele in kyrillischer Schrift sehen aus, als hätte man sie schon vor Jahren daraufgepinselt. Die Oberhoheit über den gesamten Flughafen liegt offenbar in der Hand dreier nicht mehr ganz so junger Frauen von der Sorte, wie man sie höchstens noch in altmodischen Bekleidungsgeschäften finden kann – nur dass die Damen hier weniger zuvorkommend sind.

Der Raum ist erfüllt vom Widerhall klackender Absätze, nervöser Erkundigungen und gereizter Stimmen.

Schließlich deutet man nach draußen auf eine augenscheinlich vielgereiste Antonov AN-24 der Donbass Airline, die uns auf die Krim bringen soll.

Auf dem Weg zum Flugzeug werfe ich einen letzten Blick zurück auf das Flughafengebäude, nur um sicherzugehen, dass ich das alles nicht geträumt habe. Und ich bin froh, dass es kein Traum war, denn sonst wäre mir die ganze Tour de Force der Statuen an dem prachtvollen Säulengang vor dem Gebäude entgangen: Schweißer mit Schutzbrillen, Bergarbeiter mit Lampen und dazwischen Jungfrauen in durchsichtigen Gewändern und mit Obstkörben und Ähren im Arm – eine wunderbare Verschmelzung von Watteau und sozialistischem Realismus.

Der Flug ist ziemlich rustikal. Unsere Maschine ist eine Turboprop mit circa fünfzig Sitzplätzen, miserabler Schallisolierung und einer Stewardess, die bei der Ausgabe der Snacks den Eindruck erweckt, sie würde scharf gemachte Handgranaten verteilen.

Unsere Reise über das breite, von zahlreichen Nebenflüssen durchzogene Stromgebiet des Dnjepr verläuft weitgehend ohne Zwischenfälle, bis wir bei Simferopol auf der Krim zum Landeanflug ansetzen. Das Fahrgestell ist schon ausgefahren, und wir befinden uns höchstens noch dreißig Meter über der Landebahn, als wir von hinten ein gellendes Kreischen hören. Ein aufgeregter Flugbegleiter mit hochrotem Kopf rennt durch den Mittelgang, bleibt einen Augenblick lang stehen, starrt aus dem Backbordfenster und rast dann weiter ins Cockpit. Ihm auf den Fersen ist die Flugbegleiterin, die ständig »Was ist denn los?« schreit – was natürlich wahnsinnig ermutigend ist –, bis die Fluggäste sie endlich beruhigen können.

Das alles geschieht viel zu schnell, um mehr als Erstaunen auszulösen, aber nach der Landung munkelt man, das Fahrwerk sei nicht vollständig ausgefahren gewesen. Wenigstens sind wir pünktlich, und außerdem weiß ohnehin niemand, bei wem man sich beschweren sollte.

Simferopol, die Hauptstadt der Krim, und Jalta, der Haupturlaubsort der Halbinsel, verbindet ein Weltrekord: die Trolleybuslinie 52. Mit einer Strecke von gut achtzig Kilometern, für die man drei Stunden benötigt, ist sie die zweifellos längste Oberleitungsbuslinie der Welt. Sie wurde 1959 als günstige Reisemöglichkeit für die breite Bevölkerung eröffnet, und die Busse fahren heute noch – sogar dreimal pro Stunde.

Am Bahnhof steige ich in einen der Busse. Während man es in Lemberg kaum erwarten konnte, die Lenin-Statue loszuwerden, begegnet man dem großen Mann in Simferopol durchaus noch: In lässiger Pose sitzt er auf einem von struppigem Gras umwachsenen Sockel am Straßenrand.

Der Bus ist voll besetzt und hält so oft an irgendwelchen winzigen, provisorisch entlang der Route aufgebauten Straßenmärkten, um Fahrgäste aus- und einsteigen zu lassen, dass ich mir schon Sorgen mache, ob wir jemals aus Simferopol herauskommen, geschweige denn die Schwarzmeerküste erreichen werden. Doch kaum haben wir die Stadt hinter uns gelassen, werden es immer weniger Menschen, und wir halten nur noch jeden halben Kilometer.

In einer ländlichen Umgebung kommt einem ein Trolleybus völlig fehl am Platz vor. Irgendwie bringt man diese Fahrzeuge immer mit einem eindeutig städtischen Umfeld in Verbindung, sodass es etwas befremdlich wirkt, wenn sie durch Pinienwälder rollen. Anfangs stehen am Straßenrand noch Werbetafeln, die Immobilien, Handys, Schnaps und Zigaretten anpreisen – ein Zeichen, dass die Natur noch nicht komplett die Kontrolle übernommen hat –, doch nach einer Weile verschwinden selbst diese, und die Nummer 52 ist allein mit der gebirgigen Weite und den Wolken. Plötzlich sind wir auf einem rund 750 Meter hohen Pass angelangt, der von einem monumentalen Torbogen aus Beton gekennzeichnet ist. Wir halten kurz an, dann geht es weiter, den Berg hinunter. An den Geröllhängen links und rechts der Straße sind Spuren von Steinschlägen zu sehen. Wir fahren durch Wälder und vorbei an grünen Feldern, bis am Horizont eine dünne blaue Linie zu sehen ist: das Schwarze Meer.

Die Fahrt bergab ist für die Nummer 52 der schwierigste Streckenabschnitt, denn durch den Schwung des Fahrzeugs kann es auf dieser kurvenreichen Straße leicht passieren, das die Stromabnehmer aus der Fahrleitung gerissen werden. Unser Fahrer meistert diese Herausforderung jedoch mit großer Souveränität. Wir kommen an einigen neu angelegten Weinbergen und weiteren Werbetafeln für Immobilien vorbei, bis wir schließlich wohlbehalten die Ebene erreichen. Die alten Lkws aus der Sowjetära, die neben uns bergabkeuchen, erinnern an die weniger kapitalistische Vergangenheit. Auch der Fahrpreis für diese Trolley-Tour der Superlative lässt an die alten Zeiten zurückdenken: Er beträgt zehn Hrywnja, das sind gerade mal 1,30 Euro.

In Jalta herrscht reger Betrieb. Es ist Wochenende, und die Sommerurlauber haben die Krim fest im Griff. Jeder freie Zentimeter Straße ist mit Autos vollgestopft, über die Promenaden schieben sich Massen von Fußgängern, und am felsigen Strand liegen die Sonnenbadenden dicht gedrängt wie die Seehunde. In einer spanischen Betongaleone, die sich direkt am Meer von einem Betonsockel aufbäumt, finden sich etliche Bistros und Restaurants, und ein Piratenschiff beherbergt eine schicke Sushi-Bar. Über all dem dröhnt der obligatorische Disco-Beat. Jalta, wo nach dem Krieg über das Schicksal Europas entschieden wurde, ist wie Blackpool ohne Sandstrand.

Anya, die mir die Stadt zeigt, ist einundzwanzig und stammt aus Jalta. Sie spricht hervorragend Englisch und möchte einmal Journalistin werden. Die meisten Touristen seien zwar Ukrainer oder Russen, erklärt sie mir. Aber die Krim sei weder ukrainisch noch russisch, sondern eine autonome Republik mit einer eigenen Flagge, einem eigenen Parlament und einer Bevölkerung, in der achtzig verschiedene Ethnien vertreten sind. 1991 stimmten in einem von Präsident Gorbatschow eingeleiteten Referendum 88 Prozent ihrer Einwohner für den Erhalt der Sowjetunion.

Wir setzen uns auf eine Piazza am Meer, wo an einer modernen Installation aus Kabeln und Edelstahl die verschiedenen Partnerstädte dieses Badeortes aufgeführt sind, und darunter befindet sich, wie ich feststelle, auch das südenglische Seebad Margate.

Hinter uns gibt es einen McDonald's und vor uns einen überdimensionalen Lenin. Ich erkundige mich bei Anya, ob es niemanden stört, dass er hier steht – der Lenin, nicht der McDonald's.

»Viele Leute verbinden positive Erinnerungen mit der Sowjetzeit«, sagt sie, während wir zu ihm aufblicken.

»Man kann doch nicht einfach eine Seite aus dem Geschichtsbuch reißen, oder?«

Anya ist sehr diplomatisch. Erst vor Kurzem hat Russland der

Ukraine den Gashahn abgedreht, aber als ich sie frage, ob dies die Beziehungen zwischen den beiden Ländern getrübt habe, schüttelt sie entschieden den Kopf.

»Ach, das ist doch nur Politik.«

Jalta

Jalta liegt auf demselben Breitengrad wie Südfrankreich, und im 19. Jahrhundert zogen das milde Klima und die malerische Felsküste viele einflussreiche und wohlhabende Gäste an, die hier dem harten russischen Winter entfliehen wollten. Wenn sie sich an den kiefernbewachsenen Gebirgshängen oberhalb der Stadt eine Sommerresidenz errichten ließen, beschäftigten sie die besten Architekten, Handwerker und Gärtner.

In den letzten Monaten des Zweiten Weltkriegs, als Deutschland kurz vor der Kapitulation stand, stellten die geräumigen alten Villen von Jalta einen sicheren, komfortablen und angemessenen Rahmen für die Zusammenkunft der »Großen Drei« dar, der Staatsoberhäupter der Sowjetunion und der USA sowie des britischen Premierministers. Hier wollte man sich gemeinsam mit den Folgen des erwarteten Sieges auseinandersetzen.

Churchill und sein Stab waren in Schloss Woronzow untergebracht, einer Mischung aus schottischem Landhausflair und orientalischem Prunk, das Anfang des 19. Jahrhunderts von englischen Architekten für Fürst Michail Woronzow erbaut worden war, den Gouverneur der Krim. Er hat für seine Residenz ein ungeheures Vermögen ausgegeben, wohnte aber niemals dort. Die deutsche Armee war erst zehn Monate zuvor aus Jalta abgerückt, und als Churchill im Februar 1945 mit Stalin und Roosevelt zu der Konferenz eintraf, war es dort kalt, düster und ein wenig abweisend.

Heute ist davon nichts mehr zu spüren. Das Schloss wurde inzwischen restauriert, und während die den Bergen zugewandten neogotischen Mauern und Türme nach wie vor einen leicht bedrohlichen Eindruck machen, wirkt die zum Meer hin gelegene Seite hell und freundlich. Ein lang gestreckter Wintergarten mit gefliesten Böden beherbergt eine Fülle von Pflanzen und mehrere ziemlich niedliche italienische Marmorbüsten. Außerdem kann man die phantastischen Innenräume des Schlosses besichtigen, beispielsweise den »Blauen Saal«, dessen Ausstattung sehr an Wedgwood-Porzellan erinnert. Um die Räume kümmert sich ein Heer von ausschließlich weiblichen Reinigungskräften und Museumsangestellten.

Im ebenso sorgfältig gepflegten Park führt eine breite Treppe vom extravaganten, orientalisch angehauchten Südportal des Palasts nach unten. Flankiert ist sie von drei Löwenpärchen aus weißem Marmor. Von den beiden untersten Löwen liegt einer da und döst friedlich vor sich hin. Er hat die Pranken übereinandergeschlagen, den Kopf auf die Seite gelegt und sieht völlig zufrieden mit sich und der Welt aus. Churchill war von diesem Löwen äußerst angetan und schrieb darüber: »Wie ich, nur ohne die Zigarre.« Er fragte Stalin, ob er ihn kaufen könne, doch Stalin lehnte strikt ab.

Das Schloss steht inmitten einer ausgedehnten Parkanlage, und ganze Reisegruppen posieren neben Churchills Lieblingslöwen und spazieren durch die riesigen Säle. Damals, 1945, waren sich die Briten sicher, dass die Räume mit Abhörgeräten verwanzt waren. Ein Mitglied der britischen Delegation notierte in sein Tagebuch, dass jemand in einem Privatgespräch ein großes, gänzlich leeres Aquarium erwähnte, das er in einem der Räume gesehen hatte. Zwei Tage später war es voll mit Goldfischen. Eine andere Unterhaltung, in der jemand bemängelte, dass es keine Zitronenschale für die Cocktails gebe, führte dazu, dass kurz darauf im Wintergarten ein ganzer Zitronenbaum auftauchte.

Churchill machte sich unterdessen mehr Sorgen über die politischen Aufgaben, die zu bewältigen waren, und darüber, wie wenig Zeit dafür zur Verfügung stand.

»Ich weiß nicht, wie wir die Ziele, die wir uns gesteckt haben, in fünf oder sechs Tagen erreichen sollen«, schrieb er. »Selbst der Allmächtige hatte sieben Tage Zeit.«

Jeden Morgen brachte man die britische Delegation zum etwa fünf Kilometer entfernten Liwadija-Palast, wo die Sitzungen stattfanden. Die 1911 für den letzten russischen Zaren Nikolaus II.

errichtete Residenz liegt ebenfalls in einem luxuriösen Park, an einem dicht bewaldeten Hang mit Blick auf das Schwarze Meer. Von außen sieht der Palast ganz vielversprechend aus, mit seiner lang gestreckten, überraschend schlichten Neorenaissance-Fassade aus weißem Inkermaner Muschelkalkstein und dem Portikus aus Carrara-Marmor, aber im Inneren entpuppt er sich dann doch als eher düster und langweilig.

Für die Konferenz versammelten sich die Delegationen in einem mit weißem Marmor ausgeschmückten Speisesaal an einer langen Tafel. Ein kleinerer, runder Tisch, der heute noch zu besichtigen ist, war für vertrauliche Gespräche der Staatsführer mit ihren engsten Beratern vorgesehen. US-Präsident Roosevelt war aufgrund seiner Polio-Erkrankung an den Rollstuhl gefesselt, und um ihm den Zugang zum Konferenztisch so leicht wie möglich zu machen, richtete man ihm sein Schlafzimmer gleich nebenan ein, im ehemaligen Großen Empfangs- und Arbeitszimmer des Zaren. Der kleinste unter allen historisch bedeutenderen Räumen des Palasts ist das Billiardzimmer, das mit einer Holzvertäfelung aus englischer Kastanie ausgeschmückt ist. Hier wurde nach sechstägigen Beratungen der Vertrag unterzeichnet. Der anschließende Fototermin, bei dem die berühmten Bilder entstanden, auf dem die drei Staatschefs einen ziemlich frostigen Eindruck machen, fand im italienischen Garten statt, einem geometrisch angelegten, begrünten Innenhof, der von allen Räumen des Erdgeschosses aus zugänglich ist.

Roosevelt starb zwei Monate nach Ende der Konferenz an einer Hirnblutung. Churchill wurde drei Monate danach abgewählt. Die Sowjetunion besetzte unbehelligt Länder wie Estland, Litauen und Lettland, und die polnische Exilregierung in London durfte auf Geheiß Moskaus nicht an den Wahlen in Warschau teilnehmen. Fast genau ein Jahr nach dem Schulterklopfen und den Umarmungen im Liwadija-Palast erklärte Churchill in einer Rede, die er in einem kleinen College in Fulton, Missouri, hielt: »Von Stettin an der Ostsee bis nach Triest an der Adria ist quer durch den Kontinent ein eiserner Vorhang gefallen. Jenseits dieser Grenze liegen sämtliche Hauptstädte der alten Staaten Mittel- und Osteuropas.«

Dreiundvierzig Jahre später hob sich der Eiserne Vorhang wieder, und heute lassen sich in dem Garten, in dem einst Churchill, Stalin und Roosevelt saßen, Mädchen in Miniröcken fotografieren.

Der Zufall will es, dass der allerletzte Akt des Dramas keine zwanzig Kilometer von hier gespielt wurde. Folgt man der kurvigen Küstenstraße Richtung Südwesten, dann kommt man am Ende der Landspitze in das kleine Dorf Foros. Hier besaß Michail Gorbatschow, der Mann, der mehr als jeder andere zur Öffnung des Eisernen Vorhangs beitrug, eine Datscha. Als er dort im August 1991 unter Hausarrest gestellt wurde, beschleunigte das den endgültigen Zusammenbruch der Sowjetunion.

Achtzigster Tag
Kiew

Während der Dreharbeiten zu dem Film *Von Pol zu Pol* 1991 lernte ich auf der Zugfahrt durch die UdSSR einen Mann namens Vadim Castelli kennen, der gerade auf dem Weg von Nowgorod in seine Heimatstadt Kiew war. Vadim Castelli war ein ukrainischer Nationalist, der sich angesichts der Tatsache, dass sein Land Teil der Sowjetunion war, enttäuscht und machtlos fühlte. Ich erinnere mich noch daran, wie traurig ich beim Abschied war, weil ich ein freier Mann war, ein Heimatland hatte und reisen konnte, wohin ich wollte, während ihm all das verwehrt war.

Heute Vormittag, fünfzehn Jahre später, bin ich hier in Kiew, der Hauptstadt der Ukraine, mit ihm verabredet, im Café eines Einkaufszentrums, zwischen einem Gap- und einem Mothercare-Laden.

Mit seinem hellen Haar und dem gepflegten Bart sieht er genauso aus, wie ich ihn in Erinnerung habe, aber das legere weiße Hemd und die schwarzen Jeans lassen ihn fast jünger wirken als bei unserer letzten Begegnung. Jedenfalls macht er einen deutlich entspannteren, weniger zerstreuten Eindruck als damals. Er erzählt mir, dass auch er gerade eine Serie über eine Reise durch Europa für das ukrainische Fernsehen fertiggestellt hat. Seiner Schilderung der Reiseroute nach zu urteilen war er allerdings wesentlich länger unterwegs als ich.

Ich frage ihn, wie es für ihn war, so plötzlich mit der Unabhängigkeit des Landes konfrontiert zu sein.

»Zuerst war da ein Glücksgefühl. Ich dachte mir: Mein Gott, unglaublich, dass ich das noch erlebe! Dann empfand ich Unsicherheit. In den Köpfen vieler Menschen ... war die Vorstellung von einem ukrainischen Staat inzwischen völlig ausgelöscht worden, sodass viele sich als Teil dieser anonymen Gemeinschaft namens Sowjetunion fühlten. Und dann soll man plötzlich Teil von etwas Kleinerem werden, von einem Staat, in dem man eigene Entscheidungen treffen muss. Viele Menschen haben sich immer noch nicht daran gewöhnt.«

Wir spazieren zum Maidan Nezaleschnosti, dem Unabhängigkeitsplatz, wo sich uns ein ungewöhnlicher Anblick bietet: Auf beiden Seiten des Chreschtschatyk Boulevard, der Hauptstraße, die den Platz zweiteilt, ist ein Zeltlager aufgebaut; es erinnert an ein mittelalterliches Heerlager mit Fahnen und Emblemen, allerdings ohne Waffen. Die Ukrainer mögen zwar ihre Unabhängigkeit erlangt haben, doch sie sind sich immer noch nicht einig darüber, was sie damit anfangen sollen. Wie so oft in der Politik streiten sich auch in der Ukraine Reformer und Konservative, nur dass der Konflikt hier durch die Unstimmigkeiten zwischen den russischen Ukrainern und den ukrainischen Ukrainern noch verschärft wird.

Vadim bestätigt den Eindruck, den ich jetzt schon gewonnen habe.

»Die Ukraine ist im Grunde fast schon eine geteilte Nation. Von den Menschen, die im Westen und in der Mitte des Landes leben, wollen viele zur Europäischen Gemeinschaft dazugehören. Aber es gibt auch viele, die glauben, dass unser historischer Weg uns nach Russland führen sollte. Und einen Kompromiss zwischen zwei verschiedenen Mentalitäten zu finden, ist sehr schwierig. Man muss den Leuten zeigen, dass es ihnen mehr bringt, Richtung Europa zu gehen als Richtung Sibirien.«

Vadim und Igor, unser gut aussehender, aber etwas mürrischer Verbindungsmann vor Ort, der früher als Soldat mit der sowjetischen Armee in Afghanistan stationiert war, verkörpern diese beiden unterschiedlichen Positionen perfekt. Vadim ist eher der intellektuelle Typ, Igor der Pragmatiker, der instinktiv nach Osten blickt.

Die Zelte auf dem Platz sind vor allem von Anhängern der Demokratischen Partei aufgestellt worden, an deren Spitze Julija Tymoschenko steht. Die attraktive, ehrgeizige Frau wurde vor zwei Jahren zum Symbol für die Stimmung der Bevölkerung, die schließlich die Orange Revolution auslöste. Sie wurde Premierministerin, kurze Zeit später aber schon wieder aus diesem Amt entlassen. Verantwortlich dafür war Wiktor Juschtschenko, der zweite große Held jener Revolution (und der Mann, dessen Gesicht – nach heutigem Stand der Ermittlungen – durch eine Dioxinvergiftung entstellt wurde). Es kam zu einem erzwungenen und unbefriedigenden Arbeitsbündnis mit seinem früheren konservativen Gegenkandidaten, Wiktor Janukowytsch. Das Tymoschenko-Lager hat als Logo ein rotes Herz gewählt und nutzt das attraktive Aussehen der Parteivorsitzenden für seine Zwecke. Und Tymoschenko selbst, so Vadim, verkauft sich als Sinnbild der ukrainischen Weiblichkeit.

»Die Ukrainer lieben es, von ›der Mama‹ regiert zu werden.«

Igor ist verstimmt, als er uns zu einem Hausbootrestaurant auf dem Dnjepr führt. Er verteidigt das alte sowjetische Regime. Immerhin habe es dafür gesorgt, dass die ukrainische Wirtschaft überhaupt funktioniert, grummelt er finster. Ich wage es nicht, ihn auf Tschernobyl anzusprechen.

Am Nachmittag laufen wir zum Regierungsgebäude hinauf, das von den wehenden blauen Fahnen und Bannern der konservativen Partei der Regionen umgeben ist. Die Leute hier sind im Vergleich zu denen unten am Unabhängigkeitsplatz etwas älter und sehen traditionsorientierter aus, wirken weniger intellektuell und wohlhabend. Es ist das arbeitende Volk.

Zwischen den blauen Bannern entdecke ich auch ein paar alte kommunistische Plakate, auf denen ganz wie in guten alten Zeiten Hammer und Sichel prangen. Igor erklärt mir, dass die Männer, die sie schwenken, Fabrikarbeiter aus der Region Donetsk sind, die ihren Favoriten Janukowytsch unterstützen wollen. Sein Wahlkampf-Motto lautet: »Hoffnung ist gut, Zuversicht ist besser.« Seit den turbulenten Tagen der Orangen Revolution hat die

Partei in der Gunst ihrer Wähler um fast zwanzig Prozent zugenommen.

Es mögen einfachere, weniger gebildete Menschen sein, sagt Igor, aber sie sind hier, weil sie von der Sache überzeugt sind. Die Anhänger von Julija Tymoschenko dagegen – so zumindest seine Vermutung – bekommen hundert Hrywnja am Tag, nur damit sie hier auftauchen.

Während wir noch dastehen und schauen, sind aus der Ferne Stimmen zu hören, und man sieht, wie eine Karawane von roten Tymoschenko-Herzen den Hügel heraufzieht. Ein paar unerfahrene, junge Polizisten fahren sich mit der Zunge nervös über die trockenen Lippen. Hinter den Kulissen laufen ihre Kollegen in Zivil auf und ab und geben der schwarz gekleideten Bereitschaftspolizei über Funksprechgeräte unauffällig Anweisungen. Doch bis jetzt ist nur viel Lärm zu vernehmen.

Einundachtzigster Tag
Kiew

Dass die auf den Straßen von Kiew ausgetragenen politischen Auseinandersetzungen bisher verhältnismäßig friedlich verlaufen sind, liegt unter anderem daran, dass sie stets in einer ungewöhnlich ausgelassenen Atmosphäre stattgefunden haben. Statt Politik ist inzwischen offenbar Party angesagt. So ist im aktuellen Politjargon der Ukraine mit »verschiedenen Lagern« gemeint, ob man eher ein Anhänger von Pavillons aus Polyester oder von Zeltplanen aus alten Armeebeständen ist, und von einer »Parteiveranstaltung« spricht man dann, wenn eine Gruppe auf einer Open-Air-Bühne beim Volk für Partystimmung sorgt.

Diese neue Note der heutigen Politik, die so grundlegend anders ist als in alten Zeiten, als graue Männer von Balkonen herab ihre Ansprachen hielten, wird nicht nur durch Julija Tymoschenko verkörpert, sondern auch durch ihre politisch engagierte Tochter Jewgenija und ihren außergewöhnlichen Ehemann. Er ist auffallend groß, hat eine beeindruckende Statur und leicht schräg stehende Augen.

Das Paar ist der Traum jedes Imageberaters: Während Jewgenija das nationale Stereotyp der jugendlich frischen Schönheit bedient, sieht er aus wie der Inbegriff des ukrainischen Volkshelden, des kriegerischen Kosaken. Nur dass er in Wirklichkeit Sean Carr heißt und ein Biker aus Leeds ist.

Die Geschichte der beiden ist voller kurioser Zufälle und Wendungen. Jewgenija wurde von ihren Eltern nach Rugby geschickt, auf das berühmte englische Internat. Sean lernte sie in einem Hotel in Ägypten kennen, wohin die Liebe zum Motorradfahren die beiden geführt hatte – und ein Konzert von Seans Band, den Death Valley Screamers.

Nachdem sie sich ohnehin schon über etliche Konventionen hinweggesetzt haben, hoffen der englische Biker und die ehemalige Internatsschülerin nun, dass demnächst auch noch eine weitere gebrochen wird und endlich einmal eine Frau zum Staatsoberhaupt der Ukraine gewählt wird.

Für heute Vormittag haben die beiden uns zu sich nach Hause eingeladen. Sie wohnen etwas außerhalb von Kiew. Kein Problem also – abgesehen davon, dass Sean darauf besteht, mich ein Stück der Strecke auf seinem Motorrad mitzunehmen. Ich kenne mich mit PS-starken Maschinen nicht besonders aus, aber ein Beifahrersattel wäre vermutlich keine schlechte Idee gewesen. Stattdessen klammere ich mich nun an meinen Landsmann (Carr stammt ebenfalls aus Yorkshire), als ob es um Leben und Tod ginge, während er sein silber- und chromblitzendes, mit rot züngelnden Flammen bemaltes Ungetüm durch einen Forst mit kerzengeraden Kiefern jagt.

Gerade als ich anfange, mir Sorgen zu machen, ob die Falten, die mir der Fahrtwind ins Gesicht drückt, nicht doch vielleicht bleiben werden, drosselt Sean den Motor, bis nur noch ein sattes Gurgeln zu hören ist. In einer scharfen Kurve biegt er von der Straße ab und hält in der sandigen Einfahrt eines gründlich umzäunten, unspektakulären, mehr oder weniger modernen Hauses.

Ich klettere von der SS »Vengeance« und folge Sean nach drinnen. Angesichts der aufgeheizten Atmosphäre in der derzeitigen politischen Landschaft der Ukraine erstaunt es mich nicht, dass an jeder

Ecke Überwachungskameras hängen und ständig ein Rottweiler hinter uns hertapst. Unser Gespräch findet im Garten statt. Jewgenija und Sean nehmen kein Blatt vor den Mund. Sie sehen die Politik der Straße als Ausdruck des Protests gegen die Korruption und Unrechtmäßigkeit der Regierung, gegen die Kultur der geheimen Absprachen hinter verschlossenen Türen. Ihre Mutter, sagt Jewgenija, ist die Einzige, die Wort gehalten hat.

Sean versucht, seine Band aus der Politik herauszuhalten, aber das ist gar nicht so einfach. Sie ist unglaublich bekannt hier in der Ukraine.

»Auf unseren Konzerten sind schon siebzigjährige Omas mit Death-Valley-Screamer-T-Shirts aufgekreuzt. Da fragst du dich schon, he, Moment mal, was geht hier eigentlich ab?«

Auch seine Schwiegermutter zählt zu den Fans der Band – wenn auch zu den eher gemäßigten. Allerdings meint Jewgenija, es wäre ihrer Mutter lieber, wenn Sean auf der Bühne sein Hemd nicht ausziehen würde.

Jewgenija betont, dass die Ukraine ein sehr junger Staat ist und dass es nicht einfach ist, hier, wo die Herrscher es bisher gewohnt waren, ihren Kopf durchzusetzen, ein System der parlamentarischen Demokratie aufzubauen. Pressefreiheit oder die Anhörung des Volkes sind für die Ukraine ganz neue Gedanken.

Der große Unterschied zu früher besteht jedoch darin, dass sich die Dinge nicht mehr in einem Vakuum abspielen. Während der Orangen Revolution waren die Augen der ganzen Welt auf dieses Land gerichtet.

Jewgenija nickt bedächtig und lächelt.

»Nach der Revolution wusste jeder über die Ukraine Bescheid, aber in positiver Hinsicht, wissen Sie, nicht nur, was Tschernobyl betrifft.«

Die beiden sind engagiert und scheinen ihre Aufgabe sehr ernst zu nehmen, aber Jewgenija sieht trotzdem müde aus. Die ukrainische Politik zu ändern, ist offenbar nicht so einfach, wie es vor zwei Jahren vielleicht noch ausgesehen hat. Ich frage sie, wie sie das, wogegen sie kämpfen, beschreiben würde.

Sie seufzt.

»Oh, wir kämpfen gegen die alte kommunistische Mentalität, wissen Sie.«

Am Abend, meinem letzten in Kiew, gehe ich mit Igor, für den die alte kommunistische Mentalität durchaus ihren Wert hat, auf den Hügel über dem Dnjepr. Hier steht eine riesige Statue von Mütterchen Russland, die das ganze Westufer der Stadt dominiert – ein Geschenk von Parteichef Breschnew aus dem Jahr 1977 für die Bevölkerung von Kiew. Sie ist rundum mit silbergrauen Titanplatten verkleidet und etwa hundert Meter hoch. Besucher können in ihrem linken Arm nach oben steigen und über den Rand ihres Schildes auf die andere Flussseite schauen, wo lange Reihen von Betonklötzen stehen, die vom letzten Abendrot angestrahlt werden. Dort leben zwei der drei Millionen Einwohner der Stadt. »Das schlafende Kiew«, nennt Igor das Viertel.

Hier oben auf dem Hügel gibt es auch ein riesiges Militärmuseum, in dem Waffen, Panzer, Raketen und Wandreliefs ausgestellt sind, die an die Siege der Sowjets im Zweiten Weltkrieg erinnern. Nur dass sie ihn nicht so nennen. Sie nennen ihn den »Großen Vaterländischen Krieg«.

Vielleicht war das ja auch der Grund für Stalins Erfolg in Jalta. Die Sowjetunion hatte schon immer einen völlig anderen kulturellen und ideologischen Hintergrund als die übrigen Alliierten. Der Zweite Weltkrieg war dem russischen Volk nie als Weltkrieg präsentiert worden, als kollektive Anstrengung, die auch gleichberechtigte Ansprüche rechtfertigte. Was zählte, war einzig und allein der Erhalt des eigenen Systems, das die UdSSR lediglich zum jüngsten Inbegriff von Mütterchen Russlands zeitlosem Streben gemacht hatte. Ihre Söhne kämpften und starben für die Befreiung ihres Heimatlandes. Dabei wurden andere Heimatländer drastisch in Mitleidenschaft gezogen, und einigen von ihnen gefiel das gar nicht – darunter auch Estland, Lettland und Litauen, deren kurzzeitiger Ausflug in die Unabhängigkeit 1945 schon wieder zu Ende war.

ESTLAND

Dreiundachtzigster Tag
Tallinn

Ich sehe zum ersten Mal die Küste Estlands. Nun ja, eigentlich ist es das zweite Mal. Vor einigen Jahren, 1991, habe ich sie schon einmal gesehen, nur dass es damals noch die Küste der Sowjetunion war.

Flach und unscheinbar liegt sie da, doch selbst aus der Entfernung fallen einem die ersten Anzeichen des Wandels auf, der Estland in den fünfzehn Jahren, seit ich den Finnischen Meerbusen zum letzten Mal überquerte, überrollt hat.

Die alten Spitzdächer und Türmchen westlich von Tallinn haben im Osten der Stadt Konkurrenz bekommen: Dort sind eine Handvoll moderner Wolkenkratzer aus dem Boden geschossen, die ersten Auswüchse eines neuen Geschäftsviertels. Damit hat Tallinn neben der Altstadt nun auch eine Neustadt. Das einst triste, abweisende Hafenviertel ist mittlerweile erweitert und ausgebaut worden, und ein Netz röhrenförmiger Landungsbrücken spannt sich, Tentakeln gleich, zwischen Wasser und Land. In Tallinn blüht das Geschäft – und das ist auch gut so. Obwohl die strategisch günstige Lage auf halber Strecke zwischen Skandinavien und Russland das Land zu einem idealen Warenumschlagplatz macht, war es aufgrund seiner geringen Größe immer auf die Unterstützung anderer, mächtigerer Staaten angewiesen. Doch während die dänischen, die schwedischen und sogar die deutschen Lehensherren den Esten gestatteten, einzelne Elemente ihrer Kultur beizubehalten, erwiesen sich die Russen als weniger tolerante Nachbarn. Sie machten Estland nach dem Zweiten Weltkrieg zur Sowjetrepublik, und daran sollte sich für die nächsten 46 Jahre nichts ändern. Als wir 1991 hier ankamen, zeugte die Präsenz von 180 000 Soldaten der sowjetischen Armee von der Besetzung eines Landes, das in den 500 Jahren seiner Geschichte gerade mal 22 Jahre Unabhängigkeit erlebt hatte.

Inzwischen sind die Truppen abgezogen, und das Blatt hat sich komplett gewendet. Die estnische Wirtschaft boomt. Die jährlichen Wachstumsraten sind zweistellig, das Staatsbudget weist einen Überschuss auf, und das *Time Magazine* bezeichnete das Land kürzlich als »einen der technisch fortschrittlichsten Orte der Welt«. Doch damit nicht genug: Denjenigen Russen, die in Estland geblieben sind, wird erst dann die Staatsbürgerschaft gewährt, wenn sie Estnisch gelernt haben.

Das Estnische ist jedoch eine komplizierte Sprache, die über 33 000 Schriftzeichen verwendet, sodass die meisten Russen es gar nicht erst versuchen. Sie bleiben als Bürger zweiter Klasse hier im Land, was mehr oder weniger das Einzige ist, worüber man in der Europäischen Union, in die Estland 2004 aufgenommen wurde, nicht besonders glücklich ist.

Vierundachtzigster Tag
Tallinn

Es ist bereits früher Abend, als wir etwa dreißig Kilometer westlich der Stadt von der Straße abbiegen und auf einer Schotterpiste zu einem modernen, pyramidenförmigen Haus fahren. Wir parken auf einem Stück Wiese neben mehreren Volvos und Saabs, deren Besitzer gerade damit beschäftigt sind, Brennholz auszuladen und vor dem Haus zu stapeln. Das Lächeln, mit dem man uns begrüßt, ist höflich, aber reserviert. Nur ein junger Mann mit kurzen Haaren und einem durchdringenden Blick grinst mich breit an und umarmt mich stürmisch. Es ist Margus Aru, dem dieses Haus gehört und der das Feuermachen koordiniert. Zunächst wirkt alles noch wie bei einem gewöhnlichen sommerlichen Grillabend am Stadtrand. Nur dass hier die Gäste selbst auf den Rost kommen.

Margus versucht, meine Bedenken zu zerstreuen, so als wäre die Sache auch nicht aufreibender als ein Ausflug zu IKEA.

»Erst versammeln sich alle. Wir spüren zusammen angenehme Dinge, und dann geht es los mit dem Feuerlaufen.«

Ich frage ihn, ob es sich dabei um eine typisch estnische Tradition handelt.

»Eigentlich nicht, in Indien machen sie es auch, habe ich gehört, und in Südamerika ...« Er zuckt mit den Schultern, als gehe die Frage am Kern der Sache vorbei. »... und bei den Wikingern.«

Das Entscheidende beim Feuerlaufen ist, dass man seine Angst überwindet. Ich wende ein, das es manchmal doch auch ziemlich praktisch ist, Angst zu haben, weil sie einen davon abhält, irgendeine Dummheit zu begehen.

Margus schenkt mir ein nettes, aber leicht verächtliches Lächeln. Sein Sohn ist schon mit vier Jahren über glühende Kohlen gelaufen. Als Margus ihn anschließend fragte, ob es sehr heiß gewesen sei, meinte der Kleine bloß: »Hätte es heiß sein sollen?«

Die Aufwärmphase für den Feuerlauf zieht sich hin. Hin und wieder fangen zwei oder drei junge Typen, die einen unnatürlich entspannten Eindruck machen, mit einem unkoordinierten Getrommel an, während Margus ein Stück Plastikrohr über seinem Kopf kreisen lässt, das ein hohes, jaulendes Geräusch von sich gibt.

Keiner der Anwesenden scheint so recht zu wissen, was als Nächstes zu tun ist oder wie ernst man das alles hier nehmen soll. Die Einzigen, die wirklich Spaß an der ganzen Sache zu haben scheinen, sind Margus' sechsjähriger Sohn Christian und dessen Freunde, die mit viel Geschrei und Gejohle herumtoben und einander hinterherjagen, was natürlich jede auch nur ansatzweise meditative Atmosphäre im Keim erstickt. Inzwischen brennt der lang gestreckte Scheiterhaufen lichterloh. Margus gibt bekannt, dass erst mal nichts weiter geschehen wird, bis die Sonne untergegangen ist. Und da wir uns in skandinavischen Breiten befinden, wird das nicht vor elf Uhr nachts sein.

Dass wir den Sonnenuntergang abwarten, hat einen praktischen Grund, sagt er. Erst dann kann man nämlich feststellen, ob die Flammen auch wirklich vollständig erloschen sind. Anderenfalls könnte das Feuerlaufen zu einer ziemlich gefährlichen Angelegenheit werden. Als ob ein Spaziergang über ein glühendes Kohlebett von der Größe eines Cricketfelds nicht auch eine gefährliche Sache wäre!

Dann wird es Zeit für den ersten Gang, und die rund zwanzig Gäste, die sich inzwischen hier versammelt haben, rücken näher ans Feuer. Es sind freundliche, anständige Leute, allesamt gut situiert, Männer und Frauen, quer durch alle Altersgruppen. Manche wirken schweigsam und ruhig, andere versuchen angestrengt, eine Art Sprechgesang anzustimmen, aber die meisten warten einfach nur darauf, dass Margus ein Zeichen gibt. Die Abendluft wird merklich kühler.

Dann wird ein Eimer Wasser geholt, ein Lappen hineingetaucht und beides am Ende des Kohlenbetts deponiert. Die Musik wird aufdringlicher. Die Anwesenden scheinen mächtig erleichtert zu sein, als Margus endlich zum anderen Ende der glühenden Kohlen geht und anfängt, mit sanfter Stimme Anweisungen zu geben.

Ich atme tief ein und aus. Ich schwinge die Arme aus der Hüfte heraus. Die Handflächen zeigen offen nach oben, damit die spirituelle Energie frei fließen kann.

»Denkt an euch, denkt nur an das Hier und Jetzt. Verbannt die Vergangenheit und die Zukunft aus euren Köpfen.«

An manchen Gesichtern kann ich ablesen, dass es nicht allen leichtfällt, sich einzureden, dass das alles eine reine Kopfsache ist. Wie soll so was überhaupt funktionieren, dass der Geist über die Materie siegt? Und wenn es funktioniert, wird mein Geist dann auch stark genug für ein fünf Meter langes Aschebett sein? Die Kinder rennen unterdessen mit unermüdlicher Energie um uns herum. Sie haben sich jedoch mit den diversen Teilen einer Plastikritterrüstung bewaffnet – in ihren Köpfen ist offenbar ganz eindeutig die Materie das Entscheidende.

Margus atmet ein letztes Mal tief ein und steigt dann – die Arme seitlich von sich gestreckt, die Handflächen nach oben – auf das Kohlenbett. Ich zähle mit: Er braucht zehn Schritte, um durch das Feuer zu gehen. Das heißt, die Füße kommen zehn Mal mit den glühend heißen Kohlen in Berührung. Dann macht Margus auch noch kehrt und geht seelenruhig wieder zurück. Also zwanzig Mal!

Gleich nach ihm ist ein ziemlich korpulenter Mann an der Reihe, der mit beneidenswerter Gelassenheit losmarschiert. Sein Körpergewicht muss ihm die Fußsohlen in die Glut drücken, als ob es Steaks auf dem Grill wären. Ihm auf den Fersen folgt Margus' Frau Evelyn, die ihr neugeborenes Baby über das Feuer trägt wie eine nordische Madonna ihr Kind.

Eine Frau mittleren Alters in einem gelben Mantel, die sich den ganzen Abend lang eifrig mental vorbereitet hat, gesellt sich zu uns ans Feuer, wartet noch eine Weile mit gesenktem Blick und geht dann los. Sie kommt am anderen Ende des Glutbetts an, und zum ersten Mal heute Nacht sehe ich bei jemandem eine deutliche Reaktion: eine freudige Erleichterung, die fast an Ekstase grenzt. Eine jüngere Frau dagegen kann sich nicht so recht entschließen. Sie steht wie angewurzelt da, blickt hoch konzentriert auf die Glut, aber wendet sich dann schließlich doch ab.

Wir fangen an, unsere Ausrüstung zusammenzupacken. Die Vorstellung, selbst über das Bett aus glühenden Kohlen zu laufen, reizt mich irgendwie überhaupt nicht. Das einzige Bett, an das ich im Augenblick denken kann, ist das in meinem Hotelzimmer – und es wird ganz bestimmt die richtige Temperatur haben.

Margus versucht nicht, mich in irgendeiner Weise doch noch dazu zu drängen. Stattdessen umarmt er mich zum Abschied noch einmal herzlich, und ich spüre, dass er weiß, dass ich es geschafft hätte.

Wir gehen gerade zu unserem Bus, da höre ich hinter uns, vom Feuer her, jemanden schreien.

»Autsch, ist das heiß!«

Und als wir dann auf dem Rückweg nach Tallinn sind, fühle ich mich schon nicht mehr ganz so miserabel.

Fünfundachtzigster Tag
Tallinn

Gnadenlos heiß brennt die Sonne vom Himmel. Die Fähren aus Schweden und Finnland treffen inzwischen stündlich und nicht mehr nur einmal am Tag hier ein, wie es früher der Fall war, als das

Land noch zur UdSSR gehörte. Schon bald herrscht in den malerischen Straßen von Tallinn (früher: Reval) ein reger Betrieb, und in den Cafés um den weitläufigen, verkehrsfreien und inzwischen komplett kabellos besurfbaren Raekoja Plats (Rathausplatz) ist kein einziger Stuhl mehr frei.

Das heißt also: Nichts wie raus aus der Stadt! Wir nehmen zunächst die Straße, die weiter nach Russland führt, biegen dann aber Richtung Norden ab und schrauben uns durch eine sanfthügelige Küstenlandschaft hinauf zu dem winzigen Dorf Viinistu. Eine leichte Brise, die vom Meer her kommt, macht die Hitze des Tages ein wenig erträglicher. Wir kommen durch eine kleine Siedlung von holzverkleideten Häusern, über deren Gartenzäune dicke Blütenkissen hängen. Ein Stück weiter machen wir eine sonderbare Endeckung. Auf einer großen, betonierten Fläche direkt am Hafen stehen mehrere Dutzend absolut identische Koffer, ebenfalls aus Beton.

Sie sind Teil einer Kunstsammlung, die Jaan Manitski zusammengestellt hat. Manitski ist etwa so alt wie ich und trägt ordentliche Khakihosen und ein Hemd mit offenem Kragen. Die Koffer haben für ihn eine ganz persönliche Bedeutung. Im Jahr 1944 zogen sich die deutschen Besatzer aus Estland zurück, und die sowjetische Armee begann mit ihrem Einmarsch.

»Zahllose Esten verließen das Land«, erklärt Manitski und deutet aufs Meer hinaus.

»Von dieser Küste aus fuhren viel kleine Fischerboote nach Finnland oder Schweden, und die meisten Menschen durften nur einen Koffer mitnehmen. Wenn eines der kleinen Boote überfüllt war, mussten sie selbst diesen einen Koffer hier an Land zurücklassen.«

Unter denjenigen, die damals ins Exil gingen, war auch Manitskis Familie, die seit Ewigkeiten in Viinistu gelebt hatte. Auf seinen Reisen gelangte Manitski schließlich nach Schweden und kam dort als Manager des berühmtesten schwedischen Exportschlagers, der Gruppe ABBA, zu Wohlstand. Doch trotz all seines Erfolgs und Ansehens fehlte ihm etwas.

»Ich habe vierzig, fünfzig Jahre lang im Ausland gelebt, aber in meinem Herzen bin ich immer ein Este geblieben.«

Im Jahr 1989, kurz bevor Gorbatschow mit seinen Reformen in der alten Sowjetunion den Super-GAU auslöste, kam Manitski in sein Heimatland und nach Viinistu zurück. Er versuchte sich in allen möglichen Branchen, die ihm interessant erschienen, unter anderem in der Pilzzucht. Dann aber ließ er sich doch dazu überreden, eine verantwortungsvollere Aufgabe zu übernehmen, und begleitete den Wandel seines eben erst unabhängig gewordenen Landes zu einer freien Marktwirtschaft. Er erklärte sich sogar bereit, das Amt des Außenministers zu übernehmen. Schon nach einem guten halben Jahr gab er es jedoch wieder ab und sorgte außerdem bei den zuständigen Behörden für Fassungslosigkeit, weil er sich nicht die Mühe machte, sein letztes Monatsgehalt einzufordern. Seitdem widmet er sich mit großem Engagement und Geschick seinem Heimatort. Er kaufte eine stillgelegte Kolchose im Ort auf und machte Viinistu zu einem der wichtigsten und lebendigsten Kunstzentren des gesamten Baltikums. Mit viel Fingerspitzengefühl hat er in der alten Fischfabrik Galerien, Restaurants, ein Konferenzzentrum, einen Konzertsaal und ein Hotel eingerichtet. Während wir uns unterhalten, wird gerade an einer Mauer für den neuen Jachthafen gebaut.

Über den felsigen Strand klettern wir zum Meer hinunter. Manitski will mir etwas zeigen. Es ist ein riesiger, schwarzer, mit Seetang bewachsener Felsbrocken, der bei den Leuten im Ort als »Baby-Stein« bekannt ist: Hier kommen einer alten Überlieferung zufolge die Babys her – die hiesige Variante des Storchs, sozusagen. In den Jahren der sowjetischen Besetzung war die Küste für Badende ebenso tabu wie für Fischer und wurde als militärisches Sperrgebiet mit Stacheldrahtzäunen abgeriegelt und mit Suchscheinwerfern bewacht.

Seit die Sowjets fort sind und der Stein wieder zugänglich ist, gab es in Viinistu einen regelrechten Babyboom, erzählt Jaan Manitski.

Dass es einen Zusammenhang geben muss, weiß er aus eigener Erfahrung.

»Ich bin vor einigen Jahren mal zu dem Stein gegangen – und unser Ältester ist jetzt fünf. Dann war ich noch mal dort, und wieder haben wir einen Jungen bekommen – er ist zwei.« Der Zweiundsechzigjährige grinst ein wenig verlegen. »Scheint also zu funktionieren.«

Dann erzählt er ein paar absurde Geschichten über das alte sowjetische Wirtschaftssystem. »Eine riesige Schuhfabrik in Tallinn hat nur linke Schuhe produziert, die rechten wurden in einer Fabrik in Irkutsk hergestellt.« Er hat seine eigene Theorie, warum Estland sich so rasch erholt hat und so große Fortschritte machen konnte: Zu den Gründen zählen seiner Ansicht nach die junge Regierung mit einem Premierminister, der erst Anfang dreißig ist, und die Tatsache, dass große Veränderungen in einem so kleinen Land wie Estland wesentlich einfacher umzusetzen sind.

»Wir haben bei null angefangen, vielleicht sogar im Minusbereich ... aber was den Aufbau einer neuen Gesellschaft und ein neues Leben in diesem Land erst möglich machte, war ein erfolgreicher Privatisierungsprozess. Und was Sie hier sehen«, er macht eine ausladende Handbewegung, »ist ein Beispiel dafür.«

Der Lärm von der Baustelle am Hafen wird unerträglich. Manitski schickt jemanden los, der die Arbeiter bitten soll, für eine Weile damit aufzuhören. Mir fällt auf, dass die einzige Sprache, die die Männer zu verstehen scheinen, Russisch ist. Man könnte fast meinen, die hightech-verliebten Esten wären nicht mehr bereit, körperliche Arbeit selbst zu erledigen.

Am Nachmittag habe ich einen Arzttermin. Anders als sonst bin ich diesmal ziemlich nervös – nicht weil ich mir Sorgen mache, dass sie etwas finden könnten, sondern wegen der Behandlungsmethode. Diese Klinik hat sich auf die sogenannte »Hirudotherapie« spezialisiert – für den Laien: die Behandlung mit Blutegeln.

Blutegel hatten noch nie einen besonders guten Ruf, und auch ein kurzer Blick ins Wörterbuch ändert daran nichts.

»Blutsaugender Ringelwurm; auch in den Wendungen ›sich wie ein Blutegel an jmd. heften‹; ›jmd. wie ein Blutegel aussaugen‹.«

In den Tropen hat man mich vor ihren unerfreulichen Attacken auf Wanderer gewarnt und mir geschildert, wie sie mit Zigaretten aus der Haut gebrannt werden müssen, wenn sie sich erst einmal festgebissen haben. Was bringt mich dann dazu, meinen alten Kör-

Jalta, Ukraine   Auf der Krim hat sich Lenin noch halten können.
Jalta-Touristen ruhen sich auf den Stufen des Denkmals aus.

Kiew, Ukraine   Wie man vom Leadsänger der Death Valley Screamers
erwarten würde, benutzt Sean Carr keine öffentlichen Verkehrsmittel.

Viinistu, Estland   Die Betonkoffer von Viinistu erinnern an all jene, die Estland im Zweiten Weltkrieg verlassen mussten. Einer der damaligen Flüchtlinge richtete auf eigene Kosten das dortige Kunstareal ein.

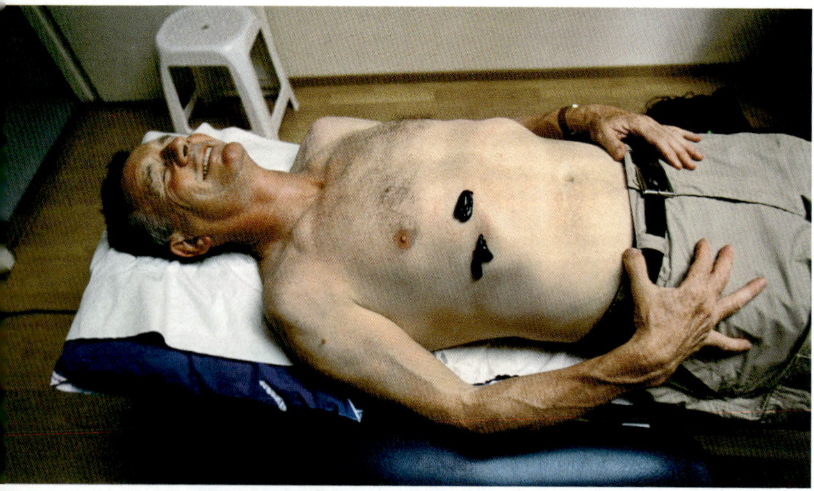

Tallinn, Estland   Mit drei engen Freunden beim Blutspenden in einer Hirudotherapie-Klinik

Ventspils, Lettland   Überreste der Revolution. Sowjetische Wandmalerei in einem verlassenen Gemeindezentrum unweit des Radioteleskops von Ventspils

Palanga, Litauen Die Ostseeküste, von der Villa des ehemaligen kommunistischen Staatschefs Breschnew aus gesehen

Von Palanga nach Vilnius, Litauen Der Kreuzhügel, ein Symbol der litauischen Freiheit

Kaliningrad, Russland
Ritter in glänzender
Rüstung beim Turnier-
kampf, dem krönenden
Abschluss des National-
feiertags

Auschwitz, Polen

Auschwitz, Polen
Die Bahnlinie, die direkt
zu den Gaskammern
im Konzentrationslager
Auschwitz II-Birkenau
führt, wo Zehntausende
den Tod fanden. Heute
liegen auf den Gleisen
vor dem Eingangstor
Blumen.

Hohe Tatra, Slowakei   Gebührender Empfang in der Slowakei. Die verschneiten Täler zwischen den Gipfeln der nur mäßig großen, aber nicht minder atemberaubenden Hohen Tatra ziehen sich bis in die slowakische Tiefebene hinunter.

Prag, Tschechien   Begegnung mit der KZ-Überlebenden Lisa Miková auf dem alten jüdischen Friedhof in Prag. Weil dies über 300 Jahre lang der einzige Ort war, wo die jüdischen Bürger ihre Verstorbenen bestatten konnten, stehen die Grabsteine heute so dicht gedrängt *(oben)*.

Częstochowa, Polen   Üppig ausgeschmückte Barockkapelle im Kloster Jasna Góra, hinter dessen Mauern sich die Schwarze Madonna, ein Symbol der polnischen Unabhängigkeit, befindet *(links)*

Berlin, Deutschland   Eine DC-3, wie sie während der Berliner Luftbrücke von 1948 verwendet wurde, bringt mich auf die Insel Rügen.

Spreewald, Deutschland   Landluftschnuppern im Spreewald südlich von Berlin. Herr Marx nimmt mich mit auf eine Fahrt durch die Wasserlandschaft aus Kanälen, Flüssen und Bächen, die sich über fast 2000 Kilometer erstreckt.

per im hintersten Winkel des Baltikums freiwillig diesen Viechern auszusetzen?

Nun, irgendwie will man ja was für seine Gesundheit tun, vor allem nach einer monatelangen Reise wie dieser. Außerdem habe ich eine Schwäche für eklige Verjüngungsmethoden (Entschuldigung, aber dieses Wortspiel hat sich förmlich aufgedrängt).

»Was soll ich ausziehen?«

»Den kleinen Striptease, bitte«, antwortet Lyudmilla Agajeva, eine der erfahrensten Hirudotherapeutinnen an dieser Klinik, mit einem starken russischen Akzent.

Frau Agajeva ist über fünfzig und ein vollbusiger, mütterlicher Typ. Für sie sind Blutegel das Nonplusultra. Die Therapie mit diesen Tieren ist eine bewährte Methode mit nachweislichen Erfolgen bei der Behandlung von Impotenz, Bluthochdruck oder kritischen Cholesterinwerten, aber auch nach exzessivem Alkoholgenuss oder wenn man es mit irgendetwas anderem übertrieben hat. Sie lächelt mir aufmunternd zu, als ich mich auf der Liege ausstrecke. Ihre Blutegel sind die besten, sagt sie. Sie kommen direkt aus Sankt Petersburg.

Dann holt sie drei davon aus einer Flasche und legt sie mir seitlich an den Oberkörper, etwa auf Höhe der Rippen. Während der eine Egel immer wieder abrutscht, verlieren die anderen keine Zeit, sondern machen sich unverzüglich ans Werk. Dazu verwenden sie – wie ich mir habe sagen lassen – 300 Zähne, die kreisförmig um einen Mund mit drei Kiefern angeordnet sind.

Frau Agajeva ist nicht zufrieden.

»Der eine ist etwas faul«, sagt sie missbilligend.

»Vielleicht ist er ja Abstinenzler.«

Die beiden anderen haben inzwischen die Haut durchbohrt und lassen sich mein Blut schmecken. Es tut nicht weh, ist aber ein bisschen unangenehm. Es fühlt sich an, als ob man einen schwachen Stromschlag bekommt oder eine Brennnessel berührt.

Eigentlich hieß es, dass es nicht lange dauern wird, aber nach einer Viertelstunde spüre ich immer noch dasselbe scheußliche Kribbeln. Das kommt daher, erklärt man mir, dass die Blutegel einen Gerinnungshemmer absondern. Nur so können sie überhaupt ihren Job machen, also das Blut untersuchen, schlechte Substanzen herausfiltern und sie durch gute Substanzen ersetzen – wie unendlich selbstlos von diesen kleinen Biestern!

Jedes Mal, wenn ich an mir herunterschaue, sind die Blutegel wieder ein Stück dicker geworden. Eigentlich haben sie erst vor zwanzig Minuten losgelegt, aber inzwischen sind sie zum Zweifachen ihrer ursprünglichen Größe angeschwollen. Da liegen sie, schwarz und glänzend wie gesättigte Nacktschnecken. Frau Agajeva nickt zufrieden. Sie scheinen mich zu mögen.

Dann aber gerate ich doch ein wenig in Panik, denn ich spüre, wie von der Stelle, wo die Wunden sind, etwas an meiner rechten Seite hinunterläuft. Man versichert mir jedoch, dass es sich dabei nicht um mein Blut, sondern vielmehr um den Speichel der Egel handelt. Die drei fleißigen Tierchen reinigen also nicht nur meine Blutbahn, sondern schwitzen dabei auch noch ordentlich vor Anstrengung. Allmählich empfinde ich eine absurde Dankbarkeit gegenüber diesen Würmern, und als fünf Minuten später die Zeit gekommen ist, sie abzunehmen, fühle ich mich ihnen irgendwie verbunden, spüre, dass wir Freunde geworden sind, dass wir etwas ganz Intimes miteinander geteilt haben. Doch sentimentale Gefühle sind jetzt fehl am Platz. Nachdem sie ihr Werk vollbracht haben, werden die Egel kurzerhand in einer Lösung aus Ätznatron entsorgt. Sie werden nie wieder jemanden aussaugen. Früher wurden Blutegel wiederverwertet, doch heute, in Zeiten von Aids, macht man das nicht mehr.

Lyudmilla (wie ich glaube, sie jetzt nennen zu dürfen) verarztet meine Wunden mit einer dicken, langen Kompresse und meterweise Pflaster. Während der gesamten »Prozedur«, wie sie die Behandlung nennt, habe ich nur etwa 25 Milliliter Blut eingebüßt, aber danach kann der Körper zusätzlich zwischen 200 und 300 Milliliter durch Nachbluten verlieren. Ich soll mich daher schonen, keinen Alkohol trinken und bis morgen Früh nicht die Kleidung wechseln.

Wieder in Tallinn, überkommt mich das rauschhafte Gefühl der Erleichterung darüber, dass ich die Egelbehandlung überstanden habe. Irgendwie scheint die Blutarmut mich leichtsinnig gemacht zu haben. Jedenfalls finde ich, dass ich mir jetzt eine Belohnung verdient habe, und lande schließlich – bei mehr als nur ein, zwei

Gläsern Wein – im hervorragenden Restaurant des Hotel Sankt Petersburg.

Von Tallinn zur Grenze Lettlands

Ich wache auf und komme mir vor wie in einer Szene aus *Der Pate*. Das Betttuch ist blutverschmiert, an meinem T-Shirt klebt ein zäher Klumpen getrocknetes Blut. Ich drehe den Kopf, um zu sehen, ob neben mir ein Pferdekopf liegt, aber zum Glück bin ich allein. Im Badezimmer beginne ich dann zaghaft, den Verband zu entfernen, aber mit Zaghaftigkeit komme ich gegen Lyudmillas Leukoplast extrastark nicht an. Ich nehme also meinen ganzen Mumm zusammen und reiße es mir mit einem Ruck vom Leib. Ein ohrenbetäubendes Geräusch, als ob mir der ganze Bauch aufgerissen würde, dann halte ich kompakte 300 Milliliter Blut in Form der Kompresse in der Hand. An meiner Seite sind drei kleine violette Kreise mit schwarzen Bissstellen darin zu sehen, und aus einem davon sickert immer noch ein wenig Blut. Ich beseitige die Spuren, so gut es geht, und denke mit Erleichterung daran, dass ich das Hotel ja ohnehin heute Morgen verlassen werde. Und bis man das blutgetränkte Beweismaterial entdeckt, bin ich bestimmt schon längst über alle Berge und auf dem Weg nach Lettland.

Wir wenden der Ostseeküste den Rücken zu, und vom gut besuchten Tallinn aus geht es weiter Richtung Südosten, in den weniger bekannten Teil des Landes nahe der russischen Grenze. Die Straße, auf der nie viel Verkehr herrscht, führt durch Tartu, die zweitwichtigste Stadt Estlands. Die 370 Jahre alte Universität von Tartu wurde im 19. Jahrhundert zum Zentrum der sogenannten »Nationalen Erweckung«, einer Phase des Nationalismus in Estland, in der viele kulturelle Grundpfeiler des heutigen Estlands gelegt wurden.

Wir machen Rast im Café Wilde, das sich betont literarisch gibt, aber nicht nach Oscar, sondern nach einem gewissen Peter Wilde benannt wurde, dem ersten Verleger medizinischer Fachbücher in estnischer Sprache. Dennoch hat man vor dem Haus eine Bronzestatue des sitzenden Oscar Wilde aufgestellt. Der derzeitige Besitzer des Cafés glaubt, dass das typisch Irische von Oscar Wilde die Esten in ganz besonderem Maße anspricht. Beide Länder liegen am Rand des Kontinents, beide lieben den Gesang und die Mythologie, und beide haben sich durch die Cyber-Revolution grundlegend verändert.

Eine einstündige Fahrt durch noch ungemähte, mit wilden Lupinen übersäte Wiesen bringt uns in das abgeschiedene Städtchen Värska. Es liegt in einer Region, die von mehreren Tausend Setu besiedelt ist. Diesem Volk hat die estnische Unabhängigkeit eher geschadet als genützt, denn ein Drittel seines Territoriums liegt seitdem in Russland, und aufgrund der aktuellen Beziehung zwischen Estland und Russland leben viele Familien voneinander getrennt. Die Kultur der Setu wird mit beachtlichem Erfolg von einer Gruppe älterer Frauen am Leben gehalten, die unter dem wenig einfallsreichen Namen »Die singenden Omas« ihr Brauchtum in Form von Volksliedern und mehrere Hundert Jahre alten Trachten pflegen.

Diese Setu-Matronen haben wirklich etwas von einem Landfrauenverein, und sie sind härter im Nehmen, als es auf den ersten Blick scheinen mag. Unter dem Kommando der Respekt einflößenden Vera, deren gewaltige Statur eine Mischung aus unnachgiebiger Disziplin und unendlicher Geduld ausstrahlt, legen die reifen Damen, von denen manche nur noch mithilfe eines Gehstocks ins Zimmer kommen, ihren traditionellen Kopfputz, dicke Halsketten und schwere Brustharnische aus Silber an. Dann singen sie ihre lieblichen Melodien, sehr hübsch und ganz ohne Begleitung.

Später am Nachmittag kommt der König der Setu nach Värska gefahren, um sich mit uns zu treffen. König Ritzier, ein gut aussehender junger Mann in Nationaltracht, erinnert mich ein wenig an einen Immobilienhändler, der in einem Märchenspiel mitwirkt. Er sieht müde aus, und was er ausstrahlt, lässt darauf schließen, dass die besten Zeiten für sein Volk vorbei sind. Früher arbeiteten die Setu als Bauern, erklärt er, und die Wälder und Forste waren es auch, die in ihrer Kultur die entscheidende Rolle spielten. Im Lauf der Jahre wurde diese heidnische Tradition jedoch immer mehr verwässert, und durch den Einfluss der russisch-orthodoxen Kirche flossen auch christliche Elemente mit ein. Durch die neue Grenzziehung wurde »Setumaa«, wie die Setu ihr Land nennen, geteilt, was nie zuvor geschehen war. Aufgrund ihrer russischen Wurzeln ist das Leben in Estland für sie seitdem sogar noch etwas schwieriger geworden.

Mit großer Bewunderung und einer gewissen Traurigkeit verabschiede ich mich von den singenden Setu. Sie sind eine Minderheit, die keine einflussreichen Fürsprecher hat.

Der Grund, warum sich die Esten so vehement gegen ihren mächtigen Nachbarn im Osten wandten, war die sowjetische Besetzung, die 1944 begann. Vastse-Roosa, ein Dorf in der Nähe der lettischen Grenze, ist ein einziges Labyrinth aus Tunneln und Bunkern. Sie wurden von den sogenannten Waldbrüdern errichtet, einer Widerstandsgruppe, die während des Zweiten Weltkriegs und noch fast zwanzig Jahre danach mit Guerilla-Methoden gegen die sowjetische Armee kämpften. Sie waren im Schutz der Nacht und der großen baltischen Wälder aktiv, sprengten Brücken, griffen Konvois an und versuchten letztendlich alles, um den russischen Bären überall dort zu treffen, wo es besonders wehtat. Die Obrigkeit reagierte mit der Deportation von über 20 000 Esten nach Sibirien, während sie Tausende von Arbeitern aus anderen Teilen des sowjetischen Imperiums hierher brachte, um das Land am Laufen zu halten.

In Begleitung des Sohnes von einem der Waldbrüder, einem beleibten und begüterten Bauern, steige ich auf einen flachen Hügel (was in einem Land, dessen höchste Erhebung gerade mal 300 Meter beträgt, schon eine Attraktion an sich ist). Oben befinden sich unzählige Löcher, etwa drei Meter tief in der Erde. In diesen klaustrophobisch engen, mit Holz ausgekleideten Kammern fanden oft ganze Familien Zuflucht. Wir zwängen uns in eine davon. Es ist zwar angenehm kühl und frisch, und man ist vor den Mücken und der schwülen Sommerhitze geschützt, aber mehrere Monate oder gar Jahre hier unten verbringen zu müssen, ist kaum vorstellbar. Mein Begleiter verrät mir einen der Gründe, warum die Menschen diese eremitische Existenz überhaupt ertragen konnten: Er zieht eine große Flasche mit klarem, grappaähnlichem Schnaps hervor, die Geheimwaffe der Waldbrüder. Sie wachten sorgfältig über seine

Qualität, die nur überprüft werden konnte, indem der Trinker sich ein Glas davon eingoss, seinen Zeigefinger hineinsteckte und ihn über eine Kerze hielt. Wenn um den Finger eine Flamme sichtbar wurde, war das Zeug in Ordnung. Immer noch unter den Blutegelbissen an meiner Brust leidend, kommt mir ein angekokelter Finger im Vergleich dazu als lächerliche Lappalie vor, und nach ein paar Gläsern Schnaps spüre ich eh nichts mehr.

Ein Stück weiter kommen wir bei einem Dorf namens Ape an einen Grenzübergang, der zweifellos zu den idyllischsten der ganzen Welt zählt. Die Stille wird nur vom Vogelzwitschern, dem Summen der Insekten und ganz selten einmal vom Brummen eines fast schon verstohlen vorbeifahrenden Autos durchbrochen.

An zwei hohen Masten neben einem bescheidenen Häuschen flattern die blau-schwarz-weiß gestreifte Flagge Estlands und die Lettlands mit weißen Streifen auf einem dunkelroten Grund einträchtig nebeneinander. Die Gesamtbevölkerung beider Staaten mag kleiner sein als die Londons, aber dennoch nehmen sie ihre Unabhängigkeit sehr ernst. Jenseits von Ape erwartet uns eine andere Sprache, eine andere Währung und eine wieder andere Geschichte.

LETTLAND

Von Alūksne nach Riga

Ich habe mich noch immer nicht an die kurzen Nächte hier oben im Norden Europas gewöhnt. Kaum ist die Sonne untergegangen, steht sie auch schon wieder am Himmel. Ab vier Uhr früh sticht die Morgensonne grell durch die dünnen Vorhänge.

Eigentlich könnte man es sich sparen, sie aufzuziehen, aber ich mache es trotzdem. Draußen begrüßt mich der Anblick einer stillgelegten Industrieanlage, die offenbar schon eine ganze Weile außer Betrieb ist. Man sieht Schutthaufen und Lachen mit zähem, öligen Schlamm, und durch den ganzen Verhau ziehen sich die Eingeweide einer ausrangierten Heizungsanlage, deren Ummantelung sich schon von den Rohren schält.

Vom kleinen Bahnhof in Alūksne aus führt eine Schmalspureisenbahn etwas mehr als dreißig Kilometer Richtung Südwesten, in die Stadt Gulbene. Es sind die Überreste einer ursprünglich längeren Strecke, die von den zaristischen Behörden eingerichtet und 1903 eröffnet worden war, als Lettland noch zum russischen Imperium gehörte. Hundert Jahre später wurde sie vom neuen europäischen Imperium, der EU, in ein Förderprogramm zur Bewahrung von Stätten des industriellen Kulturerbes aufgenommen.

Gott sei Dank gibt es Imperien, denke ich mir beim Einsteigen, denn ich habe kaum einen Eisenbahnbetrieb erlebt, der so angenehm unprätentiös und so offensichtlich unkommerziell ist wie dieser. Der einzelne Dieseltriebwagen mitsamt Schaffner und Kontrolleur rumpelt schlingernd an Wäldern und Blumenwiesen vorbei und hält an acht kleinen Bahnhöfen, wo Einheimische aus- oder zusteigen. Gegenüber von mir nimmt eine Dame Platz, die in ihren kräftigen, dicklichen Armen einen Korb voller frisch geschnittener Blumen hält, ein Stück weiter sitzt ein Mann mit nur einem Bein, der an einer der Haltestellen aus dem Zug hüpft und mit einem gut gelaunten Abschiedsgruß an den Schaffner im Buchendickicht verschwindet.

In Gulbene, der Endstation, herrscht dann eine völlig andere Atmosphäre. Hier gibt es keine malerischen Wälder. Stattdessen empfängt uns ein großes, ziemlich tristes Bahnhofsgebäude, das ursprünglich für bessere Zeiten erbaut wurde, als noch mehr Betrieb herrschte. An der Mauer hängt eine Gedenktafel, deren grausige Inschrift an die Tausende von Menschen erinnert, die 1940 und 1941 an diesem Ort in Viehwaggons verladen und in die sibirischen Gulags abtransportiert wurden – ohne Rückfahrkarte.

Mein Blick folgt den Schienen. Es ist nichts zu sehen außer der Ferne und nichts zu hören – also auch nichts, was von dem ablenken könnte, was hier einst geschah. Bis heute haben Eisenbahnen für mich immer etwas grundlegend Positives ausgestrahlt, doch in Gulbene fällt es mir schwer, so zu empfinden.

Sechzehn Jahre nach Lettlands zweiter Unabhängigkeit (die erste dauerte von 1918 bis zum Einmarsch der Russen 1940) ist die russische Präsenz in Riga immer noch überraschend deutlich zu spüren. In der Hauptstadt und größten Stadt der neuen baltischen Republiken leben ebenso viele Russen wie Letten.

Zu denjenigen, die sich vorübergehend in Riga aufhalten, zählen Schweden, Dänen, Finnen und Deutsche sowie die eigentlich verachteten, aber wegen ihres Geldes geschätzten Engländer, die sich von Billigflugangeboten herlocken lassen, wo sie am Wochenende ihren Junggesellen- oder Junggesellinnenabschied feiern.

Auch die Amerikaner haben Riga für sich entdeckt, und zwar nicht nur irgendwelche alten Amerikaner: Kürzlich war sogar George W. Bush mit seinen Freunden hier, um an einer Konferenz teilzunehmen. Um unsere Ankunft in einem neuen Land zu feiern, kehren wir heute Abend in dem Restaurant ein, dessen Besitzer auserwählt wurde, um für den amerikanischen Präsidenten zu kochen.

Martins Ritins, ein Lette, der in Kanada und Corby, Northamptonshire, lebte, bevor er zu seinen Wurzeln zurückkehrte, ist in Lettland eine Berühmtheit. Sein Restaurant heißt Vincents, nach van Gogh.

»Gibt es einen Grund dafür?«

»Eigentlich nicht«, antwortet er gut gelaunt.

Im Eingangsbereich seines Souterrain-Restaurants reihen sich dicht an dicht die Porträts seiner illustren Gäste: Prinz Charles und Joe Cocker (auf zwei verschiedenen Fotos), Mikhail Baryshnikov und der BBC-Moderator Terry Wogan. Die Kellner, die an uns vorbeirauschen, sind von Kopf bis Fuß schwarz gekleidet. Ritins, ein sympathischer, schwärmerischer junger Mann, nimmt mich mit in seine hypermoderne Küche, wo ich ihm helfen soll, noch einmal die »Sauce Americaine« zuzubereiten, die er George Bush servierte. Die Zutaten sind alle frisch und kommen aus Lettland: Karotten, Zwiebeln, Tomaten und Knoblauch. Gewürzt und abgeschmeckt wird mit Lorbeer und Cognac. Die Soße ist für den Flusskrebs bestimmt, dem man kurzerhand in kochendem Bier den Garaus macht.

Als Ritins sieht, wie ich zusammenzucke, schüttelte er den Kopf. »Das ist kurz und schmerzlos«, versichert er mir. Die Krebse werden nicht gefragt. Kaum sind sie hinüber, werden sie aus dem Topf geholt und auf Eis gelegt. Dann wird ihnen der Kopf abgetrennt. Ich merke, dass ich ziemlich lang dafür brauche, und komme mir vor, als würde ich gerade an einer mittelalterlichen Handschrift arbeiten, während alle um mich herum E-Mail verwenden.

Ich muss schon sagen, für einen Präsidenten zu kochen, hört sich nach einem regelrechten Albtraum an. Offenbar hatten Bushs persönliche Chefköche drei Tage mit Martins Ritins verbracht, um die Küche, das geplante Menü und die Herkunft der Zutaten genau unter die Lupe zu nehmen. Letzten Endes aß George W., der ja bekanntlich keinen Alkohol trinkt, Flusskrebs mit Brandy in der Soße und Rindfleisch mit Rotwein in der Soße, trank dazu Coca-Cola und hatte das größte Lob für die Eiscreme übrig.

»Wow!«, soll er gesagt und um einen Nachschlag gebeten haben, aber dann soll der Geheimdienst eingeschritten sein.

»Dafür hat er keine Zeit mehr«, hieß es.

Riga

Heute wollen wir einen tiefen Vorstoß in einen völlig anderen Bereich der baltischen Geschichte wagen. Die heidnischen Traditionen haben in allen baltischen Ländern, die sich erst spät in den christlichen Mainstream Europas einreihten, heute noch einen großen Stellenwert. (Die einheimischen Stämme ließen sich mit ihrer Konversion zum Christentum so viel Zeit, dass noch um 1200 ein Kreuzzug ins Baltikum erfolgte, der die übliche Mischung aus Missionaren und Söldnern mit sich brachte.)

Heute Nacht wird in ganz Lettland Jāņi gefeiert, ein unverhohlen heidnischer Brauch zur Sommersonnwende, und wir sind zu einem Fest draußen auf dem Land eingeladen, etwa drei Stunden von Riga entfernt. Diese uralte animistische Tradition erfreut sich nach wie vor einer derart großen Beliebtheit, dass sich der Verkehr aus der Stadt hinaus staut wie bei uns an den höchsten Feiertagen. Viele Autos sind mit Blättern und Blüten geschmückt, und einige Leute haben am Straßenrand angehalten, um auf den Wiesen noch ein paar Blumen zu pflücken.

Wir folgen immer abenteuerlicheren Sträßchen, und der Wald um uns herum, der übrigens fast die Hälfte des gesamten Landes bedeckt, wird zunehmend dichter. Schließlich parken wir auf einem Acker und gehen zu Fuß weiter. Auf überwucherten Waldwegen zwischen Wiesenkerbel und Wildrosen gelangen wir zu einer Ansammlung von alten Holzhäuschen mit spitzen Dächern. Daneben ragt ein gewaltiger Ahornbaum auf. Ich komme mir vor wie im Märchen, und das Gefühl, dass die Zeit hier bis ins Unendliche gedehnt ist, wird umso stärker, als unser Gastgeber, ein älterer, professorenhafter Mann mit hoher Stirn und angegrautem Haar, mir erzählt, dass eines der Häuschen bereits seit über 250 Jahren an dieser Stelle steht. Auch heute gibt es hier noch keinen Stromanschluss.

Bevor wir uns zu den rund fünfzig übrigen Anwesenden gesellen dürfen, müssen wir noch ein Ritual über uns ergehen lassen, bei dem der Gastgeber uns neckt und wir mit Scherzen in Form eines poetischen Gesangs antworten sollen. Eine schreckliche Vorstellung, aber da wir ohnehin kein Lettisch können, hängen wir uns einfach an diejenigen, die es beherrschen, und setzen ein steifes Lächeln auf, bis alles vorbei ist.

Dann wird feierlich die lettische Flagge gehisst, und man zieht Eschenzweige über die Türschwellen der Häuser, womit das Öffnen der Tore und Vertreiben der bösen Mächte symbolisiert werden soll.

Der Besitzer dieser abgelegenen Häuschen und auch die meisten seiner Gäste sehen aus wie gebildete Städter, die beschlossen haben, das Jāņi-Fest auf unverfälschte, traditionelle Weise zu begehen. Vor rund 25 Jahren begann man, die alten Volkslieder und Rituale wiederaufleben zu lassen, nachdem die kommunistischen Behörden versucht hatten, sie zu verbieten. Man stieß auf 1200 verschiedene Melodien, die speziell zur Mittsommernacht gesungen wurden, sowie auf 28 000 Liedtexte.

»Einige von den Leuten sind heute das erste Mal hier und wissen nicht so recht, was sie erwartet«, sagt Inge. Sie gibt Kurse, in denen man lernen kann, wie man Jāņi feiert.

Ich bekomme einen Kranz aus Eichenlaub aufgesetzt, so groß wie ein Rettungsring, während die Umstehenden mir ein Ständchen bringen.

»Die Eiche ist ein Symbol der Stärke und Männlichkeit, das heißt also, dass du mit Stärke und Männlichkeit bekrönt wirst«, erklärt Inge. »Und mit ihrem Lied wünschen sie dir, dass du alles gut sehen, alles gut hören und alles gut filmen wirst.«

Und tatsächlich ist Nigel, dem die Ehre einer Blätterkrone nicht zuteil geworden ist, von der Zeremonie so verwirrt, dass er Schwierigkeiten hat, überhaupt etwas zu filmen. Inzwischen versuche ich verzweifelt zu verhindern, dass mir der Eichenkranz ständig über das Gesicht rutscht und mir dann um den Hals hängt. Die anwesenden Frauen, von denen viele bestickte Röcke und weiße Blusen tragen, scheinen keine Probleme mit ihren Kränzen zu haben, in die übrigens 27 verschiedene Arten von Blumen eingeflochten werden müssen.

Doch viel Zeit bleibt nicht zum Herumtrödeln und Vergleichen unseres Kopfschmucks. In einem feierlichen Umzug werden wir über das Grundstück geführt, um alles mit Liedern und Gedichten zu segnen. Wir segnen den Brunnen, die Sauna, die Bienenstöcke und die Scheune und versammeln uns dann schließlich unter einer gewaltigen Eiche, um deren Stamm wir einen Kreis bilden. Manche der Frauen werfen ihre Kränze in den Baum hinauf. Ein alter Brauch besagt, wenn der Kranz hängen bleibt, steht im kommenden Jahr eine Hochzeit an. Mit jedem missglückten Versuch jedoch verschiebt sich der Hochzeitstag um ein Jahr.

Der Höhepunkt des Abends ist eine Prozession auf den Hügel nebenan – die Szene könnte von Ingmar Bergman höchstpersönlich stammen. Wir bahnen uns einen Weg durch das hohe Gras, bis wir zu einer Stelle kommen, von der aus wir den Sonnenuntergang verfolgen und den aufgehenden Mond begrüßen können. Es ist eine Feier des Lebens und des Todes, des Zerfalls und der Erneuerung. Als die Sonne schließlich verschwindet, werden Feuer entfacht, um die Wärme und das Licht zu erhalten, und zur spektakulären Krönung der Feier zündet man ein Rad an und lässt es den Hügel hinunter Richtung Fluss rollen.

Erst jetzt haben wir Gelegenheit, uns das Bier und den Kümmelkäse schmecken zu lassen. Es ist kein üppiges Mahl, aber das soll es auch gar nicht sein. Brot und Käse waren früher die einzigen Vorräte, die noch übrig waren, bevor die neue Ernte eingebracht wurde. Nun sitzen die Leute zusammen am Feuer, eine Gruppe von Litauern singt leise, und als wir gegen Mitternacht aufbrechen, um zurück nach Riga zu fahren, richten sich die Puristen auf eine lange Nacht ein.

Neunzigster Tag
Riga

Den gestrigen Tag haben wir mit einem entspannten Bummel verbracht. Allerdings waren wir nicht in der Altstadt, sondern haben uns Rigas prachtvolles Erbe an Jugendstilarchitektur angeschaut. Sie spiegelt den Wohlstand und die Aufgeklärtheit wider, die diese

weltoffene Hafenstadt zu Beginn der Jahrhundertwende auszeich-
nete. Die Albertastraße (Alberta iela) ist ein wahre Fundgrube an
ungewöhnlich gewagten Ausschmückungen. Die phantasievolls-
ten Entwürfe stammen vom Rigaer Künstler Mikhail Eisenstein,
dessen Sohn Sergej später in Russland Filmregisseur wurde und
so bekannte Klassiker der Filmgeschichte schuf wie *Panzerkreuzer
Potemkin*, *Iwan der Schreckliche* und *Alexander Newsky*.

Heute müssen wir uns leider schon wieder von dieser fußgängerfreundlichen Stadt verabschieden. Wir sind auf dem Weg an die
Westküste Lettlands. Die Fahrt dorthin führt durch die alte Provinz
Kurland. Im 17. Jahrhundert, als die europäischen Mächte gegenüber den überseeischen Territorien ihre Muskeln spielen ließen,
handelte der geschäftstüchtige kurländische Herzog Jakob ein Neu-
tralitätsabkommen mit Oliver Cromwell aus. Außerdem erwarb er
die westindische Insel Tobago, die er in Neukurland umbenannte
und die von da an unter seiner unverwechselbaren Flagge, einer
schwarzen Krabbe auf rotem Grund, eine florierende Handelsbeziehung mit Europa unterhielt.

Eine reizvolle Vorstellung: Lettland als ehemalige Kolonial-
macht.

Je näher wir der Ostseeküste kommen, umso monotoner wird die
Landschaft: ringsum nichts als sandige Äcker und Kiefernwälder.
Wir sind auf der Suche nach einer ziemlich ungewöhnlichen Attraktion und werden irgendwann auch fündig: Rund dreißig Kilometer
nordöstlich der Stadt Ventspils ragt über den Baumkronen die riesige Schüssel eines Radioteleskops auf. Zu Zeiten der sowjetischen
Besetzung gehörte es zu den bedeutendsten Abhöreinrichtungen
der Russen. Es war offenbar so wichtig, dass sie, bevor sie nach
Ende des Kalten Krieges aus Lettland abzogen, am liebsten dafür
gesorgt hätten, dass man es nie wieder verwenden kann.

Doch sie hatten nicht mit Männern wie Juris Žagars gerechnet.

Er hat eine interessante Geschichte zu erzählen. Sie handelt
davon, wie »eines der schönsten Radioteleskope der Welt« – so
seine Worte – von einer Gruppe lettischer Wissenschaftler vor der
Zerstörung bewahrt wurde und anstatt als Waffe des Kalten Krieges
nun zur Bekämpfung der Erderwärmung eingesetzt wird.

Das Vorhaben der Russen, die gesamte Anlage in die Luft zu jagen, führte bei Wissenschaftlern in aller Welt zu einem Aufschrei der Empörung. Juris Žagars berichtet, wie die britische Royal Astronomical Society gemeinsam mit der Russischen Akademie der Wissenschaften Einspruch gegen das geplante Vorgehen erhob. Ihrer Ansicht nach war »die Zerstörung des besten Radioteleskops Nordeuropas allein schon aus politischen Gründen eine Akt des Vandalismus«.

Im allerletzten Moment wurde der Beschluss, das Teleskop zu sprengen, widerrufen.

»Es war wie im Märchen«, schwärmt Žagars.

So ganz stimmt das allerdings nicht, denn die Russen schickten vor ihrem Abzug noch einen Zerstörungstrupp los, der das Teleskop beschädigte, ohne es komplett zu demolieren. Im Kontrollraum, der in der Basis des Teleskops untergebracht ist, erzählt Juris Žagars mir, wie sie dabei vorgingen. Er zeigt mir die dicken Übertragungskabel, in die die Russen mehrere Hundert Nägel eingeschlagen hatten, deren Köpfe sie dann abzwickten. Bei sämtlichen für das Funktionieren des Teleskops erforderlichen Getrieben außer einem waren die Leitungen durchtrennt worden, außerdem hatte man sie mit Schwefelsäure übergossen. Hunderte weitere unverzichtbare Stromanschlüsse waren beschädigt worden, und auch die Unterlagen und Diagramme, mit deren Hilfe eine Reparatur vielleicht noch möglich gewesen wäre, hatten die Russen vernichtet.

Žagars und eine Handvoll anderer lettischer Wissenschaftler und Ingenieure opferten ihre Wochenenden und Urlaube, um das hochkomplexe Puzzle wieder zusammenzufügen. Sie benötigten vier Jahre, um den Schaden zu beheben, der in weniger als einer Woche verursacht worden war. Doch dann funktionierte das Teleskop wieder.

Juris Žagars und ich klettern im Inneren der gigantischen Konstruktion nach oben. Sie ist einfach gebaut, hat aber auch ein paar dekorative Elemente, beispielsweise runde Fensterluken, die ihr neben der reinen Zweckmäßigkeit auch einen gewissen Stil verleihen.

Žagars ist hellauf begeistert. »Das hier ist wie in einem russischen U-Boot«, schwärmt er. Und der Vergleich ist gar nicht so abwegig, denn das Teleskop wurde in den Marinewerften Leningrads gebaut, von denen Žagars mit größtem Respekt, aber auch voller Neid spricht. Da es für militärische Zwecke hergestellt wurde, stand dafür ein nahezu unbegrenztes Budget zur Verfügung. Keine zivile Regierung würde heutzutage mehr so viel dafür ausgeben, sagt er. Auch in baulicher Hinsicht ist die Anlage von erstklassiger Qualität.

In seinen Hochzeiten, als das Teleskop den Himmel über dem Westen nach Informationen abtastete, waren hier 500 Menschen unter streng geheimen Bedingungen beschäftigt. Es war sogar eine kleine Stadt mit 3000 Einwohnern entstanden, in der die Familien der Wissenschaftler lebten. Heute kann man in der Nähe die gespenstischen Überreste dieser kurzlebigen, schönen neuen Welt sehen: baufällige Wohnblöcke und ein verwaister Gemeindesaal mitsamt Bühne und Wandgemälden im Stil des Sozialistischen Realismus, auf denen kämpfende Soldaten dargestellt sind.

Ich frage Juris Žagars, ob er von irgendwelchen konkreten Spionageerfolgen mithilfe des Ventspils-Teleskops gehört hat.

»Ja, zum Beispiel wussten sie vom Tod des pakistanischen Präsidenten Zia ul-Haq bei dem Flugzeugabsturz schon sechs Stunden ...«

»... bevor es geschah?«

»Nein, nicht bevor es geschah, aber sechs Stunden bevor der Rest der Welt davon erfuhr.«

Wir haben das zentrale Treppenhaus hinter uns gelassen und schweben nun hoch über der Erde auf einer verwinkelten Konstruktion aus stählernen Trägern und Streben. Mit einem zufriedenen Schnaufen deutet Žagars nach oben und gibt mir ein Zeichen, dass ich ihm folgen soll. Die Luke, durch die wir uns zwängen müssen, ist ziemlich eng, aber es lohnt sich, denn sie führt nach draußen, direkt in die riesige, glatt polierte Schüssel des Teleskops. Und wie ich so dastehe, unter mir nur Aluminium, über mir nur der Himmel, fühle ich mich plötzlich klein und unbedeutend, wie ein Teeblättchen in einer Tasse.

Nur wenige Stunden später besuche ich – ebenfalls an der Küste, aber ein Stück weiter südlich – ein anderes Relikt aus der sowjetischen Besatzungszeit. Jenseits der Grenze, in Litauen, liegt der protzige, hell erleuchtete Badeort Palanga, der nicht nur bei Urlaubern aus dem ganzen Baltikum beliebt war, sondern – lang, lang ist's her – auch bei Leonid Breschnew, dem sowjetischen Parteichef, der zwischen 1977 und 1982 einer der beiden mächtigsten Männer der Welt war. Und ich soll heute in seinem Schlafzimmer übernachten.

LITAUEN

Von Palanga nach Vilnius

Als wir uns am Frühstückstisch treffen, stellt sich heraus, dass man uns allen gestern Abend erzählt hat, wir würden in Breschnews Zimmer schlafen. Es ist wie in dieser Szene aus *Spartacus*.

»Ich hatte Breschnews Zimmer.«

»Nein! Ich hatte Breschnews Zimmer!«

Der Mann selbst ist zwar schon längst tot, aber seine Hinterlassenschaft, die einstige Villa – und das jetzige Hotel – Auska, ist ein Zeugnis völlig unangemessenen Prunks. Hinter riesigen Türen verbergen sich quadratkilometergroße, mit dicken Teppichen ausgelegte leere Räume, doch ihre Größe ist reiner Selbstzweck. Die Decken sind aufwendig dekoriert, stuckverzierte Wände umrahmen gigantische offene Kamine, die Polstersessel und Sofas warten auf gewichtige Hinterteile. Dafür findet man kaum einen Kleiderhaken an der Wand, und aus dem Wasserhahn kommt nur ein Rinnsal.

Nach dem Frühstück finde ich einen Hinterausgang, der aus der Villa ins Freie führt. Ich durchquere den Garten, wo aus dem Gebüsch Wachtürme aufragen, und gelange zu einer schweren, mit Stacheldraht bewehrten Eisentür. Ich öffne sie und stehe plötzlich im tiefen, weichen Sand. Ein paar Meter weiter hat man eine Aussicht über die Dünen und auf einen breiten Sandstrand. Unten am Wasser macht ein etwas seltsam gekleidetes älteres Ehepaar irgendwelche langsamen, aber offenbar anstrengenden Turnübungen. Erst auf den zweiten Blick erkenne ich, dass sie splitternackt sind, und was vorhin noch wie eine Art wattierte Sportkleidung aussah, sind in Wirklichkeit ihre eigenen Körper.

Litauen ist die größte der baltischen Republiken, und wenn man quer durch das Land fährt, von der Küste bis in die Hauptstadt, wird einem bewusst, was für beachtliche Ausmaße es im Vergleich zu seinen wesentlich kleineren Nachbarn im Norden hat. Doch die Größe des Staatsgebietes ist nicht das Einzige, was Litauen von ihnen unterscheidet. Auch seine Geschichte ist gewichtiger. Weder Lettland noch Estland haben jemals etwas erlebt, was mit dem Großherzogtum Litauen vergleichbar gewesen wäre. Das Handelsimperium erstreckte sich bis nach Moskau und hinunter zum Schwarzen Meer und war der letzte heidnische Staat des mittelalterlichen Europas. Bereits im Jahr 1569 ging das Großherzogtum ein Bündnis mit Polen ein und bildete so die polnisch-litauische Adelsrepublik, einen der tolerantesten, zivilisiertesten und sichersten Machtblöcke Europas. Sie war auch stark genug, um den Deutschordensrittern aus dem Westen sowie der Armee von Iwan dem Schrecklichen aus dem Osten Niederlagen beizubringen, bevor sie dann zwei Jahrhunderte später vor dem unaufhaltsam wachsenden russischen Imperium kapitulieren musste.

Auf halber Strecke nach Vilnius (früher: Wilna) erhebt sich aus der weiten Ebene ein kleiner Hügel. Er ist dicht an dicht mit Kreuzen überzogen, die sich bis weit hinaus auf die umliegenden Felder ziehen. Wie aus dem Nichts tauchen plötzlich mehrere Reisebusse auf und bleiben am Straßenrand stehen oder fahren knirschend über den staubigen Schotter eines provisorisch angelegten Parkplatzes. Sie kommen aus ganz Europa und sind voll besetzt mit Touristen, sodass die Sammlung innerhalb eines Tages durchaus um ein paar Hundert Kreuze wachsen kann.

Niemand weiß genau, wie lange das Ganze schon so läuft, aber es gibt verlässliche Beweise dafür, dass bereits im 19. Jahrhundert an dieser Stelle Kreuze aufgestellt wurden, um an all jene zu erinnern, die bei zwei Aufständen gegen die russische Vorherrschaft ums Leben gekommen waren. Als die Russen 1944 erneut in dieses Land kamen, wurde der Hügel zum Versammlungsort sowohl für litauische Nationalisten als auch für alle anderen, die in diesem gottlosen Staat ihrer religiösen Zugehörigkeit Ausdruck verleihen wollten. Dies erzürnte die sowjetische Obrigkeit so sehr, dass sie mindestens vier Versuche unternahm, den Hügel zu räumen. Einmal wurde sogar ein Abwasserkanal so umgeleitet, dass er quer über die Felder zum Hügel hinunterfloss.

Doch das spornte die Kreuz-Setzer nur noch mehr an und trug zur symbolischen Bedeutung des Ortes bei. Als 1993 die letzten russischen Soldaten aus Litauen abzogen, wurde der »Kreuzberg« von einer Landmarke zu einem nationalen Sinnbild.

Ich muss gestehen, dass mich ein Gefühl wachsender Verzweiflung überkommt, als ich durch diesen Wald aus Kreuzen, geschnitzten Marienfiguren und verstreut herumliegenden Rosenkranzperlen schlendere. Was früher vielleicht mal erbaulich war, ist in meinen Augen inzwischen zum Ausdruck einer käuflichen Gelegenheitsfrömmigkeit verkommen. Die alten, großen Kreuze strahlen immer noch eine tiefe Würde aus, aber sie dienen nur noch als Gestelle für Unmengen an Schund, den die Leute dranhängen. Er stammt größtenteils von den Verkaufsständen am Parkplatz und von Reisegruppen, die ihren massenproduzierten Nippes hier abladen und dann weiterfahren.

Was mich weitaus mehr bewegt hat, ist die Geschichte, die man uns ein paar Stunden später bei unserer Ankunft in der Hauptstadt Vilnius erzählt: Wie es hieß, bildete sich im Sommer 1989 eine Menschenkette quer durch die baltischen Republiken, von Vilnius bis nach Tallinn. Anlass war der 50. Jahrestag des Molotow-Ribbentrop-Pakts von 1939. Mit dieser berüchtigten Vereinbarung hatten die Deutschen die sowjetische Neutralität im Falle einer Invasion Polens erwirkt und im Gegenzug dazu der Besetzung Estlands, Lettlands und letztlich auch Litauens durch die Russen zugestimmt, auch wenn Litauen in dem Pakt zum deutschen und nicht zum sowjetischen Interessensgebiet zählte; es wurde gleichwohl 1940 von den Russen besetzt und in die Sowjetunion eingegliedert.

Die Menschenkette soll sich über mehr als 600 Kilometer erstreckt haben. Das nenne ich ein wahres Glaubensbekenntnis.

Vilnius

Der wesentliche Unterschied zwischen Litauen und den beiden anderen baltischen Staaten beruht auf der historisch gewachsenen Beziehung des Landes zu Polen. Während sich Estland und Lettland eher am Norden und Westen orientierten und stark von Schweden geprägt wurden, dem führenden protestantischen Staat, richtete sich Litauen auf den Süden und Mitteleuropa aus und ist katholisch, seit Großfürst Jogaila im Jahr 1386 konvertierte.

Im Gegensatz zur klaren lutherischen Linienführung in der Tallinner Altstadt sieht man hier, in Vilnius, geschwungenere und schmuckvollere Barockelemente.

Allen drei Hauptstädten gemeinsam ist jedoch der Gürtel farbloser Betonblöcke, den die sowjetischen Stadtplaner zwischen 1950 und 1980 errichten ließen. Aus politischer Sicht waren diese Zweckbauten notwendig, um die riesigen Massen von Arbeitern unterzubringen, die Russland hierher brachte, und aus ideologischer Sicht war es erforderlich, dass alle Häuser gleich aussahen. Heute haben wir Gelegenheit, uns einen Eindruck davon zu verschaffen, wie man jenseits der hübschen alten Stadtzentren lebt, in denen sich ohnehin nur die wenigsten Menschen eine Wohnung leisten können. Albina Takas und Stasys Aukštoulis begrüßen uns am Eingang von einem der Wohnblöcke. Durch ein spärlich beleuchtetes Treppenhaus, in dem jeder Schritt widerhallt, folgen wir ihnen nach oben, vorbei an zerkratzten, schmutzigen Wohnungstüren. Irgendwie glaubt man schon zu wissen, was einen erwartet, aber dann erleben wir doch eine Überraschung. Obwohl die Wohnung von Albina und Stasys genau die zur Sowjetzeit vorgegebene Grundfläche von 56 Quadratmetern hat und die einzelnen Räume klein sind, hat Stasys es geschafft, sich in dem winzigen Wohnzimmer auch noch ein Künstleratelier einzurichten. Jeder Zentimeter Wand, an dem sich keine Bücher stapeln, ist dicht mit Bildern und Drucken behängt, und auf dem schmalen Balkon finden sich ganze Sammlungen von getöpferten Kunstwerken und Treibholzstücken, die irgendwann einmal weiterverarbeitet werden sollen. Albina, eine kleine, energische Frau mit wasserstoffblonder Kurzhaarfrisur, unterrichtet Englisch »für besondere Zwecke«, in ihrem Fall für medizinische. Das Arbeitszimmer wird über Nacht zum Schlafzimmer. Wenn man vom Fenster aus hinunter in den Hof schaut, sieht man ein paar Kinder spielen.

Die Versorgung mit Wasser, Strom und Heizöl ist immer noch zentral gesteuert, aber dafür hatten Albina und Stasys die Möglichkeit, ihre Wohnung zu kaufen. Dass die beiden hier leben, ist keineswegs eine Art soziale Geste, sondern hat ganz pragmatische Gründe. Sie hatten letztlich kaum eine andere Wahl. In ein hübsches, freistehendes Einfamilienhäuschen hätten sie nicht ziehen können, denn die meisten wurden im Krieg zerstört, und seitdem sind kaum neue gebaut worden. Diese Wohnblöcke dagegen stellen eine realistische Alternative dar. Es gibt Unmengen davon, in ganz Osteuropa, weil kein Geld da ist, um sie abzureißen.

In Tirana habe ich sehen können, wie man das Äußere solcher charakterloser Bauten mit künstlerischem Geschick verschönern kann. Albina und Stasys zeigen mir, was sich aus dem Inneren machen lässt. Als ich eine Weile später wieder abgeholt werde und mit der filigranen, japanisch anmutenden Bleistiftzeichnung, die ich Stasys abgekauft habe, im Auto sitze, wird mir bewusst, dass ich nicht nur zwei begabte, tatkräftige und einfallsreiche Menschen kennengelernt habe. Ich weiß auch, dass ich solche Wohnblöcke in Zukunft bestimmt nicht mehr mit derselben Voreingenommenheit betrachten und automatisch als düster und deprimierend abtun werde. Eine kleine Wolke des Vorurteils hat sich verflüchtigt.

Überall in Vilnius begegnet einem die jüngste Geschichte, sei es im Stadtbild selbst oder in den Gesprächen, die man hier führt. In einem Lokal treffe ich mich mit Algis Greitai, einem Fernsehstar aus Vilnius. Er ist ein sympathischer Typ, groß und breitschultrig, mit kahl geschorenem Kopf und durchdringendem Blick. Er könnte glatt als Basketballer durchgehen, aber er ist Komiker. Und wie viele Komiker ist er – auch wenn das ein wenig enttäuschend sein mag – ein zutiefst ernsthafter Mensch. Er erzählt mir, dass der Lebensstandard in Litauen 1940 besser war als in Finnland. Nach fünfzig Jahren russischer Besetzung war es genau umgekehrt.

Was ihn daran am meisten aufregt, ist der Versuch, diese Tatsache mit dem notwendigen Bau von Wohnungen, Schulen und Krankenhäusern zu rechtfertigen.

»Das ist ja alles schön und gut. Aber haben wir sie denn darum gebeten? Das ist irgendwie so, als würde man einem zum Tode Verurteilten ein leckeres Essen vorsetzen. Wenn sie es zugelassen hätten, dass sich das Land ganz normal weiterentwickelt, dann würde es uns jetzt besser gehen.«

»Besteht für Litauen denn nicht die Gefahr, dass der eine Schutzherr, Moskau, einfach bloß von einem anderen, nämlich Brüssel, abgelöst wird?«

Er grinst resigniert.

»Das mit Moskau war unfreiwillig.«

Wir unterhalten uns über nationale Stereotypen, und ich frage ihn, wie die Litauer ihre baltischen Nachbarn sehen.

»Na ja, die Russen reißen Witze über die schrecklich langsamen Esten, und wir nennen die Leute in Lettland Pferdegesichter.« Er kichert. »Und das ist eine wirklich üble Beleidigung, habe ich mir sagen lassen.«

»Und die Litauer?«

»Hm ... tja. Aus irgendeinem Grund ist das Essen hier ziemlich mies. Unser Nationalgericht heißt *cepelinai* – ›Zeppelin‹. Das ist fettes Schweinefleisch mit irgend so einem Kartoffelzeug außenrum. Liegt einem ganz schön im Magen.«

»Und sonst?«

»Na ja, die Leute hier jammern viel. ›Es geht uns so schlecht ... bla, bla, bla.‹ Aber die Letten machen das genauso und die Polen auch. Irgendwie jammern doch alle postkommunistischen Staaten ganz gerne.«

Während des Zweiten Weltkriegs war Vilnius dreimal besetzt: Zuerst kamen 1939 die Sowjets, danach 1941 die Deutschen, und dann, 1944, nach Hitlers missglücktem Russlandfeldzug, kehrten die sowjetischen Truppen zurück. Etwa 30 000 litauische Partisanen, oftmals Studenten, Bauern oder Lehrer, gingen damals auf die Straßen und in die Wälder, um für die Freiheit ihres Landes zu kämpfen. Viele wurden eingesperrt und gefoltert. Ort des Geschehens war der Keller eines großen, neoklassizistischen Gebäudes im Stadtzentrum, das heute als Museum der Opfer des Genozid besichtigt werden kann. Es ist größtenteils unverändert geblieben. Zwar gibt es auch ein paar Schautafeln, Fotos und Hintergrundinformationen, aber sonst nur geflieste Korridore, die kalt und zugig sind, und massive Türen mit Gucklöchern, durch die man trostlose graue Zellen sieht. Hier waren eher politische Gefangene als Kriegsgefangene inhaftiert. Auch zwei litauische Erzbischöfe sowie zwei weitere Bischöfe hatte man hierher gebracht, von denen einer später erschossen wurde.

Ein sachlicher, emotionsloser Audiokommentar in gutem Englisch erklärt die Funktion der verschiedenen Zellen. Die schrecklichsten davon waren die sogenannten »Eisbeckenzellen«, in denen der Betonboden abgesenkt war, sodass eiskaltes Wasser in das Becken gefüllt werden konnte. Ein knapp fünfzig mal fünfzig Zentimeter großer Sockel war der einzige Ort, auf den sich der Gefangene flüchten konnte. Nackt bis auf die Unterwäsche ließ man ihn dort stundenlang stehen, bis ihn irgendwann der Schlaf übermannte und er ins eisige Wasser fiel. Außerdem gibt es noch eine Gummizelle, deren gepolsterte Wände aussehen wie dick geschwollene Prellungen. An einem Ende des Raums hängt eine schwarze Zwangsjacke, die ihre Ärmel in die Seite stemmt.

»Die Wände dämpften ihre Schreie und Hilferufe«, lautet die nüchterne Erklärung des Audiokommentars.

Abgesehen von der Kaltblütigkeit der hier dokumentierten Grausamkeiten schockiert mich jedoch am meisten, dass das Gebäude, in dem sie über die Jahre verübt wurden – erst ein Gericht, später dann eine Knabenschule –, mitten in der Stadt steht. So muss die unerträglichste Folter wohl die gewesen sein, draußen andere Menschen vorbeilaufen zu sehen, manche schwer bepackt mit Einkaufstaschen, andere mit Kindern an der Hand, zu sehen, dass das Leben weitergeht, nur wenige Meter entfernt, aber völlig unerreichbar. In den ganzen fünfzig Jahren, in denen dieses grauenvolle Gefängnis existierte, gelang nur einem einzigen Mann die Flucht.

Von Nida nach Kaliningrad

Vom Anlegesteg des kleinen Fischerortes Nida aus blicke ich über das Wasser und komme mir vor wie in der Sahara: Aus dem Haff ragt ein hoher, mit Kiefern bewachsener Sandwall auf, der in einem weiten Bogen nach Süden verläuft, bis zum Horizont.

Wir befinden uns auf der Kurischen Nehrung, dem längsten und eindrucksvollsten von mehreren schmalen Landstreifen, die sich entlang der Ostseeküste aneinanderreihen, aufgetürmt durch die Kräfte der Gezeiten und Winde, die hier auf das ungeschützte Ufer treffen. Grell scheint die Sonne auf die riesigen Dünen, auf denen sich die verzerrten Schatten in der Luft kreisender Seevögel abzeichnen. Fast ebenso kurios wie diese Wüste an der Ostseeküste an sich ist die Tatsache, dass man, wenn man auf dieser Insel weiter nach Westen fährt, nach Russland kommt.

Die Kurische Nehrung, fast hundert Kilometer lang und an keiner Stelle mehr als vier Kilometer breit, verbindet Litauen mit einem ungewöhnlichen politischen Konstrukt, einem Teil der ehemals deutschen Provinz Ostpreußen. Sie wurde der UdSSR 1945 überlassen, nachdem Stalin seinen Anspruch auf einen eisfreien Hafen geltend gemacht hatte. Heute heißt diese russische Enklave Kaliningrad, ebenso wie die in ihrem Zentrum gelegenen Stadt. So stoßen wir also nur wenige Kilometer südlich von Nida, am Ende eines Waldweges, auf ein halb von jungen Birken zugewuchertes Schild mit der Aufschrift »Willkommen in Russland«.

Die meisten Veränderungen geschehen nicht von heute auf morgen. Der Mischwald aus Weiden, Birken und Kiefern, der angepflanzt wurde, um die Bodenerosion einzudämmen, hat die schurgerade Straße inzwischen zwar in einen grünen Tunnel verwandelt, doch die vereinzelten Häuser, die im Vorbeifahren zwischen den Bäumen zu sehen sind, weisen mit ihren roten Klinkermauern noch genau denselben rustikalen Stil auf wie damals, als die gesamte Nehrung noch zu Preußen gehörte. Jedes Jahr machen auf der Sandbank Unmengen von Zugvögeln Rast, weshalb Johannes Thienemann, ein engagierter deutscher Ornithologe, in den 1880-er

Jahren in einem Dorf namens Rossitten eine Vogelwarte einrichtete. Sie entwickelte sich zu einer der wegweisendsten Forschungsstätten für eine neue Technik der Vogelberingung. Von den Russen in »Rybatschi« umbenannt, hat sie alle politischen Wirren überlebt und gilt heute als eines der wichtigsten europäischen Zentren zur Erforschung des Vogelzugs.

Auf einer Lichtung zwischen den Kiefern steht eine sonderbare Konstruktion: eine riesige Vogelfalle, die vor etwa fünfzig Jahren hier in Rybatschi entwickelt wurde. Ein dreißig Meter breiter, fünfzehn Meter hoher Eingang führt in einen sechzig Meter langen Tunnel aus Netzen, an dessen Ende sich eine Reihe von Käfigen befindet. Wie die Falle ausgerichtet wird, hängt von der vorherrschenden Windrichtung ab. Während der Vogelzüge im Frühjahr und Herbst können damit bis zu 50 000 Vögel gefangen werden. Laut Mischa, dem Vogelforscher, der mir alles zeigt, wurden einmal sogar 4000 Tiere an einem Tag gefangen. Jetzt, im Frühsommer, ist hier zwar weniger los, aber in den Käfigen flattern ein paar Kreuzschnäbel auf, als Mischa mit den Pinienkernen kommt. Die Vögel werden etwa eine Stunde lang hierbehalten. Innerhalb dieser Zeit muss er so viele wie möglich beringen.

Das Beringen selbst dauert nur ein paar Sekunden, aber während die Tiere festgehalten werden, bestimmt Mischa auch noch die Art, das Geschlecht und die Flügelspanne. Bei den Weibchen kann man außerdem, wenn man ihnen auf die Brust bläst, anhand des Brutflecks erkennen, ob sie gerade Junge haben oder nicht. Um diese Beobachtungen notieren zu können, wird der Vogel kurzerhand kopfüber in eine Art Trichter gesteckt, aus der nur die Beine herausschauen.

Mischa und sein Team haben mit ihrem gigantischen Netz bereits große Erfolge verbuchen können. So schaffte es eine Schwalbe, die in Rybatschi beringt worden war, bis ins südafrikanische Durban, einige Zeisige kamen bis nach Irland, Eulen bis nach Zentralasien und Zilpzalpe bis nach Norwegen. Außerdem haben die Forscher wichtige Erkenntnisse über Verhaltensweisen der Vögel, aber auch über den Artenschutz und die Orientierung beim Vogelzug gewonnen. In letzter Zeit untersuchte man außerdem die Folgen der

Erderwärmung und konnte feststellen, dass die Vögel im Frühjahr mittlerweile viel eher zurückkehren als noch vor fünfzig Jahren.

Inzwischen habe ich fast schon vergessen, dass ich eben erst eine Grenze überquert habe. Doch das wird mir schlagartig wieder bewusst, als ich Mischa frage, was für Daten auf den Ringen der Vögel enthalten sind.

»Ach«, sagt er, »das ist nur eine Kennziffer und eine Moskauer Telefonnummer.«

Wir fahren weiter bis zum Ende der Nehrung und dann aufs Festland. Die Region gehörte einst zum stets geschniegelten, effizienten Preußen. Nun schlängelt sich eine holperige zweispurige Landstraße durch verwahrloste Dörfer. Auf einem Kriegerdenkmal für die sowjetischen Truppen, die Deutschland besiegten, nisten Störche. Ich frage einen Einheimischen, ob man jemals versucht hat, sie von dort zu vertreiben. Er schaut nach oben, schirmt die Augen mit der Hand vor der Sonne ab und schüttelt den Kopf. Sie sind seit mindestens zehn Jahren hier, sagt er.

Ein langes Stück der Straße ist von einer exakt in Reih und Glied gepflanzten Allee von Vogelbeerbäumen gesäumt, die laut unserem russischen Fahrer damals gepflanzt wurde, damit die Truppenbewegungen der Deutschen von der Luft aus nicht gesehen werden konnten. »Hitlers letzte Soldaten«, nennt er sie.

Entlang der Straße hängen noch ein paar alte Plakate, die die kommunistische Regierung 2005 zur 750-Jahrfeier der Stadt Königsberg/Kaliningrad hier aufgehängt hat – oder besser gesagt zur Feier von 691 Jahren Königsberg und 59 Jahren Kaliningrad.

Warum aber musste man eine Stadt wie Königsberg, die als altehrwürdiger Hort der Wissenschaft und der Aufklärung galt, die als Geburtsstadt Kants und Sitz der Albertina, ihrer renommierten, angesehenen Universität, zu Ruhm gekommen war, überhaupt umbenennen?

Hauptsächlich deswegen, weil es eine deutsche Stadt gewesen war und die vorrückende sowjetische Armee, die Millionen von Männern durch die Nazis verloren hatte, alles daransetzte, um die Spuren des verhassten Feindes restlos zu beseitigen. Die Briten hatten einen großen Teil der Altstadt 1944 zerbombt, doch die russischen Truppen führten das Werk der Zerstörung systematisch und in aller Ruhe zu Ende. Häuser und Kirchen wurden angezündet, die Bevölkerung Königsbergs vergewaltigt, beraubt und ermordet.

Als der Wahnsinn sich irgendwann schließlich verausgabt hatte, begann die Stadt sich langsam wieder aufzurappeln, und die Zusammenarbeit zwischen den russischen Siedlern und den verbliebenen Deutschen bei der Instandsetzung der Versorgungseinrichtungen und der Beseitigung der Trümmer funktionierte erstaunlich gut.

Das sollte sich jedoch ändern, als die Stadt 1946 in Kaliningrad umbenannt wurde, nach Michail Kalinin, einem Staatsoberhaupt der Sowjetunion unter Stalin, und man die gleichnamige Oblast zum militärischen Sperrbezirk erklärte. Auf Stalins Befehl wurden die Grenzen mit Stacheldraht verstärkt und die verbliebenen Deutschen mit Sonderzügen deportiert.

Mehr als vierzig Jahre lang verlor die Welt Kaliningrad aus den Augen. Es wurden keine Einreisegenehmigungen ausgestellt, selbst begleitete Reisegruppen aus dem Ausland waren unerwünscht. In meinem Reiseführer heißt es dazu: »Lhasa, Pjöngjang und Tirana hatten im Vergleich dazu fast schon etwas Kosmopolitisches.«

Die Hauptstraße der Stadt heißt immer noch »Leninsky Prospekt« und unser Hotel »Moskau«. Morgen ist Nationalfeiertag, an dem sechzig Jahre kommunistischer Herrschaft gefeiert werden. Stellt sich bloß noch die Frage, was es da zu feiern gibt.

KALININGRAD/
RUSSLAND

Kaliningrad

»Wir sind Russen – in unserer Seele, in unserem Herzen. Das ist nun mal so.«

Olga Danilova ist eine zierliche, kluge und redegewandte Frau. Ich schätze sie auf Mitte fünfzig, aber sie hat eine so stramme, durchtrainierte Haltung, dass ich mich frage, ob sie nicht früher mal Tänzerin war. Sie ist eindeutig ein Kind der UdSSR: Ihre Eltern gehörten zu den russischen Siedlern, die diese Stadt nach Kriegsende von den Deutschen übernahmen. Olga hat ihre Tochter Anastasia dabei, einen halbwüchsigen, spindeldürren Teenager. Sie ist eine ebenso glühende Patriotin wie ihre Mutter. Einmal kam sie heulend vor Enttäuschung nach Hause, weil sich bei einer kleinen Umfrage, die sie unter ihren Schulkameradinnen gestartet hatte, herausgestellt hatte, dass siebzig Prozent von ihnen lieber im Ausland arbeiten und leben würden. Olga gibt zu, dass die Menschen in Kaliningrad aufgrund der Nähe zu Europa ganz anders sind als die »Festlandsrussen«, wie sie ihre Landsleute im Osten nennt. Der Zusammenbruch der Sowjetunion hat umso deutlicher gemacht, wie isoliert Kaliningrad ist, aber Olgas Ansicht nach hat sich die Situation seit der Aufnahme Litauens und Polens in die EU im Jahr 2004 bereits zu ändern begonnen. Mit dem Interesse der Deutschen am Wiederaufbau Kaliningrads sind auch die Investitionen in die Stadt gestiegen, und die Aussicht auf eine vereinigte europäische Freihandelszone jenseits der Grenze hat auch das Interesse Moskaus an seiner fernen Kolonie neu geweckt.

»In den alten sowjetischen Zeiten waren wir ihnen nicht so wichtig. Da war doch irgendwo noch dieses Kaliningrad, hieß es immer. Inzwischen haben wir in Moskau ein eigenes Regierungsteam und daher einen ziemlich guten Einfluss.«

Während unserer Unterhaltung stehen wir wieder einmal neben einem sowjetischen Kriegerdenkmal. Dieses hier soll an all jene erinnern, die bei der Besetzung der Stadt 1945 ihr Leben ließen. Kraftvolle, vorwärtsdrängende Gestalten, die Gewehre und MGs hoch erhoben. Ein ewiges Licht flackert im Wind. Olga ist stolz auf das Denkmal.

»Es war das erste Kriegerdenkmal, das nach dem Zweiten Weltkrieg – oder dem Großen Vaterländischen Krieg, wie wir hier in Russland dazu sagen – auf dem Gebiet der Sowjetunion errichtet wurde.«

Umso mehr erstaunt es, dass man bei den Feierlichkeiten zum 60. Jahrestag der sowjetischen »Befreiung« bewusst auf Militärmusik, Paraden und Säbelrasseln zu verzichten scheint. Die einzigen Uniformen, die zu sehen sind, bestehen aus High Heels mit Pfennigabsätzen, ultrakurzen Faltenröckchen, königsblauen Jacken und weißen Käppis, die einzigen Waffen hier sind die weißen Plastikstäbe mit den roten und blauen Bommeln obendran, die ein Trupp von langbeinigen, sexy Cheerleadern über den Köpfen schwingt – sie sind die Einzigen, die man an diesem Vormittag auf dem Siegesplatz vielleicht noch als eine Art Armee durchgehen lassen könnte.

Nebenan steht eine neue, glänzende russisch-orthodoxe Kirche kurz vor der Fertigstellung (in den Vierziger- und Fünfzigerjahren hatten die Russen die Kirchen des alten Königsbergs systematisch zerstört), und die Triumphsäule aus rotem Marmor ist eine Schenkung von Yukoil.

Um Punkt elf Uhr wird die dröhnende, übersteuerte Discomusik von Star-Wars-ähnlichen Klängen abgelöst. Bei einem nichtssagenden Regierungsgebäude, an dem die Flaggen Kaliningrads – ein blaues Segelschiff auf weißem Grund – und die weiß-blau-roten Querstreifen der Russischen Föderation flattern, scheint sich etwas zu rühren.

Dann gehen plötzlich die Türen auf, und eine Delegation der Großen und Mächtigen tritt heraus. Im selben Moment stolzieren die Cheerleader hinter dem Denkmal hervor, schwingen ihre Tambourstöcke ein bisschen durch die Luft und ziehen sich dann dezent zurück, um den Gastgebern dieser Feierlichkeit Platz für ihren Auftritt zu machen. Und was für ein Auftritt es ist: Es taucht ein Paar auf, er ganz in Weiß, sie in einem bodenlangen Ballkleid aus Taft. Im Bestreben, jegliche militärischen Untertöne zu vermeiden, hat man aus dem Nationalfeiertag einen Eurovision Song Contest gemacht.

Man wedelt mit Puscheln, singt Lieder und lässt ganze Trauben roter, weißer und blauer Luftballons steigen. Dann werden Reden geschwungen: von mehreren Würdenträgern, die extra aus Moskau angereist sind, vom Gouverneur der Oblast Kaliningrad, vom Bürgermeister der Stadt sowie von einem General mit einer so ausladenden Schirmmütze, dass ein Hubschrauber darauf landen könnte. Doch kaum einer der Anwesenden hört ihnen zu. Der Wind trägt die Worte der Redner fort – den Rest erledigt die Musik, die erneut aus den Lautsprechern dröhnt.

Etwa eine Stunde später beginnt die Wahl des schönsten Brautpaars des Jahres, die der Eröffnungszeremonie gleich in zwei entscheidenden Punkten deutlich überlegen ist: Erstens lockt sie ein riesiges Publikum an, und zweitens herrscht eine Bombenstimmung. Gerade ist der Brautbus angekommen. Er ist von oben bis unten geschmückt, komplett in Rosa, und voll mit jungen Bräuten. Einem mobilen Bordell gleich rollt er vorbei und sorgt augenblicklich und recht überraschend für eine ausgelassene, fast ein wenig anarchische Stimmung, die durchaus ansteckend wirkt.

Nachdem ich im Park noch einigen als Ritter verkleideten Männern dabei zugesehen habe, wie sie sich gegenseitig verklopfen, gehe ich mit Olga weiter. Wir kommen an einem unübersehbaren knallgelben Tank mit Kwas vorbei, der am Straßenrand steht und von einer korpulenten Frau mit gelber Kappe bewacht wird.

Ich frage Olga, was das ist.

»Kwas? Das ist ein Erfrischungsgetränk aus vergorenem Roggenbrot, Zucker, Blättern ...«

Offenbar befürchtet sie, ihre Beschreibung könnte nicht unwiderstehlich genug klingen, denn sie fügt hinzu: »Eine traditionelle russische Spezialität. Und es tut gut, wenn man Wodka getrunken hat und einem der Schädel brummt.«

Ich probiere von dem Getränk, prophylaktisch diesmal. Es hat einen seltsamen Geschmack, der sich am ehesten noch als eine Mischung aus Pepsi-Cola und Bratensoße beschreiben lässt.

Wir folgen der Menschenmenge hinunter zum Ufer des Pregel. Von einer Brücke aus, die auf eine Insel führt, kann man die beiden markantesten und zugleich umstrittensten Bauwerke der Stadt sehen. Das eine ist die gotische Kathedrale Kaliningrads, ein streng wirkender, aber dennoch eindrucksvoller Ziegelbau mit hohen, schmucklosen Stützpfeilern. Im 14. Jahrhundert erbaut, entging sie in der kommunistischen Zeit nur mit knapper Not der Zerstörung. Angeblich soll sich Breschnew bei seinem Besuch in der Stadt erkundigt haben, warum dieses Symbol des alten Königsbergs noch nicht abgerissen worden sei. Man sagte ihm, dass sich darin das Grab des berühmtesten Sohnes der Stadt, des Philosophen Immanuel Kant, befände. Und da Karl Marx ein großer Bewunderer Kants gewesen war, willigte Breschnew ein, die Kathedrale zu verschonen.

Natürlich hat Kant nie einen Fuß in die Kathedrale gesetzt, erzählt Olga. Und näher an sie herangekommen als in seiner Grabstätte, die sich draußen auf dem Kirchhof neben einem Baum befindet, ist er auch nicht. Es gibt noch eine nette Anekdote über Immanuel Kant: Angeblich sollen Robert Motherby und Joseph Green, die in Hull ein Importgeschäft für Getreide und Heringe betrieben, fast zwanzig Jahre lang jeden Sonntag mit ihm hier in Königsberg zu Abend gegessen haben.

Das zweite bedeutende Bauwerk ist – beziehungsweise war – das mittelalterliche Schloss. Als Sinnbild des preußischen Militarismus wurde es dem Erdboden gleichgemacht und nach vielem Hin und Her durch einen modernen, klobigen Betonblock von gewaltigen Dimensionen ersetzt.

»Warum das denn?«, will ich von Olga wissen.

»Weil das Schloss in ihren Augen ein Monument des Faschismus war. Und stattdessen bekamen wir dann ein Monument des Kommunismus.«

Die Leute hier nennen den Bau – beinahe schon liebevoll – »das Monster«.

Einige Stellen gibt es jedoch noch, an denen das alte Königsberg seine Spuren hinterlassen hat. Mit ein bisschen Geduld findet man beispielsweise einen der wenigen noch existierenden gotischen Wehrtürme. Ursprünglich gab es zwölf, an jedem Stadttor einen. In den meisten anderen Ländern des neuen Europa wären sie eine Touristenattraktion. Hier dagegen sind sie unbeleuchtet, heruntergekommen und kaum beachtet. Man hat das Gefühl, als wäre es Kaliningrad immer noch unangenehm, dass es früher einmal Königsberg war.

So tolerant Olga auch erscheinen möchte: Auf geringschätzige Bemerkungen über ihre Heimatstadt reagiert sie äußerst empfindlich. Ihr ist zwar bewusst, dass sich noch vieles ändern muss. So wünscht sie sich zum Beispiel bessere Reisemöglichkeiten und sieht durchaus die Vorteile einer EU-Mitgliedschaft. Gleichzeitig empfindet sie jedoch eine tiefe Loyalität gegenüber Russland, dem Land, in dem sie groß geworden ist. Ob Russland diese Gefühle auch in Zukunft erwidern wird, bleibt abzuwarten. Hinter der Skepsis von Olga und ihrer Tochter steckt letzten Endes die Befürchtung, dass eines Tages sie zu denjenigen gehören könnten, die verraten und verkauft werden, weil sich die Deutschen als die besseren Freunde Kaliningrads erweisen als die Russen.

Sechsundneunzigster Tag
Kaliningrad

Ich habe vor, von Kaliningrad aus auf dem Seeweg weiterzureisen. Das scheint mir jetzt, wo ich mich ohnehin schon an der Ostseeküste befinde, am sinnvollsten. Das Ufer des Pregel ist gesäumt von ausrangierten Kränen und riesigen Kornspeichern. Sie erinnern daran, welche Bedeutung dieser Hansestadt, die eine ständige Handelsbeziehung mit Großbritannien pflegte, durch ihren Hafen einst zukam.

Die meisten Werften und Kais werden heute nicht mehr genutzt und warten auf einen Handelsaufschwung, zu dem es möglicherweise niemals kommen wird, doch eine davon hat man zum gut ausgestatteten und vorbildlich gestalteten Museum der Weltmeere umgebaut.

Die Hauptattraktion dort ist die hundert Meter lange »Witjas«, ein Forschungsschiff mit elegant geschwungenem Design, das die russische Marine zwischen 1949 und 1979 für insgesamt 65 wissenschaftliche Expeditionen einsetzte.

Sieht man sich die Geschichte der »Witjas« etwas genauer an, dann stellt sich jedoch heraus, dass sie nicht nur Forschungszwecken genügte. Sie wurde 1939 in Deutschland unter dem Namen »Mars« gebaut. Im Jahr 1945 brachte sie 20 000 ostpreußische Flüchtlinge sicher aus Königsberg, bevor sie den Briten ausgeliefert wurde und schließlich wieder an die Russen ging, die die Stadt inzwischen eingenommen hatten.

Wenn man sich überlegt, mit wie viel Engagement und Phantasie das Meeresmuseum betrieben wird, kann man sich leicht vorstellen, wie Kaliningrad aussehen könnte, wenn man der Stadt eine satte Dosis Selbstvertrauen verpassen würde. Die Frage ist nur, woher es kommen soll. Das Museum ist ein Geschenk der Russen, der Anstoß – und das meiste Geld – zur Restaurierung der großartigen Kathedrale kam von den Deutschen.

Als ich meine stürmische Reise auf dem Pregel in Richtung Polen antrete und Olga und Anastasia zum Abschied noch einmal zuwinke, kann ich nur hoffen, dass sie bald Gewissheit über ihre Zukunft haben werden. Aus Kaliningrad mag zwar nie mehr Königsberg werden, aber wer weiß: Vielleicht heißt die Stadt ja eines Tages Königsgrad. Oder aber Kalininberg.

POLEN

Siebenundneunzigster Tag
Danzig

Bei der Fahrt über die Ostsee zwischen Kaliningrad und Danzig begegnet einem eine wahre Flut geschichtlicher Meilensteine.

In diesen Gewässern verfolgte ein sowjetisches U-Boot in einer bitterkalten Winternacht im Januar 1945 die »Wilhelm Gustloff«, ein deutsches Kreuzfahrtschiff. An Bord befanden sich vier- oder fünfmal mehr Passagiere, als eigentlich zugelassen waren – Flüchtlinge, die vor den siegreichen Russen flohen. Drei der Torpedos trafen die »Gustloff«, und sie sank. Das Unglück forderte über 7000 Menschenleben. Es war die Seefahrtskatastrophe mit der höchsten Zahl an Todesopfern, die es jemals gegeben hat. Die »Wilhelm Gustloff« liegt heute noch in 42 Metern Tiefe in der Bucht von Danzig.

Wir drehen nach Süden ab und fahren in den Motława-Kanal, der die Danziger Bucht mit der Weichsel, dem längsten Fluss Polens, verbindet. Unterwegs kommen wir an der Stelle vorbei, wo die ersten Schüsse des Zweiten Weltkriegs fielen: Am 1. September 1939 griffen die Deutschen vom Kriegsschiff »Schleswig-Holstein« aus eine polnische Garnison auf der Halbinsel Westerplatte an. Nach einer Woche mussten die knapp 200 Männer ihre Stellung aufgeben. Heute steht dort zum Gedenken an ihre Opferbereitschaft ein klobiges Mahnmal im Stil des Sozialistischen Realismus (was einem ziemlich dreist erscheint, wenn man bedenkt, dass die Russen gerade mal eine Woche, bevor die deutschen Truppen den polnischen Stützpunkt auf der Westerplatte angriffen, den Nicht-Angriffspakt mit Deutschland unterzeichnet hatten).

Am Westufer des Kanals ragen die Kräne und Dächer der berühmtesten Werft der Welt auf. Hier führte ein Elektriker namens Lech Wałęsa einen Streik an, der das kommunistische Osteuropa nachhaltig verändern sollte. Inzwischen ist die Danziger Werft selbst zum Opfer der Veränderungen geworden. Verfallen und heruntergekommen kämpft sie in der Welt des Kapitalismus verzweifelt ums Überleben und hat heute eher eine symbolische als wirtschaftliche Bedeutung.

Nachdem wir angelegt und uns in einem Hotel am Ufer einquartiert haben, pilgern wir zur Werft hinüber. Die berühmten Tore, vor denen die Weltpresse vor 27 Jahren ihre Zelte aufgeschlagen hatte, während sich dahinter die Arbeiterschaft und die Regierung einen Machtkampf lieferten, sind heute noch zu sehen. Es ist, als wäre die Zeit stehen geblieben. An den schwarz-weißen Gitterstäben hängen verschiedene Symbole des polnischen Widerstands: die Nationalflagge, ein großes, gerahmtes Foto des polnischen Papstes Johannes Paul II. (und daneben ein deutlich kleineres des derzeitigen deutschen Papstes), ein Transparent mit der Aufschrift »Solidarność«, dem Namen der ersten freien Gewerkschaft, die je in einem kommunistischen Land gegründet worden war, Blumensträuße sowie eine Abbildung der Schwarzen Madonna, der Ikone des polnischen Katholizismus. Sie alle spiegeln die Macht jenes Zusammenschlusses von Religion und Politik, von Priestern und Arbeitern wider, der – wie der Historiker Timothy Garton-Ash es ausdrückte – »den Anfang vom Ende des Kommunismus in Europa« darstellte.

Heute wird das Tor nicht mehr von Arbeitern benutzt, und auch die Touristen werden von den Pförtnern zur Multimedia-Ausstellung »Wege zur Freiheit« weitergeschickt.

Doch auch jenseits dieser Touristenattraktion herrscht noch Betrieb auf der Werft: Obwohl man die Belegschaft von 15 000 auf 3000 reduziert hat, werden hier nach wie vor Schiffe gebaut. Andrzej Buczkowski, der Vizepräsident der Werft, führt mich durch die Hintertür auf das Gelände, und zwar im wahrsten Sinne des Wortes: Wir schlendern an mehreren Reihen leer stehender Bürogebäude mit eingeworfenen Fenstern und mit Graffiti verschmierten Backsteinfassaden vorbei. Unkraut rankt an den Regenrinnen empor und windet sich um stillgelegte Krangerüste. Andrzej Buczkowski spricht die Probleme offen und ehrlich an. Hier gibt es keine Parteilinie. Die Danziger Werft ging 1996 bankrott. Heute ist sie zu 62 Prozent im Besitz der Regierung und zu 38 Prozent im Besitz der Werft von Gdynia (dt.: Gdingen), die ein Stück weiter nordwestlich liegt. Ein großer Teil der Werft wurde bereits verkauft, und mit dem Bau von Wohnungen, Supermärkten und Betrieben der Leichtindustrie hat die Neugestaltung des Geländes begonnen.

Der Anblick, der sich uns bietet, als wir um die Ecke biegen, erinnert dagegen an alte Zeiten: Über uns ragt ein gewaltiger, massiv eingerüsteter Schiffsrumpf aus Stahl auf, der die Menschen und Maschinen in seinem Umkreis wie Ameisen aussehen lässt. Der gigantische Rumpf erbebt vom Lärm der Bohr- und Nietmaschinen und dem Prasseln und Blitzen der Schweißarbeiten. Daneben rollen mehrere neunzig Meter lange Fertigteile vorbei, auf Fahrzeugen, die so schwer beladen sind, dass es aussieht, als würden sie jeden Moment unter ihrer Last zerdrückt werden. Was jedoch die gesamte Szenerie dominiert, sind die gewaltigen, längst zum Kultsymbol gewordenen Portalkräne, die das ganze Schiff überspannen.

Sie könnten bestimmt viel über die zahlreichen Kämpfe erzählen, die hier ausgetragen wurden, angefangen beim großen Streik der Siebzigerjahre, bei dem etwa fünfzig Menschen ums Leben kamen, bis hin zu den Ereignissen der Achtziger, aus denen die Solidarność hervorging. Sollte es jedoch in Zukunft keine weiteren Aufträge geben, werden auch sie ein unwürdiges Ende finden.

Als Ursache für die aktuelle Situation nennt Buczkowski die gestiegenen Kosten, die der EU-Beitritt Polens 2004 mit sich brachte. Angesichts der neuen Möglichkeiten, die eine freie Arbeitsplatzwahl bietet, können gut ausgebildete Kräfte einzig und allein durch höhere Löhne im Unternehmen gehalten werden. Für eine große, altmodische Werft wie diese würden die entstehenden Mehrkosten jedoch bedeuten, dass sie ihre Wettbewerbsfähigkeit ebenso einbüßen würde, wie es bei den englischen Werften der Fall war, deren Preise die Danziger Werft einst unterbot.

Heute ist die Solidarność nur mehr eine von vier Gewerkschaften, die auf dem Gelände vertreten sind, und Lech Wałęsa, ihr legendärer

Gründer, der früher als Wartungstechniker auf der Werft gearbeitet hatte, ist inzwischen viel zu sehr auf dem politischen Parkett eingespannt, um die Rolle des Retters seines ehemaligen Arbeitgebers zu übernehmen.

Andrzej Buczkowski hofft jedoch, dass die Schiffsbauplätze schon bald wieder belegt sind, und zweifelt nicht daran, dass die Danziger Werft in zehn Jahren und unter einer neuen Führung mehr als nur ein Museum der Freiheit sein wird.

Ich wünschte, ich könnte seinen Optimismus teilen, doch ich habe eher den Eindruck, als würde die Werft gegen jenen unausweichlichen radikalen Rückgang der Schwerindustrie ankämpfen, der auch meine Heimatstadt Sheffield so nachhaltig verändert hat. Ich persönlich finde es traurig, mitansehen zu müssen, wie dort, wo sich einst Schwerindustriezentren befanden, immer öfter Einkaufszentren aus dem Boden schießen, aber letztlich ist auch dies Teil eines umfassenderen Prozesses. Was dabei herauskommt, wird den Nostalgikern unter uns missfallen – aber das ist auch ihr gutes Recht.

Das sind so meine Gedanken, während ich über einem Teller *żurek* sitze: eine Art Borschtsch mit einer Menge Wurst, die in einem kleinen ausgehöhlten Brotlaib – einer essbaren Suppenterrine, sozusagen – serviert wird. Es ist eine kulinarische Premiere für mich und noch dazu eine sehr leckere!

Achtundneunzigster Tag
Danzig

Auch wenn Lech Wałęsa nicht mehr viel mit der Werft zu schaffen hat, die seine weitere Laufbahn so entscheidend geprägt hat, lebt er noch immer in Danzig und hat sich bereit erklärt, uns ein Interview zu geben. Sein Büro liegt nicht weit von unserem Hotel entfernt. Der Weg dorthin führt am Kanal entlang und passenderweise an einem historischen Hafenkran vorbei, der einen ähnlichen Symbolcharakter hat wie die grünen Ungetüme auf dem Werftgelände. Das Krantor von Danzig, dessen Gehäuse und Mechanismus aus Holz nach dem Krieg originalgetreu rekonstruiert wurden und daher noch weitgehend intakt sind, gilt als das größte und älteste seiner Art in ganz Europa. Es stammt aus einer Zeit, als Gdańsk noch Danzig hieß und zur Hanse gehörte. Am gegenüberliegenden Ufer stehen drei lang gestreckte, recht elegante Kornspeicher, die wie der Kran im 15. Jahrhundert erbaut wurden.

Dieses beeindruckende Ensemble ist jedoch nur ein kleiner Vorgeschmack auf das, was einen erwartet, wenn man durch das Grüne Tor tritt. Der Lange Markt und die Langgasse, die von dort aus in einer sanft geschwungenen Linie durch die sogenannte Rechtstadt verlaufen, gehören zweifellos zu den schönsten Straßenzügen Europas. Dominiert von einem hohen, ziegelroten Rathaus und gesäumt mit Gebäuden in den verschiedensten Stilrichtungen von der Renaissance über den holländischen Baustil mit seinen geschwungenen Giebeln bis hin zum Rokoko, zeugt er vom Wohlstand der europäischen Kaufleute, von ihrem guten Geschmack und von der unglaublichen Vielfalt an Einflüssen, die diese mit nach Danzig brachten. Zugleich demonstriert das jahrhundertealte Viertel die herausragenden Fähigkeiten der polnischen Arbeiter, Architekten und Handwerker unserer Zeit, denn es musste nach seiner Zerstörung im Zweiten Weltkrieg fast vollständig wiederaufgebaut werden.

Oberhalb der Bogendurchgänge des Grünen Tors ist die ehemalige Königsresidenz untergebracht, ein hübsches Bauwerk im Stil des niederländischen Barock. Inzwischen wurde sie zu einzelnen Wohnungen umgebaut. In einer davon, die man durch denselben Eingang betritt wie die Senderäume von Radio Gdańsk, hat der Nobelpreisträger, Solidarność-Gründer und ehemalige polnische Staatspräsident mehrere Büroräume, die ihm von der Stadtverwaltung mietfrei zur Verfügung gestellt wurden.

Von den luftigen, großzügig geschnittenen Räumen aus hat man zur einen Seite hin einen herrlichen Blick auf den alten Hafen, zur anderen Seite hin auf den achtzig Meter hohen Rathausturm und das rege Treiben am Langen Markt. Das Eichenparkett ist abgenutzt, das Mobiliar zweckmäßig, modern und ein wenig trist.

Abgesehen von einer großen, gerahmten Landkarte Polens sind

an den Wänden hauptsächlich Kreuze und Bilder mit religiösen Motiven zu sehen, außerdem mehrere Fotos von Wałęsa zusammen mit Papst Johannes Paul II. Auf dem Couchtisch sind ein paar Dinge zu sehen, die auf profanere Errungenschaften hindeuten: eine Anzeige für die Wałęsa-Nudeln seiner Ehefrau Danuta sowie ein Globe Award von Nestlé und General Mills für Wałęsas »Beitrag zur Entwicklung der freien Marktwirtschaft und zur Erweiterung der Grenzen der freien Welt«. Es gibt sogar eine Rosensorte, die nach Lech Wałęsa benannt ist, erklärt uns sein Assistent zuvorkommend.

Es sieht alles danach aus, als wäre hier eine regelrechte Wałęsa-Industrie im Gange – eine Vermutung, in der ich mich umso mehr bestätigt fühle, als schließlich der Mann erscheint, der in ihrem Mittelpunkt steht. Er ist über eine Stunde zu spät und stürmt herein wie ein Wirbelwind, marschiert schnurstracks auf seinen Schreibtisch zu und gibt seinem Assistenten noch im Gehen Anweisungen. Mit seinem großen, traurig herabhängenden Schnurrbart, dem angegrauten Haar und dem ordentlichen, preußischblauen Anzug sieht er aus wie ein viel beschäftigter Schuldirektor – wenn man mal von den Sandalen absieht.

Er entschuldigt sich knapp damit, dass er eben noch zu einer Untersuchung in die Klinik habe fahren müssen, geht jedoch nicht ins Detail. Eigentlich ist er ein paar Monate jünger als ich und wirkt sogar ziemlich fit. Doch egal – jetzt, wo er hier ist, möchte er auch sofort mit dem Interview beginnen. Er geht zwar ausführlich auf meine höflichen Fragen ein, doch während Witold, unser Dolmetscher, seine Antworten für uns ins Englische übersetzt, tut er so, als würde ihn das überhaupt nicht interessieren: Er blättert in der Zeitung und liest Briefe, spielt am Computer herum und bringt es fertig, geschäftig und zugleich gelangweilt zu wirken.

Als wichtigste neue Faktoren zu Beginn des 21. Jahrhunderts nennt er die Globalisierung und die Einigkeit innerhalb Europas. Nachdem sein Land dazu beigetragen hat, das – wie er es nennt – »kommunistische Monopol« zu demontieren, sollte es nun darauf achten, dass kein anderes monopolistisches System entsteht, das an seine Stelle tritt.

»Wir müssen demokratische Einrichtungen schaffen, die miteinander konkurrieren, so wie im Westen.«

Er klingt ein wenig desillusioniert – aber vielleicht ist es auch nur falsche Bescheidenheit, die in dem, was er sagt, mitschwingt. »Wenn ich Kapitalist wäre, dann wäre ich wahrscheinlich der größte Kapitalist von allen. Aber jetzt ist es für mich zu spät. Ich habe nicht viel Geld, und wenn ich mir etwas Eigenes aufbauen wollte, dann müsste ich ehrlich gesagt wieder ganz unten anfangen und Glühbirnen an die Decke hängen. Ehrlich gesagt ist das alles nichts für mich. Ich beobachte, was sich in der Politik tut. Und was mit der Globalisierung und dem Frieden passiert und dem Zusammenspiel der Mächte.«

Meine abschließende Bemerkung scheint ihn dann jedoch in eine völlig andere Laune zu versetzen: Ich habe irgendwo gehört, dass seine Tochter mit großem Erfolg an der polnischen Version der Fernsehshow *Celebrity Come Dancing* teilgenommen hat, und als das Interview zu Ende geht, beschließe ich, alles auf eine Karte zu setzen und ihm einen letzten Kommentar zu entlocken.

»Vielen Dank, Herr Präsident. Es war mir eine Ehre, mich mit Ihnen unterhalten zu dürfen. Bitte gestatten Sie mir noch, Ihrer Tochter alles Gute für ihre weitere tänzerische Karriere zu wünschen.«

Plötzlich strahlt er, steht auf und rasselt eine ganze Reihe von Gründen herunter, weshalb er vorhin – so seine Worte – vielleicht »ein wenig schroff« gewesen sei.

Er muss noch heute Vormittag nach Hamburg. Er zuckt mit den Schultern und breitet hilflos die Arme aus.

»Ich weiß gar nicht, wo ich da hinmuss oder was ich dort tun soll«, sagt er lachend.

Anschließend wird er in Italien erwartet, wo er vor 7000 Menschen sprechen soll.

»Eine riesige Versammlung!«

Dann geht es nach Portugal, anschließend in die Vereinigten Staaten.

»Das ist doch Wahnsinn!«

Nachdem er sich Luft gemacht hat, schüttelt er uns die Hand und scheint aufrichtig dankbar zu sein, dass er die belastende Rolle des großen Staatsmannes wenigstens für einen Augenblick ablegen und er selbst sein konnte.

Später am Abend lese ich noch in einem Buch von Radek Sikorski, Journalist und derzeitiger polnischer Außenminister. Er schildert eine Unterhaltung, die er im Jahr 1991 mit dem berühmten Mann führte.

»Ich hatte bereits mit Gulbuddin Hekmatyar, dem brutalen Anführer der afghanischen Fundamentalisten, gesprochen und auch mit Jonas Savimbi, dem angolanischen Rebellenführer, der beschuldigt wurde, seine Feinde auf dem Scheiterhaufen zu verbrennen ... Und trotzdem empfinde ich mein Interview mit Lech Wałęsa als die schlimmste Erfahrung meiner journalistischen Laufbahn.«

Sikorski hatte einfach das Pech, ihm zu begegnen, bevor es auch im polnischen Fernsehen *Celebrity Come Dancing* gab.

Wir kehren der schönen alten Stadt Danzig den Rücken und fahren durch die Weichsel-Ebene weiter Richtung Südosten. Zwischen den Wiesen und Feldern tauchen Windmühlen oder kleine Weiler mit Fachwerkhäuschen auf. Diese sanfthügelige Landschaft war das Revier der Deutschordensritter. Bei Malbork kann man noch die riesige Burgfeste sehen – eine der größten Europas –, die zum Hauptsitz dieses furchterregenden Ordens von Religionskriegern wurde, nachdem sie von ihren Kreuzzügen zurückgekehrt waren. Der Grund, auf dem sie steht, wurde den ursprünglich hier lebenden Altpreußen weggenommen und deutschen Siedlern überlassen.

Der »Orden des Spitals St. Marien vom Deutschen Hause« war einst zur Versorgung der Kranken und zur geistigen Erbauung der deutschen Kreuzritter in Jerusalem gegründet worden. Zwischen der Ankunft des Ordens in Malbork im Jahr 1309 und seiner ersten schweren Niederlage gegen Litauen und Polen 101 Jahre später in der Schlacht bei Tannenberg baute der Orden einen mächtigen, militärisch und wirtschaftlich florierenden Staat auf und finanzierte mit den Geldern der Hansekaufleute die Ausweitung seiner religiösen und territorialen Ambitionen im Osten. Die mit dem Orden verbundene heraldische Bildsprache und die uneingeschränkte, aufopferungsvolle Ergebenheit der Ordensleute übten später zwar eine starke Anziehungskraft auf die Nazis aus, doch wegen seiner Assoziierung mit der römisch-katholischen Kirche war der Deutsche Orden während des Zweiten Weltkriegs in Deutschland verboten.

Die rote Backsteinbastion der Marienburg, die sich aus den stillen Flussauen erhebt, ist kolossal beeindruckend und beeindruckend kolossal. Noch heute lässt einem die Macht und Strenge, die von dieser Festungsanlage ausgeht, einen kalten Schauer über den Rücken laufen. Es ist schier unglaublich, was hier für ein immenser Aufwand betrieben wurde – zur Ehre Gottes und zugleich, um sich die Kontrolle über eine der lukrativsten Handelsrouten Europas zu sichern, die von der Kornkammer im Herzen Polens bis zu den Ostseehäfen von Königsberg und Danzig führte.

Von Elbing nach Warschau

Auch Elbing (polnisch: Elbląg) wurde im Krieg beinahe dem Erdboden gleichgemacht. In der Werft dieser Stadt wurden Hitlers U-Boote gebaut, weshalb sie von den Alliierten stark bombardiert wurde. Inzwischen hat man die Stadt zwar wiederaufgebaut, jedoch nicht mit demselben Aufwand wie Danzig. Im Zentrum reihen sich hohe, schmale Giebelhäuser im holländischen Stil aneinander, aber es sind billige Nachbauten aus Beton ohne jeden Charme, die fast schon wie Karikaturen des Originals wirken. Das imposanteste Bauwerk ist der gotische Dom, dessen schwindelerregend hoher Turm mit dem mehrstöckigen balustraden- und kuppelverzierten Spindelhelm in der Morgensonne erstrahlt. Er steht an den stillen Wassern des Osterode-Elbing-Kanals, einer 1860 eröffneten und achtzig Kilometer langen Wasserstraße. Hier beginnt unsere gemächliche Bootsfahrt Richtung Süden, durch die Auenlandschaft der Masurischen Seenplatte.

Das Wetter ist gut, der Himmel wolkenlos, und kein Lufthauch kräuselt die spiegelglatte Wasseroberfläche.

Um acht Uhr geht es los, begleitet vom Läuten der Kirchenglocken. Schon kurze Zeit später kommen wir unter einer Eisenbahnbrücke hindurch. Der Gütertransport hat sich natürlich weitgehend vom Wasser auf die Schiene verlagert. Heute nutzt man den Kanal nur noch für Besichtigungsfahrten durch das Labyrinth aus moorigem Wasser, dichtem Schilfröhricht, Marschland und Wäldern, das bereits vor vierzig Jahren zum Naturschutzgebiet erklärt wurde. Unser Boot, die »Labedz« (»Schwan«), ist dreißig Meter lang und wirkt mit seinem gedrungenen, mit Stahlplatten verkleideten Rumpf eher zweckmäßig als schwanenhaft elegant.

Während wir die mäandernden Wasserarme entlanggleiten, sehen wir Lachmöwen, Kormorane, Haubentaucher, Seeschwalben, Rohrweihen und Graugänse das Schilf erkunden und über uns sogar einen Seeadler. Gelegentlich überholt uns am Ufer ein Feldmäuschen.

Nach zwei Stunden Natur pur erreichen wir die Erste von insgesamt fünf sonderbaren technischen Konstruktionen. Es sind wahre Wunderwerke der Ingenieurkunst und der wahre Grund, weshalb sich so viele Menschen für diese unendlich gemächliche Art der Fortbewegung begeistern.

Auf den ersten Blick sieht es so aus, als würde der Kanal enden. Vor uns befindet sich eine grasüberwachsene Böschung, sonst nichts. Dann aber, nachdem unser Bootsführer ein paar lautstarke Anweisungen gegeben hat, läutet eine Glocke, und plötzlich befindet sich die »Labedz« im eisernen Griff eines Stapelschlittens, der sich unbemerkt unter das Boot geschoben hat. An einem langen Stahlseil wird sie ganz allmählich aus dem Wasser gezogen, bis sie schließlich trockenen Boden unter dem Rumpf hat. Sie ist mit Unmengen von Schlingpflanzen bedeckt, und vom Rumpf tropft der Schlamm, sodass sie aussieht wie eine urzeitliche Kreatur aus der Tiefe. Einen Augenblick später befindet sich das Boot sicher auf dem Transportwagen, der wiederum auf Schienen sitzt. Wir versammeln uns an Deck und beobachten verblüfft, wie die »Labedz« mit erstaunlicher Geschwindigkeit die Böschung hinaufbefördert wird. Für die Familie, die unten auf dem Feld arbeitet, ist ein Boot, das einen Hügel mit 45 Grad Steigung hinaufsegelt, offenbar längst nichts Besonderes mehr.

Auf halber Strecke begegnen wir einem anderen Boot auf entgegengesetztem Weg, und schon wenige Minuten später und gut zwölf Meter über unserem Ausgangspunkt werden wir wieder sanft im Kanal abgesetzt. Die »Labedz« wird aus ihrem Käfig befreit, und wir tuckern weiter, bis die Prozedur eine Weile später von Neuem beginnt.

Innerhalb der nächsten zwei Stunden erklimmen wir auf diese Weise vier weitere Bootsrampen, von denen uns die steilste auf eine Höhe von 25 Metern bringt – links von uns Felder, rechts Bäume. Es hat etwas wunderbar Beruhigendes, fast Traumartiges, wenn man an Deck eines Bootes stehend durch den lichten Buchenwald emporgehoben wird. Als wir den Kanal eine Weile später wieder verlassen müssen und auf der Straße nach Warschau weiterreisen, komme ich mir deshalb auch vor wie in *Der Wind in den Weiden*, so als wären wir soeben aus der wilden Welt von Maulwurf und Meister Dachs zurückgekehrt und befänden uns nun wieder in der Welt des schlauen Kröterich.

Hundertster Tag
Warschau

Bei unserer Ankunft in der großen, grauen Hauptstadt Polens ist auch der Himmel wolkenverhangen und grau. In den Straßen sieht man immer noch die Werbeplakate von der Miss-World-Wahl, die vor ein paar Tagen im Kulturpalast stattgefunden hat. Der massive Bau, eines der Wahrzeichen Warschaus, war einst ein Geschenk Stalins an die Bürger dieser Stadt. Hätte er damals gewusst, dass sie ihn später für Miss-World-Wahlen verwenden, dann hätte er ihn garantiert wieder zurückhaben wollen.

Die breiten Straßen, an denen sich gnadenlos triste Wohnblöcke schier endlos entlangziehen, sind ein weiteres Geschenk Stalins an Warschau. Man kann nicht gerade sagen, dass sich die Hochhäuser gut gehalten hätten. Es scheint fast, als habe man sie vergessen und stattdessen lieber Unsummen in die Sanierung der Altstadt gesteckt. Zwischendrin kommen wir durch einen Abschnitt, der von kleinen, schmuddeligen Sexshops und Peepshow-Spelunken gesäumt ist. An einer Hauswand steht der Straßenname: »Johannes-Paul-II.-Straße«.

An der Warschauer Feuerwache Nummer 4 treffe ich Kevin Aiston. Er ist in London geboren, lebt seit mittlerweile fünfzehn Jahren in Polen und ist Leiter einer Abteilung der Straż, der polnischen Feuerwehr. Wenn man sich mit ihm unterhält, denkt man zunächst, er sei erst vorgestern hier in Warschau angekommen. Er hat noch immer einen lupenreinen englischen Akzent, und sein Blick und seine Art zu Sprechen haben etwas so Charmantes und Vergnügtes an sich, dass man meinen könnte, er käme geradewegs aus seinem Lieblingspub. Gleichzeitig kann er so gut Polnisch, dass er sogar schon Bücher auf Polnisch geschrieben hat, eine eigene Fernsehshow moderiert und gerade als Alleinunterhalter eine ziemlich anstrengende Tournee durch mehrere schlesische Industriestädte gemacht hat, wo Witze über die Deutschen offenbar besonders gut ankommen. Kevin Aiston schreckt wirklich vor gar nichts zurück.

Ich bin erleichtert, dass Kevin ein so umgänglicher Mensch ist, denn von seinem Erscheinungsbild her wirkt er eher einschüchternd. Er ist über eins achtzig, hat raspelkurzes Haar, einen sehr aufrechten Gang und die raumfüllende Präsenz eines Torwarts beim Elfmeter.

Kevin zeigt mir die Feuerwache Nummer 4. Rings um einen Innenhof sind lang gestreckte Gebäude mit roten Giebeldächern angeordnet, in denen die einzelnen Löschfahrzeuge untergebracht sind wie in Stallungen.

Auch ein kleines Museum haben sie hier, in dem ich erfahre, dass die seit 170 Jahren bestehende Warschauer Feuerwehr im Zweiten Weltkrieg furchtbar unter den deutschen Besatzern zu leiden hatte.

»Viele Feuerwehrleute wurden wegen Sabotageakten wie das angeblich zu langsame Löschen strategisch wichtiger Gebäude bestraft und starben in Massenvernichtungslagern«, heißt es auf einer der Infotafeln. Ich muss daran denken, was ich kürzlich gelesen habe: dass zwischen 1939 und 1945 jeder fünfte Pole, also zwanzig Prozent der gesamten Bevölkerung, ums Leben kam – das sind mehr als in jedem anderen Land Europas.

Kevin erzählt, dass die 45 Jahre dauernde kommunistische Nachkriegsherrschaft in ihrem Land von den Polen »Eiszeit« genannt wird. Als sie vorüber war, mussten sich viele Menschen völlig neu orientieren.

Was Kevin in seiner Wahlheimat am meisten beeindruckt hat, ist die Gastfreundschaft der Polen.

»Sie plündern ihren ganzen Kühlschrank und auch noch den ihrer Nachbarn, wenn man bei ihnen eingeladen ist.« Und er erwähnt die starke Religiosität der Menschen hier: »Wenn ein Pole im Bus sitzt und der Bus fährt an einer Kirche vorbei, dann ist es für ihn das Selbstverständlichste der Welt, den Hut abzunehmen und sich vor der Kirche zu verbeugen.«

Im Allgemeinen können die Polen die Briten ganz gut leiden, aber wenn es um gewisse, ihrer Ansicht nach irrige Annahmen über den Krieg geht, reagieren sie durchaus empfindlich.

»Zwanzig Prozent der RAF-Piloten waren Polen, aber trotzdem hört man nie etwas darüber, welche Rolle die Polen in der Luftschlacht um England gespielt haben.«

Noch heute können vor allem die älteren Polen nicht nachvollziehen, dass die Alliierten ihnen während des gescheiterten Warschauer Aufstands gegen die deutsche Besatzung, der fast 200 000 Zivilisten das Leben kostete, nicht zu Hilfe kamen.

Doch das ist nicht alles, was ich von Kevin lerne. Bevor wir uns verabschieden, bin ich bereits Experte mit Auszeichnung an der Rutschstange.

»Du musst dich mit der Schulter dagegenlehnen und die Unterarme um die Stange legen. Nicht mit den Händen dran festhalten, sonst brennen sie unerträglich beim Runterrutschen. Ein Bein über das andere. Na los!«

Mittagessen gibt es nebenan, im Restaurant Florian, das nach dem Schutzheiligen der Feuerwehrleute benannt ist. Die Einrichtung wirkt etwas befremdlich und sieht mit ihren Spitzentischdecken, Feuerwehrhelmen und Blechblasinstrumenten eher so aus, wie man sich vielleicht einen Lesben-Puff vorstellen würde – der ideale Ort also, um zum ersten Mal *smalec* (Schmalzbrot) zu probieren. Kevin behauptet, diese wahrhaft köstliche Delikatesse aus zähem, auf ein Stück Brot geschmiertem Schweinefett sei früher ein Arme-Leute-Gericht gewesen, galt dann aber auf einmal als sehr angesagt. Also sprach Kevin, aber der ist ja nicht umsonst Feuerwehrmann und zugleich Komiker.

Kevin Aiston ist Engländer und mit einer Polin verheiratet, und Monika Richardson, die mir heute Nachmittag Warschau zeigt, ist Polin und mit einem Briten verheiratet. Sie ist blond und dünn wie eine Bohnenstange, gut informiert, eine scharfe Beobachterin und hat eine ziemlich respektlose Art. Und sie widersetzt sich meiner Angewohnheit, einfache Antworten auf meine Fragen zu erwarten.

»Vor allem die Briten haben das Bedürfnis, immer alles einzuordnen und in irgendeine Schublade zu stecken, weil sie sonst Angst haben, dass sie die Kontrolle über etwas verlieren könnten, während die Polen ... na ja, die machen viele Dinge einfach aus dem Bauch raus.«

»Das heißt, du hältst die Polen für ein bisschen spontaner?«

»Ja, sie sind sehr spontan ... und sie sind impulsiver und unberechenbarer als die Briten«, sagt sie und nickt nachdenklich, so als ob diese simple Antwort sie selbst überrascht hätte. »Wir scheinen in der Europäischen Union ganz gut zu funktionieren, wir machen alles richtig, machen Fortschritte, ganz so wie vorgesehen, aber irgendwie fühlt sich das alles an, als wären das nicht wir, verstehst du?«

Während unserer Unterhaltung stehen wir an der Brüstung der zugigen Aussichtsterrasse im dreißigsten Stock des Kulturpalasts. Es ist ein Gebäude von kolossalen Ausmaßen im sowjetischen Monumentalstil. Über massiven Sockelgeschossen verjüngt es sich zu einem Wolkenkratzerzentrum. Um zu demonstrieren, wie wichtig Polen der UdSSR war, machte Stalin den Kulturpalast 1952 der Stadt Warschau zum Geschenk.

»Angeblich hat er uns die Wahl gelassen«, sagt Monika lächelnd. »Entweder ihr bekommt eine Untergrundbahn oder einen Kulturpalast, und wir sagten: ›Au ja, wir würden lieber eine Metro haben.‹, und da meinte er: ›Gut, dann bekommt ihr den Palast.‹«

»Aber jetzt habt ihr ja eine U-Bahn, jetzt ist ja alles in Ordnung.«

»Ja, aber das ist nicht Stalins Verdienst.«

Dieser Koloss, mit dem Stalin einst sein Revier markierte, war bei den Menschen hier nicht besonders beliebt, und man stellte Überlegungen an, ihn abzureißen. Aber wie bei Ceaușescus Palast in Bukarest bestand auch der größte Triumph dieses Baus darin, dass er dem Abbruch trotzte. Er war einfach zu groß. So hat man wohl oder übel akzeptieren müssen, dass der Kulturpalast lange nach Stalin zu einem Wahrzeichen Warschaus – vielleicht sogar zu *dem* Wahrzeichen Warschaus – geworden ist, und versucht, sich für ihn und die darin untergebrachten Einrichtungen zu erwärmen: das Theater, das Schwimmbad und die Kongresshalle, wo endlose politische Reden geschwungen und Fünfjahrespläne verkündet wurden, die inzwischen längst von Bob-Dylan-Konzerten und Miss-Wahlen abgelöst worden sind.

Die Aussicht vom dreißigsten Stockwerk ist spektakulär, nur leider ist kaum etwas Spektakuläres zu sehen. Warschau wurde einst mit Paris verglichen, doch nachdem im Krieg 85 Prozent der Stadt zerstört worden waren, erstrahlte sie nie mehr in ihrer ursprünglichen Eleganz und Schönheit.

Monika sieht das genauso.

»Warschau ist keine schöne Stadt, aber eine tapfere Stadt und eine Arbeiterstadt. Die Menschen hier sind fleißig und stehen mit beiden Beinen im Leben. Und davor habe ich großen Respekt.«

Von oben betrachtet, macht Warschau nicht unbedingt einen umwerfenden Eindruck, aber bei einem Stadtrundgang entdeckt man durchaus auch faszinierende Ecken, und wenn man über die Plätze und durch die gepflasterten Gassen der Altstadt schlendert, scheint der Vergleich mit Paris gar nicht mehr so abwegig. Hier wirkt Warschau plötzlich nicht mehr ganz so zweckmäßig, sondern fast ein wenig geheimnisvoll. Gewöhnungsbedürftig ist allerdings, dass die grauen Wohnblöcke aus Beton aus derselben Zeit stammen wie die barocken und klassizistischen Häuserfassaden, die in den Fünfzigerjahren aus den Schuttbergen wiederaufgebaut wurden. Vorlage für den Wiederaufbau waren Zeichnungen und Gemälde des Canaletto-Neffen Bernardo Bellotto.

Ich frage Monika, welche Bedeutung der Krieg heute für die junge Generation hat. Sie ist sich ganz sicher, dass es kein anderes Land gibt, das sich seiner Geschichte so bewusst ist wie Polen.

»In der Grundschule liest man, wie damals aus dem Fleisch von Menschen Seife gemacht wurde und aus ihren Haaren Handtaschen, und dass das alles erst während der Generation unserer Eltern passiert ist.« Dann hält sie inne.

»Aber ich glaube, das ist auch der Grund, weshalb wir aufholen wollen und zeigen, dass immer noch Potenzial da ist und wir keine Sklaven unserer Vergangenheit sind.«

»Lernt hier in Polen noch irgendjemand Russisch?«

»Nein, heutzutage nicht mehr. Ich habe fast das Gefühl, dass das eine Art Trotzreaktion ist, was ich schade finde. Ich meine, wer würde nicht gerne Dostojewski oder Puschkin im Original lesen. Russisch ist einfach eine schöne Sprache.«

Es beginnt zu regnen.

»Ich glaube, grundsätzlich ist Polen inzwischen prowestlich eingestellt, aber es gibt auch noch ein paar Enklaven des Traditionalismus. Sie sind weder prorussisch noch prosonstwas. Ihnen geht es eher darum, dass die polnische Identität gewahrt bleibt. Das ist immer das große Thema, weil man uns unsere Identität schon so oft genommen hat.«

Der Tag endet ganz traditionell in einem Restaurant, das »Podhale« heißt und nach einer Gebirgsregion im Süden Polens benannt ist. Es ist ein wahrer Volkspalast: Die Gasträume haben alte Balkendecken, und die Speisekarte ist für Menschen gedacht, die den ganzen Tag draußen auf dem Feld gearbeitet haben. Von allem gibt es riesige Portionen. Ich bestelle eine Rote-Bete-Suppe und ein Hähnchenschnitzel mit *oscypek*, geräuchertem Schafskäse. Andere Gäste haben Spareribs vor sich stehen, die so lang sind wie die Röhren eines Vibrafons. Dazu gibt es Bier aus wuchtigen Krügen und zwei Gläser selbst gebrannten Wodka. Nur so ist auch der Mann mit der Tuba und dem Akkordeon zu ertragen, der an unseren Tisch kommt und den Sirtaki aus »Alexis Sorbas« für uns spielt.

Posen

Auch in Posen gibt es einen vorbildlich rekonstruierten alten Stadtkern, und die Häuser um den Stary Rynek, den Alten Platz, sind
ebenso hübsch wie die in Warschau. Doch Posen ist nicht nur eine
Kulturstadt. Auch die Industrie spielt hier eine wichtige Rolle. In den
hiesigen Stalin-Werken kam es schon 1956 zu einem Aufstand, bei
dem über fünfzig Arbeiter von Sicherheitskräften getötet wurden.

Obwohl dieser Teil des Landes, das sogenannte Wielkopolska
(Großpolen), schon vor dem Zweiten Weltkrieg mehrmals von den
Deutschen besetzt wurde, gilt er als historischer Kern Polens und
als die Region, in der die Wurzeln der Nation liegen.

Während meiner gestrigen, sehr erholsamen zweieinhalbstündigen Zugfahrt von Warschau hierher verbrachte ich die meiste Zeit
im Speisewagen. Es war eines dieser altmodischen, inzwischen
schon selten gewordenen Modelle, mit Lämpchen auf den Tischen,
frisch zubereiteten Speisen und sogar einem Bücherregal, und es
gab niemanden, der einen drängte, nach dem Essen seinen Platz
zu räumen. In diesem angenehmen Ambiente las ich in Eva Hoffmans *Lost in Translation. Ankommen in der Fremde*. Es sind die wunderbar geschriebenen Memoiren einer jungen Jüdin, die in Krakau
aufwuchs, aber nach den Pogromen der Kriegszeit und wegen des
Antisemitismus in den Jahren danach ihr Heimatland Polen verließ
und nach Amerika ging.

Meisterhaft analysiert Eva Hoffman menschliches Verhalten und
charakterisiert die Polen auf ähnliche Weise wie Monika tags zuvor.
In der Schule, schreibt sie, habe sie sich immer gefreut, wenn es
hieß, ihre Aufsätze besäßen *polot* – »ein Wort, das die Bedeutungen von Spritzigkeit, Inspiration und Fliegen in sich vereint. *Polot*
möchte jeder auch als persönliche Eigenschaft haben. Korrekt und
langweilig zu sein, ist ein schreckliches Unglück«.

Wenn dem so ist, dann steht mir ein ausgesprochen polnischer Morgen mit mehr als genug *polot* bevor, denn ich werde den
8:58-Uhr-Zug steuern, der von Posen ins achtzig Kilometer entfernte Wolsztyn (dt.: Wollstein) fährt.

Im Jahr 1997 konnte Howard Jones, ein britischer Eisenbahn-liebhaber, die Polen dazu überreden, ihm Zugang zu einer der letzten Bahnlinien zu gewähren, auf denen noch Dampflokomotiven eingesetzt werden. Seitdem bietet er auf einer der Nebenstrecken Kurse für Dampflokführer an. Das ist auch der Grund, weshalb ich an diesem wolkenverhangenen, eisig kalten Vormittag hier bin. Ich steige in einen Overall, setze mir eine Kappe auf und merke, wie ich zunehmend nervös werde. Das hat zweierlei Gründe. Der eine hängt mit der Frage zusammen, ob ich meinen polnischen Beifahrer und Instrukteur Jani überhaupt verstehen werde. Wie mir Howard fast schon penetrant beteuert, ist er »ein lieber Kerl« und kann auch ein paar Brocken Englisch, aber wenn wir erst mal im Führerhäuschen stehen und der Dampfkessel klappert und pfeift und röhrt, könnte es trotzdem passieren, meint er, dass Jani plötzlich Albanisch oder Polnisch spricht und ich nur Bahnhof verstehe.

Der Hauptbahnhof von Posen ist nichts für Anfänger. Zunächst einmal liegt er an der europäischen Magistrale Paris–Berlin–Moskau. Hier fahren transeuropäische Expresszüge mit zwanzig Waggons durch, und im Augenblick herrscht noch dazu ein reger Betrieb mit Pendelzügen, die – einer nach dem anderen, wie am Fließband – in der fünftgrößten Stadt Polens eintreffen. Der Zug nach Wollstein besteht nur aus zwei Waggons – einer davon sauber, der andere extrem schmutzig –, wird jedoch von einem regelrechten Ungetüm von einer Lok gezogen. Für alle, die es genau wissen wollen: Es ist eine 2-6-4, das heißt, sie hat zwölf Räder. Sie ist in einem bedrohlich wirkenden, rußigen Schwarz lackiert, hat links und rechts vom Dampfkessel einen Windschutz und einen frisch aufgefüllten Tender. An der Seite sind die Nummer 0149 und der weiße Adler der polnischen Regionalbahn aufgemalt. Der Name der Lok ist – warum auch immer – »Bob Wyatt«.

Worüber ich mir allerdings mehr Gedanken mache, ist die Tatsache, dass nicht nur ich und Jani im Führerstand herumwerkeln werden, sondern der Zug auch noch voll besetzt sein wird mit Fahrgästen – ahnungslosen Menschen, die im Grunde nur pünktlich und heil in Wollstein ankommen wollen.

Ich sehe ihnen beim Einsteigen zu: Eine recht bodenständig wirkende Frau mit Kopftuch, langem Rock und einer schweren Einkaufstüte, ein älterer, grauhaariger Herr mit Aktentasche und ein Pärchen, das sogar zu rennen anfängt, um noch zwei Sitzplätze zu ergattern.

Howard Jones' Methode, mich zu beruhigen, verunsichert mich nur noch mehr. Die meisten Leute, die an dieser Schulung teilnehmen, haben noch nie zuvor einen Zug gelenkt, meint er aufmunternd. Und außerdem wird Jani übernehmen, sobald wir mit der Hauptstrecke zusammentreffen. Hauptstrecke? Zusammentreffen?

Während ich dem Heizer helfe, Kohlen in die Feuerbüchse zu schaufeln, schaut Jani mit seinem dicken grauen Hängeschnurrbart im Lech-Wałęsa-Look milde lächelnd zu mir herab. Ich versuche krampfhaft, einen guten Eindruck zu machen – so krampfhaft, dass meine Schaufel am Rand des Kastens hängen bleibt und die Kohlen quer durch den Führerstand fliegen. Janis Lächeln ist noch nachsichtiger, als er mir beim Zusammenkehren zuschaut.

Dann geht es los. Jani lotst uns gekonnt aus dem Bahnhof, und während Posen langsam hinter uns verschwindet, versuche ich mir jeden seiner Handgriffe einzuprägen. Wesentlich einfacher macht dies die Sache aber noch lange nicht, als ich kurze Zeit später an der Reihe bin. Völlig verwöhnt von Servolenkung und Automatikgetriebe, brauche ich eine ganze Weile, um zu begreifen, dass allein schon das Betätigen des Reglerzugs ein Kraftakt ist. Jani wuchtet ihn einhändig nach oben und unten, wohingegen ich den Hebel mit beiden Händen umklammern muss wie ein Hammerwerfer. Ich trete gegen die Stange unter dem Regler, um Dampf abzulassen, und die Lokomotive setzt sich langsam und mit ein paar tiefen, kehligen Grunzern in Bewegung. Doch noch ist keine Zeit, sich hinzusetzen und die Fahrt zu genießen. Erst muss ein Gang nach dem anderen eingelegt werden, was jedes Mal mehrere Umdrehungen des Handrades erfordert, die so anstrengend sind wie Krafttraining im Fitnessstudio. Dann ist es endlich so weit: Alles läuft wie geplant, und mir bleibt nichts weiter zu tun, als eine Hand an den Hebel der Signalpfeife zu legen und mit einem Auge nach Bahnübergängen Ausschau zu halten. Schlingernd und bebend dampft das Ungetüm davon, wie ein Stahlross in panischer Flucht.

Achtzig Stundenkilometer können einem ziemlich schnell vorkommen, wenn die Birkenwäldchen so dicht an der Bahntrasse wachsen, dass man den Kopf einziehen muss, damit einem die Äste nicht die Augen auspieksen, und das aufgeschreckte Wild auf die Lichtungen springt und quer über die Felder davonrennt. Im Führerstand dieses gigantischen, heißen, keuchenden Kraftpakets empfinde ich eine seltsame Gelassenheit, ein Gefühl der Macht und der Unbekümmertheit zugleich – reiner *polot* eben. Trotz unserer Größe, Stärke und Geschwindigkeit sind wir voll und ganz von den zwei schmalen, flüchtigen Gleisen abhängig, die sich unter uns ausstrecken, sich neigen und in der Ferne verschwinden.

Als ich eineinviertel Stunden später endlich glaube, den Dreh rauszuhaben, fahren wir mit einer letzten Kurve auch schon in den Bahnhof von Wollstein ein. Gott sei Dank vertraut mir Jani nicht auch noch die Sache mit den Prellböcken an, sondern bringt den Zug mit Anstand und Würde zum Stehen. Die Fahrgäste steigen aus, und wie es aussieht, sogar völlig unbekümmert. Ich bin schwarz vor Ruß und zittere ein wenig, aber ich bin glücklich.

Was mir diese Fahrt vor allem bewusst gemacht hat, ist die enorme Kraft, die das Steuern einer Dampflokomotive erfordert. Hier kann man weder einfach irgendwelche Knöpfe drücken, noch gibt es einen Computer, der einem das Denken abnimmt. Die Fahrt von Posen nach Wollstein hat die Lokomotivführer, denen ich vor etwas mehr als fünfzig Jahren so neidvoll zuschaute, in meiner Achtung noch weiter steigen lassen.

Howard Jones findet, dass ich meine Sache gut gemacht habe. Was er beim Abschied sagt, könnte fast von Churchill stammen: Ich gehöre ab sofort, so verkündet er feierlich, zu der knappen Handvoll Menschen, die von sich behaupten können, im 21. Jahrhundert auf einer fahrplanmäßigen Strecke selbst eine Dampflok gefahren zu haben.

Danke, Bob Wyatt, wer auch immer du sein magst.

Tschenstochau

Gestern waren wir in Wielkopolska (Großpolen), heute fahren wir weiter Richtung Süden, nach Malopolska (Kleinpolen). Im Grunde genommen gibt es aber kaum Unterschiede zwischen den beiden Regionen. Auch hier kilometerweit nichts als hügeliges Ackerland ohne größere Erhebungen. Wir befinden uns in den Ebenen des Europäischen Tieflands. Wegen des Fehlens natürlicher Grenzen war Polen immer ein leichtes Angriffsziel für seine feindlichen Nachbarn.

Polen existierte zwischen dem späten 18. Jahrhundert, als die benachbarten Russen es von der Landkarte tilgten, bis zum Ende des Ersten Weltkriegs im Jahr 1918 nicht als souveräner Staat. Russland, Deutschland und Österreich-Ungarn hatten das Territorium unter sich aufgeteilt.

Es waren schwierige Jahre für ein Land, das bis dahin zu den fortschrittlichsten, erfolgreichsten und richtungsweisendsten Staaten Europas gezählt hatte. Was die Polen in diesen finsteren Zeiten aufrechterhielt, war ihr starker katholischer Glaube. Bis in die kommunistische Ära nach dem Zweiten Weltkrieg hinein war es die Religion, die sich als unbeugsames Rückgrat des Volkes erwies. Lech Walęsas folgenschwere Streiks mögen zwar den Prozess in Gang gesetzt haben, der zum Untergang des Kommunismus führte, doch es wäre niemals dazu gekommen, wenn er nicht die moralische Unterstützung von Papst Johannes Paul II. gehabt hätte.

Die eher unscheinbare Stadt Tschenstochau ist sozusagen die religiöse Hauptstadt des Landes. Wenn man hierherkommt, dann begreift man, wie ungemein wichtig der katholische Glaube für die meisten Polen ist. Im 14. Jahrhundert gelangten Einsiedlermönche des Paulinerordens in diese Gegend. Herzog Ladislaus II. gewährte den Brüdern Asyl und gestattete ihnen nicht nur die Einrichtung eines Klosters, sondern stiftete sogar eine Ikone: eine Madonna mit Kind, die, wie manche behaupten, der Heilige Lukas auf die Tischplatte aus Nazareth gemalt haben soll. Durch wissenschaftliche Untersuchungen wurde sie hingegen auf das zwölfte Jahrhundert datiert. Man glaubte früher, dass die spezielle Firnisschicht, die auf die Temperafarbe aufgetragen wurde, das hohe Alter der Ikone und der Weihrauch, dem sie permanent ausgesetzt war, die Ikone nachdunkeln ließen, bis sie schließlich als Schwarze Madonna berühmt wurde.

Heute ist an dem Paulinerorden so gut wie nichts mehr einsiedlerisch. Das Kloster, das auf einem breiten Hügelrücken namens Jasna Góra (Heller Berg) liegt, ist Teil eines größeren Gebäudekomplexes mit einem hohen Turm und wurde im 17. Jahrhundert mit massiven Ziegelmauern eingefasst. Es steht im Zentrum eines gigantischen kommerziellen wie geistlichen Betriebs, der auf dem wachsenden Ruhm seines wertvollsten Heiligtums beruht.

Im Jahr 1655 hielt die Jasna Góra der Belagerung durch das zahlenmäßig weitaus überlegene schwedische Heer stand. Dieser Sieg begründete den Ruhm der Madonna, die seitdem nicht nur als Wundertäterin, sondern zugleich als Symbol der nationalen Identität gesehen wurde. Die Ausstrahlung, die von ihr ausging, war so enorm, dass man sie sogar »Maria, Königin von Polen« nannte.

Während der Jahre, in denen der Name Polens von der Landkarte verschwunden war, wuchs der Ruhm der Marienikone beständig weiter, und sie galt schon bald als Hüterin des katholischen Glaubens gegenüber den Übergriffen der russisch-orthodoxen Kirche und des deutschen Protestantismus.

Die profanen Wertvorstellungen und die wachsende Konsumorientierung des neuen Europa haben ihrer Popularität keinerlei Abbruch getan: Auch heute noch besuchen jedes Jahr drei bis vier Millionen Pilger die heilige Stätte. Fünfundachtzig Priester und dreißig Laienbrüder stehen bereit, um die Flut von Menschen, die sich durch das Portal dieser wunderbaren Barockkirche ergießt, willkommen zu heißen. Die meisten Besucher steuern unverzüglich auf die Sakristei zu, die die Schwarze Madonna beherbergt. In der spärlich beleuchteten, abgeschlossenen kleinen Kapelle mit ihren herrlichen Schnitzereien gibt es nur wenige Kirchenbänke, sodass lediglich die Mönche und ihre Besucher dort Platz finden. Die Ikone ist hinter einem silbernen Vorhang verborgen, und je näher der Zeitpunkt ihrer Enthüllung rückt, die zweimal täglich in einer feierlichen Zeremonie vollzogen wird, umso größer wird die Aufregung. Ein Strom frommer Pilger macht seine Runde in der Kapelle und rutscht betend, singend und flehend auf den Knien an der Wand entlang. Schulter an Schulter drängen sich die Gläubigen, denn jeder von ihnen will eine gute Sicht haben. Wer das Glück hat, ganz vorn zu stehen, wird mit dem Gesicht hart gegen das schmiedeeiserne Gitter gepresst, das die Gnadenkapelle vom Rest der Kirche abtrennt.

Die aufgestauten Emotionen erreichen ihren Höhepunkt, als es ein Uhr schlägt. Zu den ergreifenden Fanfarenklängen einer Gruppe von Mönchen, die oben auf der Galerie stehen, hebt sich langsam der silberne Vorhang und gibt den Blick auf die Schwarze Madonna frei. Es ist ein seltsam belangloses Werk, kaum mehr als einen Quadratmeter groß, und die Gesichter sind so dunkel und schwer erkennbar, dass man sie durch prächtige Gewänder aus Gold, Silber und Edelsteinen aufgewertet hat, die um die Muttergottes und das Kind drapiert sind, als wären es zwei Anziehpuppen.

Dennoch löst der Anblick eine regelrechte Massenhysterie aus. Alles drängt nach vorn. Immer wieder bekreuzigt man sich, und über die qualvoll wie auch wonniglich verzerrten Gesichter rollen Tränen, als die Fanfaren noch eine Weile nachhallen und dann wieder Stille einkehrt. Es ist ein heißer Tag, und aus der Tiefe der Kirche steigt ein scharfer Schweißgeruch auf.

Mein Begleiter, Pater Tomoń, ein Mönch mit einer großen, eckigen Brille in seinem runden, ebenmäßigen Gesicht, schüttelt bei diesem Anblick nur ungläubig den Kopf. Er kann sich noch an die Zeit vor zwanzig Jahren erinnern, als jede größere religiöse Veranstaltung vom Eingreifen der Polizei und Armee bedroht war. Heute dagegen sind bestimmte Tage für die Truppenangehörigen reserviert, an denen sie die Madonna verehren können.

Zum Mittagessen führt man uns in ein hübsches Refektorium mit einer gewölbten, stuckverzierten Decke. Hier lernen wir Pater Tomoń Superior kennen, Pater Simon, den Senior im Büro für öffentliche Angelegenheiten, das vom Kloster klugerweise eingerichtet wurde.

Er ist ein enthusiastischer, energiegeladener Mann und spricht ohne Punkt und Komma. Nur kurz hält er inne, um uns ein Glas Wein anzubieten.

Dann schaut er mich erwartungsvoll an.

»Ich habe gehört, Sie sind Komiker?«

Vor Momenten wie diesem hat mir schon immer gegraut, und so murmele ich nur, dass ich mir leider keine Witze merken könne.

»Witze?« Ein Strahlen zieht sich über sein ganzes Gesicht. »Ich habe dreihundert auf Lager.«

In diesem Augenblick klingelt sein Handy, und er reißt sein Habit hoch, um in den Falten seines weißen Gewandes zu wühlen. Keiner von uns wagt es, von einer göttlichen Fügung zu sprechen, aber ein paar Stoßseufzer der Erleichterung sind doch zu vernehmen.

Zwei Stunden südlich von Tschenstochau werden die kleinen Bauernhöfe und kargen Felder immer weniger, und an ihre Stelle tritt ein menschengemachtes Ödland. Wir haben Oberschlesien erreicht, ein bedeutendes industrielles Ballungsgebiet mit riesigen unterirdischen Kohlerevieren – angeblich ein Zehntel der derzeit bekannten Weltkohlevorkommen –, das in der Vergangenheit von Polen und Deutschen heftig umkämpft war.

Auf einem kleinen Sträßchen fahren wir an der Bahnlinie entlang und überqueren dann die Weichsel, der wir auf unserer Reise durch Polen auf der Strecke von Danzig nach Warschau bereits gefolgt sind. Der Tag geht schon zu Ende, als wir schließlich ein trostloses kleines Städtchen erreichen. Es gibt hier nicht viel mehr als eine BP-Tankstelle, fünfstöckige Fertigbauwohnblöcke, einen Waschsalon, ein Fußballfeld, mehrere Tennisplätze sowie am weidengesäumten Ufer eines Flüsschens einen kleinen Park, in dem man ein paar Eltern sieht, die ihre Kinder gerade von der Schule abgeholt haben. Wir befinden uns in Oświęcim, unserer Station für die heutige Nacht.

Besser bekannt ist der Ort allerdings unter seinem deutschen Namen: Auschwitz.

Auschwitz

Es ist kurz vor sechs an diesem Herbstmorgen, und in der Stadt läutet gerade eine Kirchenglocke, als ich durch ein überraschend enges Tor das ehemalige Konzentrationslager Auschwitz betrete. Später baute man in Birkenau, nur ein Stück außerhalb des Ortes, ein zweites Lager, wo die Nazis systematisch Menschen ermordeten.

Ursprünglich stand auf dem Gelände eine polnische Kaserne. Die SS-Offiziere, die 1940 damit beauftragt wurden, das Gelände in ein Zwangsarbeiterlager für polnische Kriegsgefangene umzuwandeln, schrieben mit Abscheu über die Zustände, die hier herrschen, den Gestank, den Schmutz und die haarsträubenden hygienischen Bedingungen.

Sie begannen, acht neue Blöcke zu bauen und die zwanzig bereits bestehenden um jeweils eine Etage aufzustocken, alles in sorgfältig ausgewähltem, farblich passendem Ziegelrot. Sie pflanzten Pappeln, Eichen und Birken, die inzwischen zu hohen, stattlichen Bäumen herangewachsen sind. Sie umgaben das Lager mit einem Elektrozaun und zusätzlich noch mit Stacheldraht, zogen knapp zwei Meter unter der Erde Mauern ein, um Fluchtversuche durch Tunnels zu unterbinden, und brachten über dem Tor ein Schild an, auf dem große, schwarze Lettern in einer geschwungenen schmiedeeisernen Einfassung heute noch verkünden: »Arbeit macht frei«.

Ich lasse diesen makabren, offensichtlich nicht ironisch gemeinten Sinnspruch hinter mir und betrete das Gelände. Die langen, niedrigen Blöcke, an denen ich vorbeikomme, haben zunächst einmal nichts Bedrohliches an sich. Es könnten genauso gut irgendwelche Werkstätten in den englischen Midlands sein. Auch im Internat hatten wir ganz ähnliche Gebäude. Der grüne Rasen ist gepflegt, und ringsum stehen prächtige Bäume. Begreifen, was hier geschah, kann man nur, wenn man es sich in Gedanken ausmalt. Ich bleibe also ein paar Meter hinter dem Tor stehen, schließe die Augen und versuche, mich in einen jener Menschen hineinzuversetzen, die einmal an genau dieser Stelle gestanden haben mögen, vor gar nicht allzu langer Zeit – vielleicht ein Jahr, bevor ich geboren wurde. Ich kann mich jederzeit umdrehen und gehen, kann durch das Tor wieder hinausspazieren und mich ins nächste Café setzen. Fünfundsechzig Jahre früher hätte dasselbe Ich dieses Tor verschlossen vorgefunden; ich hätte in den Gewehrlauf derer geblickt, die mich verachteten, und die gellenden Befehle derer gehört, denen klar war, dass sie mich ohne irgendwelche Gewissensbisse ins Jenseits befördern konnten.

Heute ist das Lager eine Gedenkstätte, und man hat Schilder aufgestellt, die der Vorstellungskraft ein wenig nachhelfen sollen: »Hier musste sich das Lagerorchester versammeln und Marschmusik spielen, während die Gefangenen in einer Reihe vorbeigingen. Auf diese Weise blieben die Gefangenen im Gleichschritt und konnten auf dem Weg zu ihrer Arbeitsstätte und zurück einfacher gezählt werden.« Und ein Stück weiter: »Wenn einem polnischen Gefangenen die Flucht gelungen war, wurden seine Familienangehörigen festgenommen und nach Auschwitz gebracht. Dort mussten sie sich unter ein Schild stellen, auf dem der Grund für ihre Verhaftung angegeben war.« Das mögen zwar brutale Methoden gewesen sein, aber es klingt noch halbwegs erträglich. Das nächste Schild spricht jedoch eine klare Sprache: »In den ersten fünf Monaten nach der Eröffnung dieses Lagers starben rund 9000 Menschen, die meisten von ihnen an Hunger und den Folgen von Gewalt oder schwerer körperlicher Arbeit.«

Was jedoch im Inneren der Häftlingstrakte zu sehen ist, bewegt mich mehr als alle Worte. Hinter großen Glasscheiben sind die Habseligkeiten jener Menschen zu sehen, die hier ums Leben kamen. Wir sind ziemlich früh zur Gedenkstätte gekommen, um Filmaufnahmen vom Lager machen zu können, bevor die Besuchermassen eintreffen. Jetzt bin ich froh darüber, denn während ich weiter durch das menschenleere Gebäude gehe, merke ich, wie sehr mich das alles berührt. In einem der Räume steht man plötzlich vor einem Berg von Haaren, die auf einer etwa 25 Meter langen und 3 Meter breiten Fläche aufgetürmt worden sind. Es ist ein Teil der insgesamt sieben Tonnen Haar, das den Opfern vom Kopf geschoren und 1945 bei der Befreiung des KZs von den sowjetischen Truppen entdeckt wurde. In einem anderen Raum sieht man ein ganzes Meer aus Koffern, in denen die Häftlinge ihre wertvollsten Habseligkeiten aufbewahrt hatten. Der Anblick ist nur schwer zu ertragen: Geschunden, zerquetscht und mit Füßen getreten liegen sie auf einem Haufen. Auf den Koffern stehen die Namen ihrer Besitzer, gedruckt, aufgemalt oder mit Tusche geschrieben.

»Hann, Irene« ... »Coernitz, Francesca« ... »Lise Morgenstern« ... »Dr. Rosenfeldt«. Auf einem der zurückgelassenen Koffer ist neben dem Namen auch ein Geburtsdatum zu lesen: »L. Godootkirk, 11. 10. 05« – nur ein wenig jünger als meine Mutter.

Ebenso ergreifend ist der Berg aus Kinderschuhen nebenan. Einer davon sticht besonders ins Auge: Er ist aus rotem Leder und wurde sicher einmal voller Stolz gekauft und getragen. Der Tod hat ihn ausrangiert, sodass er nun auf diesem Haufen liegt, das Riemchen offen, so als hätte ihn sich eben jemand nach einem aufregenden Tag vom Fuß gestreift.

Neben dem Parkplatz der Gedenkstätte steht, halb unter mehreren grasbewachsenen Rampen verborgen, ein niedriges Gebäude mit einem Kamin aus roten Ziegelsteinen. Es ist das ehemalige Waffenlager der Kaserne, das die SS später zur ersten Gaskammer von Auschwitz umbaute. Ich gehe hinein. Der lang gestreckte Innenraum ist dunkel, etwa 45 auf 6 Meter groß und 3 Meter hoch – ähnlich wie eine Kellerdisco. Im Raum nebenan befinden sich zwei der drei Öfen, in denen die eben vergasten Menschen gleich im Anschluss verbrannt wurden. Pro Tag wurden auf diese Weise bis zu 350 Leichen entsorgt. Schon Ende 1941 reichte die Anlage nicht mehr aus.

Damit die Erfordernisse der Endlösung auch umgesetzt werden konnten, beschloss man den Bau eines weiteren, wesentlich größeren Lagers, das ausschließlich der Vernichtung dienen sollte.

Als Ort dafür wählte man das Dorf Brzezinka (auf Deutsch Birkenau), keine drei Kilometer von Auschwitz entfernt. Nachdem seine Einwohner vertrieben und ihre Häuser abgerissen worden waren (wobei man sorgfältig darauf achtete, die Ziegelsteine für den Bau des neuen Lagers wiederverwenden zu können), errichteten die SS und ihre Zwangsarbeiter Auschwitz II-Birkenau: 300 Unterkunftsbaracken auf 170 Hektar morastigem Gelände. Der Großteil des Lagers ist erhalten geblieben, und das lang gestreckte Einfahrtshaus mit dem roten Ziegeldach und dem Wachturm über dem Tor in der Mitte, durch das die Gleise führen, gleicht den schrecklichen Bildern, die man aus Dokumentarfilmen und Spielfilmen wie *Schindler's Liste* kennt.

Ich hatte mir immer vorgestellt, dieser schreckliche Ort würde irgendwo in einer völlig einsamen, fast schon surrealen Landschaft liegen, doch nicht einmal einen Kilometer vom Lager entfernt stehen mehrere ganz gewöhnliche Wohnhäuser, von deren Balkonen aus man den Sonnenuntergang sehen kann – und die Einzäunung, hinter der über eine Million Menschen umgebracht wurden.

Ich folge den Gleisen, die bis weit in das Lager hineinführen und neben den Ruinen der fünf Gaskammern enden, die von den Deutschen beim Rückzug weitgehend zerstört wurden. Jede war dreimal so groß wie die in Auschwitz I, und 1944 wurden hier pro Tag bis zu 7000 Menschen aus ganz Europa getötet. Heute klettern Schulklassen auf den grasbewachsenen Böschungen herum, deren Erde mit der Asche derer gemischt ist, die hier ums Leben kamen. Zwischen den Bäumen einer Allee hindurch kann ich das Dach eines Bauernhofs erkennen.

Die Entscheidung, die Lager von Auschwitz als Museum der Öffentlichkeit zugänglich zu machen, ist meiner Meinung nach an sich richtig. Dennoch empfinde ich den Rundgang über das Gelände als ziemlich sterile Angelegenheit. Die Schreie der auseinandergerissenen Familien, der Angstschweiß der vielen auf kleinstem Raum zusammengepferchten Menschen, der Gestank der Krematorien, der ganze unendlich zermürbende Schmerz dieses Ortes – all das kann einzig und allein in Gedanken nachempfunden werden. Auch wenn Auschwitz mich erschüttert und traurig gemacht hat und die Gedenkstätte unbedingt als ewig sichtbarer Beweis für die Ereignisse von damals bestehen bleiben sollte, so hat mir Primo Levis Buch *Ist das ein Mensch?* doch sehr viel eindringlicher vermittelt, wie es damals gewesen sein muss.

Was mich wirklich beunruhigt und was ich nicht so einfach hinter mir lassen kann wie diesen Ort, ist die Vorstellung, dass ich bereits auf der Welt war, als es hier gerade am schlimmsten war. Das spricht jeder Zivilisation Hohn.

Hundertvierter Tag
Krakau

Krakau, nur rund sechzig Kilometer von den grausigen Überresten des KZ Auschwitz-Birkenau entfernt, ist eine der zivilisiertesten Städte Osteuropas. Sie war bis 1791 die Hauptstadt Polens und beherbergte einige prächtige Bauwerke sowie eine alte Universität, die von König Kazimierz III., dem berühmten Reformer, gegründet wurde. Es heißt über ihn, er habe »ein Polen aus Holz vorgefunden und ein Polen aus Stein hinterlassen«. Die Altstadt wurde im Jahr 1257 angelegt und blieb, anders als Danzig, Warschau oder Posen, im Zweiten Weltkrieg verschont. Das massive, 500 Jahre alte Schloss auf dem Wawelhügel ist die letzte Ruhestätte vieler großer Persönlichkeiten der polnischen Gesellschaft und Kultur. Selbst nachdem man die Residenz 1596 nach Warschau verlegt hatte, fanden hier in der Wawelkathedrale noch Krönungen und Beisetzungen von polnischen Königen statt. Krakau war seit jeher eine weltoffene Stadt, die von italienischen Architekten und Baumeistern kunstvoll ausgeschmückt worden war und in der eine der lebendigsten jüdischen Gemeinden ganz Europas eine Heimat gefunden hatte. Im Jahr 1978 wurde aus Karol Wojtyła, dem Erzbischof von Krakau, als Johannes Paul II. der erste polnische Papst. Sein konservativer Katholizismus ist charakteristisch für die Stadt.

Wegen dieses Konservatismus fanden sich die Stadtväter nach dem Zweiten Weltkrieg in einem ideologischen Lager, das dem der Kommunisten diametral gegenüberstand. Die Kommunisten nahmen nach den Siegen der Roten Armee auch Polen fest in Griff. Sozusagen um ein Exempel zu statuieren, begannen sie mit dem Bau einer neuen Stadt außerhalb Krakaus, in der die kommunistischen Ideale auf beispielhafte Weise umgesetzt werden sollten – ein Paradies für den sozialistischen Arbeiter, eine strahlende

Antwort auf den bourgeoisen Traditionalismus der alten Hauptstadt.

Das Vorhaben startete 1949, und schon 1960 erhob sich östlich von Krakau, mitten auf der grünen Wiese, eine neue Stadt mit 100 000 Einwohnern. Sie wurde Nowa Huta genannt, nach dem örtlichen Hauptarbeitgeber, was wörtlich übersetzt so viel heißt wie »Neues Stahlwerk«.

Heute will ich mich dort ein wenig umsehen. Begleitet werde ich von Kuba (kurz für Jakub) Białach, einem dreiundzwanzigjährigen Studenten mit einer wilden Frisur und einem roten Kinnbärtchen. Er schreibt gerade eine Doktorarbeit über Nowa Huta, nachdem er seine vorige über die Soziologie der Werbung abgebrochen hat.

»Für mich ist der Kommunismus Geschichte. Für meine Eltern oder Großeltern mag er ein großer Teil ihres Lebens gewesen sein, aber für meine Generation ist er Geschichte. Hier in Nowa Huta kann ich mich mit Leuten unterhalten, die da noch drinstecken. Das ist wie ein lebendiges Museum.«

Kubas Enthusiasmus geht so weit, dass er inzwischen sogar höchst eigenwillige Führungen durch Nowa Huta anbietet, und zwar in einem Trabant, einem der großen osteuropäischen Kultobjekte der Nachkriegszeit. Kubas Trabi ist eine jener Duroplast-Kisten mit Zweitaktmotor, wie sie vierzig Jahre lang in nahezu identischer Ausführung vom Fließband gingen. Eigentlich ist es im Auto schon reichlich eng, wenn vorne zwei große Menschen sitzen, aber ursprünglich war der Wagen sogar für vier Personen mitsamt Gepäck vorgesehen. Ebenso wie die Wohnungen baute man damals auch die Trabis schnell und günstig, um die Arbeiter bei Laune zu halten.

Während wir uns unten am Ufer der Weichsel in den Straßenverkehr einfädeln, zählt Kuba einige der technischen Raffinessen des Trabant auf, was allerdings kaum zu meiner Beruhigung beiträgt. Eine gute Bodenhaftung gehört nicht gerade zu seinen Stärken, meint er, weshalb es günstig ist, wenn man einen Beifahrer hat. Vor allem bei starkem Wind kann das zusätzliche Gewicht von Vorteil sein. Ab einer bestimmten Geschwindigkeit, sagt er, »kommt man sich vor wie auf dem Tanzparkett«.

Das Auto hat keine Benzinuhr, aber falls der Sprit tatsächlich mal ausgehen sollte, gibt es einen Reserveschalter, versichert mir Kuba und tastet unter dem Armaturenbrett gleich mal danach. Kubas Trabi besitzt eine Lenksäule und vier Gänge, aber der vierte will an manchen Tagen nicht so recht. Außerdem leckt der Tank.

»Und bei einem Trabant weiß man immer, wie das Wetter draußen ist.«

Das alles erzählt er mir ohne die geringste Verbitterung, als ginge es um die Schrullen eines alten Freundes.

»Ungefähr einmal im Monat kommt es vor, dass die Räder abfallen«, gesteht er. Als er meinen Gesichtsausdruck sieht, beruhigt er mich jedoch schnell wieder: »Nicht alle, meine ich. Nur eines! Aber trotzdem ... so mit einem Rad weniger, mitten auf der Straße, mit dem ganzen Verkehr außenrum ...«

Ich wechsle rasch das Thema und spreche ihn auf die Schalter am Armaturenbrett an.

»Der hier ist für die Beleuchtung, glaube ich«, sagt er und hält im selben Augenblick schon einen der Drehknöpfe in der Hand.

»Soll ich den derweil einstecken?«

»Ja, bitte!«, sagt Kuba dankbar, während er noch einmal versucht, in den vertrackten vierten Gang hochzuschalten. Als er ihn endlich gefunden hat, geht es plötzlich rasant vorwärts, und die Geschwindigkeit, in Kombination mit der federleichten Karosserie, gibt einem das Gefühl, das Auto würde jeden Moment abheben. Aufmerksam, wie er ist, merkt Kuba sofort, in welcher Gemütsverfassung ich mich gerade befinde.

»Mehr als hundert wäre reiner Selbstmord«, ruft er mir fröhlich zu.

Wir liefern uns ein Rennen mit Trambahnen, weichen Lastern aus und ziehen dabei eine lange blaue Abgaswolke hinter uns her: Das Einzige, woran ich währenddessen denken kann, ist, dass Angela Merkel ganze zwölf Jahre lang auf der Warteliste für eines dieser Vehikel gestanden haben soll. Und angeblich hat sie nie einen bekommen.

Als wir Nowa Huta, inzwischen ein Vorort von Krakau, endlich erreicht haben, fällt mir eine nagelneue Philip-Morris-Tabakfabrik auf, die mitten in einer großen Grünanlage steht. Kuba erzählt mir, dass dort 3000 Menschen beschäftigt sind. Das große Lenin-Stahlwerk, nach dem man Nowa Huta benannt hat, gehört heute Lakshmi Mittal, dem indischen Besitzer des internationalen Stahlkonzerns Mittal Steel. Die Zahl der Angestellten wurde seit den 1970-er Jahren von 45 000 auf 8000 reduziert.

Ich habe eher mit langen Reihen nüchterner Fabrikhallen gerechnet und bin daher umso überraschter, als ich das Verwaltungsgebäude des Stahlwerks sehe, einen Backsteinkomplex mit einem Anklang an den Renaissancestil. Kuba zufolge waren der Stil und die Größe dieser Gebäude bewusst gewählt, als Pendant zu Krakau, denn die Menschen in Nowa Huta sollten ja auch ein bisschen Prunk haben – ihren eigenen Wawelhügel, sozusagen. Die Parks, Sportplätze und guten Wohnverhältnisse sollten damals als Beweis für die ideologische Behauptung dienen, dass Krakau in der Vergangenheit stehen geblieben sei, die Proletarier-Planstadt Nowa Huta dagegen ein Symbol für die Zukunft. Heute, sagt Kuba, sind etwa 65 Prozent der Einwohner dieser Stadt der Zukunft Rentner.

Wir stellen den Trabant in einer baumbestandenen Straße ab und gehen weiter zu einem Platz. Die Gebäude ringsum sind mit cremefarbenem Stein verkleidet, so wie es für die Fassaden des Sozialistischen Klassizismus typisch ist. Der Anblick erinnert ein wenig an das, was Ceaușescu in Bukarest versuchte, nur dass sich hier der Schwulst und der Größenwahn in Grenzen halten. Eigentlich sieht das Ganze recht elegant aus, und die von italienischer Architektur inspirierten Arkaden wirken durchaus gefällig.

Dennoch ist Nowa Huta eine verblasste Utopie. Während man im Stadtzentrum Krakaus um einen Platz wie diesen ein Straßencafé neben dem anderen findet, gibt es hier nur ein einziges kleines Lokal. Es heißt »Restauracja Stylowa«, was so viel heißt wie »Stilvolles Restaurant«. Ich gehe hinein, und augenblicklich wird mir bewusst, dass ich mich hier fernab der Welt der üblichen, von Touristen aus aller Herren Länder besuchten Sehenswürdigkeiten befinde. Mit mehr Misstrauen als Interesse werde ich beäugt. Die Bedienung ist zwar höflich, aber ein wenig reserviert. Das Tischtuch hat mehrere Brandlöcher, und wenn man die schmuddelige

Toilette benutzen möchte, muss man dem Klofräulein, das davorsitzt, erst etwas Kleingeld in die Hand drücken. Eine Familie nimmt Anstoß an der Kamera, die wir dabeihaben.

Ich kann nachvollziehen, wie sich die Menschen hier vorkommen müssen. Es lebt sich mehr recht als schlecht in Nowa Huta, und man könnte uns nur allzu leicht für Leute halten, die einzig und allein aus voyeuristischen Gründen hierhergekommen sind. Außer so simplen Dingen wie »tak«, »nie« und »dziękuję« kann ich kaum etwas auf Polnisch sagen. Und »ja«, »nein« und »danke« reichen nun mal nicht aus, um irgendjemandem verständlich zu machen, warum mir das Stylowa und sein ganz eigener Stil gefällt, in einer Zeit, in der immer mehr Orte so grauenhaft austauschbar geworden sind. Wir sitzen über großen, robusten Kaffeetassen, und Kuba kramt ein paar alte Stadtpläne und Fotos hervor, die zeigen, wie Nowa Huta in den Fünfzigerjahren ausgesehen hat. Der Grundriss und die Architektur haben eine gewisse Ähnlichkeit mit der »Idealen Stadt«, einem berühmten Gemälde aus der italienischen Renaissance, das Mussolini als Vorlage für eine neue Stadt außerhalb Roms diente. Es ist schon skurril, dass die totalitäre Architektur – ob kommunistisch oder faschistisch – sich ausgerechnet von den humanistischen Werten der Renaissance inspirieren ließ.

Kuba macht mich darauf aufmerksam, dass sich eine symmetrische Straßenführung besonders gut für autoritäre Regime eignete. Ohne verborgene Winkel war die Überwachung wesentlich einfacher.

»Es gab keine Möglichkeit, sich zu verstecken«, so sein Kommentar.

Dass Nowa Huta innerhalb von nur einem Jahrzehnt aus dem Boden gestampft wurde, ist etwas, worauf die neuen kommunistischen Führer mächtig stolz waren. Als Fidel Castro Anfang der Siebzigerjahre Krakau besuchte, kam er gleich nach Nowa Huta und flog auch auf direktem Weg wieder nach Hause. Auf Schwarz-Weiß-Fotos sieht man glückliche ehemalige Bauern auf ihren Feldern, aus denen glückliche Arbeiter der großen, von ihnen mitaufgebauten Stadt geworden sind – Hammer und Sichel in perfekter Harmonie. Pflugscharen zu Schwertern.

Nur dass es nicht funktioniert hat. Die Traumstadt der stalinistischen Planer war zwar solide und aus sauber verputzten Ziegelmauern gebaut, doch schon die zweite Bauphase in den Siebzigern und Achtzigern musste billig und schnell erfolgen, das heißt, mit Beton. Ziel war nun, die schöne neue Welt vor den niedrigeren Stahlpreisen und dem plötzlichen Wegfall der Subventionen zu schützen. Die Löhne wurden gesenkt, die Versorgung mit Grundnahrungsmitteln und Verbrauchsgütern eingeschränkt.

Im Lauf der Achtzigerjahre kam es hier, im sozialistischen Paradies, wiederholt zu Protesten gegen das prosowjetische Regime. Es waren die gewalttätigsten, die es außerhalb von Danzig gab. In einer bitteren Ironie des Schicksals waren aus den Arbeitern von Nowa Huta die Fußsoldaten der Solidarność geworden.

Kuba und ich schlendern durch die Straßen. Das hier ist keine Stadt für junge Leute, sagt er, aber sie könnte sich durchaus zu einer entwickeln, vor allem weil die Bauten im Zentrum in Ordnung sind und eine geräumige Wohnung für zwei Personen hier nur um die 45 000 Euro kostet, also halb so viel wie in Krakau.

Wir lassen die Arkaden hinter uns und gelangen auf den halbrunden Platz, der auch in den Plänen für die neue Stadt eingezeichnet war.

»Früher war dieser zentrale Platz nach Lenin benannt«, erklärt mir Kuba und zeigt dann auf ein Straßenschild, das über unseren Köpfen an der Hauswand hängt. Heute steht darauf: »Plac Centralny Ronalda Reagana«.

Hundertsechster Tag
Białka Tatrzańska

Südlich von Krakau enden schließlich die weiten, flachen Ebenen, die so typisch für Polen sind. In Richtung der slowakischen Grenze wird die Straße immer kurviger: Es geht bergauf und bergab, bis wir hinter einem über 750 Meter hohen Pass nach Nowy Targ kommen, der letzten großen Stadt auf unserer Fahrt durch Polen. Hier war Lenin 1914, in den letzten Tagen der österreichisch-ungarischen

Monarchie, inhaftiert, und hier beginnt auch die Region Podhale, die auf allen Schildern als wahres Naturparadies angepriesen wird: ideal zum Skifahren, Wandern, Klettern, für Kanutouren und mit einem riesigen Nationalpark.

Schon hier sieht alles ein wenig anders aus. Die Dächer sind breiter und stärker geneigt, statt Ziegel sieht man eher Holz, und in den Dörfern, auf den Straßenschildern und an den Häusern und Hotels taucht immer öfter das Wort »Tatra« auf.

Die Tatra, genauer gesagt das Tatragebirge, gehört zu den Karpaten. Die höchsten Gipfel dieser kleinen Gebirgskette liegen zwar jenseits der Grenze zur Slowakei, aber die Polen machen mehr daraus.

Auch wenn es in dem Straßendorf Białka Tatrzańska nicht besonders viele Unterkünfte gibt, werden wir schließlich fündig und quartieren uns in ein Zimmer der Pension Stokrothka ein (was angeblich – auch wenn es mir schwerfällt, das zu glauben – »Gänseblümchen« heißt). Der alteingesessenste Volksstamm dieser Region sind die »Górale«, die Goralen. Ihre Kultur unterscheidet sich deutlich von der des übrigen Polen, denn sie ist vom Leben im Hochland geprägt und über die Jahrhunderte weitgehend unverändert geblieben.

Diese Stetigkeit ist vielleicht auch der Grund dafür, weshalb die Traditionen der Goralen in einem Land mit einer so unsteten Geschichte wie Polen auf eine derart große Faszination stoßen.

Wir sind der Einladung eines jungen Paares aus dem Dorf gefolgt, Beata Goryl und Mariusz Budz, beide Skilehrer, die heute nach der Tradition der Goralen heiraten wollen. Mit dazu gehört ein Empfang im Feuerwehrhaus von Białka Tatrzańska (da es vielerorts keinen Gemeindesaal gibt, ist dies oft die einzige Räumlichkeit, die groß genug für solche Feiern ist).

Wir treffen Beata Goryl im Haus ihres Vaters, eines Tierarztes. Kurze Zeit später kommen zwei Männer auf Pferden, die sogenannten *pytaci*. Sie fungieren als Trauzeugen und sind für den Ablauf der heutigen Feierlichkeiten verantwortlich. Zu ihren Aufgaben gehört auch, unablässig und mit hoher Fistelstimme Kommentare, Gedichte und derbe Witze beizusteuern.

Beata, eine zierliche Frau, sieht sehr hübsch aus in ihrem weißen Kleid. Auf dem Kopf trägt sie geduldig eine schwere Haube, von der hinten ein circa ein Meter langer Zopf aus Kiefernzweigen auf ihren Rücken herabhängt. Sie darf sie erst absetzen, wenn es nichts mehr gibt, was ihrer Vermählung mit Mariusz im Wege steht.

Die *pytaci* werden zum Haus des Bräutigams geschickt, um ihn abzuholen. Eigentlich verlangt der Brauch, dass er bei dieser Gelegenheit eine kleine Szene macht und sich sträubt, aber schon nach einer Stunde sind die Männer mitsamt Mariusz zurück. Er trägt eine warme Wollhose mit breitem Ledergürtel, eine hermelinverbrämte Weste und einen schwarzen Hut mit runder Krempe und einer weißen Feder. Begleitet werden sie von einem Planwagen, in der eine Gruppe von Musikanten sitzt, sowie von zehn Pferdekutschen.

Während Beata alles geduldig über sich ergehen lässt, sieht Mariusz ziemlich verängstigt aus – was mich aber auch nicht weiter überrascht: Am Zaun stehen zwei Geiger und ein Cellist, die *pytaci* geben ein paar improvisierte Witzeleien zum Besten, und er muss jeden Moment hinauf ins Schlafzimmer, wo ihm die Braut vor den Augen der Anwesenden das alte Hemd aus- und ein neues anziehen wird. Auch bei diesem kleinen Ritual scheint es darum zu gehen, alte Verbindungen zu lösen und sich auf den neuen Bund einzulassen.

Nachdem das alles erledigt ist, bringt eine Kutsche das glückliche Paar zur Kirche, wo die Trauung stattfinden soll. Das klingt jedoch einfacher, als es ist, denn bei zehn Brautjungfern und zehn Brautführern dauert allein schon der Fototermin fast länger als der Gottesdienst selbst. Am frühen Nachmittag flanieren die Hochzeitsgäste dann endlich zur Feuerwache zurück. Oben im Saal des großen, spitzgiebligen Gebäudes mit den drei Erkern werden Speisen und Getränke serviert.

Gegen acht Uhr beginnt der Wodka, der eigens für diese Hochzeit gebrannt wurde und auf dessen Etikett der Name des Brautpaares steht, allmählich Wirkung zu zeigen. Es ist Zeit für den letzten Akt der heutigen Zeremonie, und die *pytaci* versuchen noch einmal, Braut und Bräutigam auseinanderzuhalten.

Leider aber sind sie inzwischen schon ein bisschen arg entspannt und stehen ganz schön neben der Spur.

Ich bin unendlich erleichtert, als Beata, die offenbar alle Tests erfolgreich bestanden hat, ihren Kopfschmuck gegen eine andere Haube austauschen darf und damit nun endlich unter derselben ist. Die Brautjungfern und Brautführer torkeln Arm in Arm durch den Saal wie ein Rugby-Team auf dem Eis und werfen sich singend und mit schwerer Zunge gegenseitig Beleidigungen an den Kopf. Derweil entdecke ich für mich die durchaus pikante Kombination aus Wodka und *oscypek*, jenem himmlischen geräucherten Schafskäse, den ich bereits in dem podhalischen Restaurant in Warschau probiert habe. Dann übernimmt die Kapelle – zwei Geigen und ein dreisaitiges Cello –, und es ertönt ein flottes Potpourri aus schnellen, wilden, oder aber langsamen, getragenen Stücken, immer abwechselnd oder völlig durcheinander. Draußen hat sich die kalte Nachtluft auf die Erde herabzusenken begonnen, und um Mitternacht liegen wir alle, erbärmlicherweise völlig außerstande, auch nur eine Minute länger aufzubleiben, in unseren warmen Betten in der Pension Gänseblümchen.

Hundertsiebter Tag
Dunajec-Schlucht

Als wir Polen an diesem frischen, strahlenden Sonntagmorgen verlassen, bin ich erstaunt, so viele Menschen zum Gottesdienst strömen zu sehen. In jedem der Dörfer, durch die wir kommen, scheint es ein aktives Gemeindeleben zu geben. Polen ist ein frommes Land, vermutlich sogar das frömmste, das wir auf unserer bisherigen Reise kennengelernt haben.

Was mir außerdem auffällt, sind die winzigen, gründlich abgeweideten Wiesenstücke, auf denen immer nur eine Kuh steht. Ich sehe so viele davon, dass ich irgendwann einfach anhalten und jemanden fragen muss, was es damit auf sich hat. Man erklärt mir, dass es in der polnischen Landwirtschaft nie eine Zwangskollektivierung gegeben hat und daher auch heute noch zwei Millionen Bauernhöfe existieren. Anderthalb Millionen davon werden nur als Kleinstbetriebe geführt. Ich finde, dass diese Kühe ausgesprochen gut genährt und glücklich aussehen und überhaupt nicht einsam. Vielleicht sollte man Viehherden generell auf ein Tier beschränken.

Ich nehme gebührend Abschied von Polen: Auf einem Floß aus zusammengezurrten Holzpontons lasse ich mich durch das Wildwasser des Dunajec (sprich: Duhna-jetz) rudern. Die Kahnfahrer tragen schwarze Hüte mit Lederbändern, die dicht mit Kaurischnecken besetzt sind, und blaue, bunt bestickte Westen. Kleine Polen mit langen Staken, die uns über den erstaunlich rasch dahinfließenden Fluss bringen.

Hinter uns erheben sich die fast 500 Meter hohen, zerklüfteten Kalksteinwände des Pieniny. Hinter ihnen drängen sich die wesentlich höheren Trzy Korony (Drei Kronen), deren Gipfel auf über 900 Metern Höhe liegen. Es ist ein romantischer und zugleich dramatischer Abschluss einer über tausend Kilometer langen Reise Richtung Süden, die in Tallinn begann und bis jetzt über weite Strecken durch ziemlich eintöniges Flachland geführt hat.

Das südliche Flussufer gehört zur Slowakei. Obwohl die slowakischen Fischer hier Äschen und Forellen fangen dürfen und die polnischen Fischer nicht, kommen die beiden Länder nach allem, was man so hört, ganz gut miteinander aus. Am polnischen Ufer des Dunajec steht eine katholische Holzkirche, gegenüber, auf der slowakischen Seite, das evangelische Pendant dazu. Die Leute rufen sich vom einen zum anderen Ufer etwas zu. Als wir uns der Grenzstadt Szczawnica nähern, schnippt Branislav, der Fährmann, seine Zigarette ins Wildwasser und schickt sich an, mich mit einem Ständchen aus seinem Land zu verabschieden. Über uns ragen baumbestandene Felszinnen auf, und Branislavs Stimme hallt von den Steilwänden wider. Am anderen Ufer bleiben ein paar Radfahrer am Wegrand stehen und winken uns zu.

SLOWAKEI

Die Tatra

Unmittelbar jenseits der Grenze bildet die Hohe Tatra eine gewaltige natürliche Barriere, die jedes weitere Vorankommen unmöglich zu machen scheint. Einer ihrer Gipfel, der Gerlachovský, ist mit 2655 Metern der höchste der gesamten Karpaten. Die Hohe Tatra ist zwar keine besonders lange oder hohe Gebirgskette, dafür aber ziemlich steil. Obwohl das Terrain hier verhältnismäßig gut erschlossen ist, gelten ihre schroffen Pässe als gefährlich, und die Rettungsmannschaften sind ständig im Einsatz, weil es immer wieder vorkommt, dass eine Wanderung plötzlich zum Kampf ums Überleben wird. Ich stehe vor einer Berghütte, hinter mir ein überschneiter Kessel aus schwarzem, zerklüftetem Fels, vor mir ein steiler Abhang, der in eine weite grüne Ebene übergeht. Die Hochhäuser der Stadt Poprad (ehemals Deutschendorf) in der Ferne sehen aus, als versuchten sie, so unscheinbar wie möglich zu wirken. Dahinter beginnt die Niedere Tatra, die zwar nicht ganz so viele Spitzen und Zinnen hat wie die Gipfel, von denen ich gerade umgeben bin, aber doch genug, um mich neugierig auf die Slowakei zu machen.

Die erste Ortschaft, durch die wir kommen, ist ein Beweis dafür, dass Berge und Flüsse heutzutage keine unüberwindbaren Hindernisse mehr sind. Ždiar an den östlichen Ausläufern der Hohen Tatra ist ein goralisches Dorf, deren Bewohner zu demselben Volksstamm gehören wie das junge Paar in Polen, bei dessen Hochzeit wir mit dabei sein durften. Das Verhältnis zwischen den Polen und den Slowaken ist herzlich, beides sind slawische Völker. Ich werde von Alena empfangen, einer hübschen, zierlichen Frau mit kurzem, kastanienbraunem Haar. Ihr Englisch ist beinahe perfekt, denn sie hat längere Zeit in Großbritannien gelebt und ist mit einem Waliser namens Rick verheiratet, den sie in Ipswich kennengelernt hat. Vor einer Weile sind die beiden in die Slowakei gezogen und haben hier im Dorf ein Haus gekauft.

Alena hat bereits mit fünf Jahren begonnen, traditionelle Tänze und Volkslieder zu lernen – »so was habe ich in England sehr vermisst« –, und kam aus diesem Grund später auch an eine besondere Reisegenehmigung, die ihr Auslandsaufenthalte zu einer Zeit ermöglichte, als die Tschechische Republik noch Tschechoslowakei hieß und ein Satellitenstaat der UdSSR war.

Seitdem hat sich viel verändert: Alena hat die »Samtene Revolution« von 1989 miterlebt, in deren Verlauf die Tschechoslowakei sich aus dem Ostblock löste, sowie vier Jahre später die »Samtene Scheidung«, mit der ihr Land sich nach fünfundsiebzig Jahren Ehe von seinem tschechischen Nachbarn trennte.

Alena fühlte sich damals irgendwie übergangen, weil die Bevölkerung kaum in die Diskussion über eine Teilung des Landes miteinbezogen wurde. Obwohl die Tschechen und die Slowaken vieles gemeinsam haben, unter anderem die Sprache, stellten die Politiker ihr Volk 1992 vor vollendete Tatsachen. Nach der Loslösung existierte die Slowakei zunächst im Schatten der Tschechei. Seit einer Weile geht es mit der slowakischen Wirtschaft jedoch etwas aufwärts, und die Kritik gegenüber der Samtenen Scheidung verstummt allmählich.

Es ist nicht leicht zu beurteilen, wie sich die Politik auf die traditionsverhafteten, von den Goralen bewohnten Regionen auswirkt. Die Löhne sind niedrig, und viele Menschen sind gezwungen, einer zweiten Tätigkeit nachzugehen, um überleben zu können. Seit dem Niedergang des Kommunismus gibt es für die Menschen in dieser strukturschwachen, landwirtschaftlich geprägten Gegend immer weniger Arbeit auf Bauernhöfen oder in Sägewerken, aber dafür mehr Stellen in der Tourismusbranche und im Tatra-Nationalpark. Dennoch halten sie an alten Gewohnheiten fest, beispielsweise am Schlachten auf dem eigenen Hof, etwas, das die Europäische Union gerne verbieten würde, obwohl man es seit Jahrhunderten nicht anders gemacht hat.

In einem Schuppen, der an ein Blockhaus angebaut wurde, wird ein riesiges Schwein aus seinem Koben gezogen und mit einem Bolzenschuss gegen die Stirn getötet. Es fällt auf die Seite, aber bis es endgültig still daliegt, vergehen quälende Sekunden, da die Muskeln noch eine ganze Weile zucken.

Drei Männer, alle im mittleren Alter, sind für das Schlachten zuständig. Einer von ihnen ist klein und korpulent, trägt eine blaue Kappe und ein Bärtchen, der andere hat einen so runden Kugelbauch, dass man meinen könnte, er wäre mit Zwillingen schwanger, und der dritte ist groß und schlaksig. Kaum haben sie dem Schwein die Kehle durchgeschnitten, setzen sich zwei der Männer auch schon rittlings darauf und pressen das Blut heraus, wobei sie von einem Ohr zum anderen grinsen.

»Gut, dass ich mal im Krankenhaus gearbeitet habe«, murmelt Alena.

Der Große holt sein Akkordeon und spielt ein oder zwei Melodien, während ein paar neugierige Kinder vorbeikommen und dann wieder davonlaufen.

Das Schwein wird ins Freie geschleppt – in Anbetracht seiner 240 Kilo eine beachtliche Leistung – und in einen Holztrog gelegt. Anschließend steht die Enthaarung des Tieres an, ein langwieriger und aufwendiger Vorgang. Die Borsten werden mit Harz bestrichen, dann gießt man siedendes Wasser über den Tierkörper, das zuvor auf zwei Holzöfen heiß gemacht wurde. Mit einer Kette, die während des Brühens über den Rumpf des Schweins gezogen wird, werden die Borsten gelöst. Danach wird die Haut noch mit Messern und Hobeln abgeschabt. Das Schwein liegt rücklings in der Wanne, alle viere von sich gestreckt, kalkweiß und sehr nackt, wie ein fetter Firmenboss in einem Massagesalon.

In einer kurzen Pause wird eine Flasche Sliwowitz herumgereicht, der bekannte Zwetschgenschnaps. Über dem Trog wird nun ein dreibeiniges Gestell angebracht und der Tierkörper mit großer Mühe an mehreren Haken hochgehievt, bis er kopfüber hängt. Dann wird das Schwein zerlegt. Dieser Prozess, bei dem Hammer,

Axt und Messer gleichermaßen zum Einsatz kommen, ist teils Chirurgenarbeit, teils Zimmererhandwerk und teils rohe Gewalt. Der Kopf wird abgetrennt und sorgfältig sauber gemacht, wobei die hartnäckigsten Borsten mit einem Bunsenbrenner abgesengt werden. Mit mehreren kräftigen Hieben werden Brustkorb und Rückgrat durchgehauen.

Schon bald herrscht auf der Wiese neben dem Haus ein reges Treiben, als das Schwein in einzelnen Stücken auf jedes verfügbare Behältnis verteilt wird, von riesigen Kübeln bis zu kleineren Eimern und Schüsseln. Als ich hineingehe, aufs Klo, sehe ich, dass auch das Waschbecken und die Badewanne bis obenhin voll mit Schweineteilen sind.

Innerhalb weniger Stunden ist fast alles von Hand verarbeitet worden. Überhaupt scheint man die Handarbeit hier sehr ernst zu nehmen – und das buchstäblich, wie ich feststelle, als ich an der Fingerkuppe eines der Männer ein kleines Pflaster sehe, das vorher ganz sicher noch nicht da war.

Vor dem Abschaben des toten Schweins habe ich mich gedrückt, doch als man mich auffordert, beim Wurstmachen zu helfen, sträube ich mich nicht. Dazu zieht man die Magenwand auf die Öffnung eines Fleischwolfs auf (die einzige Maschine, die bei dem gesamten Schlachtvorgang eingesetzt wird), füllt das Fleisch in den Wolf und dreht an der Kurbel. Das mag zunächst recht einfach klingen, aber ich kurbele mit einem solchen Übereifer, dass meine erste Wurst fast einen Meter lang wird und mich die alten Frauen ununterbrochen anschreien, ich solle doch endlich aufhören.

Nach getaner Arbeit gibt es ein leckeres Essen. In einem kleinen, umzäunten Gärtchen neben dem Holzhaus nehmen Schlächter, Schlepper, Köche und Kameraleute an mehreren Tischen Platz, die schneebedeckten Gipfel der Tatra im Rücken, und essen Leber und Schnitzel von dem Schwein, das noch wenige Stunden zuvor hier im Hof herumspazierte. Während des Essens wird gesungen. Der Anführer der Schweineschlächter hält sich für einen Tenor, aber inzwischen hat ihm der Sliwowitz schon derart zugesetzt, dass er seine Lieder mit ungebremster Leidenschaft und viel zu hoch anstimmt, bis er vor Anstrengung einen knallroten Kopf hat. Es dauert nicht lange, und er ist in ein mürrisches Schweigen verfallen. Doch als alle schon glauben, er hätte aufgegeben, versucht er es noch einmal, diesmal mit einem tiefen und zutiefst schwermütigen Gesang, der die Stimmung völlig umzukippen droht. Irgendwann brummeln er und die anderen Männer nur noch triefäugig vor sich hin, während die Frauen, die gemeinsam an einem anderen Tisch sitzen, eine süße, anmutige Weise anstimmen. Und im Gegensatz zu den Männern kennen sie den vollständigen Text.

TSCHECHIEN

Von der Tatra nach Brünn

Durch eine herrliche Landschaft fahren wir auf einer gut ausgebauten, fast leeren vierspurigen Autobahn quer durch die Slowakei bis zur tschechischen Grenze. Flache Hügel wechseln sich mit dicht bewaldeten Schluchten ab, bis wir, dem Ostufer der Váh folgend, in die Stadt Trenčín (dt.: Trentschin) kommen, über der sich die romantischen Ruinen einer lang gestreckten Burganlage erheben. Schon kurz nachdem wir den Fluss überquert haben, gelangen wir zu einer der jüngsten Staatsgrenzen innerhalb Europas, die durch die Trennung von der Slowakei und Tschechien entstand.

Wir befinden uns in der Region Südmähren. Sie war einst Teil eines kurzlebigen Reichs mit dem klangvollen Namen Großmähren, wo sich bereits lange zuvor, im neunten Jahrhundert, die allgegenwärtigen slawischen Missionare Kyrill (der Erfinder der kyrillischen »russischen« Schrift) und Method niedergelassen hatten.

Durch Brünn, das historische Zentrum Mährens, würde man von den meisten Reiseführern eher durchgewinkt. Manche Bücher äußern sich etwas herablassend über die Rolle der Stadt während der industriellen Revolution. Damals sorgten die reichen Kohlevorkommen und die Wasserkraft aus den strömungsstarken Flüssen der Umgebung für einen plötzlichen Aufschwung, was Brünn den Beinamen »Manchester Mährens« eintrug.

Das Stadtbild, das von den beiden hohen Spitztürmen der St.-Peter-und-Paul-Kathedrale und der Festung Špilberk dominiert wird, sieht aus der Entfernung durchaus eindrucksvoll aus. Das

Innere der Burganlage mag zwar ein wenig trist wirken, aber ich bin froh, dass hier so wenig Touristen unterwegs sind, und wenn man ein bisschen genauer hinschaut, kann man sogar ein paar Überraschungen erleben.

Eine davon ist das »Siebeneinhalb-Theater«, ein kleiner, schlichter Bau, für dessen Erhalt sich die benachbarte Kunstakademie von Brünn starkgemacht hat. Heute finden dort unter anderem Ctibor Turbas Pantomimekurse statt. Die Pantomime war schon in der Tschechoslowakei äußerst beliebt, und Turba zählt zu den herausragendsten Vertretern dieser Kunst. Anfang der Siebzigerjahre wurden er und seine Kollegen von den Russen heftig kritisiert, weil sie sich mit Themen wie der Isolation und Einsamkeit von Menschen befassten, was als unnötig negativ und antisozialistisch galt. Turba blieb sich jedoch treu, verließ schließlich die Tschechoslowakei und ging nach Dänemark, Frankreich und in die Schweiz. Dass sich einige seiner Kollegen neuen Stoffen zuwandten, verurteilt er jedoch nicht.

»Sie brauchten Geld, zum Essen, ... um Theater spielen oder schreiben zu können. Und um dem, was sie liebten, näherzukommen, machten sie tausend Kompromisse.«

Turba, ein korpulenter Mann mit schneeweißem Haar, einem roten Kopf und einem mächtigen Zinken im Gesicht, ist zwar in seine Heimat zurückgekehrt, aber aufgrund seiner Rückenprobleme steht er nicht mehr so oft auf der Bühne. Stattdessen gibt er jetzt mehr Unterricht, in einer Klasse von »Bewegungskünstlern«, wie er sie nennt, und er lädt mich zu einer Schnupperstunde ein. Obwohl ich Pantomime bei anderen immer schon bewundert habe, habe ich selbst bisher einen Bogen darum gemacht und nie wirklich einen Zugang dazu gefunden. Weshalb dann ausgerechnet ich in Brünn landen muss und auf der Bühne einen jungen Gockel mime, weiß Gott allein. Ich persönlich schreibe es Turbas stets zurückhaltender und charismatischer, aber letztlich doch überzeugender Ausstrahlung zu.

Abgesehen von seinem etwas gewöhnungsbedürftigen Kommando zu Beginn jeder Übung – »Bereit machen für die Kunst ... und los!« –, macht es großen Spaß, sich auf die Sache einzulassen. Turbas bestimmte, aber mit sanfter Stimme vorgebrachte Anregungen schaffen eine so entspannte Atmosphäre, dass ich mir schon nach kurzer Zeit überhaupt nicht mehr albern vorkomme, sondern einfach drauflosspiele. Wir verwenden Masken, um Hunde und Tiere auf dem Bauernhof nachzuahmen, und ich genieße es, mit einer Gruppe tschechischer Studenten kommunizieren zu können, ohne ihre Sprache auch nur im Geringsten zu beherrschen.

Als wir anschließend noch gemeinsam Kaffeetrinken gehen, macht mir einer der Studenten ein unglaubliches Kompliment.

»Bis jetzt haben wir nur junge Leute gesehen, die so was machen.«

Am Nachmittag reise ich weiter nach Prag, in einem hochmodernen, komfortablen Zug mit Neigetechnik. Dass der Streckenabschnitt einen Teil der Fernverbindung Wien–Berlin darstellt, hat einen etwas bitteren Beigeschmack, denn Prag war im 14. Jahrhundert der glanzvolle Mittelpunkt des Heiligen Römischen Reichs, eine goldene Stadt im Herzen Europas, die selbst Wien eindeutig in den Schatten stellte, ganz zu schweigen vom damals noch völlig unbedeutenden Berlin. Erst ab der Mitte des 17. Jahrhunderts löste die habsburgische Hauptstadt Wien Prag endgültig als Zentrum Mitteleuropas ab.

Während wir neigungslos durch die Ebenen des alten Mährens ins alte Böhmen gleiten, versuche ich mich daran zu erinnern, wann ich zum letzten Mal in Prag war. Es muss irgendwann in den Achtzigerjahren gewesen sein. Als ich von dem Freund, der mir damals die Stadt zeigte, wissen wollte, was in seinem Land gerade vor sich ging, schob dieser mich sanft, aber entschieden mitten auf die Straße und raunte mir verstohlen zu, wenn man über solche Dinge reden wolle, sei man dort sicherer. Politik war damals noch ein gefährliches Thema.

Prag

Gestern, an meinem Erholungstag, habe ich genug von Prag gesehen, um festzustellen, wie dramatisch sich die Stadt seit meinem
letzten Besuch verändert hat. Die Architektur ist zwar noch genauso
eindrucksvoll, wie ich sie in Erinnerung hatte, und die Stadt genauso
schön, aber jetzt wirkt sie irgendwie offener und einladender, so als
wolle sie sich unbedingt von ihrer besten Seite präsentieren, und
man kann überall über alles sprechen. Die Touristenmeile, die vom
Veitsdom und der Prager Burg durch die Malá Strana (»Kleinseite«)
führt, quer über die Karlsbrücke und dann zum Altstädter Ring, ist
sicherlich einer der meistüberschätzten Straßenzüge sämtlicher
Hauptstädte Europas. Zur touristischen Rushhour – also zwischen
neun und fünf – herrscht hier dichtes Gedränge. Unzählige Menschen schieben sich durch die ziemlich engen Straßen, sodass es
kaum möglich ist, irgendetwas anderes mitzubekommen als die vielen Leute selbst. Prag ist eine unendlich gastfreundliche Stadt und
scheint einen erstaunlich entspannten Umgang mit dem Fremden-
verkehr zu pflegen – ob es die enormen Massen an Tagestouristen
sind oder die vielen Nachtschwärmer. So habe ich beispielsweise
mitten in der Nacht Autos gesehen – eine Art umgebauter Jeeps –
die Fahrten ins nächste Bordell anboten. Und ich bin einer Gruppe
von Sanitätern aus Portsmouth begegnet, die, alle in identischen
grünen OP-Anzügen, über den Wenzelsplatz taumelten. Sie waren
sturzbesoffen, und trotzdem sahen die Tschechen, mit denen ich
gerade unterwegs war, das Ganze völlig gelassen – und das, obwohl
sie Polizisten waren.

Welcher Route die Reisegruppen folgen, ist in der Regel schnell
klar, und oft ist es schon wenige Meter links und rechts davon angenehm ruhig. Ich verbrachte also den Großteil meines freien Tages
weitgehend ungestört im dem zauberhaften Innenhof der stattlichen Teynkirche, mit einem Stapel englischer Zeitungen, die ich
mir im Big Ben Bookshop besorgt hatte. Mittlerweile bin ich vor
allem für Nachrichten aus all jenen Ländern sensibilisiert, die ich
in letzter Zeit kennengelernt habe, und so lese ich mit Freuden,

dass man sich für die Fußball-EM 2012 auf Polen und die Ukraine als Gastgeberländer geeinigt hat. Das ist zumindest ein minimaler Ausgleich für zwei umso schrecklichere Meldungen: Auf die Wohnung eines liberalen Journalisten in Belgrad wurde ein Bombenattentat verübt, und in der Osttürkei hat man drei Männer, die Bibeln gedruckt und verteilt haben, mit durchgeschnittenen Kehlen aufgefunden.

An die Bedeutung derartiger Berichte muss ich auch denken, als ich heute Vormittag das Café Slavia aufsuche, einen altehrwürdigen Treffpunkt für Literaten, Künstler und Freigeister – oder, wie man sie früher nannte, Dissidenten. Es ist in einem zurückhaltenden Art-Deco-Stil ausgestattet, mit Marmorböden, großen Spiegeln, Thonet-Stühlen und langen Reihen von Polsterbänken.

Ich bin hier mit Norbert Auerbach zum Kaffee verabredet. Der kluge, charismatische, streitbare Achtzigjährige ist in Wien geboren, aber hier in Prag aufgewachsen. Wie viele andere Juden hatte auch er das Glück, aus der Stadt fliehen zu können, bevor Hitler einmarschierte: 1944 kam er als Soldat der amerikanischen Armee hierher zurück, und nachdem er jahrzehntelang im internationalen Filmgeschäft tätig war, lebt er heute wieder in Prag. Ich möchte von ihm wissen, wie schwierig es in der Nachkriegszeit war, Filme zu produzieren (einer meiner tschechischen Lieblingsfilme, Jiří Menzels *Liebe nach Fahrplan*, gewann 1967 als bester ausländischer Film den Oskar).

»Prag unter den Kommunisten war eine graue und trostlose Stadt«, sagt er und kneift die Augen zusammen, während er über meine Schulter hinweg zum Fluss und zu den grünen Hängen am anderen Ufer hinüberschaut.

»Aber für Filmemacher und dergleichen waren es paradiesische Zustände. Die kommunistische Regierung subventionierte jeden Film. Gewinne zu erzielen, war verboten – das galt als Ausbeutung des Proletariats. Damals wurden im Jahr dreißig oder fünfunddreißig Filme gedreht, heute sind es nur mehr zehn oder zwölf.«

Er nickt bedächtig und lächelte bei der Erinnerung an früher.

»In der kommunistischen Zeit sind wirklich bizarre Dinge passiert: In kleineren Kinos auf dem Land durften Filme beispielsweise nur gezeigt werden, wenn mehr als zehn Karten verkauft worden waren. Anderenfalls fiel die Vorstellung aus, und der Vorführer bekam keinen Lohn. Wenn das Kino an einem Abend also mal leer blieb, kaufte der Vorführer einfach selbst zehn Karten.«

Er hebt seine Hand, noch bevor ich ihm eine nächste Frage stellen kann.

»Kennen Sie die Geschichte von dem russischen Filmvorführer, der den Stalin-Preis gewann? Er hatte es geschafft, einen Zwei-Stunden-Film in nur anderthalb Stunden zu zeigen.«

Er muss erst selbst eine Weile darüber lachen, dann nickt er schweigend.

»Ja, das Einzige, wovor die Kommunisten Respekt hatten, war die Kultur.«

Er wiederholt, was ich auf meiner Reise nun schon so oft gehört habe: dass die ältere Generation den Kommunismus immer noch mit einem ziemlich verklärten Blick sieht. Die kommunistische Partei der Tschechischen Republik steht nicht schlecht da: Bei den letzten Wahlen erreichte sie zwölf Prozent der Stimmen.

Norbert Auerbach warnt davor, zu glauben, dass aus der EU jemals so etwas werden könnte wie die Vereinigten Staaten von Europa.

»Neunundneunzig Prozent der Menschen, die damals in die Vereinigten Staaten auswanderten, wollten auch Amerikaner werden.« Hier sei das anders. »Die meisten Tschechen«, so glaubt er, »verstehen doch gar nicht, worum es bei Europa geht, was ein Europäer ist und was die ganze Diskussion von wegen ›Verfassung – Ja oder Nein‹ eigentlich soll. Sie brauchen einem Tschechen nur mal zu erzählen, dass er nach Österreich ziehen und Lederhosen tragen soll, und er wird Sie für völlig verrückt erklären.«

Wir bestellen noch einen Kaffee.

»Die Franzosen wollten schon immer Franzosen sein, weil sie einfach glauben, dass sie die Besten sind. Die Deutschen haben erst jetzt begonnen, ihre Schuldgefühle wegen der Ereignisse des Zweiten Weltkriegs und der Zeit davor abzulegen. Die Italiener sind in allem, was sie tun, irgendwie konfus, und die Tschechen fühlen sich, glaube ich, ganz wohl mit ihrem Tschechischsein und den tschechischen Traditionen und der tschechischen Lebensart.«

Ich frage ihn, was man darunter zu verstehen hat.

»Wir sind eine sehr kluge, gebildete Nation, fleißige Arbeiter, nicht so krampfhaft konsumorientiert wie beispielsweise die Amerikaner. Und das Wochenende ist uns heilig! Sie brauchen hier niemandem zu erzählen, dass er am Wochenende arbeiten soll ...«

Mit gespielter Entrüstung hebt er abwehrend beide Hände.

»Um Gottes willen! Sind Sie verrückt?«

Ich frage ihn, wer dann all die Leute sind, die auf der Goldenen Meile die Touristen abkassieren, und zwar an sieben Tage die Woche.

Schlagfertig und mit einem betrübten Lächeln sagt er: »Das sind Russen.«

Prag und Theresienstadt

Eine Gemeinsamkeit der meisten ost- und mitteleuropäischen Staaten ist, dass es dort kaum noch Juden gibt, seit diese verfolgt und vertrieben wurden. Prag hatte früher eine besonders große jüdische Gemeinde mit mehreren Zehntausend Mitgliedern. Heute sind es nur noch 7000, in einer Stadt von über einer Million Einwohnern.

Viele von ihnen, darunter auch die Familie von Norbert Auerbach, emigrierten noch vor Ausbruch des Zweiten Weltkriegs. Von denen, die blieben, überlebten nur wenige den Völkermord der Nazis. Und noch weniger sind heute bereit, darüber zu sprechen. Eine Frau, die genau dies getan hat und immer noch tut, hat jedoch eingewilligt, sich heute mit mir zu treffen.

Lisa Miková war ein junges Mädchen, noch keine zwanzig, als der Einmarsch der Deutschen in die Tschechoslowakei eine Abfolge von Ereignissen in Gang setzte, die sie letztendlich nach Auschwitz brachte. Sie hat Dinge erlebt, die sich die meisten Menschen nicht einmal vorstellen könnten, und dennoch sieht es so aus, als sei die kleine, sechsundachtzigjährige Frau mit sich im Reinen, als sie auf mich zukommt, um mich zu begrüßen. Sie hat eine ordentliche graue Kurzhaarfrisur und ist dezent, aber geschmackvoll gekleidet: beige Jacke, Seidenschal, blaue Strickjacke und frisch gebügelte weiße Bluse. Am ausdrucksstärksten sind ihre Augen, groß und immer ein wenig feucht. Man hat das Gefühl, als könnte man darin alles lesen, was sie erlebt hat.

Lisa Miková und ich schlendern über den alten jüdischen Friedhof. Die Grabsteine aus verwittertem Sandstein stehen schief auf dem leicht unebenen Gelände, dicht an dicht und in alle Richtungen geneigt, so als wären sie gerade aus dem Erdboden hervorgebrochen. Manche sind schon halb zerfallen, und ihre Inschriften sind nur mühsam zu entziffern, aber pro Jahr werden etwa hundert restauriert.

Lisa Miková stammt aus einer reichen Prager Familie, die sich zunächst als Tschechen, dann jedoch als Juden verstanden. Man sprach fließend Tschechisch und Deutsch. Trotz der Gerüchte über das, was sich anderswo in Europa ereignete, fühlte man sich in den hiesigen demokratischen Kreisen der Wohlhabenden und Gebildeten, in die Juden bereitwillig aufgenommen wurden, noch immer sicher. Doch das änderte sich schlagartig, als die Nazis kamen und damit begannen, die antijüdischen Nürnberger Rassengesetze auch in Prag umzusetzen. Das Geschäft von Lisas Vaters wurde beschlagnahmt, und er und seine Frau verloren ihre Existenzgrundlage.

»Wir durften nicht mehr zur Schule gehen. Auch ins Schwimmbad oder ins Kino zu gehen, war verboten. Die Ärzte durften nicht mehr in den Kliniken arbeiten, und den Anwälten wurde die Zulassung zum Gericht entzogen. Wir dachten immer, es kann doch gar nicht noch schlimmer kommen, aber genau das geschah.« Sie spricht mit Bedacht, zeigt keinerlei Bitterkeit oder Selbstmitleid, aber als wir die Pinkas-Synagoge betreten, die an den Friedhof angrenzt, kann sie ihre Emotionen nur schwer verbergen.

An den Wänden des Bauwerks, das über 500 Jahre als Gebetsstätte diente, stehen die Namen aller Juden aus Böhmen und Mähren, die in Konzentrationslagern ums Leben kamen. Es sind siebenundsiebzigtausendzweihundertsiebenundneunzig.

Ich frage Frau Miková, worin für sie der Unterschied zwischen diesem Raum und dem Friedhof draußen besteht. Am Ende einer Wand bleibt sie stehen und geht einen Schritt darauf zu.

»Hier sind meine Eltern. Ihre Namen. Sie haben kein Grab.«

An der Wand stehen die Namen von zwanzig Mitgliedern ihrer Familie, darunter auch der ihres Bruders, der in Dachau war und drei Tage, bevor die Amerikaner das Lager befreiten, erschossen wurde.

Sie seufzt schwer.

»Ich komme nicht gerne hierher. Das belastet mich zu sehr. Ich bin wirklich nicht gerne hier.«

Sie richtet sich auf und holt tief Luft, dann gehen wir wieder ins Freie.

Zwei Jahre nach Kriegsbeginn fingen die Nazis an, die jüdischen Einwohner Prags zu deportieren. In der alten Garnisonsstadt Theresienstadt – oder Terezín, wie sie auf Tschechisch heißt –, eine Stunde nördlich von Prag in Richtung der deutschen Grenze gelegen, entstand ein Ghetto. Hier hatte der habsburgische Kaiser Josef II. im Jahr 1780 zum Schutz der Grenze nach Norden zwei Festungsanlagen errichten lassen, lang gestreckte, niedrige Ziegelhäuser, die das Stadtbild dominierten. Mitte des Jahres 1942 wurde die Zivilbevölkerung von Theresienstadt vertrieben, und stattdessen brachte man 50 000 Juden aus ganz Europa hierher, darunter auch Lisa Miková, ihren frisch angetrauten Ehemann und ihre Eltern.

Es war mitten im Winter, als sie hier eintraf, und ihr zwanzigster Geburtstag. Heute, 66 Jahre später, ist sie an diesen Ort zurückgekehrt.

Auf den ersten Blick ist Theresienstadt ein nettes kleines Städtchen, nach einem streng geometrischen Grundmuster angelegt. Es gibt einen großen, zentralen Platz, auf dem zwischen Edelkastanien ein Denkmal von Jan Hus steht, dem Religionsreformer aus dem frühen 15. Jahrhundert und tschechischen Nationalhelden, der wegen seiner Kritik an der katholischen Kirche auf dem Scheiterhaufen verbrannt wurde. Dennoch hat man irgendwie das Gefühl, mit dem Platz würde etwas nicht stimmen. Es herrscht eine seltsame Atmosphäre. Dann fällt einem auf, dass kaum ein Mensch zu sehen ist.

Es gibt Überlegungen, erklärt man mir, einen Teil der Prager Universität hierher zu verlegen, um Theresienstadt wieder etwas stärker zu beleben. Bis dahin ist und bleibt es jedoch eine Geisterstadt, der noch immer der ewige Makel ihrer dunklen Vergangenheit anhaftet. Als Durchgangsstation auf dem Weg nach Auschwitz und zu den Vernichtungslagern im Osten kamen insgesamt rund 144 000 Menschen durch Theresienstadt. 33 000 Menschen starben hier, und von den 88 000, die in die Lager weitertransportiert wurden, überlebten nur knapp 5000.

»Es gab hier keinen Bahnhof«, erinnert sich Lisa Miková. »Wir mussten also ungefähr vier Kilometer zu Fuß gehen, mit unserem ganzen Gepäck ... und dauernd liefen die Männer von der deutschen SS mit ihren Hunden um uns herum.«

Die Familien wurden getrennt: Die Männer kamen in einen Teil des Lagers, die Frauen in einen anderen. Im Männerquartier befindet sich heute ein Getto-Museum, über dessen Eingang auf Hebräisch »Erinnert euch« steht. Die Wände im Treppenhaus sind von oben bis unten mit Bildern behängt, die Häftlinge aus dem Theresienstädter Getto gemalt haben: ein Schneemann, eine Blumenvase, die Schlange bei der Essensausgabe. Da es den Häftlingen verboten war, zu malen, stellen diese auf den ersten Blick so belanglos wirkenden Arbeiten einen eklatanten Akt des Ungehorsams dar. Lisa Miková erzählt, dass einige Bilder während des Krieges aus dem Getto geschmuggelt und in einer schwedischen Zeitung veröffentlicht wurden. Daraufhin machte man die Künstler ausfindig, riss ihnen die Haare vom Kopf und zertrümmerte ihnen die Hände.

Im Museum befindet sich auch ein kleiner Vorführraum, in dem ein in Theresienstadt gedrehter nationalsozialistischer Propagandafilm gezeigt wird. Damit sollte dem Roten Kreuz vorgegaukelt werden, dass Theresienstadt, wie es im Kommentar heißt, »Hitlers Stadt für die Juden« sei. Bevor Abgesandte des Roten Kreuzes eintrafen, säuberten die Nazis das Getto, organisierten Fußballturniere und Konzerte und befahlen den Inhaftierten zu lächeln. Anscheinend funktionierte der Betrug – und zwar nicht nur einmal, sondern sogar zweimal. Das Rote Kreuz ließ die Nazis in Theresienstadt gewähren, und die »Transporte« wurden fortgesetzt. Im Jahr 1944 brachten sie Lisas Mann nach Auschwitz. Wenige Wochen später bot man den Frauen an, ihren Familien »nachzureisen«. Lisa

Miková beschloss ebenfalls, Theresienstadt zu verlassen, sah aber ihre Eltern nie wieder, und auch ihren Mann fand sie in Auschwitz nicht.

Sie überlebte das Todeslager und wurde nach Dresden verlegt, wo sie als Zwangsarbeiterin in einer Flugzeugfabrik die Bombardierung Dresdens im Februar 1945 miterlebte. Während die Firmenchefs sich in Sicherheit brachten, hatte man Lisa Miková mit dem Rest der Belegschaft in der Fabrik eingeschlossen.

»Wir waren so froh, als wir die englischen Flugzeuge sahen, obwohl es ja auch hätte sein können, dass sie die Fabrik zerstörten, in der wir uns befanden! Es war ein wunderbares Gefühl. Aber was schlimm ist: Wenn ich das einem Deutschen erzähle, dann schaut er mich an, als wäre ich nicht bei Trost.«

In einem Viehwaggon wurde Lisa Miková von Dresden ins Konzentrationslager Mauthausen in Österreich gebracht. Fast hätte man alle Häftlinge dort umgebracht, doch die vorrückenden Alliierten waren schon so nah, dass die SS die Gaskammern als verfängliches Beweismaterial zerstörten. Vom Typhus gezeichnet und auf weniger als vierzig Kilo abgemagert, wurde Lisa Miková am 5. Mai 1945 von den Amerikanern befreit.

Das glückliche Ende ihres Martyriums war noch glücklicher, als sie erfuhr, dass ihr Ehemann ebenfalls überlebt hatte.

Wir sitzen auf einer Bank, während Frau Miková mir ihre Geschichte erzählt, und der Wind fährt durch das Laub der Bäume an einem Platz jener Stadt, in der sie so viel Leid erleben musste. Kürzlich, nach dem Tod ihres Mannes, hat sie sich mit ein oder zwei weiteren Überlebenden zusammengetan und gibt nun das, was sie erlebt hat, an die Jugendlichen von heute weiter.

»Weil nur noch wir übrig sind. Wir sind die letzte Generation, die sie fragen können.«

Es ist mein letzter Vormittag in Prag, und ich schlendere zur Karlsbrücke hinüber. Die Fülle an liebevollen Details, die man überall in Prag sieht, verblüfft mich immer wieder aufs Neue. Eine Parkbank ist hier nicht einfach bloß eine Parkbank, sondern ein Kunstwerk, das anstelle von Armlehnen zwei schmiedeeiserne, silberne Schlangen hat, die sich um das Holz winden. Ich komme am Nationaltheater vorbei, einem Prachtbau aus dem späten 19. Jahrhundert, blicke auf zu dem graublauen Dach mit dem aufgemalten Sternenmuster und bewundere das beeindruckend üppige Treiben der Skulpturen, das dort oben herrscht: gigantische Engel in Triumphwagen, die aussehen, als wollten sie sich jeden Moment in die Tiefe stürzen, und eine endlose Reihe von Statuen entlang der gesamten Brüstung. Auf sämtliche Türmchen setzen die Prager irgendwelche Adler oder strahlenden Sonnen. An jeder Ecke stolpert man über zusammengekauerte Löwen, und sogar die Schutzgitter um die Stämme der Alleebäume sind mit aufwendigen Mustern verziert. Der Hauptbahnhof ist ein Meisterwerk des Jugendstil, und es überrascht mich nicht, als ich in meinem Reiseführer lese, dass man in dieser Stadt den einzigen kubistischen Laternenpfahl der Welt finden kann.

Die Karlsbrücke, das berühmte Wahrzeichen der Stadt, ist im Grunde ein schlichtes, nüchternes Bauwerk. Um 1350 aus massiven, inzwischen geschwärzten Steinblöcken errichtet, hat sie auch heute noch eine gewisse strenge Eleganz. Was sie jedoch unverwechselbar und unvergesslich macht, ist der für Prag so typische ungebremste Hang zur Verzierung. 320 Jahre nach dem Bau der Brücke wurde auf ihrer Brüstung die erste Statue aufgestellt (der heilige Nepomuk). Inzwischen sind es fünfzig, allesamt Heilige, die entlang der Karlsbrücke aufgereiht sind.

Doch vom Erhabenen zum Lächerlichen ist es oft nur ein kleiner Schritt – als ich am Ende der Brücke ein paar Stufen zum Wasser hinuntersteige und im Schatten eines mächtigen gotischen Turmes eine Reihe quietschgelber Tretboote entdecke.

Ich bin hier mit Bára Vaculíková verabredet, einer achtundzwanzigjährigen Frau, deren helle, weite Kleider und hennagefärbte Haare ihr ein alternativ angehauchtes Aussehen verleihen. Sie ist ein Viertel einer Band namens The Yellow Sisters, die später auf einer Burg in der Nähe von Prag ein Konzert geben wird. Anlass ist eine Veranstaltung zum »Tag der Hexenverbrennung«, einem ursprünglich heidnischen Fest, bei dem auf Bergkuppen und anderen ausgesetzten Orten Strohpuppen verbrannt werden. Bára erklärt mir, dass es dabei eigentlich eher um das Feuer geht und die Macht, die es besitzt, und dass die meisten Leute ganz begeistert sind von Hexen.

Wir strampeln hinaus in die sanfte Strömung der Moldau. Abgesehen vom gelegentlichen Tuten eines Ausflugsbootes ist es still – eine herrlich geruhsame Variante einer Stadtrundfahrt.

Bára ist eine angenehme Begleiterin. Sie nimmt ihre Arbeit als Musikerin sehr ernst, aber sie verdient damit nicht ihren Lebensunterhalt. Nächste Woche fängt sie mit einem Teilzeitjob als Fremdenführerin an. Die Musik der Yellow Sisters ist maßgeblich von dem beeinflusst, was die vier Frauen in Afrika erlebt und gehört haben, vor allem in Gambia, Guinea und anderen Ländern der Westküste. Bára Vaculíková macht sich allerdings Sorgen um die Auswirkungen der »euro-amerikanischen« Kultur, wie sie sie nennt, auf die afrikanische Musik.

»Ich glaube, wir machen sie kaputt. Sie wird schon bald nicht mehr existieren. Irgendwann wird man nur noch Afrikanern in Fussballkleidern begegnen.«

Ich finde ihre Bemerkung so charmant, dass ich Bára nur ungern korrigiere.

»In Fußballkleidern?«

»Ja, in Fußballkleidern, Trikots. David Beckham, Ronaldo und so.«

Um dieser Entwicklung entgegenzuwirken, versuchen sie und ihre Freundinnen, traditionell orientierte Musiker aus Afrika nach Prag zu bringen, aber die Einwanderungsgesetze sind sehr streng, sodass dies nicht einfach ist. Tatsächlich habe ich auf meiner bisherigen Reise nur eine Handvoll Schwarze gesehen. Bára weiß um die Problematik, dass immer mehr junge Afrikaner versuchen, nach

Europa zu kommen. Sie scheint einer der wenigen Menschen zu sein, denen das nicht gleichgültig ist und die selbst Erfahrungen damit gemacht haben. Ich frage sie, was die Menschen hier erwartet, falls es ihnen gelingt.

»Einsamkeit. Was sie hier finden, ist Einsamkeit. Und Menschen, die sehr ernst und unfreundlich sind. Mit der materiellen Welt kommen sie irgendwann klar, aber nicht mit der Gefühlswelt. Das ist auch gar nicht möglich, weil sich die Menschen hier nicht so gerne auf der Straße unterhalten.«

Sie ist verbittert, und das aus gutem Grund. Ich habe den Eindruck, dass das, was hier geschieht, ihrem Verständnis von Toleranz widerspricht. Sie ist in einer Tschechoslowakei groß geworden, wie auch ich sie vor zwanzig Jahren kennenlernte. Jeder wurde beobachtet, Freunde denunzierten einander. Dann kam die Samtene Revolution, die Bára Vaculíková als eine wesentlich riskantere Zeit in Erinnerung hat, als es im Rückblick erscheinen mag. Einige Jahre später erlebte sie die Teilung der Tschechoslowakei mit, die sie persönlich nicht befürwortete. Ihr Anliegen ist es, Menschen zusammenzubringen, und nicht, sie auseinander zu halten.

Es gibt einiges, worüber sie enttäuscht ist, aber trotzdem ist sie eine Optimistin. Sie liebt Prag wegen seiner Kultur und die Tschechen wegen ihres Humors.

»Wir haben einen schwarzen Humor. Wir sind sehr ironisch und sarkastisch. Irgendwie können wir uns an alles gewöhnen. Wir haben vielleicht nicht so viel zu bieten, aber wir werden damit fertig.«

Als wir zur Tretboot-Anlegestelle zurückkommen, ächzt die Karlsbrücke bereits unter dem Gewicht der Menschenmassen. Ich verspüre kein Bedürfnis, mich ihnen anzuschließen. Auf meinem kurzen Ausflug mit einer der gelben Schwestern habe ich Einblicke in das Leben hier in Prag gewonnen, wie sie mir eine Stadtführung nicht einmal in einem Monat vermitteln könnte.

Ich werde heute Nacht auf alle Fälle nach Feuern auf den Hügeln Ausschau halten.

Westlich von Prag führt die Straße in engen Kurven bergab und zwischen den Ausläufern des Erzgebirges hindurch, hinter dem

Deutschland liegt. Die Gegend, den Deutschen als Sudetenland bekannt, ist reich an Braunkohlevorkommen und anderen Bodenschätzen. Hitler annektierte das Gebiet 1938, doch nach Kriegsende wurde die deutsche Bevölkerung aus der Tschechoslowakei vertrieben. In die waldreichen Täler an der Mündung zweier Flüsse schmiegt sich das Städtchen Karlovy Vary, der unter dem deutschen Namen Karlsbad berühmte Kurort. Die heilende Wirkung seiner zwölf weltberühmten Quellen wurde, wie es heißt, von jenem Mann entdeckt, unter dessen Brücke wir heute Morgen noch mit dem Tretboot durchgefahren sind: Karl IV., Kaiser des Heiligen Römischen Reichs. Obwohl inzwischen ein vorwiegend russisches Publikum das einst vorwiegend deutsche abgelöst hat, steht Karlsbad unter allen Kurorten in dieser gebirgigen Region immer noch an erster Stelle.

Im offiziellen Stadtführer von Prag werden stolz sämtliche berühmten Persönlichkeiten aufgelistet, die jemals zu einem Kuraufenthalt hier waren. Und für den Fall, dass man sie nicht kennen sollte, hat man freundlicherweise auch gleich noch ihren Beruf respektive ihr Gewerbe dazunotiert. So findet sich neben »R. Strauss, Komponist« und »A. Tolstoi, Russischer Schriftsteller« auch »C. Cardinale, Italienische Schauspielerin« und – mein absoluter Favorit, »A. Hitler, Deutscher Politiker«.

Mit seiner Postkartenidylle, den großen, bunt bemalten Häusern und den stucküberladenen Hotels ist Karlsbad der ideale Schauplatz für eines der surrealsten Erlebnisse meiner gesamten Reise.

Die meisten Unterkünfte scheinen wegen einer Veranstaltung ausgebucht zu sein, die unter dem Namen »Adelsball« läuft und zu der auch ich eingeladen bin. Ein hilfsbereiter tschechischer Freund hat mir vorgeschlagen, ich könnte doch eine gewisse Tatana Kucharova begleiten. Und das ist alles andere als ein normales Date, denn Tatana Kucharova ist die amtierende Miss World. Sie ist – wie zu erwarten war – eine attraktive junge Frau, und obwohl sie erst neunzehn Jahre alt ist, spricht sie hervorragend Englisch. Da keiner von uns beiden adlig ist, ist sie mindestens genauso baff wie ich, als man uns im luxuriösen Ballsaal des Grand Hotel Pupp zu mehreren schwedischen Diplomaten an den Tisch setzt, die die Insignien eines uralten spanisch-sizilianischen Ordens tragen. Nichtsdestotrotz stellt man uns förmlich als »Miss und Mr World« vor, und wir schließen im Lauf des Abends Bekanntschaft mit diversen entthronten Königen und sogar dem ein oder anderen burmesischen Prinzen.

Tatana und ich unterhalten uns über das Reisen – das ist immerhin ein Interesse, das wir teilen. Nachdem man sie vor etwa sechs Monaten zur Miss World gekürt hat, ist sie nun auf Welttournee. Sie wird ziemlich hart rangenommen. Ihre Verpflichtungen als Trägerin dieses Titels haben sie seitdem schon sechsmal nach China und dreimal nach Amerika geführt.

Ein ausgesprochen freundlicher Schotte in voller Highland-Tracht lädt uns ein, ihn zu begleiten. Er will uns mit Baron von Frankenstein und einer Dame namens Ulrika Habsburg bekannt machen. »Mit solchen Leuten sitzt man schließlich nicht alle Tage an einem Tisch.«

Die traurige und nüchterne Wahrheit ist jedoch, dass ich noch zehn Reisetage vor mir habe und Miss World übermorgen eine Prüfung an der Uni ablegen muss. Wir ziehen uns daher schon bald wieder aus dieser glitzernden Nostalgieveranstaltung zurück und überlassen es der Masse der Aristokraten, zur Musik des zwanzigköpfigen Orchesters (mitsamt Harfe) das Tanzbein zu schwingen. Allerdings verabreden wir uns für morgen, denn wir wollen herausfinden, ob dieses funkelnde Städtchen, das durch die Hypochondrie wohlhabend wurde, seinem Ruf als Hort der Heilkraft auch tatsächlich gerecht wird.

Hundertvierzehnter Tag
Karlsbad

Miss World und ich treffen uns zum Kuren in der äußerst vornehmen Mühlbrunnkolonnade, einer Anlage im Stil der Neorenaissance und einem der wenigen etwas bescheideneren Bauwerke dieser Stadt. Die Kassettendecke der 130 Meter langen Galerie ruht auf 124 schlanken Säulen, und aus fünf verschiedenen Quellenaustritten sprudelt das Wasser in gemeißelte Steinbassins, die nach der Temperatur aufsteigend angeordnet sind. Die letzte Quelle hat 62 Grad, was den unangenehm schwefligen Geschmack etwas erträglicher macht. Wir trinken aus speziellen, nach einem traditionellen Design geformten Keramikbechern mit einem langen, dünnen Schnabel an der Seite.

Um uns herum beginnen die Straßen sich allmählich mit Besuchern zu füllen. Ponys mit kleinen roten Kappen über den Ohren ziehen vornehme, mit Samt ausgekleidete Kutschen durch die Stadt.

Tatana ist die erste Tschechin, die jemals zur Miss World gewählt wurde, aber trotz dieses vornehmen Titels steht sie mit beiden Beinen erstaunlich fest auf dem Boden. Sie macht sich mehr Sorgen über ihre morgige Prüfung als darüber, welches Make-up sie auflegen soll.

Trotzdem wollen wir, bevor sich unsere Wege trennen, noch eine Klinik in der Innenstadt aufsuchen und uns einer kurzen Musterung unterziehen. Dort lernen wir auch Milada Sárová kennen.

Frau Sárová ist ein wahres Energiebündel und der Inbegriff von Gesundheit. Ihre Haut verströmt einen seidigen Glanz, ihr kräftiges rotes Haar strotzt vor Spannkraft, und während sie mit mir die Voruntersuchung durchführt, schenkt sie mir die ganze Zeit über ein professionelles Lächeln.

»Wie sieht es denn mit dem Wasserlassen aus?«, fragt sie mit einer derart vertraulichen Heiterkeit, dass ich plötzlich das unbedingte Bedürfnis habe, ihr das zu sagen, was sie hören möchte.

»Ihr Stuhlgang ist normal?«

»Oh ja, ja.«

»Haben Sie Probleme mit den Venen?«

»Nein, nein!«

»Machen Sie sich bitte frei. Ich würde gerne mal Ihre Leber kontrollieren.«

»Ich wünschte, das könnte ich auch!«, höre ich mich mit trockenem Mund sagen. Nachsichtig, aber nun ohne zu lächeln, schaut sie auf mich herab, so wie man einen jungen Hund anschaut, der gerade gefurzt hat.

Das Heilwasser ist gewissermaßen das Fundament, auf dem

der Ruhm von Karlsbad begründet ist, und so empfiehlt mir Frau Sárová eine Kur von einem Liter täglich, über zwanzig Tage, um mal so richtig zu entschlacken. Wer mehr zahlen kann, dem wird eine aufwendigere Therapie verschrieben.

Ich bekomme zuerst einmal eine Rückenmassage mit heißen Steinen, dann bettet man mich in ein Moorbad, und zum Schluss unterzieht man Miss World und mich noch einer ziemlich abstrusen Behandlung: Man steckt uns in lange weiße Plastiksäcke, die oben am Hals verschlossen und dann mit Kohlendioxid gefüllt werden.

Frau Sárová steht über uns, schaut auf uns herab und lächelt, als wäre das hier die beste Party ihres Lebens.

»Schon nach zwanzig Minuten in dieser Packung hat sich der Überdruck in Ihren Organen ausgeglichen. Das ist gut für das Herz, für den Blutdruck, für den Kreislauf, bei Beschwerden wie ...«

Meine Konzentration schwindet. Was ich hier in Karlsbad erlebt habe, hat mich irgendwie ganz konfus gemacht. Aus dem Augenwinkel spähe ich zu Miss World hinüber, die neben mir liegt, in einem langen weißen Müllbeutel, wie ich. Wir sehen aus wie diese mittelalterlichen Steinplastiken von Königspaaren, die man sonst in Kirchen findet, und für einen Augenblick habe ich tatsächlich das Gefühl, ich wäre gestorben und würde mich jetzt an einem sehr seltsamen Ort befinden.

DEUTSCHLAND

Von Karlsbad nach Dresden

Bis zur deutschen Grenze sind es nur 25 Kilometer. Die Straße führt durch ein Vorgebirge, das allmählich zum Krušné Hory oder Erzgebirge heranwächst. Heute sind die Bodenschätze größtenteils abgetragen, und Jáchymov (dt.: Sankt Joachimsthal), die letzte tschechische Stadt vor der Grenze, einst für ihre reichen Vorkommen an Uranerz geschätzt, sieht entsprechend heruntergekommen aus.

Das flüchtige Flair von Grenzorten, ihre Atmosphäre der Trägheit und des Verfalls, ist überall auf der Welt gleich deprimierend. Wir fahren den letzten Hügel hinauf und lassen Tschechien damit hinter uns. Die Häuser sind baufällig, einige haben kein Dach, und sie könnten eigentlich alle einen neuen Anstrich vertragen. Manche davon sind Puffs, die mit handgeschriebenen Schildern ganz unverhohlen für ihr »Erotic Car Wash« oder ihren »Streep Club« werben.

Ab der Passhöhe heißt das Gebirge dann Erzgebirge und das Land Bundesrepublik Deutschland. Vor achtzehn Jahren stand an dieser Grenze noch »Deutsche Demokratische Republik«.

Im Jahr 1961 hatten ostdeutsche Soldaten und Ingenieure begonnen, den gesamten Grenzverlauf zu sichern, und der Kalte Krieg, die Ära des institutionalisierten Misstrauens zwischen Russland und dem Westen, die fast die ganze Zeit meines Lebens über bestand, war noch einmal ein gutes Stück kälter geworden. Die Absperrungen blieben bestehen, bis sie im Verlauf der unglaublichen Ereignisse vom November 1989 von jungen Deutschen niedergerissen wurden und die DDR innerhalb kürzester Zeit zusammenbrach.

Die Gegend jenseits der Grenze wirkt vergleichsweise sauber und ordentlich. Wir befinden uns hier in einer Region mit Bergen, Wäldern, Blumenwiesen und Skiliften. Dicht bebaute Dörfer mit spitzgiebligen Häusern schmiegen sich malerisch in die Täler. Nach und nach werden sie von einer sanfthügeligen Mittelgebirgslandschaft abgelöst, die mal von Forsten, mal von knallgelben Rapsfeldern überzogen ist. Mittendrin stehen unzählige rotierende Windräder, ein Meer von Mercedes-Sternen.

Von allen Ländern, die ich auf dieser Reise kennengelernt habe, löst keines bei mir so intensive Emotionen aus wie Deutschland. Ich wurde während des Zweiten Weltkriegs geboren, und viele der Bücher und Filme, mit denen ich groß geworden bin, handelten von diesem Krieg, erzählten immer wieder dieselben Geschichten von der Tapferkeit und dem Durchhaltevermögen unserer britischen Jungs und der unmenschlichen Grausamkeit des Feindes.

Dabei gab es jedoch ein Kapitel, mit dem keines dieser Bücher je prahlte und über das – wenn überhaupt – nur mit gedämpfter Stimme gesprochen wurde, eine Geschichte, auf die der Begriff Heldentum einfach nicht so recht zutreffen wollte: die Bombardierung Dresdens im Februar 1945. Schätzungsweise 35 000 Menschen kamen dabei ums Leben, die meisten von ihnen Flüchtlinge, die sich vor den vorrückenden sowjetischen Armeen in Sicherheit gebracht hatten. In nur einer Nacht wurden einige der prächtigsten Bauwerke Europas zerstört.

Allein schon das Wort »Dresden« gilt als schauerliches Sinnbild für eine unglaubliche Gräueltat: Luftangriffe auf Zivilisten. Während des gesamten Krieges waren von beiden Seiten ähnliche Verbrechen verübt worden. Die Einwohner von London, Coventry, Hamburg und Berlin wussten, was diese Bedrohung aus der Luft bedeutet. Dennoch ist es Dresden, die Hauptstadt Sachsens, der wir uns im letzten Abendlicht über die Autobahn nähern, die neben Hiroshima und Nagasaki zum Synonym für den schlimmsten und düstersten Exzess der Luftangriffe geworden ist.

Für einen Engländer nicht gerade der angenehmste Ort, um die erste Nacht in einem neuen Land zu verbringen.

Dresden

Alles hier erinnert an jene unheilvolle Nacht vom 13. auf den 14. Februar 1945. Doch es sind weniger die Blicke der Menschen oder die Art, wie sie sich mit einem unterhalten, als vielmehr die Topografie der Stadt. Der enorme Aufwand, der im Zusammenhang mit dem Wiederaufbau Dresdens betrieben wird und der die Stadt immer noch deutlich prägt, lässt sich erst dann nachvollziehen, wenn man sich das Ausmaß der Zerstörung bewusst macht. Auf dem riesigen freien Areal des Neumarkts soll das Dresden der Vorkriegszeit wiederauferstehen, mit originalgetreuen Wohnhäusern, aber auch öffentlichen Gebäuden. Die Pläne sind nicht unumstritten, denn manche befürchten, dass hier eine Art Disneyland entsteht, eine reine Fassade des historischen Dresden, die das hochmoderne Innenleben der Gebäude kaschiert. In einem provisorischen Infopavillon auf dem Gelände ist der Baufortschritt dokumentiert. Die Schwarz-Weiß-Fotos, die kurz nach dem Angriff der Alliierten aufgenommen wurden, sind erschütternd: Von der Frauenkirche sind nur noch zwei, drei baufällige Mauerreste übrig – alles andere liegt in Schutt und Asche.

Als ich dann aber wieder auf den Neumarkt hinaustrete, steht sie da, so mächtig und selbstbewusst wie eh und je. Die wenigen Mauerteile, die nach dem Krieg noch standen, sind auch heute noch zu sehen. Die schwarzen Steine in der Fassade sind das, was von der originalen Frauenkirche übrig geblieben war, die hellen Steine sind neu. In einem enormen Kraftakt hat man jeden einzelnen Brocken Schutt gekennzeichnet, sortiert und dann, so weit möglich, wieder an seinen ursprünglichen Platz gesetzt. So besteht die neue Frauenkirche zu fünfundvierzig Prozent aus den Überresten des alten Bauwerks. Auf den rekonstruierten Mauern thront eine Kuppel mit einem Gewicht von 13 000 Tonnen.

Die Genehmigung für den Wiederaufbau der Frauenkirche wurde erst Anfang der Neunzigerjahre erteilt, nach dem Zusammenbruch der DDR, in der man sich nicht viel aus Kirchen gemacht hatte. Die Baumaßnahmen, die 2004 abgeschlossen wurden, kosteten

132 Millionen Euro und stellen einen Akt der Versöhnung dar, denn ein Teil des Geldes und der Unterstützung kam aus den Ländern, die damals am Angriff beteiligt waren. So stammen beispielsweise die sechs Meter hohe Kugel und das goldene Kreuz, das die Kuppel ziert, vom Sohn eines der britischen Bomberpiloten, eine Geste, die laut Felix, dem jungen Mann, der mir die Kirche zeigt, von den Dresdnern besonders positiv aufgenommen wurde.

Felix studiert an der Technischen Universität. Er ist verständlicherweise mehr daran interessiert, mir etwas über das heutige Dresden zu erzählen, die Stadt, die aus den Ruinen wiederauferstanden ist. »Das ›sächsische Silicon Valley‹, sagt man bei uns«, erklärt er mir stolz, während wir aus siebzig Metern Höhe den schwindelerregenden Ausblick von der Kuppel der Frauenkirche genießen. »Über siebenhundertsechzig Unternehmen. Dresden ist das europäische Zentrum der Mikroelektronik.«

Er deutet begeistert zur grünen Rasenfläche eines Parks hinüber. »Der Große Garten. Größer als Monaco!«

Zweifellos gibt es einige Attraktionen hier, doch von unserem Ausguck in luftiger Höhe aus muss ich feststellen, dass Dresden in großen Teilen nicht besonders attraktiv ist. Die nach dem Krieg weitgehend im kommunistischen Stil wiederaufgebauten Straßenzüge mit den üblichen Betonklötzen sehen nicht weniger trist aus als in anderen Städten im Osten. Ich frage Felix, wie die Generation seiner Eltern die ganze Sache sieht.

»Sie erzählen einem, dass in der DDR nicht alles schlecht war. Es gab eine bessere Gemeinschaft, man half einander, und es war nicht alles falsch damals – das bekommt man immer wieder zu hören.«

Wir halten uns gut am Geländer fest und gehen ein Stück weiter, bis wir unter uns die Elbe sehen, die aus den Bergen Tschechiens bis zur Nordsee fließt. Auf ihrem Weg durch Dresden trennt sie die Altstadt von der Neustadt, das prächtige Ensemble von Bauten rund um das Schloss am Westufer vom lebendigen Studentenviertel im Osten.

Felix runzelt die Stirn, als denke er immer noch über seine Eltern und deren völlig anderen Ansichten nach.

»Man sagt hier, dass bei manchen Leuten die Mauer immer noch da ist, in ihren Köpfen ... dass selbst siebzehn Jahre nach der Wiedervereinigung immer noch eine Trennung zwischen Ost und West besteht und dass es wahrscheinlich noch eine ganze Generation dauern wird, bis auch diese Mauer endgültig verschwunden ist.«

Heute ist Freitag, der Wochentag, an dem in einem besonderen Gedenkgottesdienst in der Frauenkirche der Menschen von Coventry und von Dresden gedacht und für sie gebetet wird. Bereits eine Viertelstunde vor Beginn finde ich kaum noch einen Sitzplatz. Es herrscht ein riesiger Andrang.

Der Innenraum der Kirche ist eine wahre Orgie barocker Üppigkeit: Marmorsäulen, Stuckwölkchen, Strahlenkränze, mit verschnörkelten Mustern ausgeschmückte Nischen, ganze Tonnen von Gold und eine in leuchtendem Lachsrosa ausgemalte Kuppel. Der Gottesdienst selbst fällt dagegen etwas farblos aus. Von der Kirchenorgel her dröhnen ein paar schöne Bach-Fugen, aber die Ansprache ist eher verhalten, und die Gemeinde kommt so gut wie nie zum Singen. Aber vielleicht hat das ja auch etwas mit dem Vermächtnis jener streng blickenden schwarzen Gestalt zu tun, die draußen auf einem Sockel steht: Martin Luther.

Hundertsiebzehnter Tag
Von Dresden nach Meißen

Die Elbe hat zurzeit Niedrigwasser, und man befürchtet sogar, dass die älteste noch regelmäßig verkehrende Raddampferflotte ihren Betrieb vorübergehend einstellen muss. Seit nunmehr 150 Jahren pendeln die Raddampfer, die eigentlich auch bei verhältnismäßig niedrigem Wasser fahren können, zwischen Dresden und Meißen. Für unsere Elbfahrt gehen wir an Bord der »Krippen«, die nach einer Stadt in der Nähe von Dresden benannt ist. Nach einigem anfänglichen Ächzen und Stöhnen fährt die »Krippen« ihren Schornstein aus und steuert die Mitte des Flusses an, bevor sie abdreht und uns einen letzten Blick auf das berühmte Elbpanorama mit seinen sorgfältig restaurierten Bauwerken gewährt, die sich entlang der Brühlschen Terrasse aufreihen. Wir fahren unter der Augustusbrücke durch, die nach August dem Starken benannt ist, dem Kurfürst von Sachsen, König von Polen und Großherzog von Litauen aus dem 17. Jahrhundert, der viel zum Glanz von Dresden beigetragen hat.

Es ist ein Morgen wie aus dem Bilderbuch, und obwohl es erst neun Uhr ist, stehen auf den Tischen an Bord schon bald Bratwürste, Brot und sogar einige Gläser Bier. Ich setze mich auf den einzigen freien Platz, den ich finden kann, neben eine Bauingenieurin vom Bodensee. Sie ist schätzungsweise Mitte dreißig, ist allein unterwegs, und obwohl sie aus dem Südwesten Deutschlands kommt, ist ihre Sicht der Dinge ganz ähnlich wie die von Felix aus Ostdeutschland. Was sie als »die vierzig Jahre der Teilung« bezeichnet, sei immer noch nicht überwunden, sagt sie und glaubt, dass sich erst mit der nächsten Generation so etwas wie ein Gefühl der Einheit entwickeln wird.

»Was mir allerdings ein wenig Sorgen macht, sind die jungen Leute heutzutage«, gesteht sie. »Wir nennen sie die ›Spaß-Generation‹. Die interessieren sich nicht für die Geschichte.«

Mit seinen großen roten Schaufelrädern tuckert unser Dampfer flussabwärts. Aus dem frisch gestrichenen schwarzen Schornstein wehen Rauchschwaden. Mit den grünen Feldern und den niedrigen Hügeln in der Ferne erinnert die liebliche Flusslandschaft ein wenig an das Themse-Tal. Diejenigen Fahrgäste, die sich nicht gerade ihre Brotzeit schmecken lassen, machen Fotos oder überprüfen ihre Wanderausrüstung, während ein paar hagere Gestalten, sonnenverbrannt und wettergegerbt, an ihren Fahrrädern herumbasteln. Entlang der ganzen Elbe verläuft ein Radwanderweg, auf dem man, wenn man möchte, bis nach Hamburg fahren kann. Auch keine schlechte Idee, um etwas von Deutschland zu sehen.

Ich unterhalte mich mit meiner neuen Reisebekanntschaft über Europa. Irgendwie scheint es sie zu irritieren, dass ich sie frage, ob sich Deutschland als größte Wirtschaftsmacht Europas seiner Führungsverantwortung bewusst sei. Für die Menschen ihrer Generation sind Begriffe wie »deutsch« oder »Führung« immer noch mit den Schrecken der Vergangenheit verknüpft. Sie versucht dem Thema Politik auszuweichen und spricht weniger verfängliche Dinge wie den Klimaschutz an, für den sie sich von der deutschen

EU-Ratspräsidentschaft Fortschritte erhofft. Die geplante Osterweiterung der Europäischen Union sieht sie mit vorsichtiger Skepsis: Sie befürchtet, dass die reichen Länder am Ende die dicke Rechnung bezahlen müssen, und ist sich daher auch über den Beitritt der Türkei nicht ganz schlüssig.

»Ich weiß nicht so recht, was ich davon halten soll«, sagt sie und breitet hilflos die Arme aus. »Die Türkei liegt ja mit einem Teil in Europa und mit einem andern in Asien.«

Am Ufer sieht man nun Weinberge, die fast bis ans Wasser herunterreichen, kleine Parzellen, zwischen denen Trockenmauern verlaufen. Dazwischen stehen vereinzelte Taubenschläge mit roten Dächern.

»Wo ist Europa zu Ende?«, fragt sie. »In Ägypten? In Syrien? Wie definiert sich Europa?«

Das ist genau die Frage, die ich in den vergangenen Monaten zu beantworten versucht habe, doch unsere Unterhaltung wird abrupt beendet, als die »Krippen« mit einem schrillen Pfeifen ihre Ankunft in Meißen ankündigt.

Meißen ist ein wahres Kleinod. Die Stadt erstreckt sich rings um eine eindrucksvolle Burgfeste, die höchst malerisch auf einer steil abfallenden Felsnase über der Elbe thront. Berühmt ist die Stadt wegen ihrer Porzellanmanufaktur, und so ist auch die Touristenmeile von Läden gesäumt, in denen Sammler für enorme Summen seltsam verschnörkelten Nippes erstehen können. Ein weniger bekannter Ableger der traditionellen Meißener Handwerkskunst ist die von Westdeutschland hierher verlagerte Niederlassung des größten deutschen Herstellers von Sanitärkeramik. Seltsamerweise steht darüber aber kaum etwas in meinem Reiseführer.

Was bedauerlich ist, denn die Fertigungsstraßen bei Duravit können durchaus als ein Kunstwerk für sich gelten. Hier werden pro Jahr 400 000 Stück Badmöbel hergestellt, hauptsächlich Kloschüsseln. In einer der gigantischen Werkshallen, in der es so heiß und feucht ist wie in einem tropischen Regenwald, erstrecken sich, so weit das Auge reicht, lange Reihen von trocknenden WC-Rohkörpern, die aussehen wie frisch gefangene, nach Luft schnappende Tiefseefische.

Auch die Glasuröfen sind spektakulär. Am Fließband fahren die Stücke wie eine Porzellan-Armee durch einen knapp fünfzig Meter langen Tunnel langsam auf ein loderndes Feuer zu. Am bizarrsten und zugleich faszinierendsten in diesem vollautomatischen Herstellungsprozess ist jedoch der Roboter in der Lackierstraße. Alle paar Minuten öffnen sich die Türen, und man kann einen kurzen Blick auf eine elektronische Vogelscheuche erhaschen, ganz in Weiß, die sich herumwirft wie ein tanzender Derwisch, während sie die nächste Schüssel besprüht.

Von Isabella, die uns durch diese weiße Welt führt, erfahre ich nicht nur alles über das Produkt und seine Herstellung, sie beantwortet auch meine unappetitlicheren Fragen, beispielsweise, was hinter der Vorliebe der Deutschen für Schüsseln mit einer »Stufe« im Gegensatz zu Schüsseln mit steilem Schacht steckt. Ersteres Modell wird, wie ich erfahre, als »Flachspüler« bezeichnet und hat praktische und medizinische Vorteile.

»Man kann sein Geschäft besser unter die Lupe nehmen, wenn man Groß gemacht hat«, sagt sie und fügt charmant hinzu: »So nennen wir das hier in Deutschland.«

Ich frage sie nach ihrer Meinung zu der Kontroverse, die den deutschen Bildungsbürger derzeit schwer zu beschäftigen scheint: Sollten Männer nun im Sitzen pinkeln oder doch im Stehen?

Isabella hat auch hierauf sofort eine Antwort parat: »Das ist schon etwas Neues. Im Grunde ist das in jeder Familie in Deutschland ein Thema für die Hausfrau, die das Bad ja sauber halten muss. Tatsächlich gibt es mittlerweile schon ziemlich viele deutsche Männer, die sich dafür entschieden haben, im Sitzen zu pinkeln. Sie sprechen zwar nicht gerne darüber, weil sie es immer noch für unmännlich halten, aber vor allem junge Männer in meinem Alter sitzen eher.«

Ihrer Ansicht nach hat das durchaus mit dem Bild der starken Frau zu tun. Das würde auch bestätigen, was ich darüber gehört habe: dass es bei der ganzen Sache letztlich um die Emanzipation der Frau geht. Doch wie auch immer, die höflichen Deutschen empfinden es jedenfalls als Beleidigung, wenn sie jemand in der heutigen Welt der Sitzpinkler als Stehpinkler bezeichnet.

Und wenn man es sich recht überlegt, ist das tatsächlich eine etwas altruistischere Methode, als einfach den Boden um die Schüssel herum vollzusprenkeln. Wer weiß, vielleicht wird dieses Gespräch mein Leben ja ebenso verändern wie mein Besuch in Japan mich dazu bewogen hat, zum Naseputzen keine Stofftaschentücher mehr zu verwenden. Das verrotzte Ding wieder in die Hosentasche schieben? Ein widerlicher Gedanke. (Ich nehme seitdem tatsächlich nur noch Papiertaschentücher. Danke, Japan!)

In Deutschland gibt es überall Autobahnen, und so kommt man schnell von A nach B. Wir erreichen Leipzig daher auch noch rechtzeitig zur Abendvorstellung der Academixer, einer der zahlreichen Kabarettgruppen dieser großen Bürger- und Arbeiterstadt, die auf den ersten Blick vielleicht bisschen weniger elegant als Dresden, dafür aber wesentlich lebendiger wirkt.

Hier kam es im Oktober 1989 zu den ersten nicht genehmigten Großdemonstrationen gegen die DDR-Regierung und in deren Folge nach erstaunlich kurzer Zeit zur friedlichen Revolution – und nur ein Jahr später zur Wiedervereinigung Deutschlands.

Gunter Böhnke, Schauspieler und Kabarettist, war einer derjenigen, die die Entwicklung Leipzigs von einer Stadt der DDR zu einer der BRD aus nächster Nähe miterlebte. Er hat mich zu einer Siebzigerjahre-Revue in sein Theater eingeladen, einem nostalgischen Rückblick auf die Dinge, über die man damals in den guten alten Zeiten des Überwachungsstaates lachte.

Gunter Böhnke ist schätzungsweise Mitte fünfzig, klein, hat ein ernstes Gesicht und einen mächtigen Schnurrbart – eine Kombination, die für sich genommen schon ziemlich lustig aussieht. Er ist in Dresden geboren, lebt aber schon seit 42 Jahren in Leipzig. Das kam ihm zugute, denn hier fanden auch die internationalen Messen statt. Böhnke lernte ein paar Besucher aus Schottland kennen, und obwohl er selbst die DDR nie verlassen und sie dort besuchen durfte, konnten sie wenigstens hierherkommen. »Leipzig ist eine offene Stadt, wissen Sie. Damals, zu DDR-Zeiten, nannte man Leipzig die heimliche Hauptstadt Ostdeutschlands.«

Die Bühne der Academixer, auf der Gunter Böhnke seit 1967 seine Vorstellungen gibt, befindet sich in einem kleinen Theater mit 250

Plätzen, zu dem auch noch ein gemütlicher Nebenraum mit Club-Ambiente gehört, wo man wunderbar an der Bar abhängen kann, sowie ein Lokal mit einer hervorragenden Speisekarte. In London kenne ich nichts, was auch nur annähernd vergleichbar damit wäre. Und es ist nicht die einzige Bühne dieser Art in der Stadt.

»In ganz Deutschland ist Leipzig die einzige Stadt, in der man auf einem Quadratkilometer acht Kabarettbühnen finden kann«, schwärmt Böhnke. »Es ist die Hauptstadt der Satire.«

Die Nostalgie-Show heute Abend ist ausverkauft, aber er sagt, dass das nur noch selten der Fall ist. Zu DDR-Zeiten hatten sie immer ein volles Haus, als hätten die Menschen damals einfach das dringende Bedürfnis nach etwas gehabt, über das sie lachen konnten. Heute haben sie bei dem enormen Überangebot die Qual der Wahl.

Den subtileren Pointen der Show kann ich zwar nicht folgen, aber trotzdem amüsiere ich mich prächtig. Das Ensemble macht einen guten Eindruck und legt eine lakonische Komik an den Tag.

Ich frage Gunter Böhnke, über wen oder was sie in der kommunistischen Zeit Witze machen durften.

»Wir durften über alles Witze machen«, setzt Böhnke in gespielt beiläufigem Ton an. »Außer natürlich über die Parteilinie, die Parteichefs, die führenden Gewerkschaftsvertreter, die Stasi, die Nationale Volksarmee ...«

Ich habe das Gefühl, dass es für mich noch eine ganze Menge über Ostdeutschland zu erfahren gibt, und Böhnke erklärt sich bereit, mir ein wenig Nachhilfe zu geben.

Hundertachtzehnter Tag
Leipzig

Wir treffen uns auf einen Kaffee am Nikolaikirchhof neben der gleichnamigen Kirche. In den Achtzigerjahren wurde sie zum Zentrum des Widerstands gegen das sozialistische Regime, das Jahre zuvor eine andere Kirche ganz in der Nähe hatte abreißen lassen. Als die Menschen am 9. Oktober 1989 nach dem Gottesdienst aus der Kirche kamen, gingen sie nicht gleich nach Hause, sondern blieben einfach auf dem Platz stehen. Protestbanner gegen die Regierung wurden entrollt, und es dauerte nicht lange, bis sich weitere Menschen der Gruppe angeschlossen hatten. Gunter Böhnke erzählt, er habe Angst vor Ausschreitungen gehabt, da etliche Panzer in der Nähe standen, aber er glaubt, dass das Ausmaß der Proteste damals beide Seiten überraschte.

»Wenn es siebentausend Leute gewesen wären, dann hätten sie das Feuer eröffnet, aber als sie sahen, dass es siebzigtausend waren, gaben sie den Befehl nicht.« Der Augenblick der Wende war gekommen, und niemand war richtig darauf vorbereitet.

Der Machterhalt des DDR-Regimes beruhte im Übrigen weniger auf dem Militärapparat als vielmehr auf einem ausgeklügelten, allumfassenden Überwachungssystem, das vom Ministerium für Staatssicherheit, der »Stasi«, gesteuert wurde. Das Netzwerk der Informanten war extrem dicht. Späteren Schätzungen zufolge bespitzelte jeder sechste Einwohner der DDR seine Mitbürger.

Wir schlendern zur ehemaligen Stasi-Zentrale hinüber, vorbei an mehreren für unbewohnbar erklärten Wohnblöcken, die eigentlich auf der Abrissliste stehen. Aus Geldmangel hat die Stadtverwaltung sie jedoch mit riesigen Plastikplanen verhängt und einen Künstler beauftragt, sie mit mehreren monumentalen Wandmalereien zu verschönern.

Die Büros, von denen aus die Leipziger Stasi die zweieinhalb Millionen Menschen ihres Verwaltungsbezirks im Auge behielt, waren ursprünglich, kurz vor dem Ersten Weltkrieg, für eine Versicherungsgesellschaft gebaut worden. Zu DDR-Zeiten waren sie als »Runde Ecke« berühmt und berüchtigt. Es ist ein stattliches Gebäude an einer belebten Kreuzung gegenüber der »Hochschule für Musik und Theater Felix Mendelssohn Bartholdy«.

Im Inneren befindet sich ein Museum, das nicht vom Fremdenverkehrsamt, sondern von einer engagierten Bürgervereinigung geleitet wird. Ihre Zielsetzung ist nach eigenen Worten, »die junge Generation, die den Alltag in der DDR nicht mehr aus eigener Erfahrung kennt, für die Gefahren einer Diktatur zu sensibilisieren«. Hier gibt es keine aufwendigen Hightech-Vorführungen.

Vielmehr sagt der Name der Dauerausstellung »Stasi – Macht und Banalität« schon alles. Der Linoleumboden, die gelbe Tapete, das beengte kleine Büro eines typischen Stasibeamten, in dem ein Aktenschrank den meisten Platz einnimmt, ein Reißwolf, ein Aufnahmegerät und Regale voller Aktenordner. Ob die ausgestellten Perücken, die bei der Observation zum Einsatz kamen, oder die Marmeladengläser mit Geruchsproben von Verdächtigen – alles hier demonstriert perfekt die kleinkarierte Tristesse dieser Bürokratie der Unterdrückung, eines Systems, das geschaffen wurde, um den Staat vor dem Volk zu schützen, wie es jemand einmal so treffend formuliert hat.

Als Demonstranten am 4. Dezember 1989 die Runde Ecke stürmten, begannen die Stasileute verzweifelt, die Unmengen an Informationen, die sie sich heimlich beschafft hatten, verschwinden zu lassen. Doch es war so viel Material, dass sich dieses Vorhaben als undurchführbar erwies. Heute sind die Stasiakten öffentliches Eigentum und für jeden einsehbar. Allein die Ordner aus Leipzig erstrecken sich über eine Länge von zehn Kilometern. Derzeit werden in Zirndorf bei Nürnberg ganze Säcke von Papierschnitzeln durchgesehen und nach Möglichkeit wieder zusammengesetzt. Man schätzt, dass es beim derzeitigen Arbeitstempo noch 350 Jahre dauern wird, bis man damit fertig ist. Inzwischen werden zwar auch Computer dafür eingesetzt, aber das kostet viel Geld. So großartig es auch sein mag, dass diese Unterlagen wieder verfügbar gemacht werden, so schmerzlich können auch die Konsequenzen sein, denn immer mehr Menschen müssen erfahren, dass sie von guten Freunden und Bekannten bespitzelt wurden.

Gunter Böhnke, der schon zu DDR-Zeiten herausfand, dass man sein Telefon anzapfte und jeden seiner Briefe ins Ausland öffnete, weiß jetzt, dass einer seiner Bekannten zugab, ein Informant gewesen zu sein, als er mit den entsprechenden Beweisen konfrontiert wurde.

»Irgendwann sagte er: Ja, ich weiß schon, dass du Bescheid weißt, aber Herr X und Frau Y waren noch viel schlimmer.«

Der Wahrheit und der Versöhnung sind offenbar auch hier, in der ehemaligen DDR, Grenzen gesetzt.

»Es kam keiner und sagte: Ich wollte bloß, dass du weißt, dass ich auch ein Informant war. Keiner.«

Man könnte sich nur allzu leicht dazu verleiten lassen, den ganzen Krempel im Museum am Runden Eck als kleingeistig, unbedeutend oder einfach bloß skurril abzutun. Der »Ostalgie-Trend«, das wachsende Interesse an den inzwischen als schick geltenden DDR-Memorabilia, ist ein Phänomen, das immer präsenter scheint. Unbestritten bleibt jedoch, dass es ein skrupelloses Unterdrückungssystem war. Was die Menschen hier taten, führte dazu, dass das Leben von Tausenden zerrüttet, zerstört oder sogar ausgelöscht wurde. Wie es der Satiriker Gunter Böhnke bei unserem Abschied noch einmal wiederholt: »Über die Stasi machten wir keine Witze. Das war tabu.«

Bitterfeld

Jemand, der mehr als genug Stasiakten füllte, ist Hans Zimmermann. Er ist ein Fass von einem Mann, hat tiefblaue Augen und einen langen grauen Bart und sieht aus wie eine Mischung aus Weihnachtsmann und Bismarck. Er lebt nicht weit von Leipzig entfernt, in Bitterfeld, einer Industriestadt, deren Namen er in der ganzen Welt bekannt machte. Ende der Achtziger wollte Hans Zimmermann die Dreckwolke der chemischen und pharmazeutischen Betriebe, die ständig über seiner Stadt hing, nicht länger ertragen und kooperierte heimlich mit der westdeutschen Journalistin Margit Miosga. Die beiden drehten eine Fernsehreportage über die Zustände in Bitterfeld, die von so durchschlagender Wirkung war, dass sie sogar außerhalb Deutschlands ausgestrahlt wurde, sämtliche betroffenen Gruppierungen dazu veranlasste, den Ort des Geschehens aufzusuchen, und letztlich zur Schließung zahlreicher besonders umweltbedenklicher Betriebe führte.

Margit Miosga ist erst kürzlich nach Bitterfeld zurückgekehrt, um einen Film darüber zu drehen, wie es zwanzig Jahre danach hier aussieht. Ich habe somit Gelegenheit, gleich beide kennenzulernen. Die Zimmermanns wohnen in einer übermöblierten Wohnung im obersten Stock eines schlichten Wohnblocks gegenüber einer Einkaufspassage.

Die beiden sind ein ungewöhnliches Gespann: Zimmermann ist ein korpulenter, bärtiger, eher provinzieller Typ, und Margit Miosga ist eine aufgeweckte, energiegeladene, kettenrauchende Städterin und Intellektuelle. Dennoch hat sich zwischen den beiden im Lauf der Jahre ganz offenbar ein enges Verhältnis entwickelt.

Zimmermanns Frau Inge hat für uns einen ihrer legendären Kuchen gebacken. Er strahlt und bietet uns ein Stück an. Margit Miosga dolmetscht für uns.

»Der hilft gegen Schweißfüße und Liebeskummer, sagt er.«

In einem Raum ganz hinten in der Wohnung, der als Schlafzimmer und Arbeitszimmer dient, steht im Regal eine lange Reihe von Ordnern, die auf 3228 Seiten sämtliche Stasiakten über Hans Zimmermann enthalten. Hier erzählen die beiden mir ihre Geschichte.

Margit Miosga kam 1987 nach Bitterfeld, nachdem sie über einen befreundeten Umweltaktivisten der DDR von den alarmierenden Zuständen dort erfahren hatte. Zimmermann nahm sie auf seinem Motorrad mit auf eine »Stinketour«, wie er es nennt, und zeigte ihr das ganze Ausmaß der Verschmutzung, von den ekelhaft blubbernden Abwasserlachen in Bitterfeld bis zu den gelben Rauchschwaden, die aus den Schornsteinen drangen. Margit Miosga hatte noch nie zuvor etwas Vergleichbares gesehen und machte sich sofort daran, eine Reportage fürs Fernsehen zu konzipieren. Doch das gestaltete sich nicht gerade einfach. Mit Hans Zimmermann telefonieren konnte sie nicht, da alle von außen kommenden Anrufe in die DDR abgehört wurden, aber sie konnten ihre Pläne über Mittelsleute abstimmen. Außerdem hatte Margit Miosga die geniale Idee, den Dreh auf den Tag zu legen, an dem das Endspiel der Fußball-europameisterschaft übertragen wurde und nahezu die gesamte männliche Bevölkerung des Landes drinnen vor dem Fernseher sitzen würde.

Mit einem Kameramann auf dem Sozius seines Motorrads und der in einer Umhängetasche versteckten Kamera gelang es, die gesamte Stinketour aufzuzeichnen. Zimmermann war im fertigen Film weder zu hören noch zu sehen.

Ich frage ihn, mit welchen Sanktionen er hätte rechnen müssen, wenn sie ihn erwischt hätten.

»Fünfzehn Jahre«, übersetzt Margit Miosga, »und bestimmt nicht in einem der komfortableren Gefängnisse.«

Die Aufnahmen wurden als zehnminütiger Beitrag in einem bekannten Politmagazin ausgestrahlt. Margit Miosga greift nach einer Zigarette.

»Zwei Tage später kam ein Bus aus Berlin – Befehl von ganz oben. Sie haben in der Fabrik aufgeräumt und haufenweise Sand und Erde hergekarrt, um die Abwassergruben zu füllen, die wir ihnen zeigten.«

»Ja, das Motto war damals: Alles vertuschen, nur nichts ändern«, fügt Zimmermann hinzu.

Nach dem Mauerfall standen Margit Miosga und Hans Zimmermann plötzlich im Brennpunkt eines enormen weltweiten Interesses. Sie bekamen Besuch von den Kamerateams verschiedener Fernsehsender, von amerikanischen Senatoren, deutschen Kanzlern und sogar von Jane Fonda.

»Was natürlich tragisch war«, sagt Hans Zimmermann, »ist, dass durch die Schließung der Fabriken viele Leute arbeitslos wurden.«

Die entsprechenden Schätzungen gehen deutlich auseinander, aber angeblich fielen dadurch rund 30 000 Stellen weg. Einige der ehemaligen Angestellten gingen in Ruhestand oder zogen in den Westen, um dort Arbeit zu finden, andere jedoch machten Zimmermann Vorwürfe. Dennoch sehen ihn viele als denjenigen, der ihre Stadt vor einer schleichenden Vergiftung rettete.

Aus seinen Stasiakten, die Margit Miosga für ihn zusammengesucht hat, geht hervor, dass Zimmermann und seine Aktivitäten den Sicherheitsbehörden bestens bekannt waren und man für ihn auch konkrete Pläne hatte. Man wollte seine Ehe zerstören und dafür sorgen, dass er keine Anstellung fand. Außerdem sollte er als Krimineller abgestempelt und eingesperrt werden.

Es ist eine bittere Ironie des Schicksals, dass Hans Zimmermann, der Held der Umweltschutzbewegung, der wesentlich mehr erreicht hat als die meisten anderen Aktivisten, heute von der Sozialhilfe lebt.

Als es Abend wird und Margit Miosga bereits wieder im Zug nach Berlin sitzt, steige ich zu Hans Zimmermann auf sein neuestes Motorrad, und er fährt einen Teil der Stinketour mit mir ab. Zimmermann, der eine Sparversion von einem Motorradhelm trägt, damit er auch was von der Natur um sich herum mitbekommt, gibt mir Anweisungen, wo ich mich am besten an ihm festhalten soll. Er ist ein gewichtiger Mann, und sein Motorrad ist klein, also packe ich ihn an der linken Schulter und der rechten Brust und klammere mich fest, als ginge es um mein Leben.

Der Himmel ist klar und die Luft sauber, als wir eine Straße hinunterfahren, die früher einmal als »Straße der tausend Gerüche« bekannt war. Die Chemiebetriebe existieren zwar nach wie vor – überall klare Linien und futuristische Formen –, und ein hoher Kamin pustet immer noch eine Rauchsäule in den Himmel, aber früher gab es hier noch neununddreißig weitere. Wenn Hans Zimmermann bei unserer heutigen Stinketour anhält, dann lediglich, um mir ein Biotop zu zeigen oder einen Fluss, in dem es wieder Fische gibt, oder um einem Specht zu lauschen.

Hundertzwanzigster Tag
Von Bitterfeld nach Berlin

Man könnte glatt in Versuchung geraten, Deutschland nur von seinen Autobahnen aus zu betrachten, so komfortabel und flächendeckend ist das Straßennetz. Nach der urbanen Kost der letzten Tage ist es jedoch ein geradezu befreiendes Gefühl, als wir von der A13 abfahren, um ein letztes Stück einigermaßen ursprünglicher Natur zu genießen, bevor es weitergeht nach Berlin.

Der Spreewald umfasst ein knapp 500 Quadratkilometer großes Gebiet mit zahlreichen Flussläufen, die sich von der Spree aus in alle Himmelsrichtungen ziehen und eine Gesamtlänge von fast 2000 Kilometern haben. Dies alles erfahre ich von meinem kundigen Bootsführer, Herrn Marx, einem ausgesprochen akkuraten Mann Ende fünfzig mit einem fast schon obsessiven Interesse an dem hier in Brandenburg geborenen Forscher Ludwig Leichhardt, der im Jahr 1848 bei der Durchquerung des australischen Outback verschollen ist und vermutlich dort umkam. Zufälligerweise habe auch ich ein gewisses Interesse für Leichhardt entwickelt, nachdem ich Patrick Whites Schmöker *Voss* gelesen hatte, der auf dem basiert, was über Leichhardts kurzes Leben bekannt ist. Neben dem hageren, ernsthaften Herrn Marx komme ich mir jedoch wie ein Dilettant vor, denn er war schon einmal in Australien, um auf den Spuren seines Helden durch den Busch zu wandern. Und er würde es jederzeit wieder tun.

Es gibt wohl kaum einen größeren Gegensatz als den zwischen dem knochentrockenen Ödland, wo Ludwig Leichhardt (höchstwahrscheinlich) den Tod fand, und den Auen und träge dahinfließenden Flussarmen des Speewalds. Trotzdem ist Herr Marx von dieser Landschaft ebenso angetan.

Wir fahren unter einer Eisenbahnbrücke hindurch.

»Die ist 1866 von einem britischen Unternehmen gebaut worden«, ruft er mir zu und schreckt damit ein Pärchen von Wasservögeln auf, das flügelklatschend in den Himmel aufsteigt und dann kreisend über einer Sumpfwiese verschwindet.

»Der Spreewald ist ideal für die Natur. Fünfzehntausend Blumenarten, Tiere und Vögel. Eine herrliche Landschaft.«

Früher arbeitete Herr Marx als Ingenieur in einem Kraftwerk in der Nähe, doch es wurde 1996 stillgelegt. Das war eine der Begleiterscheinungen, als das zentralistisch organisierte Wirtschaftssystem, mit dem er aufgewachsen war, in das System des kapitalistischen, wettbewerbsorientierten Westens eingegliedert wurde. Viele Menschen zogen aus der Gegend fort, zum Teil sogar aus Deutschland.

»In Lübbenau lebten 1990 noch fünfundzwanzigtausend Menschen. Heute nur noch zehntausend. Großes Problem.«

Wie sich herausstellt, ist Herr Marx eigentlich gar kein Deutscher, sondern gehört der ethnischen Minderheit der Sorben an, einem slawischen Volksstamm aus dem Osten. Seiner Schätzung nach leben hier in Deutschland derzeit 40 000 bis 50 000 Sorben. Sie haben zwar ihre eigene Sprache, doch fast das gesamte 19. Jahrhundert hindurch war es ihnen verboten, sie in Kirchen und Schulen zu benutzen. Die Lehrer bekamen sogar Geld für jedes sorbische

Kind, dem sie beibrachten, nur noch Deutsch zu sprechen, erzählt Herr Marx.

Im Jahr 1941 befanden die Nazis, dass die Sorben keine richtigen Arier seien, und planten, sie alle nach Auschwitz zu deportieren. Wegen Hitlers Einmarsch in Russland wurde dieses Vorhaben jedoch nie ausgeführt, und die Sorben überlebten, bis ihre slawischen Brüder in der Roten Armee sie 1945 befreiten. »Heute kein Problem. Kein Problem.«

Wir gleiten durch eines der hübschen kleinen Spreewalddörfer. Die Gärten der reetgedeckten Holzhäuser reichen bis ans Wasser. Ihre Besitzer halten alles tipptopp in Ordnung. Die Schuppen und Zäune verströmen einen Geruch nach frischem Imprägnieröl, und die Ufer sind fein säuberlich mit massiven Holzpflöcken befestigt.

Herr Marx zeigt mir ein paar sehenswerte Details: die zwei ineinander verschlungenen, bekrönten Schlangen, die als Glückssymbol an jedem Dachgiebel angebracht sind, ein 300 Jahre altes, halb in einem blühenden Kirschgarten verstecktes Haus, die strohgedeckten Dächer, deren oberste Reihe aus geflochtenen Weizenhalmen besteht, ein Restaurant mit dem Namen »Fröhlicher Hecht« und ein Museum, in dem sich alles um die Gurke dreht.

»Die Spezialität dieser Gegend sind Salatgurken, Spargel und Essiggurken.«

Inzwischen sind die Mücken ziemlich aufdringlich geworden, und die *Wind-in-den-Weiden*-Welt ähnelt immer mehr Leichhardts letzter Reise, doch als wir schließlich anlegen und an Land gehen, haben die gastfreundlichen Einheimischen bereits Wildschwein vom Grill für uns vorbereitet. Die Jagd ist ein wichtiger Teil der sorbischen Kultur, was auch erklärt, weshalb man unten am Fluss, mitten auf den Feldern, so viele Hochsitze sieht.

»Die Jäger schießen zwanzigtausend Tiere pro Jahr«, erklärt der auskunftsfreudige Herr Marx, in der einen Hand ein Stück Schwein, in der anderen ein Krombacher. Ein Mann, der sich ernsthaft für etwas begeistern kann.

Von Herrn Marx habe ich auch erfahren, dass die Spree einer der ruhigsten Flüsse Deutschlands ist und auf ihren knapp 400 Kilometern Länge ein Gefälle von nur 46 Metern hat. Wenn er das Boot weitergestakt hätte (was ich ihm ohne zu zögern zutrauen würde), meint er, hätte er mich mitten in Berlin absetzen können.

Ist es dann reiner Zufall oder Teil eines höheren Plans, dass ich zwei Stunden später, als ich im Zimmer meines Hotels in der Nähe des Berliner Alexanderplatzes das Fenster öffne und hinunterschaue, die Leute in einem Lokal am Spreeufer beim Abendessen sitzen sehe?

Bei meinem letzten Besuch in Berlin war die Stadt noch von der Mauer geteilt. Sämtliche Annehmlichkeiten wie Hotels, Geschäfte und Restaurants befanden sich im Westen, weshalb dort auch alle Touristen zu finden waren. Die schönsten Bauwerke standen zu meiner Enttäuschung jedoch im Osten. Diesmal habe ich mich in einem modernen Hotel einquartiert, das im ehemaligen sozialistisch grauen Zentrum des geteilten Berlin liegt. Von dort aus breche ich zu einem kleinen Spaziergang auf, meinem ersten im wiedervereinigten Berlin. Als ich die Prachtstraße Unter den Linden entlangschlendere, die früher ebenfalls jenseits der Mauer in der DDR lag, kann ich kaum glauben, was sich seit meinem letzten Besuch alles verändert hat. Dicht an dicht stehen hier die repräsentativen Prunkbauten des königlichen Berlin, die einst errichtet wurden, um die Herrlichkeit Friedrichs des Großen, Brandenburg-Preußens und der Hohenzollern zu demonstrieren. Sie sind in einem erstaunlich guten Zustand. Eines der Bauwerke – größer und moderner als alle übrigen – ist jedoch ein hässlicher, verwahrloster Schandfleck: Es ist der ehemalige Palast der Republik (inzwischen abgerissen; *Anm. d. Verlags*). Früher beherbergte er Kegelbahnen, Theater, Restaurants, Ballsäle, Bibliotheken, 1500 Sitzplätze, 20 000 Glühbirnen, eine Garderobe für 5000 Mäntel – und das Parlament der Deutschen Demokratischen Republik. Der Bau war ein Symbol für alles, worauf die sozialistische Regierung so stolz war. Vor etwa drei Jahren beschlossen die Behörden des wiedervereinigten Deutschland, ihn abreißen zu lassen. Doch wie viele Relikte der kommunistischen Zeit wurde man auch den Palast nicht so einfach los. Weil er asbestverseucht ist, kann der Abriss nur langsam und unter Einhaltung strengster Auflagen erfolgen. Den Behörden ist der Koloss, der so dreist mitten in der Stadt hockt, jedoch zweifellos ein Dorn im Auge, weshalb man auch explizit auf das erforderliche ökologische Fingerspitzengefühl verweist. Am Baugerüst um das Areal hängt ein großes Schild, das vermutlich mehr über das Nachkriegsdeutschland aussagt als über das Asbestproblem.

»Palast der Republik«, ist darauf zu lesen, »demontiert, nicht demoliert.«

Auf der gegenüberliegenden Straßenseite dann der krasse Gegensatz: eine ordentliche, belebte, hübsche Grünfläche mit einem munter plätschernden Springbrunnen in der Mitte. Das ist der Lustgarten, einer der beliebtesten Aufmarschplätze der Nazis.

Hunderteinundzwanzigster Tag
Berlin

Die Wahl von Berlin zur Hauptstadt des neuen Deutschlands ist aus geografischer Sicht nicht uninteressant, denn sie hat den politischen Mittelpunkt deutlich Richtung Osten gerückt. Dadurch, dass die deutsche Ostgrenze nach dem Krieg auf Stalins Insistieren hin zur Oder-Neiße-Linie zurückgedrängt wurde, liegt die Hauptstadt nun wesentlich näher an Polen und Tschechien als an München, Köln, Frankfurt oder Hamburg.

Berlin, das über so viele Jahre das Sinnbild des geteilten Deutschlands war, symbolisiert nun den Genesungsprozess nicht nur des eigenen Landes, sondern ganz Europas.

Hier stehen so viele symbolträchtige Bauten dicht beieinander – das Brandenburger Tor, das Holocaust-Mahnmal, der Reichstag –, dass einem fast schwindlig wird vor lauter Bedeutsamkeit. Bevor ich mich von hier verabschiede, möchte ich deshalb unbedingt versuchen, der Geschichte ein wenig Leben einzuhauchen, und treffe mich daher mit zwei jungen Männern, die in Berlin leben und arbeiten.

Die Schauspieler Olaf Rauschenbach und Jörg Pintsch nehmen mich mit auf einen Kurztrip durch Ostberlin, und zwar in einem Stretch-Trabi mit offenem Verdeck (was man an sich schon als Sinnbild für die Wiedervereinigung sehen könnte: das sozialistische

Auto schlechthin, das man im westlichen Sinne aufgepeppt hat). Jeder der beiden ist verheiratet und hat drei Kinder. Sie betrachten Berlin immer noch als zweigeteilte Stadt. Vor allem Jörg Pintsch findet den Osten »irgendwie authentischer« und erzählt, dass viele junge Berliner ihn dem konservativen, konsumorientierten Westen und seinen Annehmlichkeiten vorziehen. Von seinem letzten London-Besuch war er dagegen weniger angetan.

»Acht Pfund Eintritt für die St.-Pauls-Kathedrale!«

Die beiden geben einen szenischen Dialog mit eingestreuten Liedern und Gedichten über die zwei Seiten ihrer Stadt zum Besten, der eine als Wessi, der andere als Ossi.

Während wir in der Mühlenstraße an einem noch erhaltenen, mit Graffiti besprühten Mauerstück vorbeifahren – bei Reisegruppen ein beliebtes Fotomotiv –, erzählen sie die Geschichte der innerdeutschen Grenze, die in der DDR als »antifaschistischer Schutzwall« bezeichnet wurde.

»Das müssen Sie sich mal vorstellen: Allein im Jahr 1960 verließen 200 000 DDR-Bürger ihr Heimatland und fuhren mit einer Zwanzig-Pfennig-Fahrkarte in den goldenen Westen.«

»Eine massive Abwanderungswelle. Das Schlupfloch muss schleunigst abgeriegelt werden.«

»Am 13. August 1961, nachts um ein Uhr mitteleuropäischer Zeit, beginnen Arbeiter mit dem Bau einer Grenzanlage für ein demokratisches Berlin.«

»Auf der Ostseite ein drei Meter hoher Zaun mit Todesstreifen, sorgfältig gerecht und geglättet, um jeden Fußabdruck deutlich sichtbar zu machen, und dann die Mauer selbst, vier Meter hoch, mit einem dicken Wulst obendrauf.«

»Stellen Sie sich vor, Sie sind achtzehn Jahre alt, Wehrpflichtiger und davon überzeugt, dass der Sozialismus der richtige Weg für die junge DDR ist.«

»Und dann kommt jemand über den Zaun auf die Mauer zugestolpert, läuft direkt auf Sie zu. Sie haben drei Möglichkeiten. Erstens: Sie heben die Waffe und erschießen den Typen. Zweitens: Sie lassen die Waffe ruhen und handeln sich damit die Verachtung der Genossen ein – und Sie können sicher sein, dass hinter ihnen ein Grenzer steht, der die erforderlichen Maßnahmen ergreift. Drittens: Sie versuchen, Ihrer Pflicht nachzukommen. Sie rufen den Flüchtigen an. Keine Reaktion. Sie geben einen Warnschuss ab. Keine Reaktion. Sie zielen und erschießen ihn.«

Beim Fluchtversuch über die Berliner Mauer kamen zweihundert Menschen aus dem Ostteil der Stadt ums Leben, entlang der restlichen Grenze gab es rund tausend Todesfälle.

Jörg und Olaf äußern ein paar aufschlussreiche Gedanken.

So beispielsweise Jörg als Wessi: »In meinem Land hält man den Krieg für eine Art Naturkatastrophe. Wir selbst sind nicht dafür verantwortlich, es passiert einfach.«

Ihr Dialog befasst sich auch mit einigen heiklen Themen, mit denen sich die Berliner derzeit konfrontiert sehen, unter anderem mit der Debatte um die angemessene Anzahl an Mahnmalen und die Frage, an wen erinnert werden soll.

»In dem Land, das beide Weltkriege begann, hat die Einrichtung von Gedenkstätten eine lange Tradition. Nun soll es ein Mahnmal für alle Opfer des Krieges geben.«

»Für alle gefallenen Soldaten.«

»Für alle ermordeten Juden.«

»Für alle ermordeten Roma.«

»Für alle Homosexuellen und Deserteure.«

»Für die von Bomben getöteten Zivilisten.«

»Für die von Partisanen getöteten SS-Soldaten.«

»Für die auch?«

»Na klar. Soll doch ein demokratisches Denkmal sein.«

Der Ausflug mit Jörg Pintsch und Olaf Rauschenbach ist anregend, und der teils witzige, teils bewegende Schlagabtausch der beiden wirft einige Fragen auf, über die ich ein wenig später mit Hans-Dieter Gelfert spreche. Er ist der Autor des Buches *Max und Monty*, in dem der deutsche und der englische Humor miteinander verglichen werden.

Wir sind im Operncafé unter den Linden miteinander verabredet. Irgendwie erwarte ich jemanden mit roter Pappnase und Perücke, doch Gelfert ist ein bebrillter Akademiker, ein amüsanter Typ, aber unglaublich verkopft.

Der Hauptunterschied zwischen dem deutschen und dem britischen Humor, sagt er, sind die unterschiedlichen Prioritäten.

»Für die Briten war das Thema Nummer eins schon immer, seit der Magna Charta, die Freiheit des Individuums. Bei den Deutschen dagegen musste es um Sicherheit und Geborgenheit gehen. Ich bezeichne den englischen Humor als ›bottom-up‹-Humor und den deutschen als ›top-down‹-Humor.«

Allein die Tatsache, dass er dies ohne den Anflug eines Lächelns vorbringen kann, scheint seine Theorie zu bestätigen. Seine Auffassung, dass die Engländer sich eher über die Ordnung und die Deutschen sich über die Unordnung lustig machen, findet sich jedoch auch in Anna Funders exzellentem Buch über die Stasi. So behauptet sie, der Grund dafür, dass die Deutschen einen so ausgeprägten Respekt vor Autoritätspersonen haben, liege in ihrer komplizierten und wechselhaften Geschichte – oder, wie sie es ausdrückt, »im Chaos, das der Ausgangspunkt für all diese Ordnung war«.

Ich frage Hans-Dieter Gelfert nach dem neuen Europa und ob er glaubt, dass die Deutschen gute Europäer sein werden.

Ja, davon ist er überzeugt, da Deutschland bis vor wenigen Generationen ein Konglomerat aus Kleinstaaten gewesen sei, ein lockerer Verband unter einem gemeinsamen Dach.

Und ich will von ihm wissen, ob er glaubt, dass sie die Führung Europas übernehmen könnten.

Nein, meint er, die Deutschen seien »zögerlich«, was eine Rolle als führende Nation betrifft.

»Es gibt noch viel zu viel Scham über das, was die Deutschen unter Hitler getan haben. Deshalb sind sie auch immer noch so zurückhaltend mit ihrer Meinung und haben so wenig Nationalstolz.«

Seiner Ansicht nach ist das Einzige, was heutzutage bei den Deutschen ein Gefühl von Nationalstolz auslösen kann, ein Großereignis wie zum Beispiel eine Fußballmeisterschaft.

»Ich glaube nicht, dass sie sich jemals wieder richtig stolz und stark fühlen werden.«

Von dort aus, wo wir bei einem Bier zusammensitzen, kann ich ein Denkmal Friedrichs des Großen sehen, und direkt neben uns befindet sich der August-Bebel-Platz, früher Opernplatz, wo Joseph Goebbels 1933 seine schändliche Bücherverbrennung inszenierte.

So vieles von dem, was uns hier umgibt, erinnert daran, wozu die Deutschen fähig sind, wenn sie sich unsicher fühlen, dass ich inständig hoffe, er hat recht.

Hundertzweiundzwanzigster Tag
Berlin

Wir fahren nach Osten in Richtung der polnischen Grenze, um ein weiteres Beispiel postsozialistischen Unternehmergeists kennenzulernen. Ähnlich wie Herrn Marx' Kahnfahrten durch den Spreewald ist auch die Panzerfahrschule oder, wie ihre Betreiber Jörg und Axel Heyse sie nennen, die »Panzer Fun Fahrschule«, ein kleiner Triumph einer regionalen Initiative in einer Zeit, in der die besten Jobs längst über den Jordan gegangen (oder besser gesagt in den Westen abgewandert) sind.

Axel Heyse, ein kleiner, gedrungener Mann mittleren Alters, der mit seinem dichten, dunklen, zurückgekämmten Haar aussieht wie ein Latino-Filmstar, war wie sein Bruder zu DDR-Zeiten Panzerkommandant. Auf dem Höhepunkt des Kalten Krieges saß er in einem von 7000 Panzern der Streitkräfte des Warschauer Pakts, der den 1500 NATO-Panzern gegenüberstand, mit nichts als einem Stück sandigem Heideland dazwischen. Axel Heyse sagt, sie hätten mit ihren T55 damals innerhalb von fünf Tagen Marseille erreichen können.

Obwohl er der Armee 1988 den Rücken kehrte und Polizeibeamter wurde, hatte es ihm das Panzerfahren angetan, sodass er sich nach dem Zusammenbruch der DDR auf dem Schrottplatz Einzelteile alter Panzer holte und sie wieder zusammenschraubte. Die Gefährte kamen so gut an, dass er mit seinem Bruder vor drei Jahren diese Fahrschule eröffnete. Inzwischen beschäftigen die beiden fünfzehn Angestellte.

Ich habe somit die einmalige Chance, einen T55 zu fahren, eine Gelegenheit, die sich nicht so schnell wieder bieten wird – und die mir alles andere als geheuer ist. Ich unterschreibe ein Formular, mit dem ich die Fun Fahrschule von allen Haftungsansprüchen freistelle, falls ich eines der Dinger umkippen oder aus Versehen das Empfangsgebäude platt walzen sollte. Dann bekomme ich eine wollene Balaklava mit einer engen Haube darüber, in der ein Kopfhörer eingebaut ist. Axel Heyse murmelt ein paar aufmunternde Worte wie »Das ist ein russisches Fabrikat, die können nicht kaputt gehen« oder »Mit denen kannst du machen, was du willst« und führt mich zu dem staubigen, etwa zehn Meter langen und drei Meter hohen olivgrünen Ungetüm.

In ein paar Minuten werde ich diesen Panzer fahren, und zwar ganz allein, denn so ein Ding hat keine zwei Lenkhebel. Ich bekomme eine denkbar knappe Einweisung von meinem Fahrlehrer Mischa, einem blonden jungen Mann mit leicht slawischen Gesichtszügen. Obwohl der Motor noch gar nicht läuft, habe ich Schwierigkeiten, alles zu verstehen, was er mir erklärt. Deshalb bin ich auch alles andere als glücklich, als ich mich schon einen Augenblick später auf den Fahrersitz hinunterlasse. Irgendwie hatte ich erwartet, das Innere eines Panzers würde mehr Ähnlichkeit mit der Kommandobrücke eines Schiffes oder mit einem Cockpit haben, Platz für zwei oder drei Sitze, Kontrollinstrumente, vielleicht sogar eine Tasse Kaffee und einen Keks. Doch weit gefehlt. Neben mir ist kein Zentimeter Platz mehr, und hinter mir sieht es auch nicht besser aus. Der Panzer hat ein Innenleben aus Kabeln und allerhand anderen sonderbaren Dingen, und wie mir dämmert, gehöre ich ab sofort auch dazu.

Die Funktionsweise hat eher etwas von einem Traktor als von einem Panzerfahrzeug. Es gibt ein Brems-, ein Gas- und ein Kupplungspedal und statt einem Lenkrad links und rechts einen senkrechten Hebel, der zum Steuern dient.

Mischa lässt den Motor für mich an. Dann klettert er wieder hinaus und setzt sich oben auf den Panzer. Durch die schmale Luke vor meiner Nase, nicht größer als ein Briefkastenschlitz, kann ich die flachen Sandhügel sehen, dahinter ein grünes Feld und in der Ferne ein paar Häuser. Mischa ruft mir etwas Unverständliches zu, was ich als Aufforderung deute, die Bremse zu lösen. Wir rollen schwerfällig nach vorn. Seine Stimme wird lauter.

»Guess«, ruft er »Guess.«

»Guess?« Was soll ich denn raten? Ich bin ratlos und würde am liebsten nachfragen, aber mein Deutsch ist nicht gut genug.

»Guess!«

Der Motor stottert und stirbt ab.

Dann taucht Mischas Gesicht in der Luke auf. Er deutet auf das Gaspedal und den Drehzahlmesser neben mir.

»More guess«, sagt er, und jetzt, wo ich ihn laut genug hören kann, verstehe ich auch, was er meint: Er will, das ich mehr Gas gebe.

Er lässt den Motor ein zweites Mal an, und ich trete das Gaspedal durch bis zum Anschlag. Doch das scheint immer noch nicht genug zu sein, und ich würge den Motor auch diesmal ab. Na, bravo! So einer wie ich käme nicht bis Marseille.

Verweichlicht vom jahrelangen Fahren mit Automatikschaltung und Servolenkung, versuche ich mich zu erinnern, was ich bei meiner Zugfahrstunde in Polen gelernt habe, und tatsächlich läuft – oder besser gesagt rollt – plötzlich alles wie geschmiert. Das hier ist ein schweres Geschütz, und es zu bedienen ist Schwerstarbeit. Doch als wir uns erst einmal aneinander gewöhnt haben, belohnt mich der Panzer mit einem erstaunlich wendigen Manöver. Diese T55 mögen zwar schwerfällig und unförmig aussehen, aber dennoch bringen sie es auf eine Höchstgeschwindigkeit von gut sechzig Stundenkilometern. Obwohl ich von diesem Tempo noch weit entfernt bin, überwinde ich die Steilhänge und Böschungen so mühelos, dass ich das Gefühl habe, als könnte auch ich es irgendwann doch noch bis nach Marseille schaffen.

Die letzte Herausforderung, die es zu bewältigen gilt, ist der Ausstieg aus dem Panzer. Dann überreicht man mir meinen Panzerführerschein, und Basil tauft mich »Panzerfahrer Palin«.

Wir fahren zurück nach Berlin. Die Gegend, das historische Brandenburg-Preußen und einstige Machtzentrum Deutschlands, ist anders, als ich erwartet hatte: von großen Gutshöfen und Landsitzen keine Spur. Auch Tamsin, unsere englische Dolmetscherin und Organisatorin vor Ort, muss zugeben, dass die Landschaft hier ziemlich trostlos ist. Irgendwann weichen die inzwischen vertrauten Windparks und unendlich großen (zur Biospritgewinnung genutzten) Rapsfelder den östlichen Vororten Berlins mit ihren kilometerlangen Reihen von Betonklötzen. Die Leute leben gerne hier, sagt Tamsin. Anders als den Briten macht es den Deutschen überhaupt nichts aus, in Hochhäusern zu wohnen, oder überhaupt in Mietwohnungen.

Und sie sind ausgesprochen flexibel: Wenn die Kinder ausgezogen sind und sie keine Dreizimmerwohnung mehr brauchen, dann schauen sie sich einfach nach etwas Kleinerem um. Tamsin findet sogar, dass es »typisch Ossi« ist, sich zu beschränken und eher bescheiden zu geben anstatt extravagant. Das gilt für die älteren Leute ebenso wie für junge, berufstätige Paare in der Stadt, sagt sie. Schlabberlook ist schick. Man verwendet die Dinge mehrmals, wirft nichts weg. Sollte sie damit recht haben, dann mag das Vermächtnis der DDR doch nicht ganz so übel sein. Vielleicht passt es sogar ganz gut zum derzeit geltenden Credo der ökologischen Verantwortung, mit der es die Deutschen, die in allem, was sie tun, gründlich sind, ohnehin ernster nehmen als die meisten anderen.

Hundertdreiundzwanzigster Tag
Von Berlin an die Ostsee

Der Flughafen Tempelhof (inzwischen geschlossen, *Anm. d. Verlags*) ist der Traum eines jeden Reisenden, auch wenn er ein ehemaliger Nazibau ist. Er liegt mitten in Berlin und wird nur für wenige Inlandsflüge und internationale Verbindungen genutzt. Als ich heute Morgen dort eintreffe, erinnert mich die weitläufige Haupthalle an die amerikanischen Flughäfen der Fünfzigerjahre. Draußen rahmt das Halbrund eines einzigen lang gestreckten Gebäudes mit dem Terminal in der Mitte und Hangars, Lagerhallen und Werkstätten zu beiden Seiten ein Flugfeld ein, auf dem – traumhaft schön und perfekt dazu passend – eine silberne DC-3 steht.

Die Maschine ist nicht zum ersten Mal in Tempelhof. Im Jahr 1948 sperrten die Sowjets trotz des Einspruchs der übrigen Alliierten sämtliche Straßen und Bahnverbindungen nach Westberlin. Die

Berliner Blockade dauerte elf Monate, bevor sie durch die Luftbrücke der Amerikaner, Briten und Franzosen, die diese Stadt mit insgesamt 270 000 Transportflügen versorgt hatten, ausgehebelt werden konnte. Teilweise landeten die Flugzeuge hier im Abstand von nur fünf Minuten. Bei dieser außergewöhnlichen Operation, die der Belagerung ein Ende setzte, war die DC-3, einer der legendären »Rosinenbomber«, sozusagen der Lastesel. Heute wird mich dieses historische Kuriosum zu einem weiteren bringen: Hitlers »Ferienlager« an der Ostsee.

Berlin, eine Stadt, die noch vor sechzig Jahren in Schutt und Asche lag und nun als Hauptstadt der mächtigsten Wirtschaftsnation Europas wiederauferstanden ist, rückt in weite Ferne, als wir mit einer konstanten Geschwindigkeit von 120 Knoten, also gut 220 Stundenkilometern, Richtung Ostsee fliegen.

Wir landen auf einer Piste in der Nähe von Stralsund und fahren von dort aus weiter durch das mecklenburgische Flachland (das irgendwie vertraut wirkt und ein wenig an die Landschaft in East Anglia erinnert). Dann treten wir die letzte Etappe einer Reise an, die uns innerhalb von mehr als fünf Monaten durch zwanzig verschiedene Länder geführt hat.

Rügen ist eine hübsche, amöbenförmige Insel, deren Strände seit jeher beliebt waren, vor allem zu DDR-Zeiten. Hier, in einer bewaldeten Bucht bei einem Ort namens Prora, sollte den Plänen der Nazis zufolge ein Seebad für das Volk entstehen (der Sprachgebrauch der Nationalsozialisten war dem der ihnen nachfolgenden Demokratischen Sozialisten unheimlich ähnlich). Es gehörte zur Organisation »Kraft durch Freude«, einer Vereinigung des organisierten Vergnügens, die ausgewählten Arbeitern die Möglichkeit eines strikt reglementierten Urlaubs bot, der zur Entspannung und zugleich zur Gehirnwäsche dienen sollte.

»Die individuelle Freizeitgestaltung hat für den Deutschen keine Bedeutung«, behauptete Robert Ley, der Alkoholiker mit der schweren Persönlichkeitsstörung, den Hitler mit der Durchführung der Maßnahme betraut hatte.

Alle Bauten der Nazis sollten Symbole des Tausendjährigen Reichs sein, und ein Ferienlager war da keine Ausnahme. Im Mai

1936 begann man in Prora mit den Bauarbeiten, und im Sommer 1939 erstreckte sich entlang der Küste ein fünf Kilometer langer Komplex, in dem 20 000 Menschen gleichzeitig untergebracht werden konnten. Doch die Urlauber sollten ausbleiben. Mit dem Kriegsausbruch rückten andere Prioritäten in den Vordergrund, und das Seebad wurde zum Lazarett für die Verletzten, die man während der Bombardierung Hamburgs evakuiert hatte, sowie zur Unterkunft für große Scharen von Zwangsarbeitern aus ganz Europa, das inzwischen von den Nazis besetzt war.

Heute befindet sich das Gebäude im Besitz der BRD und beherbergt ein Museum. Auch ein oder zwei wohlgemeinte Projekte zur politischen Bildung gibt es hier – und Gerüchte über den Umbau zu einem Hotel. Doch die Ausmaße des Komplexes sind so abschreckend, dass er auch 68 Jahre nach seiner Fertigstellung noch immer unverändert dasteht, ein langes, schmutzig graues Betongerippe zwischen Kiefern und Sand. Ich gehe hindurch und hinunter zum Strand. Ein paar Jungen spielen Fußball. Von der Ostsee her kommt eine frische, kühle Brise.

Ich schaue mich um und sehe die Trümmer einer Vision – der Vision von einem gewaltsam vereinten Europa.

In den vergangenen fünf Monaten habe ich ein neues Europa kennengelernt, ein Europa, das zum ersten Mal in seiner Geschichte nicht durch Gewalt, sondern durch Gemeinschaft zu einer Einheit finden könnte.

Wenn dies gelingt – und die Zeichen dafür stehen gut –, dann wäre das ein gewaltiger Erfolg.

Dank und Quellen

Unendlicher Dank gebührt wie immer den beiden Regisseuren der BBC-Serie, John-Paul Davidson und Roger Mills, die sich nicht nur gemeinsam mit mir dieses Projekt ausdachten, sondern mir auch die Orte und Menschen vorschlugen, die ich auf meiner Reise besuchen könnte.

Ein großes Dankeschön geht an Nigel Meakin an der Kamera, professionell unterstützt von seinem Sohn Peter, sowie an John Pritchard am Ton, die mich schon bei den Dreharbeiten zu vielen meiner Serien begleitet haben. Besonders danken möchte ich auch Pete, der ständig meine Brille reparieren musste. Dank an Jay Jay Odedra und David Wright, unsere Ersatzkameramänner. An Alex Richardson, der sämtliches Material, das wir von unseren Reisen mitbringen, sichtet und trotzdem noch mit uns spricht. An Sue Grant, unsere Produktionsleiterin, die sich schon soundso oft von uns verabschiedet hat, obwohl wir doch immer wieder zur ihr zurückkehrten, und an Michelle Hanley, die sie im obersten Stockwerk des Prominent-Television-Towers so tatkräftig dabei unterstützt hat. Danke, dass ihr euch um uns gekümmert habt.

Ich danke außerdem Lyn Dougherty, die sich auch von zwanzig verschiedenen Währungen nicht hat irritieren lassen. Dem gefürchteten Trio Vanessya Courtney, Claire Houdret und »Miss Vicky« Bennetts, die nicht nur die Geschichten konzipierten, sondern auch mit bewundernswertem Geschick dafür sorgten, dass wir Dutzende verschiedener Schauplätze fanden, kennenlernten und wohlbehalten wieder verlassen konnten. Mimi Robinson, die sich nicht nur alle meine ausufernden Tonbandaufzeichnungen anhörte, sondern sie auch noch abschrieb, sowie Mike Griffin, der mir die An- und Abreise so einfach wie möglich machte, aber Sheffield United auch nicht retten konnte. Richard Klein von der BBC für sein Verständnis, seine Ermutigungen und seine Anregungen während der gesamten Drehzeit.

Im Büro von Prominent Television bedanke ich mich bei meinen beiden unentbehrlichen Weggefährten: Paul Bird, einem unermüdlichen Organisator, der mir das Leben so viel einfacher macht als nötig, und unserem Chefproduzenten Steve Abbott, der seit über einem Vierteljahrhundert meine Geschäfte führt und die *Europareise* von Anfang an auf Kurs gehalten hat, selbst als sie noch nicht viel mehr war als ein Funkeln in den Augen eines alten Fernsehmoderators.

Diese Serie war in vieler Hinsicht die schwierigste, die wir je in Angriff genommen haben. Ihr Gelingen haben wir der großzügigen Unterstützung zahlreicher Freunde in zwanzig verschiedenen Ländern zu verdanken. Manche von ihnen sind im Buch bereits genannt worden, aber daneben gibt es noch etliche andere, ungerühmte Helden, die hinter den Kulissen mitgeholfen haben. Ein herzlicher Dank geht daher auch an Vanda Vučićević, Sandra Ovcina, Ardi Pulaj, Riina Sepp, Divs Reiznieks, Darius Ross, Olga Danilova, György Paraszkay, Igor Khmarsky, Witold und Basia Starecka, Mira Staleva, Maya Vitkova, Jordan Topkoski, Tatiana Tibuleac, Olga Maxim, Ioanna Abur, Bodgan Ştefănescu, Bogdan Petrović, Funda Ödemiş, Selen Korkut, Jano Gordullic, Michael Havas, Ondřej Strejček und Tamsin Walker.

Bei Weidenfeld & Nicolson bin ich meinem Lektor Michael Dover zu Dank verpflichtet, weil er einen kühlen Kopf bewahrt und mir mit gewohntem Wohlwollen und viel Humor dabei geholfen hat, den gnadenlos strengen Zeitplan einzuhalten; ebenso David Rowley, der alles in ein so wunderbares Buch verwandelt hat, obwohl die Zeit – wie immer – furchtbar knapp war. Dank an Linden Lawson, meinen Korrektor, der bei der Überprüfung einzelner Fakten höchst diffiziles Terrain durchforstet hat, an Justin Hunt, der dabei half, das Buch zusammenzustellen, sowie an Angela Martin und Kate Hambly, die die Welt vor seiner Existenz warnten.

Besonderer Dank gebührt meinem Fotografen und Freund, dem Feinschmecker Basil Pao. Er ist und bleibt der Beste in der Branche und hat mir gezeigt, wie verlockend, faszinierend und ausgesprochen ansprechend Osteuropa sein kann.

Meine wichtigsten Informationsquellen waren die *Rough Guides*, die Reiseführer von *Bradt* und die Stadtführer von *Time Out*, ebenso wie die Reiseführer *Moldawien* und *Ukraine* aus der *Lonely-Planet*-Reihe. Außerdem erfuhr ich viele interessante Dinge aus den folgenden Büchern: Misha Glenny, *The Balkans* (dt. Titel: *Jugo-slawien. Der Krieg, der nach Europa kam*), Dervla Murphy, *Through the Embers of Chaos* (dt. Titel: *Das wilde Herz Europas. Ein abenteuerlicher Trip durch Transsilvanien*), Janine de Giovanni, *Madness Visible*, Robert Carver, *The Accursed Mountains. Journeys in Albania*, Robert Kaplan, *Balkan Ghosts* (dt. Titel: *Die Geister des Balkan. Eine Reise durch die Geschichte und Politik eines Krisengebietes*) und *Eastward to Tartary*, Patrick Leigh Fermor, *A Time of Gifts* (dt. Titel: *Die Zeit der Gaben. Zu Fuß nach Konstanti-nopel: Von Hoek van Holland an die mittlere Donau. Der Reise erster Teil*) und *Between the Woods and the Water* (dt. Titel: *Zwischen Wäldern und Wasser. Zu Fuß nach Konstantinopel: Von der mittleren Donau zum Eisernen Tor. Der Reise zweiter Teil*), Orhan Pamuk, *Istanbul* (dt. Titel: *Istanbul. Erinne-rungen an eine Stadt*), Victor Sebestyén, *Twelve Days. Revolution 1956*, Anna Reid, *Borderland. A Journey through the History of Ukraine*, Radek Sikorski, *The Polish House* (dt. Titel: *Das polnische Haus. Die Geschichte meines Landes*), Norman Davies, *Heart of Europe. The Past in Poland's Pre-sent* (dt. Titel: *Im Herzen Europas. Geschichte Polens*), Eva Hoffman, *Lost in Translation* (so auch der dt. Titel), Timothy Garton Ash, *The Polish Revolution* und Anna Funder, *Stasiland* (so auch der dt. Titel).

Unter den fiktionalen Werken, die verschiedene Orte für mich lebendig werden ließen, gefielen mir besonders: Andrey Kur-kov, *Death and The Penguin* (dt. Andrei Kurkow: *Picknick auf dem Eis*), Ismail Kadare, *The General Of The Dead Army* (dt. Titel: *Der General der toten Armee*) und *Three Elegies For Kosovo* (dt. Titel: *Drei Trauerlieder für Kosova*), Dubravka Ugrešić, *The Ministry Of Pain* (dt. Titel: *Das Minis-terium der Schmerzen*) sowie Joseph Roth, *The Radetzky March* (dt. Titel: *Radetzkymarsch*).

Über den Autor

Michael Palin (1943 in Broomhill, Yorkshire, geboren, seit 1966 verheiratet, drei Kinder) ist ein weltbekannter Schauspieler, Autor, Comedian und Reisereporter. Nach dem Besuch der Grundschule in Birkdale und eines Internats in Shrewsbury studierte Palin in Oxford Geschichte. Nach eigenen Aussagen machte er auf der Grundschule erste Erfahrungen mit der Schauspielerei und trat in einer Aufführung von Charles Dickens' »A Christmas Carol« auf. Folgerichtig ging er nach dem Studienabschluss zum Fernsehen, wo er Comedyshows moderierte, Texte schrieb und im Lauf der Zeit die späteren Mitglieder von Monty Python's Flying Circus kennenlernte. Ihre gemeinsamen Filme schrieben Comedy-Geschichte.

Nach dem Ende von Monty Python's Flying Circus arbeitete Palin mit Terry Jones zunächst an der TV-Comedy-Serie »Ripping Yarns«. Danach übernahm er zahlreiche Rollen in den folgenden Monty Python-Kinofilmen und trat in den frühen Filmen von Terry Gilliam auf (»Jabberwocky«, »Time Bandits«, »Brazil«).

Er spielte gemeinsam mit John Cleese in der erfolgreichen Komödie »Ein Fisch namens Wanda«. Seine Darstellung des stotternden Ken brachte ihm sowohl einen BAFTA-Award als bester Nebendarsteller als auch Kritik von Stotterern ein, was ihn dazu veranlasste, das »London Centre for Stammering Children« (in etwa: »Londoner Zentrum für stotternde Kinder«) zu gründen, auch weil sein eigener Vater gestottert hatte und die Rolle des Ken auf ihm basierte. Bereits in »Das Leben des Brian« spielte Michael Palin die Rolle des Pontius Pilatus mit einem Sprachfehler, den er von einem seiner früheren Lehrer imitierte.

Palin schrieb mehrere Bücher, darunter fünf Kinderbücher, außerdem zwei äußerst witzige Monty-Python-Chroniken.

Eine große Leidenschaft von Michael Palin ist das Reisen, was ihn dazu brachte, Reise-Dokumentationen für die BBC zu filmen und seine Reiseerlebnisse in Büchern zu dokumentieren, die in England Nr. 1-Bestseller wurden. Der Erfolg dieser Reihe in seinem Heimatland beruht zu einem großen Teil auf seinen humorvollen Kommentaren und den ungewöhnlichen Reiserouten. Nach quasi jeder

Veröffentlichung einer neuen Dokumentation und des Buchs dazu kommt es dabei zum so genannten »Palin-Effekt«, einer Zunahme von Interesse an der jeweiligen Region durch das britische Publikum. Sieben Reiseserien mit Palin als Berichterstatter gibt es. Die jüngste ist »New Europe«, zu der das vorliegende Buch erschien.

2000 wurde Michael Palin von der englischen Königin Elisabeth II. zum »Commander of the Order of British Empire« ernannt.

Weitere Informationen unter www.palinstravels.co.uk

»Michael Palin beobachtet klug und schreibt witzig. Er lacht mit den Menschen, denen er unterwegs begegnet, nicht über sie. Und ganz charmant lässt er eine Fülle an Informationen einfließen. Er ist all seinen Nachahmern haushoch überlegen.«

Independent

»Michael Palin, der englische Prophet: Egal, wo der Schauspieler auch hinfährt, danach stürmen die Briten seine Reiseziele. Seit gut zwanzig Jahren erobert der Komiker die Herzen der Zuschauer weltweit vor allem mit seinen ungewöhnlichen Reisedokumentationen.«

Abendzeitung München